影書房

内山秀夫遺稿集刊行委員会 編

内山秀夫
いのちの民主主義を求めて

新潟国際情報大学にて　1997年

『カレッジマネジメント』第15巻第5号通巻86号より　リクルート刊

いのちの民主主義を求めて

まえがき

政治学者内山秀夫が世を去ってはやくも七年が経った。

その間、世の中の変動は内外とも激しく、かつて経験したことのないようなある種絶望的な状況が現出している。いま、広く国際政治の世界で生起している不穏な諸現象のことはひとまず措き、視野をわれわれ自身の国のここ一、二年の社会政治状況に限定しても、この思いはことのほか切実といわねばならないだろう。ひとびとの期待を一身に集めて劇的に誕生したはずの民主党政権の自壊の反動として、あたかもオセロゲームのように、第二次安倍自公政権が圧倒的な数を得て成立すると、靖国神社参拝問題、特定秘密保護法案の強行、武器輸出三原則の撤廃、集団的自衛権の閣議決定などなど、戦前回帰と見まがうような復古的な動きが矢継ぎ早に進行している。そして、民主政治を嘲笑うかのような安倍首相による権力延命を自己目的とする「大義なき」解散・総選挙。その結果は、有権者の実に半分が棄権した果ての政権側の圧勝で終わった。アベノミクスの是非を問うという形で意図的に隠されていた選挙の真の争点、平和憲法の改正問題すら現実の日程に上り始めているのがいまわれわれを囲む現状である。

内山が存命であったなら、いったいどんな反応を示すであろうか。そのような想像をついしてみたくなる昨今である。

本書は、内山がさまざまな場所や媒体を通して発言し、発表してきた多くの文章のうち、既刊本に収録されていないものを中心にして八つの章立てに編集して一書とした遺稿集である。遺稿集を出したいという声が内山の薫陶を受けた者たちの間で出てきたのは、内山の死後、間もなくのことであった。それはほぼ自然発生的に湧き上がったことであったが、夥しい数の文章の所在の確認やそれらの位置づけなどいくつかの乗り越えねばならぬ問題も生じて、実際の編集作業に入ると、当初想定していた以上の時間が経過してしまった。だが、とにもかくにも、いまこのような形で本書を上梓することができ、感無量である。

ここで、内山秀夫という政治学者の存在を知らない読者のおられることも顧慮して、彼の学問的営為の特徴と人となりについて若干述べておきたい。これに関して、姜尚中氏が内山の遺書ともなった『政治と政治学のあいだ』（日本経済評論社、一九九八年）の書評で述べた一節を紹介させていただく。

「『内山政治学』と呼べるものがあるとすれば、それは比較政治学の先頭を走りながら、しかしいつも科学としての政治学の『余白』を考え続けてきた内山秀夫という個性的なパーソナリティーなしには考えられないだろう。『余白』と言ったが、『思想』と置き換えてもいい」（『週刊読書人』一九九八年十二月十一日）

内山を直接、間接に知る者にとっても、これは彼の実像に迫る最も的確な評言であり最良の讃辞でもあろう。実際、彼は政治「学者」という以上に、政治「思想家」であったといってよい。そしてそのことは「内山政治学」の史的展開を振り返れば、おのずから確認できることである。そこにはほぼ三つの時期と特徴があると思われる。

第一点は、一九七〇年代から八〇年代にかけてリプセット、アプター、ダール、レイプハルトら欧米の第一線の政治学者たちの著作を憑かれるようにして次々に翻訳・紹介して政治発展論や近代化論、比較政治学、民主主義論の分野を通じて文字通り現代政治学のフロンティアを開拓し続けたこと。と同時に第二点として、処女作『政治発展の理論と構造』から『民族の基層』や『日本の政治環境』などの多くの著書に通底しているのは間違いなくわれわれの政治文化への深い眼差しであること。そして第三点は、最晩年の一〇年間の仕事だが、戦前期日本社会に滞在経験のある欧米ジャーナリストや研究者たちによる同時代の日本政治の分析の翻訳、ヒュー・バイアス『敵国日本』からフライシャー『太平洋戦争にいたる道』までの実に七冊にのぼる翻訳の仕事。

驚嘆すべきこれら一連の仕事を内側から支え続けていたものは何だったのだろうか。それは十五歳で敗戦を迎えたかつての軍国少年（海軍予科兵学校生徒）としての自分自身への深い内省と、それを定点とする戦後日本社会の民主主義実現への希求の念だったと思う。だからこそ、欧米の先端的な政治学・政治理論の紹介をおこないながらも、そこに潜在する「科学」偏重の危うさに足を掬われず、独自の理論展開が可能だったのだ。沖縄問題や水俣問題への取り組みはもとより、在日韓国・朝鮮人、アイヌ民族、被差別部落民など日本社会のマイノリティーへの眼差しを内山は隠すことがなかった。慶應義塾での三十五年間、設立準備のための二年間に加え、新潟国際情報大学初代学長としての四年間、そして一切の公職を辞して後の主に翻訳活動にあてた一〇年間。

半世紀に及ぶ内山の学業に一貫して窺われるのは、人間が人間らしく生きうる条件とはいったい何か、の模索だった。「死にたくはない人間を殺した時代をあたしは生きた。だからそんな時代を再び作らない決意が大事なんだよ」と内山はよく言っていた。第1章「自画像あるいは私の精神史」のなかの諸文章を読むと、学問への道を歩み出す彼の原点がよくわかる。彼にとって研究「職」はけっして単なる職業選択のひとつではなかった。そして、それは終生変わることがなかったように思われる。ウェーバーのいう「天職」だったかのように。

察するに、そこに至る道程には他者には窺い知れぬ彼自身の抱えた精神の苦悶もあったのであろう。内山はひとと酒席を囲むことをことのほか好んだ。だが、しばしばその席で見せる振る舞い、それはときに過度の饒舌と突然の沈黙、臆面もない悪態と愚痴の吐露をともなうものでもあったが、そうした所作のひとつひとつはいまにして思えば、彼にとって承服しがたく思える時代の安気な流れに抗しようとする無垢の表現だったのかもしれない。少なくとも、そのような率直で無防備な教師の姿はわれわれの近辺にはひとりとしていなかった。そんな内山の姿がいまはひたすらに懐かしい。

思えば、彼の私淑した福澤諭吉の言葉にちなんで言えば、「一身にして二生を経た」（帝国日本から民主日本へ）生涯を彼もまた送ったのだと思う。単なる学者ではない一個の思想家をわれわれの社会はまた一人喪ったという想いがことのほか深いが、彼の遺した言葉の数々は戦後日本が辿ってきた道筋の貴重な証言であると同時に、われわれの現在と未来を照らし出す探照灯であると言いえる。

最後に、一言したい。この「まえがき」においては敬称を略してあえて内山と書いた。それはひとえに先生の知己の間で閉じる私家版に終わることなく、広く一般の読者に、とりわけ次代を担う多くの若い人びとに本書と先生の学業を知ってほしいとの切なる思いからにほかならない。

内山秀夫先生、どうぞお許しください、そして改めて先生に御礼を申し上げます。心からの敬意と親しみを込めて。

二〇一五年一月

内山秀夫遺稿集刊行委員会

いのちの民主主義を求めて　目次

第3章 未完の革命としての戦後民主主義

第6章　追悼　同学の師友を偲んで

第7章　社会を凝視する《時評》――憲法、戦争、教育

装丁　加藤光太郎デザイン事務所

凡例

一、本書収載の各文章は、初出紙誌に基づいている。

一、初出紙誌と単行本の表現が異なる場合は、単行本を尊重した。

一、一部表記を整え、明らかな誤りは訂正した。

内山秀夫遺稿集刊行委員会

第1章　自画像あるいは私の精神史

恵まれた塾内外の先達

比較政治学の仲間たち

経済の大学院を飛びだしたのが昭和二十九年、法学部の大学院を終えたのが昭和三十五年、どうしても計算が合わない。合わないはずで、三年浪人して学士入学したあげくの果てなのだから。そして学士入学の法学部政治学科二年間は、石坂巌先生（現商学部教授）にしごき抜かれた。殺意に似た気持すらもったのだから、そのしごきがいかに壮絶であったかはお分かりいただけよう。しかし他方では、伊藤政寛先生の温顔が、私の昂りをなごませてくださった。

政治学における戦前戦後の断絶ほど痛烈なものはなかった。すなわち、政治を天皇制国家に独占させていた時期と、政治的人間の発揚をこそ生命とする戦後が断ち切れないわけはない。もちろん、その当時は、潮田江次、島田久吉、藤原守胤、英修道、米山桂三の諸先生がご健在であった。とくに潮田、島田両先生には大学院でご教導をえたのだが、気負いこんでいた私には、両先生の枯淡の学風を理解する余裕は毛頭なかった。だが米山先生の社会学の新しい領域でのご教導に、私はかなり敏感に反応できた。いわば私には、新しいものへの「恍惚と不安」が、かなりの生意気さを伴なって去来していたのだろう。そうした生意気さは、私を孤絶の存在にした。

大学院の修士課程二年の時に、まったくだし抜けにアメリカ留学を教授会によって決定された。合衆国連邦議会研究員という代物で、何をするのかよく分からないままにワシントンに飛んでいった。アメリカ人十五名、アジア人五名のこのグループは、結局は下院議員と上院議員のスタッフとなって、立法過程を体得することを目的とするものであった。昭和三十四年から三十五年にかけての約一年間、会話もろくにできず、タイプは叩けず、もちろん速記などできようはずのない私に、調査というまことに悠々とした仕事を与えてくれたコワルスキー下院議員とマギー上院議員には、今なお感謝の念を禁じえない。

その期間に見つけたのが比較政治学だった。修士論文でその方法論を書き説いたことが、私の方向を運命づけたといってよい。帰国しても、こんな新しすぎる分野の同学の士なんぞいるはずもなかった。ただわずかに、政治学の方法について、懸命の努力をしておられた奈良和重君（現法学部教授）と酒を飲みながらカンカンガクガクとやっていたにすぎない。その彼も次第に政治思想史に志向してゆくにしたがって、分野の点では離れざるをえなかった。私が塾外志向をせざるをえなかったのには、こうした事情がある。

篠原一・石田雄の二人の東大教授がいろいろな機会を提供して下さったし、すこし遅れて高畠通敏さん（立教大学教授）や上林良一・山川雄巳の両氏（いずれも関西大学教授）との接触があった。学外でいちばん古い友人は内田満君（早稲田大学教授）である。神島二郎立教大教授のご厚意も忘れられない。

研究者仲間と異なるもう一つの仲間が私にはある。それは編集者とのそれである。とくに未来社の小箕俊介君とは長い。勁草書房編集長をやめて北洋社をおこし、今は小説を書いているはずの阿部礼次君。おなじ勁草書房を飛びだして而立書房をつくって健闘中の宮永捷君。河出書房の中間洋一郎君。週刊読書人の真下俊夫君とも十年をこえた。こうした人たちの持つ鋭い感覚と知識に、私はうるところが非常に大きい。ちょっと違うかも知れないが、詩人の三木卓さんや科学史の中山茂さん、そして民俗学の宮田登さんといった人たちは読売新聞の読書欄担当時に識りあった大切な友人である。

ここまで書いてくれれば、森の石松ではないが、成蹊大学の安藤英治先生を落とすわけにはゆかない。ウェーバー研究者としてわが国が誇れる存在である安藤さんは、石坂巌さんとともに私の兄貴分である。安藤さんの話はエネルギッシュに、常にウェーバーを語りこむ。それを私は、自分の軽薄さを思い知らされる想いで聴いている。

もう一人の仲間をあげることをお許しいただきたい。その友は倉沢康一郎君（法学部教授）である。法は人間のためにある。近代市民は法によってその存在を保証せしめた。そして、その法を法たらしめるために、近代市民は国家権力を定礎した。彼の法律学は近頃はやりのなまはんかな、人間に媚びへつらう法律学でなく、最も近代的な哲学に根づいた正統な法律学である。彼の法律学は私を常に啓蒙する。しかも、彼は文学的素養において豊かな資質を、彼の法律学への情熱に化している。彼の論理と情感は私を飽きさせないし、酒量も匹敵する。そして、そこに松本三郎法学部教授を加えて、酒がより楽しくなる。（法学部教授）

『塾』通巻八二号、慶應義塾　一九七七年四月

石坂さんの黄ばんだノート

戸田武雄氏の訳で「社会科学的及び社会政策的認識の『客観性』」と「社会学的及び経済学的科学の『没価値性』の意味」を読んだのは慶応経済学部二年の夏、軽井沢であった。それはご多分にもれず、私にも気だるい青春の一こまであると同時に、昂然とした青春の客気のなせるわざでもあったろう。経済学部時代に『プロ倫』や『職業としての学問』そして『職業としての政治』を読み上げたのも、大学生文化のつまりはステロタイプに私も染まっただけのことであった。

石坂さんとの出会いが私を地獄につき落とす、その私の運命のはじまりであったことを私は予感できなかった。大学院を飛び出し、やけと耐えられようもない不安とを、麻雀と酒でごまかそうとしながらも、ごまかし切れぬ薄汚れた感傷と荒廃の中で、のたうちまわっていた私を、まるで歌舞伎の舞台で演ぜられるクモの糸のような、その粘着力を切断することのできぬ毒気で包みこみ、政治学へと私をかり立てていったのは石坂さんだった。

石坂さんは引越魔だった。多分、二度や三度は、彼の荷物と一緒にオート三輪にしがみついていったはずだ。小島三郎君（現慶応大学商学部教授）と私の二人は、石坂さんの子分であり、知的には奴隷に近かったのではないか。この主人はわれわれの殺生与奪の権をにぎりながらも、慈恵的態度を崩さなかったほど偽善的であった。

小島君はウェーバーを論理的に理解し、私は心情的に理解し、その過程でこのシェルティングの論文（A・

シェルティング、石坂巌訳『ウェーバー社会科学の方法論』れんが書房新社、一九七七年）を読む機会があったはずだ。小島君はどうだったか知らないが、私のはっきりしない記憶では、大学ノートに訳された石坂さんの文章だったように思う。ウェーバーは、それぞれの訳文での文体の違いはあっても、私にはこよなく論理的でまぎれもなく文学的であり、時には詩的ですらあった。しかし分かろうはずもなかったし、私にできたことは、分かるないし気に入ったところに傍線をひくことであり、中には暗記するまでの文章もある。私に分からない、ということで石坂さんは優越感を味わっていたはずだ。そして私は政治学に入ってしまった。

私がアメリカから学んだ政治学は、ウェーバーのアメリカ化を前提としていた。典型的にそれは社会科学「方法論」としてではなく、支配の三類型を政治発展三段階論としてしまっていた。私にはそれがまことにつまらないものに見えたが、それをはずして読んで見ると、アメリカ人の科学観が透けて見えてくることも識った。しかし、精神の緊張のない科学は必ず堕ちる。アメリカ政治学は、行動論革命と行動論以後の革命を二重にはたすことで、「人間」をとらまえる視座とそのための科学を考え直さねばならなくなった。それは「方法論」を問題にし切らねばならぬ情況を自設することにほかならない。

「方法論は新しい学問にどのような方式をとるべきかをけっして教えようとしないし、古い科学にたいし《新しい方法》を命じることもできない。……方法論のできることといえば……それぞれの科学を、それぞれの特殊な論理的質について吟味するのではなく、一般的な《純粋な》論理の型——現実の認識が多かれ少かれそれに近づく——を得ようとするものである」（A・シェルティング前著十三および十四頁）。

政治学が現代化するためには、「方法論」が問題にならねばならない、と私がいう場合、認識概念を分析概念化し、それによって展開される手法論を「方法論」と見誤ってはならないという意味である。言いかえれば、方法論というのは、すでにある科学の状況を前提とし、そこでのぎりぎりの論理の型を構成的に追いつめるものであるはずだ。その意味で、一つの社会科学方法論をわれわれはウェーバーに確認することが何よりも必要になる。

　私はウェーバー学者にはなれないけれど、ウェーバーが生きる意志を燃やした「政治」と「学問」を共有していることを識っている。それは恐ろしくも男らしい仕事である。アメリカの学者たちが、とりわけ政治学の世界でウェーバーとの苦闘格闘をはじめていることは、彼らが本物の学問へとむかいはじめたことを明らかにしている。

　われわれの知的風土はウェーバーにかんしてはアメリカのそれよりも広く深い。だが、政治学の戦後世代がその種の風土をラディカルに止揚しつづけているか、ということになると、私には否定的にしか評価できない。常識としてのウェーバーが、逆に新書や文庫の解説でつちかわれていて、それで終わりになっていては、人間が復権し科学がそれに応じて創造される、そうした気運を創ることはできない。

　石坂さんのこの訳業は、わが国のウェーバー文献に一を加えるものではなく、ウェーバーを読もうとする人たちや、読んでも分からない人たちが、ウェーバーに突入し再挑戦するためのものである。それは、かつての私にちがいない。私は、あの黄ばんだノートにぎっしり訳出されていた、あのシェルティングが、このような形で本になることに、限りなく石坂さんの人生と、そして私の人生を想いやるのである。

（一九七七年二月二十三日）

▼石坂さん＝石坂巌（当時慶応義塾大学商学部教授）

『れんが』3　一九七七年四月『ウェーバー社会科学の方法論』（A・シェルティング、石坂巌訳）に折込、れんが書房新社

忘れられない本

丸山眞男『政治の世界』

その本の末尾に、一九五六年五月三日と一九五七年九月十九日の二つの日付がある。私には購入した日付を本に書きこむ習慣はないから、この二つの日付は、読み終ったその日を何らかの感じをもって書きつけたものにちがいない。「何らかの」と書いたが、その〈感じ〉は今でもかなり鮮烈に思いだすことができる。言うならば、私は政治学への私の道をまぐれとしか思えない、この本との出会いによって決定されたのである。

一九五六年は、私が慶応の大学院の、それも経済学研究科にいたたまれなくなって飛びだし、アルコールにうさを散りはらしつつも、アルコール気のない身体を真白いシーツに横たえたい、と書いた太宰治を思い浮べていた二年間を、ともかくも生きて、法学部政治学科の三年に学士入学した年である。

神妙どころか駄々をこねまわし悪態をわめき散らす私の首根っ子を取りおさえて、「お前のような頭の悪い奴は政治学をやるのだ」と無理やり学士入学させた石坂巌先生（現慶応義塾大学商学部長）の、メダカの乾物みたいな小さく細い身体が、やけに重量感・威圧感をともなって、私を口惜しがらした時代の、それははじまりの年であった。その石坂さん、すなわちガンちゃんとなぜか知らぬ私は本郷を歩いていた。五月三日に読みおえたとすると、それは四月の末か五月のぎりぎりのはじめのことにちがいない。なぜなら、その本は夜になって読みはじめて、その日のうちに読んでしまった記憶が鮮かだからだ。買ったのは東大正門前の有斐閣だった。

二、三〇冊もあっただろうか、その本は積みあげてあった。ガンちゃんが、まず買うことだな、という変に気をもたせるような言い方をしたのもおぼえている。値段は一〇〇円、出版社は御茶の水書房、そしてそれは第二版の昭和三十一年二月一日発行のものである。そして、その本とは、丸山眞男先生の『政治の世界』だった。

あまりにも多くの人たち、とりわけ東大系の人たちがこの本を問題にしないで政治学に入らなかった、あるいは入れなかったことを、今では私も識っている。しかし、当時の慶応政治学科では、学生たちの間でこの本の存在がうんぬんされていたことを私は知らない。だからこの出会いの点で私は幸運であった。

この本は、徹底的に権力によって政治世界を構想したものであり、しかも、権力を決定的に非実体化した点で、戦後のわれわれのたたずまいに有意であった。私は、丸山先生の〈権力〉概念の非実体化への意思が、たんにアメリカ政治学の機能主義的傾向にならうものではなく、実体的権力による国家・国民形成の必然としての大日本帝国の、さらには太平洋戦争への痛恨と、戦後民主主義への限りない愛着に結びついていないわけはない、と思い当った時に、私には、私の〈政治学への道〉が、ほとんど迷いのない形でひらかれたことを、まざまざと思い出す。

だから、私の学士入学は、私を尊大で傲慢な学生に仕立てた、というべきである。慶応での講義は、米山桂三教授の産業社会学を除いて、私にはあまりにも陳腐で、あまりにもやり切れなかった。私の知らない学者の名前が出てこないし、政治とか社会あるいは国家をにない、あるいはにないそこなった人間たちも出てこなかった。むしろ、石井良博教授が政治学特殊講義で、古代予言者の肉化過程を論じたことの方が私をとらえたといってよい。

著名だったN教授の日本政治史なぞは、あまりにも下卑た裏面史を得意気に話すことで、私の生理的嫌悪感をつのらせた。いい加減なリポートを書き、なまくらな答案を書いて良い評価を与えたその教員たちを私はむしろ憎んだ。私には、政治の理論とは本質的に運動の理論です、と書きはじめていた丸山先生の、その言葉のもう一つ別の意味を探し求めていたのだった。

私は学生としては真剣であったが、塾生としては怠惰であった。要するに、教室に出ない学生になった。政治学への情熱は燃えていたのだが、それを包みかくすほどのシニシズムが身についた。それでも、私淑した伊藤政寛先生のところには出入りさせていただいた。伊藤先生はイギリス憲政史を、おそらくイギリスの研究者と同じ質と程度で愛しておられた。先生の江戸下町の小御家人的な性情は、文明開化へのひたむきさと、それでいて天皇へのへだたりのない懐しさに結ばれるものではないか、と私には思える。まさか「天皇さま」とはおっしゃらないけれども、明治人のもっとも良質な自律性と寛容とが同居している、そうした方である。

私は、だから、教室への絶望と丸山先生に触発された政治学への意思を満たされぬ憤懣を、伊藤先生のところではらしていたのかもしれない。だが、それはそれで、先生の手のひらの上で踊る孫悟空にちがいなかった。

ガンちゃんが会えといってくれた安藤英治先生のところに押しかけたのも、学士入学の二年のうちであった。この元海軍予備中尉は何のてらいもためらいもなく、自分史を語ってくれた。このことは、私にはイキで羨望を思わせるものでもあった。なぜなら、安藤さんは丸山先生の研究会のメンバーでもあったからである。丸山先生に紹介してやる、といって下さったのを、内心おどりあがるような思いをしながら、私の韜晦がそれをこばんだ。

『現代政治の思想と行動』や『日本政治思想史研究』が、私の熟読にもかかわらず、丸山先生と私との距離をつねに一定にとどめた。しかし、安藤さんの兄貴ぶりやらガンちゃんのこうるさい方向づけが、私の軌道を逸脱させなかった。ご多分にもれず、私はナチズムを反面教師とした。F・ノイマンの『ビヒモス』の原書が都丸書店で偶然手に入ったことも、決して小さくはない。しかし、それは読み切れるものではなかった。

日本政治思想史に入りたかったのだが、N教授をまるごと嫌いになっていた私には、それは閉ざされた道にちがいなかった。といって、伊藤先生のイギリスには、畏敬だけが先行してしまって手が届かなかった。大学院入試が迫っていた。東南アジアをすすめていただいたのは、政治学科の教員で唯一の兄貴分だった中沢精次郎先生であった。よしきた、とばかりこの駄馬はいさんだ。私は丸山先生からも伊藤先生からも離れちゃおとまでいさみかえった。

東南アジア・エリートの比較研究をやれ、と示唆されたのは石川忠雄教授であった。今は慶応義塾長になってしまった石川さんは、伊藤先生のもっとも絢爛とした門下生であった。その才気と寛容は私には仰ぎ見る思いがあるけれど、なぜか私のシニシズムと一味ちがっていてなじみ切れぬものもあった。

当時の資料からして、この比較研究は不可能であった。私はH・D・ラスウェルのエリート研究の方法論には興味をもったが、一歩おくに踏みこめないままにインドネシアの革命過程を、余りおもしろくない気持を保ちながらたどっていった。修士論文にすることなどは、この小生意気な学生にはヘノカッパであった。だが、政治学への私の片想いはつのる一方であり、それは私にはかなりつらかった。

修士論文をつくったときに、教授会は私にアメリカ行きを命じた。アメリカ合衆国連邦議会研究員。行ってみなければ詳細は不明という、まことにおかしなプログラムであった。法学部副手内定。しかし、帰国したらもう一度、副手試験を受けること、そして伊藤先生の現代政治制度を継承すること、という但し書きがついていた。インドネシアを放り出して飛んでいったワシントンには、アメリカ政治学会主催のプログラムだけに、めくるめくようなテーマがあふれていた。一九五九年のそれは十一月のことである。そこで出会った比較政治学という学問の方法論は、私を政治学へと一挙にとりこめた。

アメリカでの六〇年安保は、丸山先生が政治の選択として『政治の世界』のなかで〈戦争か革命か〉と提示した状況を私に考えさせるよすがになったが、私に〈選択〉をもっとも痛烈に突きつけたのは、大学紛争だったというべきである。もちろん、そこでの選択は、体制か反体制か、というものではなく、政治とはつねに倫理と結びついた形で展開するべし、というポイントにかかわる、というぎりぎりの思い方である。それこそ、生活としての政治につながってゆくことがらである。

この生活としての政治を、私は政治を事件につなげる発想を拒否することで考えねばならなかった。民主主義とは、まさしく、日常的に行なわれる人間のもっともありのままの表現だとすれば、民主主義とは、〈民主主義を支える私情〉といったものに拠るほかはない。この私情は、必ずしも意識とか認識とか、あるいは組織によってかき立てられるものでなく、まったくの日常生活の平和な維持への感覚に支えられている。

丸山先生の政治世界には、民主主義が抽象的政治理念としては世界中でゆるぎない正当性を認められるようになった時代において、民主主義の当の担い手である一般民衆が、政治的無関心と冷淡さを増してゆく状況を、〈いたましいパラドックス〉とみる姿勢が一貫している。しかし、このパラドックスは、安定を重大とした豊かな民主主義ではいかにしても解決できないたぐいのものであった。

人間が人間であろうとしなければならなくなったのは、豊かさそのものが問い直されねばならない環境の変化をもって契機としている。それは生活の質がどうしても問題にならざるをえなくなって、はじめて政治として発動された人間のいとなみとしての政治である。統治のための権力が、人間のための権力として始源的に考え直されるようになったいま、権力による政治世界像が再構成されようとしているのである。それは、丸山先生が考えられた、もう一つの政治の世界だったのではないか。

『書斎の窓』創業一〇〇周年記念特集号 No. 269　有斐閣　一九七七年十・十一月合併号

生きるということの意味

一つの石坂巖論

石坂さんはあまり自分を語らない。そこが私と本質的にちがうところだな、と思う。私の場合は、とくに最近世の中の「雲往き」が怪しくなっている事態に対して、かたい身構えをもって押し通そうとするだけに、自分の「動機」をつまびらかにしないわけにはいかない。それは弱い人間の脆弱な魂を知悉した上でのあがきに近いかも知れない。

「語らない」石坂さんをほじくりだすことは私にはできない。卒業生諸兄ならばよくご存知のように、石坂さんはひとの話をよく聞かれる。聞き上手だな、と思う。それは年を重ねられてからますますそうなられたようである。だが、後で述べたいと思うが、私をつかみだして下さった昭和三〇年当時には、それでも少しは「語った」石坂さんであった。それを思いだしてみることにしたい。

石坂さんのご実家は今はもうない。だが私はそこに二度ほど泊めていただいた（あるいは勝手に泊まりこんだ、と言うべきか）。菓子問屋の家業はすでに兄上が相続されておられて、人が歩き自転車が走るのにちょうどよい幅の道をはさんで店舗とお住いがあり、私は一度、その座敷倉にへべれけになって這いこみ寝呆じたことをおぼえている。「あそこで闘病してたんだよ」と仰言った。それはなぜか田山花袋の地方青年の朽ち果てぬ志を思わせるたたずまいのところであった。

大正一〇年群馬県高崎市のそこで石坂さんは生まれた、のではないか。言うまでもないが、高崎は徳川譜代の松平氏（大河内）五万石の城下町であり、したがって物資の集散地だから、武士文化と町人文化が並存している。旧高崎城の堀が残っていて、その近辺には、私には、水と浅緑の木立ちとがあいまったなごやかさの記憶が鮮烈に残っている。私の記憶では高崎商業から大阪外語（ドイツ語）、そして塾経済学部という過程を石坂さんはとられた。卒業は昭和十九年、敗戦の前年である。大学では最初に岩田仁先生につかれたけれども、先生がなくなられたために野村兼太郎先生の下につかれた。岩田先生を私はまったく存じあげないけれど、野村先生の面影は私にもいささか残っている。おっかなそうな方であった。ともあれ、これで石坂さんは経済史を専攻されたことが分かる。同期に安藤英治さん（現成蹊大学経済学部教授）がおられる。

石坂さんが大正一〇年生ということは、実は容易ならぬことがらを含んでいる。それは、私には以下の安田武さんの確認が迫っているからである。

「第一は、大学を卒業するや否や軍隊へ拉し去られた世代。（山下肇は、その著『駒場』のなかで、軍隊こそ、『私の大学院』といっている。彼は大正九年生。そして、その前の世代までが、多少ともマルキシズムの文献にふれ得た最後の世代だった。日高六郎は、『船上の記憶など』という随想のなかで、〈ぼくたちが、戦前において、マルキシズムの影響をうけた最後の世代だった〉と書いている。日高は大正六年生。）第二が、学徒出陣の世代。（マルクス主義については、極めて特殊な例外を除いて知らない。知る方法がなかった。人格主義、教養主義の風潮が、辛うじて彼らに軍国主義への懐疑を教えていた。大正十一年、十二年生れが多く、若干の十年生れが含まれている。）最後に、学徒動員の世代。（在学中、勤労動員で工場へばかり通っていた。または、予科練、少年航空兵。この層では、教養主義すらない。軍国主義教育を、何の疑いもなく信じていた。）年代にすれば、わずかの相異であり、このような区別自体が、一見無意味のようであり ながら、しかも、現実には、年齢をわずかに距てたこれらの世代に、掩えない断層があるのだ」（『戦争体験 ――一九七〇年への遺書』未来社）。

私はまぎれもなく第三世代。海軍軍人を父にもった兄と私は、海軍兵学校しか目標をもてなかった。私の名づけ親が海軍軍令部長大将山下源太郎閣下だというのだから恐れ入ってしまう。兄は身体検査でどうしても入学できず、医者になった。その浪人と医学部在籍が兄をおそらくは救った。入学していれば、特攻突入の年齢である。兄の当時の内面は知らない。だが私には八月十五日は何かポカンとした記憶が残っている。戦闘帽から汗がしたたる、脂ぎった夏の、それでいてやけに空が青く雲が白く、それだけに白っちゃけた日だった。殺風景だったんだな、とこのごろ思い当る。頭のてっぺんから足のつま先まで、全身全霊これ皇国少年、ポカンとした少年は、しかし、泣くことを知らなかった。悲しみを知らないほど皇国化されていたのかもしれない。

石坂さんの八月十五日を私は知らない。だがこんなことばがある。「戦争をしかけ、戦い、負けたのである。これは終戦でなく敗戦である。これを終戦といっているかぎり、自分たちが戦った戦争は、自分たちの頭の上を す通りしていく。自分たちの〈内なる〉体験にはならない」（『知の定点』木鐸社、傍点＝内山）。こんな短かい文章に「自分たち」が三度もでてくる。ここでの「たち」は素飛ばしてもいいのではないのか。むしろ、この短かい文章に石坂さんは、ご自分にたいする痛苦をこみあげるようにはきだされているように思えるのである。（ここまで書いてきて、石坂さんに「敗戦体験」を書いていていただいたのを思いだした。それは私と栗原彬さんとの共編『昭和同時代を生きる』有斐閣に収録されるのだが、まだ私は読んでいない。）

石坂さんの地方町人文化的な、だからこそ文学青年的な資質は、あの戦争と敗戦の時期をどのように体験したのだろう。日高六郎さんのような表現は決してでてこない。ちょっと失礼かも知れないが、日高さんのやさしげな表情と声は石坂さんにはない。むしろもっと底深いやさしさとこわさがある。それはひとを峻拒する質のものにも思える。だが、それは多くのひとには察知されまい。勢いこんで言えば、そのやさしさとこわさは、石坂さんの体格が貧弱であったがために兵役に関係がなく、その上、肺結核でかなりの頻度で死線をさまよわれたことと無縁ではない、と思う。石坂さんが兵役につかれなかったことは相当に苦しいことだったのではないか。それは日本帝国への奉公への意志ではなく、むしろ学園を去っていった多くの同世代の人たちへの申開きのできない生をひとりで生きてこられたことと私は考えている。

後者、すなわち、肺結核をいつから病まれたか私は知らない。少なくとも戦時中に塾生のままで江東区の三菱鋼材（?）に動員されていた、と聞いたことがある。あの時代は、少々のことでは、動員免除にはならなかったから、あるいはその時すでに病んでいらしたのかも知れない。だが推理小説めくが、医者から「上京したら死ぬぞ」と宣告された上で、慶応の通信教育部インストラクターになったんだ、とのお話もうかがったから、そして通教の発足が昭和二三年だということを考え合わせると、石坂さんの敗戦前後の歴史はかなり苛酷なものだったにちがいない。

さらに、中曾根康弘氏が戦後に同じ群馬で右翼的な青年運動に動き廻っていたときは、石坂さんはちょうど逆の運動の中にいたらしいことも思い合わしてみたい。当時の社会環境からすれば、肺結核は死病だから、いったい何時本当に闘病していたんだ、と聞きたくなる。だが病気はまぎれもなく本当のことなのだ。ここらへんに、石坂さんの起点があるように思えてならない。それは信州追分の駅近くの土屋旅館という、まさに旅館につれていっていただいた時に、「ここで療養してたんだよ」、と散歩の途中で言われたことも、まざまざと思い浮ぶ。

「追分には廃屋がある。」立ち腐れのはずの大きな建物が、内部はもちろん近寄ればその荒廃が一目で分かるはずの、それでも遠目にはひとを招き入れたげな風情を示してたっていたのを、私はそんな風に思ったのだった。それは昭和三三年か四年ぐらいのことだったろうか。

薄暗い風呂場のゴエモン風呂につかり、いなかの旅館の漬物のやたらに多い食事をして、ウェーバーだかマンハイムの訳書をろくろく読みもしないで、ぶらぶらしていて、ふと堀辰雄や中原中也を感傷的に思いだし、筈見秀夫（原文ママ）だったかの『さらば夏の光よ』をもてあそんでいた何日かだった、と思う。廃園と薄暗い光熱灯の電球が、石坂さんの削げた頬に影を黒くつくりだしていて、それは闘病の場以外の何物でもなかった。

私には塾経済学部卒業時に、なりたいものは何一つなかった。一応、新聞記者にでもなろうかとして受けた慶応だったが、二次面接で経済にまわされて以来、私をときめかしたのは小説であったし映画でしかなかった。隣りのクラスに小島三郎君がいて、小学校以来の友人の縁でつき合うようになったのだが、彼の勉強ぶりはいわゆるガリ勉ではなかったから、妙な（？）影響を受けなかった。それでも彼のひとがらは、私のガラの悪い下町ぶりには、好ましいものに思えた。なりたいものがなくとも時間はたつ。ゆくところがなければ大学院しかない。いま商学部に残っている藤沢益夫君とふたり、どう考えても余りできの良くないのが、おぞましくも（当時はそんなことはちっとも考えなかったが）のこのこ大学院に入っていった。その時のドイツ書講読の担当が石坂さんだったが、ものの一か月もたたない中に病気になって（再発）遊部久蔵先生に交替。顔もおぼえなかった（つまり、出席しなかったのだ）。

秋にはとっくに大学院を飛びだしていた。何もやりたくないのが、何かやらねばならないとされたのだから、つとまるはずがない。仕様がないから兄をだまくらかして（それほど意図的ではなかったのだが）、医者になるからといって予備校にゆく真似をして酒ばかり飲んでいた。頭の上にいつも胃があった。小島がお節介をした。石坂さんのおでましである。「メダカのひもの」、私がしゃくにさわって石坂さんにつけたあだ名である。石坂さんは憎らし気にみえた。銀座で麻雀を打っていると小島と二人で現われて、何も仰言らずに消えてしまう。とまり木で飲んでいるとのこのこ（私には小さな石坂さんが開店まえのバーの逆光線の中で大きくみえた、だからずかずかと言うべきだろう）入ってこられて、隣にすわりこんで、私が動揺をかくすようにしてぺらぺら喋るのを黙って聞いておられる。この黙ってがこわいのである。ストレート・グラスのウイスキーを鍋島の化け猫のようにぺろぺろなめながら、ぽつんと「意味と意義とどう違う」なんぞと締めつけるのである。

石坂さんのお節介は、どうやらまちがいなく、小島から私の情報を全掌握されての発動であったろうから、当分は所詮勝てぬ戦をひとりできりきり舞いをした帝国海軍そのものが私であった。ついに「君のような粗雑な頭の奴は、経済学は無理だ、せいぜい政治学だね」と勝手にきめられて、政治に学士入学したのが昭和三十一年だから、二年半ぐらい遊んでいたことになる。

石坂さんは引越魔であった。もっとも、この引越というのは大正・昭和の書生文化であったそうだから、石坂さんはその意味でも戦後でのその正統な文化継承者だったのだろう。今はもうない、日本の大発明オート三輪に山と積んだガラクタにしがみついて、小島と二人でキャーキャー言っていた。それは二人がまるで石坂さんの書生であったかのようで、何とはなしに嬉しかった。

私は石坂さんに書物によってご教導を受けたことはほとんどない。石坂さんの教育は座談の中にあった。不貞腐れているポーズを捨て切れないでいる私は、それでも、お話にでてくる書物や雑誌論文をこっそり買ってきて、知らない顔のままで分ってやろうと不遜であった。安藤英治さん（前出）に会わされた。藤田省三さんにも会わされた。その縁で石田雄さんにも会わされた。みんなアルコールと脂粉の巷であった。私は十分に緊張した。私はそうした中で、石坂さんの戦中派体験をかぎ取ったと思う。それはリベラリストのそれ以外にはありようもなかった。

私の母が胃癌で死ぬことになった。石坂さんは、私に嫁をもたせようと思ったらしい。それとも、私の一目惚れ性癖にとどめをさそうとなさったのかも知れない。私は二十九歳、いまの家内に会わされた（どうも会わされっぱなしである）。そして石坂さんは三十九歳、まだおひとりだった。代官山のアパートで散々ぱら書生訓練《しごき》の使役中だった。藤島武二のグラビアが飾ってある以外、何も生活に彩を添えるものはそこにはなかった。

大学院修士二年だった。だしぬけに教授会決定の留学命令がきた。わけが分らないまま結婚、単身渡米。（家内によると何とかことわろうと思っている中に、母の死や留学〝アメリカへ遠島〟のごたごたで、ことわりそびれたのが身の因果だとのことである。）プロペラ機でウェーキ島、ホノルル、サンフランシスコ、カンサス・シティ（エンジントラブル）、そしてワシントン。時に一九五九年十一月。六〇年安保はそこまできていた。

安保闘争の石坂さんを私は知らない。まえにも述べたように、石坂さんは過去をあまり話してくれないからだ。何がしかはやっているはずだ。それは大学紛争のときにはっきりと分った。石坂さんはひとりでいられる方なのである。あるいはだから、ひとりで生きていられるように生きておられるのかも知れない。大部分の教員が学部にへばりついてしかいられなかった事実を、紛争は明らかにした。だから、ひとりで生きていられるのは、そのままで反体制で異端と目されたはずである。石坂さんは平気の平左でひとりでおられた。ヘルメットをかぶって地べたに腰を下ろしている学生に平気で話しかけるのに、私はたまげた。もっとも私も、とっくに法学部で異端にされてはいたのだが。石坂さんは学生が好きなのだな、と思えた。学生から犠牲をださないこと、それが異端どもの暗黙の合意でもあっただろう。

ひとりでいられる人間、それでいてひとの中にいても大丈夫な人間、それが石坂さんだと思う。だからこそ、入試問題漏洩事件のとき、学部長代行ができ学部長がつとまったのだ。能吏や状況主義者は本質的にひとりにはなれない。それは《精神》の次元にかかわるからである。善悪はひとりできめねばならないし、その決定責任は自己の生の本源につらなっている。だが、それはかたくなさでは決してない。石坂さんが学部長のとき、一事件処理についての法律問題にかんして相談を受けて、私は即座に高鳥正夫教授を推した。石坂さんはそれまで、高鳥さんに好印象はもっておられなかった。しかし、それを機に高鳥さんに変わることのない信頼をもたれたし、高鳥さんにしてもそうなった。お二人とも「私心」がまるでないことを、私は知っていた。

石坂さんは非常に細心でいながら思い切りがよい。福澤研究センターの三年間、私はそれを知り抜いた。石坂さんの世間智は決して世の中にこびもしないし、迎合もしないたぐいのものだ。それはまぎれもなく《合理性》である。容易にひとを信用しない石川忠雄塾長が一目も二目もおいたのも、この石坂さんの《合理性》にはかなわないものをかぎとったからにちがいない。「神も予言者もいない近代の人間の職業学問人としてのウェーバーは、自分が自分の裁き手になる以外にない」と『知の定点』で石坂さんが書いたとき、あるいは「私たちはかんたんに〈自分〉を見失う伝統をもっているようである」とも書いたとき、石坂さんは、孤立と孤独のちがいをはっきり知っていたにちがいない。

それは、私には、日本の近代において数少なく「個人」になりえた人間を思い当てさせる。久野収さんは「知識人」に三つの意味があるとした。一つは科学者を典型とする専門知識の所有者、第二は批判的知性の持主、三ばん目は精神創造・伝達にたずさわる文化人、である。そして久野さんは、この三つがひとりの人間に重合しなくなったところに、知識人の現在の不幸がある、と指摘している。

この文化人の意味は、ウェーバーによって深められねば、軽く誤まって受けとられる可能性があるが、とりわけ第二の意味の欠落はまさしく「魂なき専門家」としてウェーバーが排除した人間類型であった。しかし現在では、この意味を一身に集約する努力はほとんど重視されない。むしろ、第一が聳立《しょうりつ》し、それがＴＶタレントと双立して知識人を形成する。その落ゆく先は川端康成や岡潔の「美しき日本」への埋没でしかない。

石坂さんが森鷗外や島崎藤村を執拗にひきだすのは、彼らがついに馬鹿の一つおぼえに堕ちなかったからだし、あるいは福沢諭吉に対決的に立ちむかうのも、彼がたぐいまれな「歴史」的現実論者だったからであろう。石坂さんが確信するのは、自己に弱さを突きとめうる人間の強さ、という二律背反の中にある人間の栄光への共感があるからなのではないか。そして、その分だけ石坂さんは「絶対」信仰者を嫌っているはずである。それは専門と批判的理性とが無媒介には結びつかず、その結節にその人間の個性が立ちつくすことと、戦前派として「戦争」を石坂さんが知らねばならなかったことにつながってはいないか。

それを体験と言ってしまうことはやさしい。しかし、石坂さんの体験は「近代」につながっている。それは「世界体験」なのだ、としか私には言えない。若者・学生が「実感」と言うとき、私は危うさを思う。理性に代わりうるもう一つのこととして「感性」を口にするとき、同じ危うさを感じる。というのは、時代をかぎとるのは感受能力であり直覚力ではあるが、それだけで歴史と格闘することはできないからである。

歴史との格闘とはこの場合、歴史の創造をこそ意味する。そして、私のような平凡な能力しかない者には、ただ批判的理性をもって、反歴史的につくられてゆく「現実」に対決することだけが残っている。それはすでに時代が暗くなっていることを予兆することどもが見えているからである。リベラリズムが歴史を創造する担い手にはならない、という指摘がなされているが、少なくともリベラリズムは世界を悪くしない《精神》を意味しているはずである。

ここに参集した石坂門下生には、最小限度、このいとなみを受け継ぐ義理が石坂さんにある。石坂さんは「続け若殿輩《わかとのばら》」とは仰言るまい。「みがけ！批判精神を」と仰言るのではないか。そして石坂ゼミ出身の諸君にお願いしたい。真の社会的役割とは何で、それを一生担い続けるための自分自身の条件とは何かと。「戦争」から直接学ぶことだけは、絶対にしないで欲しいし、「戦争」から直接学ぶ、その可能性を後からくる「人間」に残さないこと、それがおそらく間違いなく石坂さんの教師としての生を貫通しているにちがいない。

小島三郎君はすでにない。私は彼が壮絶な生き方を死に近いときにしたことを知っている。だが小島は自分〝ひとり〟を世俗の中にもち切れなかった。これは悪口ではない。小島は石坂さんほど強くなかった、と言うのでもない。小島は〝せめて近代〟への意志をつらぬけずに亡びた。それは私にも痛恨である。

石坂さんが亡びぬことを、諸君は知っていなければならない。私はそれをかたく深く知っている。（一九八六年六月二日）

『「近代」とその開削——政治・経営・文化——』清水弘文堂書房　一九八七年六月

遥かなる架橋

「せめて近代」。この言葉を言い合いながら、飽きることなく、社会科学から文学の世界に、そして歴史としての現代に相渉り、酒精飲料に時を忘れた。慶応の助手、講師時代の倉沢康一郎（商法）と私のいわば豊饒なもう一つの青春であった。それは、私がやっと辿り着いた鮮明な問題の地点であった。
なくなられた安田武さんに言わせれば戦中派第三世代。つまり、「在学中、勤労動員で工場へばかり通っていた。または、予科練、少年航空兵。この層では、教養主義すらない。軍国主義教育を、何の疑いもなく信じていた」。うへえと思ったり、そうかなあと感じたりはしたこともあるが、本質的に「何の疑いもなく」戦争に励んでいた。「国の大義に殉ずるは若き学徒の面目ぞ」とうたっていた。その国の大義が私たちからトンズラした。昭和二十年八月十五日であった。私は学んだのだ。私に死を命ずるほど強力だったものは、本質的には、勁《つよ》いものではないことを。そして独り残された自分を識らねばならなかった。抜けるような青い空があり、焼けた赤茶色の土があった。

　私を完璧なまでに包み込んでいた世の中は、どうやら社会というものらしかった。だが、私がそこにいた世の中は「戦争社会」とでも呼ぶべきもので、それは男だけで保《も》っていなければならぬ社会だった。それが一挙に変った。女がわっと出てきた。そう、それはわらわらと女がとめどなく湧き出る光景であった。途惑いたじろぐばかりだった。私にはまったく見当もつかないものが《現実》として立ちはだかったのだった。満十五歳の少年はとにもかくにも独りでその現実に立ちむかわねばならなかった。手がかりは小説の世界しかなかった。少年の私には《想念》という方法しか、おそらく思いつかなかったのだろう。手に入ったものは、何の脈絡もなく読まれねばならなかった。その中には『アトリヱ』とか『みづゑ』といった美術雑誌の古本まで混じっていた。この中で慶応に入った。

第一志望は文学部、第二は経済。面接で何になりたいのかときかれて、苦しまぎれに新聞記者と言ったら、それならと経済にまわされた。経済での四年間はまったく無為。点がからいと定評のあった講義だけに挑戦した。だから経済学なんて代物に興味が湧く気づかいはまったくなかった。小説を読み、三越劇場の新劇に通い、映画は全部みた。歌舞伎に通いつめたこともある。

「強力なもの」への不信と、「独り」の感覚はこの間一貫していたようだ。学生運動にもイデオロギーにも、あるいは経済法則なんていうものにすら背をむける気配が強かった。いまから思うと、私は戦争によってつくられた社会とそうでない社会を対比的に識りたかったのかもしれない。だが、慶応での講義には戦争の後味《あとあじ》はまったくなかった。綺麗さっぱりとなかった。昭和二十四年から二十八年までの四年間、戦争といえば朝鮮戦争だった。それには興味を持ちようがなかった。学問は駄目なものなのか。自分の不勉強のつけは、四年生になって、私はそう納得させそうだった。未練が残った。大学院にでもいってみようか、と自分を延命させた。だが、一年と保《も》たなかった。中退した。やることは全くなかった。かじるべきスネは兄にかわっていた。

おまえみたいなバカは政治学をやれ。経済の講師だった石坂巌さんの極付《きめつ》けだった。なぜ、と私は反問しなかった。「クモの糸」とまでは思わなかっただろうが、未知への好奇を煽られたのかもしれない。しかし、政治学には半信半疑というところだった。丸山眞男さんの「科学としての政治学」を読まされた。ぎょっとした。科学とは、政治学とはこんなにも人間くさいものだったとは。今でも、この時のふるえるような衝撃を忘れない。つかまった、という感覚だった。

生身《なまみ》の人間、不合理な人間が、どうやら、政治学における人間、つまり、政治的人間らしかった。徹底的に合理的な近代的人間としての経済人から抜け出られそうな予感があった。同時に、近代の深淵としてのナチズムやホロコーストにもぶち当たらねばならぬ宿命に耐える緊張も私の中をはしっていた。その緊張を支え切るのは私の全身をもってしなければならぬ仕事であった。それは私の〈理と情〉の次元にかかわることがらだった。

これを「二元」に還元してはならなかった。理が「せめて近代」につながった時、情をおいてきぼりにしたら、私はファシストになりかねない。生身の私が、ファシストに絶対にならないための格闘、これが私のでんとしたテーマに居すわった。M・ウェーバーや丸山眞男、大塚久雄、川島武宣が私を叩いていった。その中で、私の「十五年戦争」がくっきりと姿を現わす。安田武さんが明証した世代体験としてである。

それは間違いなく私の「情」の原基をつくっているにちがいなかった。戦争は情によって準備され、開始され、そして持続される、と私は思うようになっていた。理はその情を糊塗するにすぎない。私の理と情はそうなってはいけない。理と情は補強し合って、人間一人ひとりに自然に生まれて死ぬ人生をこそ保障する社会を創作する作業に参加するのが、人間の歴史なのだろう。だから、戦争はこの人間史に対立する。とすると、無知によって原基が造成された私の情をきっちりと、つまり、自分で突きとめないと、私の理と情を全一化する手がかりは得られない。ウェーバーや丸山さんをいくら懸命に読んでも、それで済むことがらではないのだ。

私はすべての公職から離れる年齢に達していた。情としての戦争の前提に「国家」があったはずだ。「日本」

人にとって、ナショナリズムはなぜ「民族」主義でなく、ただちに「国家」主義になるのか。その場合の国家はなぜ日本国憲法国家でないのか。

私はそれまでに自分の存在を確認していなければならなかった。(不思議とその時機は大学紛争時であったのだが。)それは、沖縄に特攻した戦艦大和乗組員の臼淵磐海軍大尉が「敗れて目覚める。それ以外にどうして日本が救われるのか」と言い遺した言葉に集約される。この戦争に敗けることは、必ず同時に「目覚める」ことでなければならないのだった。臼淵さん、私は目覚め続けなければいけないのですね。生き残った一人として。

残り時間の切迫を意識していた戦争が終って、一挙に時間だけは無限にある、その中で行きつ戻りつしている中で、また時間の切迫を意識した。私の無知の情は、戦前昭和の日本及び日本人を知ることであぶり出されるはずだ。そこに外国人の日本論の著書群が私のまえに姿を現わしたのだった。

『評論』133　日本経済評論社　二〇〇二年十月

いちばん身近な政治

随分と迷ってきたな、と思うことが多くなった。おそらく、予想もしなかった七十五年も長く生きてきて、何彼と思い起こすことがらがすべて「迷い」につながるのを知るからである。七十五年間は充実の一瀉千里《いっしゃせんり》なぞと言えるわけもなく、むしろ空虚とは言わないまでも、一つ一つが実感を伴ってよみがえってこないのだ。それが私自身をうとましくしているらしい。

かなり若いとき、学生にどうして研究者になったのかときかれたことがあったのを私は忘れない。「ほかになるものがなかったからさ」とこたえたことも忘れていない。ちょっと困ったような顔をしたが、それ以上なにも言わずに、彼は立去った。講義が終って研究室に戻る道すがらのたちばなしだった。

おそらくこのこたえは完璧だった。そして学生に私には近寄るなと拒否する意志が伝わったのかも知れない。コンパなどでは学生が教師のプライバシーに属する話をききたがることが多い。そんなときに同じことを問われたら同じ返事をしたにしても、それは巧みなはぐらかしであろう。だが、いま語った会話にはそんな軽妙さはなかったはずだ。

学生に慶応の教師になった理由をきかれたら答えはまったく違っていたはずだ。いくら私がそれを望んでも、私は出願し面接を受けるだけで、それ以上のことはできないのだから、「運だね」と答えるしかなかったろう。

だが私は研究者になろうとしていた。

私は経済学部に入った。それは何かになるための大学進学ではなかったから、二次試験の面接のときに将来の希望をきかれ、切羽《せっぱ》つまって新聞記者と口走って、それなら経済にゆきたまえと、文学部第一志望にしておいたのに、妙にこじれた気持のままに迂闊に入った学部だった。一通り出てみた講義で心に届くものはなかった。私の知らない心理学はおもしろかったが、どこか八卦見みたいで、おまけに品切れ中の戦前の教科書を見つけて読んだところ、半年分が一週間程度で終えてしまって、先生がぱくぱく開く口と音声をきくのが愚かしくなって出るのを止めた。だんだん講義が遠くなって、私は小説ばかり読んでいた。三年になったときに医学部にいったNとは時どき小説の話をした。彼が私に渡したのはハンス・カロッサだった。私は彼に『アドルフ』を渡した。

焦点がきまらない、茫漠とした不安にとらわれたまま、いやそれだからこそ私はある女性に恋した。しかし、私の身の処し方がそれによって規制されるわけもなかった。まだまだ時間がかかりそうだった。経済学に手がかりはなさそうだったが、闇雲に大学院に入った。彼女は私が「進学」したのだと思っていた。一年で中退した。彼女は去っていった。

十歳年上の先輩がいた。慶応で講師をしておられた。彼が言った。君のようなのは政治学をやるといい。経済の教養できいた政治学の講義には私を魅了するものはまったくなかった。彼は学士入学をすすめ、丸山眞男を読めと強制し、ウェーバーとの格闘を命じた。まだ『思想と行動』は出ていなかった。

彼は私が政治学を学ばねばならぬ必然を語ることはなかった。私には自分を客観化できるほど余裕があるはずもなく、彼に言われるままに本を買い、ノートをとって読み、時どき大酒を飲んで彼にからんだが、いつも簡単にあしらわれて悔し涙にかきくれた。それは防具で身をかためて竹刀で打込んでも、素面素籠手《すめんすこて》の師範にか丨るくあしらわれ、こちらが手を抜くとすかさず強烈な一撃が加えられる、いつやむとも知れぬ稽古《けいこ》に似ていた。その中で、要求されているのは、私の近代革命だと気づかないわけにはゆかなかった。

ダンテがしつらえ、ウェーバーが据えつけた地獄の門が私のまえに屹立した。「すべての希望を捨てて、狭き門より入れ」。私は近代にうなされた。すべての希望を捨てよ、の大命令に私はすくんだ。それは〝選択〟という命題だった。選択するとは、他のすべての可能性を捨てることである。私の選択、それはその結果を含めてすべてが私の行為である以上、転嫁することのできないことがらであるにちがいなかった。私はまだ研究者を選択できなかった。

一つの可能性をとって、他のすべてを捨てる、という選択は、その結果を自分ひとりが負うことを意味する。ここで《責任》にぶつかる。誰も分担できない責任。そこに人間の孤立があった。さまざまな共同の所為と表現が、孤立という事実のめくらましとしか思わないほど私は突出していた。その頃だろう、「断絶」という言葉に強くひかれていったのは。私にはようやく「大学で学ぶ」ことの意味が分かりはじめたらしかった。

政治の大学院で私は東南アジアの地域研究を専攻することにしていた。まったくの独学であった。インドネシアの独立革命がテーマだった。そこには「断絶」を「独立」と読み直す私の内面もあったし、植民地主義という私たちもまた昭和の子供として担わなければならぬ帝国日本の経験にたいする責務も含まれていた。そこに降ってわいたのがアメリカ留学だった。コングレッショナル・フェローシップというらしかった。何が何だか分からないままに、教授会の命によって、私はアメリカに飛んでいった。アメリカ人フェローで政治学専攻の連中に関心をきかれると、私は「メソドロジー」と答えた。後で分かったことだが、ドイツ語のメトーデンレーレ、つまり、方法論は日本ではそのまんま通用したけれども、アメリカでは社会科学の方法の問題を集約する分野はまだ成立していなかった。へまをすれば、それは神学に近い受取り方だったはずだ。ろくに会話もできず、それでいて本ばかり買い込んで、それも政治機構論には興味を示さず、ときどき思い出したようにウェーバーだとかマンハイムだとかを口ばしる東洋人を、彼らアメリカ人は心配していたのかもしれない。それもそのはず、私が連邦議会にいたのは一九五九年から六〇年、あの六〇年安保騒乱時だったのだ。

日本大使館でも、把握していない日本人学生が上院議員（ワイオミングのマギー氏）のオフィスにいて、何度か電話で状況を問い合わせてくるのだから、いささかびっくりしたらしい。それでも私は断絶を維持して、大使館には顔も出さなかった。フルブライト上院外交委員長からアイゼンハワー大統領訪日についての意見を求められたときも、予定通りに運ぶべきである、と突張った。国際感覚なんてあるはずがなかった。私は日本人とほとんどつき合いのない、いわば目と鼻の生活（口と耳はあまり役に立たない）を最大限に楽しんでいたのだった。（227, 2 nd street. S. E. tel. Lincoln 7-4946）

アメリカにくるまえに、法学部副手の面接を受けた。東南アジア専攻での採用だったが、政治学専攻という含みがあり、帰国後に確定するとのことであった。この副手出願は私の発意というよりも、ある方がたのおすすめだった。大学教員と研究者とを重合し切れなかったところがあった。この当時では、私はむしろどこか研究所の方がより充実した生活になるのではないか、と思っていたようである。

帰国後約十年間、私の近代革命はひたすら内面化した。一緒に大学に残った法律のK君と、「せめて近代」なんて言いあいをしながらサケを飲んでいたのだから、いちばんちんぴらの教員としては、私の近代革命は外面に表出しない形で進行していったらしい。スマートなアメリカ政治学理論に目を見張ることはやめなかったが、私が背負っている近代は、普遍的な歴史としてその意義を広く深く進めていたように思う。アメリカ政治学が第二次大戦という歴史的時期にぶつかって、人間理解ということがらのまえにその無力を自覚し、その有効化を求めて自己変革をとげる契機こそ私にも理解できたが、そこでの人間理解は文明と野蛮の連続的進歩の過程でのパターン化として呈示された。それは西欧が世界を独占するスタイルであり、普遍的価値への畏敬による自己規律的な理解ではなかった。言いかえれば、世界や人間にかかわるすべてのことがらを〈未知〉とし、いずれはそれらはすべて〈既知〉にするとの倨傲の楽観がそこにあった。

私を限りなく〈孤化〉する近代は、やがてそれを〈個化〉に折り返えす。この〈個化〉は紛れもなく〈私化〉であった。そこまできて、私は私の政治学が昭和五年から敗戦をへて一九七〇年を過ぎてゆくことに大きな意味をきっちりともつことにゆき当るのである。それは大日本帝国からの離反を意識的に認識する旅立ちを意味したと同時に、自分以外によって以って立つものなしとする《私立》宣言でもあっただろう。

この時点に立ったとき、私は自分の政治化を探り当てたけれども、それはまた私の政治学が自己否定を常態とする、破壊と建設の永久革命の迷いでもあることの確認でもあった。しかし、人間と政治が不可分なのは、自分の生命に発現する営為として了解しなければならぬ選択でもあったのである。(二〇〇五・七・二四)

「政治探求・7」『ロゴスドン』ヌース出版　二〇〇五年九月

執筆ノート

『敗戦と民主化 —— GHQ経済分析官の見た日本』
T・A・ビッソン著／内山秀夫訳（三〇四頁、慶應義塾大学出版会）

「戦後」を画期したのはポツダム宣言だった。昨年が戦後六〇周年だとかいって、いろいろとイベントが催されたが、ポツダム宣言受諾の歴史的意味を重大に取上げたものの記憶は私にはない。満十五歳の旧制中学四年生だった私の体験からすると、戦後をはじめさせたのは天皇の「終戦の詔勅」だった。つまり、戦争は天皇の「宣戦の詔書」ではじまり、「終戦の詔勅」で終わった日々であった。

　政治学者の端に加わり、この戦争で大転換をとげつつあったアメリカ政治学を思想史的に取上げていったのだが、それには当然のこととして、日本民主化の問題も内在していないはずはなかった。それは私の内在的・潜在的な関心対象として隠されたままに持続されていった。

　この隠しテーマをオープンにする時がきた。しかしそれは、私を日本研究者に仕立てるものではなかった。日本研究を進める人たちにたいして便宜を提供することであった。石坂巌先生を中心とした新設福澤研究センターの結成と活動に懸命になったのは、そのためだった。定年で慶應を去って新潟に移った時、私はやがてひとりで日本研究に貢献する道を考えはじめていた。それは一つは自分の十五年史を形成した軍国日本主義、もう一つは敗戦後、この日本はどれ程民主主義になじんだ体質をつくりあげられたか、の問題であった。前者の場合、あれだけ知識人がいて、あれだけ外国語のできる青年たちがいて、どうして帝国日本を把握できなかったのか。三田の図書館の書架に一九二〇、三〇年代の洋書が山積しているのを見て、私は茫然としていた。後者は間違いなく、ニューディール左派が担った「民主主義」論が中心になる。ＧＨＱ内部の権力闘争、占領政策の転回、国際情勢の変化等を考えても、民主主義の深化は十分に可能だった。だが日本人当局者は、嬉々として、大日本帝国の心髄を守旧した。その限りでの民主主義だった、というべきではないか。

私がひとりではじめたのは、この二つの領分での同時代の外国人が見た日本および日本人論を世に出すことだった。二人の出版人が応援してくれた。訳しておけば、少々間違っていても、特別の人以外は興味が湧いた時に読んでもらえるだろう。

ビッソンのこの本はかなり有名なものらしい。一九四九年に出ている日本の旧体制変革挫折の書である。占領が失敗したのか、占領を失敗させたのか。後者を占領権力に対する抵抗者と持ちあげる風潮が強い。日本および日本人が戦争に負けて、再び世界史に参加しようとする時、奉ずる価値の見定めを果たして欲しい。そんな気持が私を過去に引戻してゆく。

『三田評論』第一〇九〇号、慶應義塾　二〇〇六年五月

第2章　政治学を語る

比較政治学と近代化
日本の近代化を考える指標

はじめに

「近代化」という考え方ほど厄介なものはない。たとえば「工業化」、「社会変動」、「世俗化」、「合理化」、「社会的移動」といったような用語で論ぜられる内容が、まさに「近代化」を論じているのだという態度を表明していたりする。では、こうしたいくつかの用語と「近代化」とは別個のものなのだろうか。この問題については先に十時厳周助教授が十分に論じておられるから（「『近代化』ということについて」『三色旗』一九一号、一九六四年）それに譲るが、工業化といい、世俗化といっても、近代化のある側面を特にとりあげた、すなわち分析の力点のおかれた側面にたいする用語に外ならない。というのは後述するように、何等かの理由で「近代化」にのりだした社会は、その近代化の効果を社会全体が担わなければならなくなるのだから、どうしても社会現象をその対象とする社会科学は、それぞれの個別科学のもつ方法なり視角なりをもってその現象にとりくむことになる。だから、たとえば経済学は工業化や経済発展として、社会学は社会変動としてそれを認識することになる。しからば「近代化」概念はどのようにして、こうした副概念を統合しうるのか。私はこの契機を、「近代化」概念によせられた歴史的認識論に求める。たとえばＣ・Ｅ・ブラックがのべているように、これまでの歴史認識は、西欧の先進民主主義諸国のモデルにそれ以外のあらゆる諸国が追随する宿命をもつとする自由主義教説か、資本主義→社会主義→共産主義への移行が階級闘争によって進められ、それが世界史の必然であるとするマルクス主義教説に依存していたのだが、むしろその両者を否定し、第三の選択肢としてこの認識論が提出されているからである。このようにのべてくれば、「近代化」概念が現代社会科学にたいしてもつ意義がいかに大きいかが容易に了解されるだろう。

比較政治学と近代化概念

では、近代化とはどんな意味内容をもっているのだろうか。この規定もまたさまざまであるが、だいたい今のところ共通している基本的内容は、何への近代化、何からの近代化の場合の「何」にあたる理想型社会を、前者を近代的社会、後者を伝統的社会として設定し、その両者を結ぶ連続線上にあらゆる社会が位置しており、それは無限に近代的社会に接近していく過程にあるとすることである。すなわちあらゆる社会は、この意味では近代化しつつある社会であり、その差は、その社会の採る近代化の方法によって生ずるのであって、たとえばかつて日本の論壇をにぎわした「近代の超克」という場合の目標としての「西洋近代」絶対主義ではなくて、相対主義的な観点から認識されるのである。

こうした論拠はなにも不意にとびだしてきたものではない。この概念を生みだしたのはアメリカ社会科学であるが、要点的にのべれば、一九三〇年代にナチスに追われて渡米したドイツ人社会科学者がうえつけた知識社会学、文化社会学がアメリカのプラグマティズムと結合して、相対主義の科学的風土をつくりだしたことに淵源が求められる。政治学の領域においては、第二次大戦中および戦後に国家的要請として生じた占領地行政、旧植民地域にたいする政治指導、および世界情勢の収拾に要する対外援助といった一連の政策への基礎資料を政治学者が他の社会科学者と提携して提出したことから生れた従来の歴史的理解や制度的理解への不信感があづかって力があった。この不信感は相対主義によって解消の足がかりをえて、政治体制とその構成部分にかんする意味のあるクロス・ナショナルな比較可能性を内蔵した方法論への追求となっていったのである。他の社会科学との協力体制はすでに準備されていたから、社会学、人類学、心理学のいわゆる「三つの科学」から重大ないくつかの概念を導入する気運は妨げられるはずはなかった。比較政治学という分野が新しく、しかも脚光をあびながら登場した舞台には、こうした学問的背景があったのである。しかも戦後世界政治は、西欧社会ばかりでなく、非西欧と総称されるまことに雑多な社会にも平等に拡大されたのだから、西欧諸国と非西欧諸国とは質の点では差はないのであって、ただ程度においてのみ差異があるという認識によってしか政治学は現代性を担えないのだという契機を内的にも、外的にももたなければならなかったのである。

　比較政治学はかくして、他の社会諸科学の業績を積極的にとり入れ、再構成した。たとえば社会学からはM・レビイ等の構造＝機能論やT・パーソンズの社会体制論、人類学からは文化概念を摂取し、政治体制や政治文化概念として展開する一方、官僚制、政党、リーダーシップ等の政治学のもつ共通資産をこの新しい理論枠組にくみ入れるなどの方法論的推敲を重ねながら、他方ではそうした方法による分析を提出する態度をうちだしている。こうした特性を担った学問であることからして、比較政治学はどうしても現在と、現在に接近した過去にしか理解対象をとらえることができなかった。また前述した現代政治学はK・ポッパーのいう「歴史主義」との断絶を一つの契機として成立したのだから、歴史との復縁を想定するだけの理論的余裕をとり戻すにはいたらなかった。しかし新たに設定された政治体制や政治文化等のいくつかの概念が共有され、一般の承認をかちとる時点に達すると、元来歴史性を強く帯びている政治学としては、所詮は歴史と無縁でいることは許されなかった。しかしその場合の歴史は、歴史学の一分野としての政治史として比較政治学と同水準に対置されるものであってはならないのであって、比較政治学理論に組みこまるべき歴史であり、比較的理解に応ずる歴史的理解でなければならない。社会変動の過程を理論化するための近代化概念が、この意味からして比較政治学的に有資格であることはあらためて論ずるまでもなかろう。むしろ近代化の比較分析によって、比較政治学は、これまでの均衡論＝静態論的衣裳を脱ぎすてて動態論に発展する手がかりをえたのであり、また前述したように、歴史を組み入れることによって従来の欠陥であった歴史性をとり戻す足がかりをもえたのである。

攻撃的近代化と防衛的近代化

こうした比較概念としての近代化概念による理論構成には、「近代化の政治理論」、「政治的近代化の理論」といった名称があたえられているが、この理論はまだ十分な発展をとげてはいない。ただ理論構成に必要な資料はたとえば、経済発展、社会変動といった命題にかんしてきわめて豊富であるから、この理論にかんする基本的承認が生まれる時期は遠くないと思われる。ここではその一つとして先にふれたブラックの提出した考え方をのべておこう。

ブラックが自由主義教説とマルクス主義を拒否して、歴史認識の第三の選択肢として彼の試論を提出したことは前述した。歴史の比較分析の方法としては、一つには時代区分の範疇を設定することが要求されるのだが、同時にその範疇との関連において設定されなければならない変化の類型化（社会範疇の類型化）が必要である。少くともこうした二つを座標軸として、その社会の位置づけがおこなわれなければ、安易な発展段階説に堕してしまう。ブラックはこの場合、両者にたいして政治的リーダーシップを規準にして、それぞれを決定する。この規準が政治学的に正当な点は、たとえば経済発展の諸段階は順次に、政治的に組織された社会の枠組内で進展するし、またその政治的イニシアティブと規制に依存しているとする認識の点に求められる。だからブラックが、時代区分の中心に、政治権力が伝統的指導者から近代的指導者に移行する段階を設定し、類型化の場合には、近代的指導者が政治権力を獲得し、その計画を実施するにさいして直面する特徴的な諸問題をとりあげたのは、特殊政治学的な方法ではなく、「近代化」という全体社会的現象理解に接近するにたるだけの意味をもっているといえる。

　ブラックがこうした視角から時代区分にたいして設定したのは、⑴伝統的社会の枠組内での近代性の挑戦、⑵伝統的な政治的リーダーシップから近代的リーダーシップへの移行、⑶統合的社会の形成、⑷国際的統合、の四範疇である。また類型化された社会範疇は、⑴初期に近代化を推進したヨーロッパ社会とその派生社会、⑵ややおくれて近代化にのりだしたヨーロッパ社会とその派生社会、⑶自力で近代化を推進しようとしたヨーロッパ以外の社会、⑷後見下で近代化を行っている発展をとげた社会、⑸後見下にあって近代化をはじめている後進社会、である。ここでこうした範疇の内容を詳述することはできないが（詳しくは拙稿「政治的近代化の理論と問題」『法学研究』昭和三九年十一月を参照されたい）、時代区分の範疇では、第一のものは、近代理念が伝統的社会に衝撃をあたえ、その理念の展開、浸透を通じて、社会が伝統的体制を維持する目的から近代的に再編成される段階であり、政治権力は伝統的精神をもった指導者が持続する。第二の段階は、伝統勢力と近代勢力との活発な闘争の段階であり、政治指導者の側での近代化の決意の表明、農業本位的生活様式にもとづく諸制度との断絶、政治社会の創出といった内容を含むが、それはまだ名目的な制度的改変である場合が多い。第三の段階では、エリート諸集団が近代化への要請にかんしては一致しており、ただその実施計画についての対立にあるにすぎない。だから、これまでの革新勢力の代表であったナショナリズムやリベラリズムは、すでにかちとった秩序維持をになう保守勢力に転ずる。第四の段階は、将来に想定された段階である。すなわち、ブラックは、彼の近代化理論図式を完結するために、これまでの国家統合とはまったく異質な統合段階を設定したのである。

この二つの座標軸からブラックは、各社会にたいして、それぞれの時期を決定してみせるのであるが、それはそれなりの意味があるにしても、本稿でのべる必要はあるまい。ただここでもう一つのことは、本節の項目にあげておいた「防衛的」、「攻撃的」近代化の考え方である。この二つの概念については、ブラックは十分な形で論述していないが、私の理解するかぎり、前者は時代区分範疇にたいする中心概念であり、後者は社会範疇の中心概念である。すなわち、防衛的近代化は、伝統的社会が何等かの刺戟によって、その社会枠組を維持しつつ、しかも近代的なるものの挑戦を受けとめねばならない時点で成立する「近代化への始発的対応型」である。だからこの型は、表面的な近代化型であって、そこでは官僚制、軍隊、およびそれ以外の「制度」が、伝統的な体制を維持する目的から、近代的方針によって再編成されるのであり、政治権力のあり方が挑戦をうけることは比較的少なく、伝統的精神の指導者たちが政治権力を維持する。他方攻撃的近代化は、「初期に近代化を推進したヨーロッパ社会とその派生社会」に典型的に対応するリーダーシップの型といえる。あらためて西洋史を見なおすまでもなく、ここでの近代化を始発したリーダーシップは、伝統的な寡頭政治家たる国王、貴族、官僚ではなかった。むしろ彼等は、近代化を始発するための「攻撃」の対象であったので、その始発動力を担ったリーダーシップを構成したのは学者、弁護士、商人といった「市民」であった。そしてこの攻撃的近代化の過程は、それが一般的に承認される程度に応じて、伝統的リーダーシップと近代的なそれとの権力の分担、後者による前者の排除という相対的に漸進的、平和的ではあるが徹底的に行われるという形をとっている。

この二つの中心概念を、直ちに後者がヨーロッパ型近代化、前者が日本をふくめての非西欧型近代化として理解してしまうことは軽率であるが、前者を明治維新時からの日本の指導者のたたずまいを念頭において考えあわせて見ると、理解をたすける手段になる。

日本の近代化

一九四五年をもって絶望のどん底から、希望の時代に向かいえた「日本の時機」とすることは、われわれの世代の人間には何のためらいもなく肯定されているのだが、政治家がいうような何パーセントだかの経済成長率が、どうしてそんなに喧伝されるだけの意味をもつのか、ということになると、これはまた受けとる人間によってさまざまである。しかしこの現象は、外国人の目にはまことに「驚くべき日本」と映ることそのことには、こちらでへそを曲げるすじあいではない。彼等はここに「日本の近代化」の秘密をかぎつけようとした。もちろん先にのべた学問的たかまりの中で、彼等の一番説得されやすい数字で示されたのだからたまったものではない。しかし彼等はこの秘密をどうつきとめたのだろうか。

最近で最も注目されたのは『朝日ジャーナル』に載ったライシャワーの講演（「日本歴史の特異性」一九六四年九月六日号）であろう。その中でライシャワーは、近代化時代の先行社会制度であった封建制度は、完全な意味ではヨーロッパと日本にしか存在しなかったのだから、「近代化」という変革にたいしてこの両者は容易に反応しえたのだとのべている。そしてこの反応を担った日本のリーダーシップは、強力な個人指導制ではなくして、集団的な指導形式をとってきた文化型を継承し、同時に地理的な隔絶性によって育成してきた強い国家意識を基礎とし、国民教育制度の拡充とあいまって、工業化を成功させる基盤を着実に築きあげていったのだ、と論ずる。こうした図式はライシャワーだけのものではなく、アメリカ社会科学の日本理解の最大公約数的なものを多分に表明していると思われる。たとえばミシガン大学のR・E・ウォードは、近代化の衝撃をうけとめ、近代化をとりこむための先行条件は日本に備わっていたのだとして、次のように論じている。まず第一の要件である読書能力の点では、R・P・ドーアがのべているように、徳川時代において教育は着実な成長をとげており、その普及度は、十九世紀中葉のヨーロッパ諸国に比肩できるほどであり、だから思想のもつ抽象性の意義、政策にたいする評価原理の適用、業績本位主義の重視、といった近代的原理が容易に理解されたのであり、近代化過程が支えられたのだとする。また同じく要件である官僚制についても、J・W・ホールが指摘している。すなわち、将軍と大名の家臣団は、城下町に移住すると同時に土地との関係を失い、給料生活者になる一方、戦士としての特性を次第に失い、指揮官の下に配属されて市民としての義務と軍事的義務があたえられた。そこでの主従関係を神聖にしていた忠義の誓約は形式化し、官吏としての誓約に変形し、将軍・大名は法律的象徴と化したのである。だからそれと平行して武士階級の権威も、非人間的な公的な官僚的属性として成立していった。ここに、ウォードが「明治維新がはじまる一世紀前にはじまっていた近代化へと向かう長期にわたる漸進的な、制度的、態度的準備過程を評価する」ことができた論拠がある。

日本の近代化への先行条件が備わっていた点を、このように見つけてくれたことは有難いことかもしれないが、こうした説明にはたして安住できるのだろうか。井上光貞氏はライシャワー論文にたいして、外からみる者と内に生きた者との宿命的な相違だと批判したが、それは別にしても、なお安心できぬものがあろう。それは学問の問題であると共に、一人々々が考えるべきことであるからである。

おわりに

日本の近代化を特にとりあげて考える場合でも、近代化理論の中で日本を比較的にとりあげる場合でも、ブラックやライシャワーのようにあるいは分析や理解のために類型化をいそいだり、特殊歴史理解的に筋を通すと、いささかはた迷惑な理論的ひとりよがりに近づいてしまう。一番こわいのは、丸山眞男氏が日本におけるマルクス主義の意義を論じたさいに指摘した「歴史的現実のトータルな把握という考え方が、フィクションとしての理論を考える伝統の薄いわが国に定着すると、しばしば理論（ないし法則）と現実の安易な予定調和の信仰を生む素因となった」（『日本の思想』五九頁、岩波新書）ことが、そのまま近代化理論にも通ずる可能性がある。また日本の近代化が、たとえこれまではきわめて成功したとしても、これからの近代化は、まさに丸山氏のいう個々人の実感としてのそれではありえない。むしろこれまでの外むきの国家的態度としての近代化が、内むきの個人に向かってくるものとして考えていかねばならない。その場合に、組織のなかの人間として大衆社会を物神化し、安心しきっている「個人」が、大衆消費時代という近代化段階に埋没する大勢の中で、こうした近代化の個人化はどれだけの水準を期待できるだろうか。期待すべき人間像は、思想的、行動的に画一化されたものではなく、ここに個人の噴出がむしろ現実的に要求されてくるのである。（一九六五・一二・十六）

追記　あまりにも多くのものを故意に論じ落としたので、本文中に用いたもの以外若干の著書を参考までに挙げておく。

中山伊知郎『日本の近代化』講談社現代新書
日高六郎編「日本の近代化」『現代のエスプリ』第三号、至文堂
E・H・ノーマン『日本における近代国家の成立』岩波現代叢書
E・フロム『自由からの逃走』東京創元新社

R・N・ベラー『日本近代化と宗教倫理』未来社
S・M・リプセット『政治のなかの人間』東京創元新社
M・ウェーバー『プロテスタンティズムの倫理と資本主義の精神』岩波文庫
J・アペグレン『日本の経営』ダイヤモンド社

『三色旗』第二〇五号、慶應義塾大学通信教育部 一九六五年四月

政治学の課題

政治学は、政治社会との対応から生れる部分と、政治社会の指導理念を追求する部分、そして過去の政治社会の客観的認識にかかわる部分を、同時的に包摂する。第一の部分は政治理論であり、第二のそれは政治哲学（思想）、第三は政治史の分野である。だから、われわれが現在そこで生きている政治社会はどのような意味で特徴づけられるのか、という基本的な見取図がどうしても基礎的に認識されなければならなくなる。まず現代政治社会にかんする認識図を描くために、近代社会を照合点として作業を進めてみよう。

政治社会は第一に、国内の水準でのかかわりによって輪郭づけられる。西洋史をひもとくまでもなく、近代政治をいろどるものは、市民的自由をめぐる抗争であろう。いいかえれば、市民の側で政治的諸権利をどのようにして獲得し、国家はどのようにしてそれを与え、拡大し、保証していったか、が経緯になる。観点をかえれば、王による統治という政治の質が、市民による政治の質へと変化していく過程とも見られる。ここに市民国家ともいうべき国家像にかかわる理論的契機が存在したし（市民政治理論）、理想国家にかかわらざるをえない政治学の存在理由がある（理想国家論）。また立法国家が理論的にも、実践的にも結晶する。しかし、この市民国家は、政治参加の程度において制限され――制限選挙権――ていたから、国民大に拡大も、充実もされていなかった。すなわち、これ以後の期間は、国民国家への充実の過程となった。

もう一つの発展経路がある。それは市民による政治社会の形成ではなくて、国家権力による経路である。そこでは、権利は要求する対象ではなく、与えられるものであった。したがって「個人」は市民ではなく、はじめから統治や行政の対象としての「国民」であった。政治社会の形成・拡充・充実にあてらるべき個人のエネルギーは、国家に嚮導され、国家的発展に結集するべく吸収されたのである。前者の政治的エネルギーは、自由・民主主義に顕現し、後者は全体主義に表現されていった。この両者の目的が、資本主義経済――個人の企業精神に発端すると、国家によるとをとわず――の精神である利潤追求の水準で衝突した時、第二次大戦が出現した。その結果は、一様に、政治社会が国民大に達した点であると同時に、戦争が国民全体の動員を要請したことを契機とする行政国家の確立であった。国家体制の差異の尖鋭化、新生諸国の成立、政治の国際化はいうをまたない。

現代国家は、市民の確立、国民の成立、そして政治社会の国民大の樹立、の三つの契機を前提にした近代国家の正統な嫡出子である場合と、市民の確立をぬきにした、すなわち制度としての普通平等選挙権の付与によっても成立してしまう過程は、前述した。ともあれここでは、現象的には、そして結果的には国民国家が成立した場合を確認しておいてもらいたい。だから、現在われわれが担っている現代政治社会は、この観点からすれば、民主主義、全体主義をとわず、政治社会的現象としては、きわめて共通した要因を多数ふくむことになる。この社会状況は、大衆社会として認識されている。したがって「現代」政治学は、この大衆社会を対象とするべき理論的要請にこたえねばならなくなるわけである。この社会は、政治学的には大衆デモクラシーとして再認識される。それはさきにのべた、かつての自由民主主義政治を三つの契機においてなしとげた国家であれ、二つの契機によって成立し、あるいは国家によって規定された「民主主義」を信奉する全体主義国家であれ、理念によってたったはずのものだった政治制度が、制度の精神を失なって、物神化してしまい、むしろ形骸化し、空転もする制度によってのみコントロールができ、またそれによってしか国民の政治生活が成立しない、という内容変化をともなった「民主主義」政治様式だといえよう。また当然のことだが、政治参加のひろがりが国民大に拡大されているのだから、政治制度を支える人間は、理念によって生きた市民でもなく、市民の総体として概念された国民でもなく、大衆の中にあってのみ生きていられる砂のような個人になる。そこでは、理念は神話となり、エリートは神話の操作を通じて大衆をコントロールするし、自発的集団のもつ意味は、国民の利益の分化によって集団化される利益集団（圧力団体）にとって代わられる。すなわち、大衆は、利益とか要求という一時的争点をめぐって集団に参加しても、それが完了すれば、大衆の中にふたたび姿を消してしまう。だから、政治過程として確認される、国民の側での利益や要求が発生し、これを政策としての形で吸収し、対応する政治のルートは、利益集団のもつ力とか、マス・コミの参加度によって決定されてしまうことになる。

大衆が大衆として存在することを常態とすることから、個人としての政治的無関心、無力感、といった脱政治現象とよばれる一連の現象が特徴的にでてくると同時に、組織――たとえば労働組合――によってしか生きることのできないイデオロギー的画一性（コンフォーミズム）が現代の信条めいた形をとってでてくる。組織のなかの人間がむしろ現代では、正統な人間像になってくる。また無力感は、機会さえ与えられれば、暴発的に大衆運動化する。すなわち、現代社会はつねに緊張と危機感を充満した、潜在的爆発力をかかえた社会であるといえよう。

こうした社会に対応する政治学は、しからばどのような態度を示しうるであろうか。その場合、少くとも二つの可能性が考えられよう。一つは、政治倫理学とでもいえるものである。この方向はじつは、政治学史をいろどる一つの系譜ではあった。それは人間の救済にかかわる永久の問題だからである。しかし近代によって成立の起源をみた社会科学は、この問題領域を研究者個人の次元におさえつけることによって、社会科学をふみだしたのだから、この分野は科学としての政治哲学への努力に力点がおかれることになる。かくして、ここでの問題は、現代では政治の指導理念や行動原理が形骸化していることから、国家・個人の水準でのトータルな信条に値する理念の推敲として提出される。民主主義とか社会主義、共産主義といった理念も、制度的（制度のではなく）理念としてしか成立しないのであって、個人の水準において確認される信条とならないところに大衆デモクラシーの特性があるのだから、可能な分野として残るのは、国家体制の奉ずるイデオロギーの再検討、再推敲をおこない、その現代的意義をさぐりながら、政策目標に焦点をあたえ、それを国民の側に与える政治教育として展開するという点になるだろう。

第二は、現状認識の学としての政治理論である。ここでは、現代社会が国民大に拡大されたことと、国際的関連を強くもっている、という点に認識がすえられる。すなわち一方では、政治構造論が成立する。ここでは、社会内での静態的権力配置図の確認に照準される。もちろん静態というのは、かつての政治制度論がおこなったような法律的構造の分析をいうのではない。支配——服従の関係が均衡している次元をとらえる意味での静態である。制度のどの部分が、どのように機能しているかを突きとめることだといって差つかえない。D・イーストンやG・A・アーモンドが最初に素描した「政治体制」（主張とか要求を入力とし、政策を出力として、入力——出力の還流過程によって、政治を全体的に把握しようとした概念図式）論は、この点で有力な分析手段である。構造論とセットになる理論部分は政治変動論であろう。これには、新生諸国を実験材料にし、その後世界史的な範囲までもカバーしようとする政治発展とか近代化がふくまれる。この点では、政治史が大きな意味をもってくる。しかし変動論は、根本的には、たとえばH・D・ラスウェルが、現代を特徴づけて世界革命の進行期と認識したように、変動つねなく動いていく状況が、政治社会——国内的にも国際的にも——に、どういった作動因を与え、どのように対応するか、を因果的にではなく見すえる理論的契機を包摂している。だからここでは、政治発展のプラスとマイナスが抽出されるにちがいないし、近代化の挫折も問題として把握される。国際政治学、比較政治学、地域研究が資料提供の役割をになってくる。この二つの理論分野を架橋するのは、S・N・アイゼンシュタット等社会学者の提出している変動の制度化理論であろう。これは、政治体制は、変動を吸収する能力をもつと共に、変動を持続させる能力をもつことによって、安定し、発展する、という理論的前提にたつ。だから、吸収・持続能力による理論構成は、政治構造論から確認されねばならないし、変動論に向かう地点に立つといえる。（この全体を支える基礎理論は、行動主義政治学となるのだが、ここでは説明する紙数がないので、他日を期すことにする。）

ここで描いた政治学の課題は、あくまでも私の課題である。構造論、制度化論、変動論による政治学体系は、その意味で、でき上ったものではないし、私自身まだまだ不明確さを意識している。だから、私が考えてきたことを、はじめて字で書いてみたことの不安と恍惚がある。しかし、これも、生きるにあくことのない私の一部であることを、告白しておきたい。（一九六五・十一・十四）

追記　こうした現代的諸問題にたいする理論的提示は、たとえばW・コーンハウザー『大衆社会の政治』、S・M・リプセット『政治のなかの人間』（いずれも東京創元新社刊）に見いだされる。また、私の「体系」は、富永健一氏の構想される社会学体系に、基本的には期せずしてパラレルに成立する。一読を乞う。（『社会変動の理論』岩波書店）

『三色旗』第二一四号、慶應義塾大学通信教育部　一九六六年一月

現代における政治変動の意義について

序章

現在の政治状況をどう認識するか。この問題こそ古今東西の政治研究者が精魂をこめて対峙した問題であった。ということは、「現在」というものが歴史的時間的には常に静止することのない、いわば変動の過程として把握されなければならないということを意味している。したがって、こうした「現在」（このことは歴史的事実としての過去を対象としても、なおそれを「現在」として認識しなければならないことにほかならない）を意識もし認識もするかぎり、政治学者はいかなる形態をとろうとも、政治変動を認識の中心におかなくてはならない。カール・マンハイムは、この情況を次のように指摘している。

移りかわるものの経過の性質を研究者の目で追求するためには、危機を深めたり拡大させること、また動揺しているものを問題に取りあげることが、まず第一に必要である。したがって、とりわけ必要なことは、自分の思考に対しても警戒することであるが、しかしまた、矛盾があってもいつも慎重に隠蔽しているような、さまざまな可能性をわれわれの思考の中で考えることである。それであるから、われわれは、いろいろな傾向から生まれてくる矛盾を修正しようとは思わない。何故かといえば、今大切なことは、自説を正しいと主張することではなくて、問題になっているものが、もっと高次の次元において、また、今後の解決の試みを含む最大の範囲において把握できるように、どんな矛盾をもっと確実に目に見えるようにすることである（鈴木二郎訳『イデオロギーとユートピア』未来社、十七―十八頁。傍点＝内山）。

ここでマンハイムがいいつくそうとしていることは、変動のさなかに常に存在している人間が思考的に「釣合のとれた静止」状態にみずからをおくかぎり「いつも未解決のままに残されている問題点をかくしてしまう」ことに堕するのであって、「思考のもつ内的要求」に背反する、という点である。マンハイムは、イデオロギーとユートピアという概念によって、「疑わしくなってきたわれわれの生活状態」と予感した世界を「はじめて世界にするような意味関係」を認識しようとした。

マンハイムが『イデオロギーとユートピア』を書いたのは一九二九年、すなわちワイマール共和国にドイツ人の、いな全人類が全期待をこめた理想的人間情況がナチスの擡頭によって無限とも思われた個人無視の奈落に落ちこむきざしをはっきり示していた時機であった。彼をして世界を世界とするような意味関係を全知をあげて追求させたのは、まさしく彼の危機感であった。

しからば現代はどうか。「私の危機感」はすでに論じたことがあるから（別冊『潮』秋季特集「都市のデモクラシーと革新の論理」一九六九年を参照されたい）、ここでくりかえすことはしない。しかし、国際政治の時代である現代の特性は、一方ではあくまでも国家の時代なればこそ成立する特性であることを忘れてはならない。すなわち、国家が本質的に排他的な自己中心的な特性をそなえたままの存在として依然として持続し、強化し続けているからこそ、国家対国家の連関が重要になっているにちがいない。この現実を忘れ、あるいは軽視することは許されない。もちろん私は、こうした現実を認識しつくした限りで、国家を超越する普遍的なものを追求する。そこに、あらゆるものを賭して私が人間であることを立証し続ける意思の持続を自己に強制するいとなみを見なければならない。私はこの私の「行動」をもってアイザイア・バーリンが「積極的自由」とよんだ自由――「わたくしは、自分が考え、意志し、行為する存在、自分の選択には責任をとり、それを自分の観念なり目的なりに関連づけて説明できる存在でありたいと願う。わたくしはこのことが真実であると信ずる程度において自由であると感じ、それが真実でないと自覚させられる程度において隷従させられていると感じる」(生松敬三訳『歴史の必然性』みすず書房、二五―二六頁)――への意思を表明する。その作業の一つが主章において展開する論脈である。

主章

私は、政治変動を見すえることで現代政治を認識しようとする、とのべた。しからばなぜ政治変動なのであって国家変動ではないのか。国家の時代であると現代を規定したことと、政治変動にたいする強調とどうかみあうのか。この国家の問題を論ずることからはじめることにしよう。

アリストテレスは道徳的な善の最高の形態を国家に認識して、次のように語っている。

共同体はいずれも或る種の善きものを目ざしているが、わけてもそれらのうち至高で、残るものをことごとく包括している共同体は、〔その他の共同体にくらべて〕最も熱心に善きものを、しかも凡ての善きもののうちの至高のものを目ざしていることは明らかである。そしてその至高のものというのが世に謂う国、或は国的共同体なのである(山本光雄訳『政治学』岩波文庫、三一頁)。

この理想国家論を誰も冷笑することはできない。にもかかわらず現在こうした「理想」へと国家が進化していると夢想だにできる者がないことも確かである。われわれは「社会」を口にすることは多くとも、国家を口にする場合にはそれは何かまったく抽象的な存在であり、国歌とか国旗に感得しうる象徴的印象をもっている。それはおそらく、われわれ日本人のになった「国家」の性質によるのではあるまいか。

明治維新によって日本は近代的な国民国家に創られた。それは立憲君主国という特殊性を最初からすえつけられた限定的な近代国家であった。国家は近代という言葉の真の意味であろうとなかろうとその存在——実は支配関係なのだが——を正当化しなければならない。その正当性根拠については日本近世史は、つねに天皇を利用したことを証言している。明治国家はかくして近代国家であったがゆえに国民国家の体裁をととのえざるをえなかった（天皇は父であり、国民は赤子《せきし》であるとする家父長制が、御恩——奉公の義務意識を助長し、国民を臣民として絶対服従関係におく専制体制であったことを銘記しなければならない）。

だいたい国民国家が現代の普遍的世界文化とまでいわれる（ルシアン・W・パイ）には、世界史的な人間の苦悩がこめられていた。すなわち、西欧において近代が成立したことこそ、人間が人間であろうとするエネルギーの巨大な噴出なのである。神が支配したことを中世の特性とすることは誤まりである。教会（僧侶）が人間を人間としてでなく支配し続けたのが中世であった。だから近代を画した市民革命は、この中世をだきこんだ絶対王制を打倒することで、人間が人間として生きる意思を表明しぬいた歴史的意義をもっていた。この人間の蘇生が市民的自由《シビル・リバティーズ》に総括される政治的・社会的諸権利の支配者からの奪取となって具体化したのである。アンドレ・ドクフレは「『生活と世界を変える』ということは、持続の内に位置づけられた新しい『歴史の総体』を集団的、日常的に創出し、それによって過去の歴史を今日の歴史——日常——と明日の世界に連絡することを意味している」（『革命と反革命』白水社、五〇頁）とのべているが、その持続のためには王や貴族の、あるいは革命者の首をもはねなければならないほど、人間の蘇生は重大であったのである。

市民は人間にかんする普遍的思想を奉じなければならなかった。人間にたいして拘束と考えられるものは、彼らの「自由」からすればすべて拒否さるべきものでしかなかった。しかしなお彼らにしても社会の存在を否定することはできない。彼らが人間であるからである。その起源としては絶対君主に対する抑制手段であった彼らの議会は、近代市民社会にあっては、彼らの自由と平等を侵害することなく、しかも自由と平等をさらに拡充するために人間を拘束する法の制定に全力を投入した。これは明らかに、人間が人間であることと、人間が社会的存在であることとの二律背反を意味している。しかし、近代市民社会はなお国家としては、こうした自己矛盾を矛盾と認識し続ける努力を忘れなかった。したがって権力担当者は市民としてまったく特権者ではなく、まさしく市民でしかなかった。

市民はその奉じなければならなかったがゆえに普遍的原理としての自由と平等を、本来独立して生計をたてうる手段＝資本の所有という特性による市民的資格条項を放棄し、資本主義経済の進展と共に大量に登場せざるを得なかった労働者（工業・農業）をも市民に加える宿命をもった。もちろんこの過程は主として政治的諸権利の付与ないし拡大の形をとったことはいうまでもない（選挙権の拡大）。こうして市民という範疇がその社会の全成員を覆いつくした時、普遍的存在たることをみずからその運命とした「市民」社会が完成した（この過程でも大量の血が流れたことを、われわれは人間が人間であるための代償として貴重に思いしらねばならない）。この完成された「社会」は、すでにその成立の契機を曖昧にするほど、人間の貪欲な経済的利潤を第一原理とする資本主義的国家化の状況をむかえていた。成立した「市民」は、その国家化要請によってただちに「国民」として統括されるべき運命に見舞われたのである。いわば個人主義原理にたちつくす意思の主体たる市民は、国家第一主義の原理にたたされる国民として存在するかぎりにおいて市民性を認められる受動的存在に変質したのである。

このように世界史を一瞥しただけでも、わが国における国民国家がいかに普遍性から遠いものかが明らかになるだろう。しかし私がここで論じたいのは、人間における普遍的なものは、まさに政治変動によって相対的に無限に探索するべき人間の歩みである。右にのべた西欧近代の人間の普遍化への試みは、歴史にノッペラボウに現われるのではない。それは法王と国王、国王と市民、市民と労働者・農民といった対立を契機として連続的に常に前者を否定しつつ発展してゆく過程なのである。ここには歴史が弁証法的発展を常態とするということ、そしてとくに「自由の敵には自由なし」とする人間の自由への意思が、それを阻碍するものにたいする決定的対立となって歴史に生命をあたえていることが鮮烈な現実を形成している。

マルクスは「ある人物を、その個人が自分をどう考えているかにしたがって判断することはできないのであって、むしろこの意識を、物質的生活の諸矛盾から、社会的生産力と生産関係とのあいだに現存する矛盾から説明しなければならない」（『経済学批判』国民文庫、一〇頁）として、生産関係の矛盾による階級的対立をもって歴史の原動力とするすぐれた歴史観を提出したことは、マルクスに加担する者でなくとも認めねばならない認識上の偉大な貢献であった。

しかし、マルクスの予言にもかかわらず、資本主義は帝国主義時代を何とかきり抜けようとし、自衛する積極的姿勢をあらわにしている。思想的起源は別としても、福祉国家・大衆国家・高度産業国家といった国家概念はすべて、消極国家（たとえばラッサールの夜警国家）から積極国家への変質と発展を表わす呼称にすぎない。そこには、前述したマルゴトの国民を対象とする国家の確立がある。

この国家はフォン・ミーゼスがナチについて冠した名称であったが、むしろ現在では全体主義国家に限定できないまでになっている「万能政府《オムニポテント・ガバメント》」によって代行される。この万能政府は国民国家を既定のものとして国民に疑わせない。ということは、この政府が行なうあらゆる種類の政策は、「国民的」合意《コンセンサス》に支えられるとする制度化された神話が正当化されている状況が存在するということである。しからば合意とは何なのだろうか。エドワード・シルズは次のように規定している。

合意とはある社会の信条体系《ビリーフ・システム》の特殊な状況である。それが存在するのは、ある社会の成人人口の大部分、より特殊には、権威・地位・権利・富および所得、そしてそれ以外のそれをめぐって葛藤が生じうるような重要な稀少価値の配分にかんする決定に関心をもつ人びとの大部分が、いかなる決定がなさるべきか、という点についての信条にかんしてほぼ同意しており、また相互的にも、社会全体とも何らかの一体感をもっている場合である。(Edward Shils, *Consensus*, David Shils, ed., *International Encyclopedia of Social Sciences*, Vol. Ⅲ, p. 260)

現代における国民国家とはしたがって、信条体系が国民大に一意的に浸透していることが、少なくとも支配者の側からすれば前提となっていて、疑問の余地のないものとなっている状況国家だといえるであろう。したがって、たとえばS・M・リプセットが安定した民主政治において葛藤《コンフリクト》は不可欠であり、逆に葛藤をともなえばこそ民主政治は安定するとのべたのも(『政治のなかの人間』東京創元新社)、こうした国民的合意の完璧さにたいするアメリカン・デモクラシーへの自信からでたものであろう。

かくして万能政府は、ただ社会的価値の配分をめぐっての政策的争点を問題とするにいたる。デービッド・

イーストンが政治学の革命的再構成を意図して政治システム論を展開した時に、社会的価値の権威的配分に認識の焦点をあわせたのも、右にのべた「状況」に裏づけられている（岡村忠夫訳『政治分析の基礎』みすず書房）。

しかし、一方で国民国家は、「諸君は政治など考えなくともよかろう。しかし政治の方では諸君を考えているのだ」（G. D. H. & M. Cole, *A Guide to Modern Politics*, p.9）との表現にわかるように、あらゆる人間を政治にまきこまずにはおかない状況をつくりだしていることを忘れてはならない。この場合、政治というのは政治権力にほかならない。有権者は、投票日の一日だけ王様で、後のすべての日は奴隷だといった政治学者がいたが、それほど政治のレヴェルに遠い距離を感じているのは国民の方だけであって、政治権力のクモの巣はすべての人間をとらえているのである。そこにわれわれの政治的無力感、無関心がでてくる原因があった。

私は人間が歴史的に発展をとげる唯一の素因が対立にあるとのべた。また国民国家にあっては、対立でなくて、国民国家の枠内での葛藤しかないとものべた。しかし現在、われわれはまたわれわれの歴史を動かす原動力としての対立の契機をつかもうとしている。それは人種問題と大学問題の世界大への拡大によって触発されたといえる。人種差別はすべての国家に存在し、平等の原理に完全に抵触する点で近代の問題がいまだに未解決であったことをわれわれにつきつけた。大学問題は青年という普遍的問題を露呈した。この二つの問題は自由と平等という、人間にとって確認ずみのはずであった原理にたいする挑戦であり、異議申立《ディセンサス》てであった。

私はマルクス流の階級対立を現代にそのままもちこむことはできないと考えている。しかし、人種にしても青年にしても、それぞれが固有の文化をもっていることは、すでに実証されている。すなわち、多数人種や大人たちのいう民主主義文化は、なるほど普遍性をもつかのようである。しかし前述したようにこの普遍文化といわれるものは、実は何らかの修飾語を冠した――たとえばアメリカン・デモクラシーとか日本の戦後デモクラシーといったように――限定された、そして何がしか利己的色彩をもっているという意味で特殊である。少数人種文化や青年文化も、それと同じ意味で普遍的であり、同時に特殊である。しかし、人種と青年は大変なことを主張したのである。すなわち、市民権要求という平等主張ではなく、自由を主張――要求ではなく――したのである。自由と平等はセットになった価値ではなく、平等を確保することで自由を求める――植民地解放運動史をみれば、それがほとんど失敗に終っていることを知ることができる――のではなく、自由を獲得することによって平等は必然的に保障されるとする価値的優先順位の確定がそこにあった。

これはまことに、デモクラシーの現代的な文化革命にほかならない。それは、現代における私の想定する意味のある政治変動にほかならない。人間はふたたび人間を蘇生させようとしている。そのためにこそ、対立の契機を、合意と異議中立てとしてわれわれは人間社会に導入しようとしているのである。

終章

由来、文明社会の活力というものは、そこに、われわれの、よってもって奉ずるに値する崇高な目的があるという、そうした気持が張りわたることによって維持されるのである。力強い社会というものは、常になにか分を超えた高い目標をもち、そのために人びとは、ただ安全第一な自己自身の満足ということを超えた行動ができるのだ。すべて強い関心は、たとえば、ただよい仕事をよりよくやりとげたいという気持のように、いわば純粋無私なものになり易い。そういった努力の結果、たとえばなにか立派な目標の下に達成せられた平和、というようなものには、常に一種の調和感がある。そうした個人的満足は、常に個人を超えた目的から生まれるのである。(A・N・ホワイトヘッド『思想の冒険』、H・J・ラスキ、中野好夫訳『信仰・理性・文明』

岩波書店、二一三頁より引用）

われわれは、できあがってしまった「国民」国家を解体することをもって個人を超えた目的とするかどうかには慎重でなければならない。しかしラスキが「国家は、あらゆる正常な事態において政府の意志が行なわれるように公的な強制権力を組織化する一方法と看做して宜しかろう」（石上良平訳『国家』岩波書店、十一頁、傍点＝内山）とのべた意味での「方法」として国家を考えなおす時点が現在だということは確実である。この再考が国民国家に内実をもたらし、対立に意義あらしめる契機となるだろうからである。

われわれは、国民国家としての明治立憲君主国家・天皇制国家の内実をほとんど変質することなく、日本を一九四五年八月十五日をもって民主主義のマントでつつみこんでしまった。私はまさしく現在という時点で、デモクラシーの意味転換――普遍的政治原理への転換――をもたらす政治変動こそあるべし、と祈りをこめる。宮田光雄教授が「国家全体にたいする情緒的同一化の強調が《異端》的少数者にたいする憎悪の論理をともなうとき、それは《非国民》を疎外した危険な戦前型発想に通ずるのではなかろうか」（『現代日本の民主主義』岩波新書、五八頁）と警告しておられるとおり、私が指摘した「対立」をどうしてわが国だけでなく、人間史的に認識しあげるか、それこそ私の「政治変動論」としての学問的関心であると同時に、国民であるまえに人間である私の課題でこそある。

現代はすべての人間に政治家たることを要求する。マックス・ヴェーバーの次の言葉を、この「政治家」たらんとするかたがたに贈る。

指導者でもなく、英雄でもない人々でも、既に現在に於て、あらゆる希望の挫折にも堪えられるような堅固な心を以て武装しなければならない。そうでなければ、現在、可能なる事を貫徹することさえできないであろう。自分が世間に捧げんとする所のものに対して、世間は（自分の立場から見て）余りにも愚鈍であり、余りにも卑劣である場合にも、それに挫けず、すべてに対して「それにも拘らず！」といいうる確信のある人、そういう人だけが政治に対する「天職」を有しているのである。（清水幾太郎訳『職業としての政治』三笠書房、一四四―五頁）

（一九六九・十一・廿二）

『三色旗』第二六三号、慶應義塾大学通信教育部　一九七〇年二月

三権分立の神話と可能性

戦後日本の民主主義と総称されている状況が、現在大きく揺すぶられていることを、われわれは知っている。それはなにやらわれわれが依拠していたものが音を立てて崩れさるかのような不安を、われわれにあたえている。それをある者はファシズムにいたる道の開通の物音であるといい、社会主義化（＝赤化）へのどよめきであるとする者もある。

しからば、こうした状況認識＝危機感は何を求め、何を確実にするのだろうか。たしかに、われわれは不安のさなかにある。しかし、この不安はなにやら怪物に吸い呑まれてしまう予感におののくだけのことから発するのだろうか。もしそうだとすれば、生きてあることの不安と恍惚という、人間に最も本質的なものに情感でしか接続しえないたぐいのものがこの不安を滅ぼして、人間の宿命に耐えよ、という神の救済にわれわれを委託しつくすことになるのではないか。

＊　＊

人間が社会的動物たることを否定せぬ限り、人間は支配の存在を承認する。問題なのは、この支配の実体をどうすれば絶対化しないでおいて、人間が人間たることを維持できるか、なのである。換言すれば、人間が個人であることと、社会的動物であるがための社会性の保持（すなわち個人的存在にたいする拘束の付与）とが根本的矛盾として認識されつづけ、その矛盾を矛盾として定立しつづける意思が近代以後の人間の状況だといえる。

だから、近代以後のこうした状況を担当する人間のいとなみを「政治」として総括すれば、政治の中心問題のひとつが、「政治」をどのように制度化するか、になるのはいうまでもない。その制度的実験が権力分立の思想と方法であったといえる。その本質とするところは、右にのべた「政治」の単位を、国家と市民に対立的に設定しておいて、その市民の中から支配の担当者をだし、支配の手段として権力を彼らに与えておいて、一方ではその権力を担当者の恣意に委ねないために、価値やイデオロギーにかんして判定しない中性国家権力として普遍的抽象性を権力に付与し、価値やイデオロギー的判定・選択を市民に委ねる構想をたてた点にある、といえよう。

しかし、人間は経験的に、こうした理念的構想がいかに無力にされるかを知っている。というのは、近代にさきがけた支配の諸形態が、権力を常に中性的でなく、一元的、恣意的に行使したことを知っていたからである。だから、近代市民は、こうした権力の特性（権力の悪魔性）にたいして、考えられるすべての手かせ足かせをはめることに挺身しないわけにはゆかなかった。権力が一元的に機能することがわかっているのだから、権力そのものを分断することができなければ、権力の機能を分断することで権力を弱め、前述した意味での「政治」をまっとうしようとしたのである。そして、その政治的装置を行政、立法、司法の三権に集約し、いわゆる「牽制と均衡」(checks and balances) をその三権の相互規制の原理として設定した。故島田久吉教授は、次のように右の状況を見事に説述されている。

いわゆる権力分立とは国家内に相互に全く独立した権力の存在を認めようというのではなく、国家の権力が発動するについて、その発動を三種の別個な機関を通じてなさんとするに過ぎないのであります。また国家の権能を三つの機関に配分し、この機関に対して各々その権限内においてある程度独立してこれを行なわしめようとする工夫に外ならないのである。しかもその独立と言っても決して絶対の独立ではなく、三つの機関はお互に尊重し合うのであって、対立抗争を建前とするものではないのであります。立法部によって作られた法律は執行部も司法部もこれを遵奉することが必要であり、司法部の下した判決に対しては立法部も執行部もこれを尊重し、また執行部がその権限内においてなした行為は立法、司法両部によって認められなければならないのであります。三権の分立は、畢竟三権の調和によって真の真価を発揮するのであります。

（『政治学教材』慶応通信一三八―九頁、傍点＝内山）

しかし、ここで留意するべきは、近代市民国家が「立法国家」として理念化されなければならなかった点である。たしかに、近代市民革命は、絶対王制（すなわち一元的・絶対的権力行使）に対抗して、「代表なきところに課税なし」といった異質の権力原理をたて、市民集団をその原理の主体者として、国王・貴族に独占されていた支配者集団に切りこみ、三部会を結成させることで立法権力の主導者たる位置を獲得していった。したがって立法国家とは、一方では法の支配として権力の恣意性を排除することを目標とすると同時に、他方では立法部の執行部にたいする優位を確認することを大前提とすることにあった。

そこには、法の機能が「法のまえの平等」を前提とし、法の効果にたいする予測可能性がなければならなかった。その点で、近代国家が法治国家たらざるをえない宿命を担っていたといえる。だが、執行権力を担当したのが、国王とか貴族である間は、立法部の存在意義は明確であったが、たとえば政党の発達によって、政治における代表のルートが政党を中心とした選挙の方法によるようになり、たとえば責任内閣制といったように代議士による（すなわち市民による）執行活動が中心となってくると、島田教授のいわれるように、権力分立は、対立による「政治」の保証ではなく、調和による「政治」に変質してくる。となれば、とくに執行部を支える官僚制の発達を考えれば、立法国家のイメージは変わらざるをえない。

こうした変質の状況は、国民経済が国際経済になんらかの形で接続しなければならなくなり、また市民概念が拡大されて新市民層とでもいえる労働者・農民が政治の主体として成立し、社会的価値配分の対象が飛躍的に複雑化するとともに拡大するにつれて、執行部の決定課題が重大な意味をもつにいたる。このレヴェルでは「政治」はアマチュアでは担当しきれなくなり、官僚制の機能の重大性はいちじるしく実質化してくる。これが「行政国家」として認識さるべき実体であった。

立法部の立法活動の大半が、執行部提出の法案の審議に当てられ、立法部が立法部たるべき「立法者の意思」は執行部の意思の追認意思に変貌する可能性を強くもつにいたった。この意味で、ふたたび執行部優位が歴史必然的な論理性を獲得するにいたる。（このコンテキストでみた場合、北欧諸国が議会に官吏監視の役割を与え、その意味で「市民」性を維持しようとしている「オムバッズマン」理念が注目さるべきであろう。）

三権分立をとるかぎり、この執行部優位の政治的現実を、三権分立にこめられた「政治」力学的エネルギーにかみあわせるのは司法権でなければなるまい。ここで少し支配を政治学的に考えてみたい。三権分立というのは牽制と均衡によって支配を総体的に成立させ、だから絶対王制にとって代わる原理になったことはいうまでもない。しかし、たとえば絶対王制の支配が王権神授といった、超人間的な絶対者としての神にその支配の正当性があったのと違って、現代的になればなるほど、支配の正当化根拠を自由と平等といった普遍的な価値に求めつくしたといえるのではないか。

ということは、権力の機能分化という論理的虚構が、実は神という全一性に代わって、やはりこれも全一性をもった人間の価値に基礎づけられたのではないか、ということにほかならない。一方では国家という特殊歴史性を承認し、それを前提としつつ「人間」が神に代わる普遍的な存在であり、その普遍性をもって国家の特殊性にヴェールをかぶせたといえる。そのかぎりでは、支配はつねに全一的現象なのだ、という論理が確実に一貫している。しかし、権力の分立というのは、分立しぬくことであるはずで、「分断すれど融合し、融合すれど分立する」というのでは、三権分立の制度理念は消滅するにちがいない。

M・ウェーバーが理想型として「伝統」的支配、「カリスマ」的支配、「合法」的支配を設定したことはいまさらいうまでもなく、また現実の支配がこの三型の混合であることももちろんである。しかし、こうした類型化の意味は、支配の正当化原理が決して一つではないということである。ここから考えたとき、近代的支配の正当化根拠が「自由」と「平等」の実現を目標とした「合法」的支配であるかのようなイメージを与えていることが問題なのではないか。私が権力の一元化傾向を必然といい、支配の全一性が三権分立にもかかわらず一貫する、という場合に想定する問題はじつにここにある。

＊　＊

ここまで一般論的に論じてきたのは、種々の契機で浮びあがってきた、いわゆる「司法権の独立」を問題とするための視角を設定したいためである。

日本における三権分立を、今まで論じてきたコンテキストで問題にするのであれば、一応「大日本帝国」を除外しておいた方がよい。というのは、ここでは詳しく論ずることはできないが、「帝国」の成立は防衛的近代化（C・E・ブラック『近代化のダイナミックス』慶應通信刊参照）の手段的形相が強いからである。だからここでは昭和二〇年以後の現代「戦後民主主義」日本を一応対象とする。

戦後民主主義の脊椎をなすのが日本国憲法であることは間違いない。ここでは「平和」憲法と俗称されるように、平和が確保さるべき絶対的価値であることが太平洋戦争の当事者、張本人としての倫理感に結びついて承服されている。しかし、平和とは価値というよりも夢想に近いことは、思想史を顧みるまでもない。（もちろん、思想史上での「夢想」なのである点は、確認しておかなくてはならないのであって、戦争の反動としての平和であってはならないことは言うまでもない。）だから、この「平和」を「反戦・平和」としてより実体的・具体的方向を左翼がとろうとしたことにはひとつの試みがひそんでいる。

しかし問題なのは、日本の民主主義が全一的に平和を希求し、自由と平等を思念する「全体」性なのである。あえていうならば、問題なのは、首相はじめすべての閣僚が、一様に自由と平等を主唱し、またあらゆるレヴェルの指導者管理者が異口同音にそれを主唱する点である。あたかも日本人は、人類の中でもっとも「普遍的」人間であるかのようである。こうした「和合」を支える政治的倫理をわれわれはもっているのだろうか。たとえば、アメリカン・ドリームと批判されているにもかかわらず、アメリカン・デモクラシーが人間の思想史上に印した意義を削除する者がいたとしたら、それは確実に人間否定者以外のなにものでもあるまい。

メイフラワー号に乗って新世界を創出するべく新大陸にわたった清教徒たちは、地理的に限定され、人為的に規定された国家建設を目ざしたのではなく、まさにはじめて思想による建国を果たした点で偉大であった（S・M・リプセット『国民形成の歴史社会学』未来社刊参照）。このある人たちのという意味で特殊であったアメリカン・デモクラシーが風雪に耐えてよりますます人間の原理となっていった。その理念をアメリカ人は最高裁に委託した。合衆国最高裁がほとんど象徴的なまでに強大な権限を保持していることは、連邦議会や大統領が現実における各種の問題に対処し、また議会が「調査権」をもって大統領下の執行部に対抗する権限をもっているのとはレヴェルを異にしている。大学・人種問題によって動揺しているアメリカン・デモクラシーが、究極的にはそうした問題を解決するであろうとする楽観主義の拠り所のひとつは、この最高裁の存在にある。いわば、三権が一挙に「和合」を露呈することのないのは、この分立がそれぞれ異なった正当性原理をもち、あるいはもとうとしているからではあるまいか。

われわれの三権分立は、まるごと民主主義である。この「まるごと」を分断する場合、自由と平等を使い分ける必要があるかもしれない。平等を維持するのは自由の主張による以外方法がない、ということは第三世界の現代革命が証明したところであるからである。しからば、それ以外に方法はないのか。アメリカの如く伝統がまさにより普遍的な方向をもちえないのか。しかしそれをわれわれは、天皇制国家として否定したはずである。しかし、普遍性ということは、ズッポリとインターナショナリズムにはまることでもあるまい。とすれば、司法権の独立を、いまのように支配エリートたちの身分保全とか、最高裁の行政部癒着の問題にしないレヴェルで、日本のデモクラシーの内実の確定につなげないと、問題としての意味がなくなる。

もとよりこの問題にたいする回答を急ぐ必要はない。拙速主義は暫定的なものを絶対化するにちがいないからである。この問題を持続することが必要なのであり、耐久するためにわれわれの全知全能が動員され、しかもそれはさらに新しい構想を生みだす持久力を要請する。この集約点を「新民主主義論」とよぼう。（法学部助教授）

『三色旗』第二八二号、慶應義塾大学通信教育部　一九七一年九月、『第三世界と現代政治学』れんが書房に所収　一九七四年

政治学の革命

五〇年代から六〇年代にかけて、政治学はアメリカに集約した。もちろん、ここでの政治学は戦後世界の収拾と方向づけを課題としていた。収拾のためには、まず理解を必要とするのは常套的である。だがここに旧植民地が独立をはたした新興諸国が入ってくる。それへの「理解」に政治学は集中した。

この新しい人間の世界に、旧世界を範型とした政治学は切りこむことができなかった。いわば旧政治学は、ヨーロッパ文化に拘束され、それを基礎にして構成された概念枠組に拠っていたといえる。したがって、政治学はこの「ヨーロッパ」を払拭する作業にとりかからねばならなかった。それは行動科学という「科学」を導入することで、一般性を培い、それによって普遍的な政治科学を追求したといえる。その時の「科学」は、検証可能な仮説群を設定し、それを分析的に立証することで成立する。したがって、政治学は分析学にならねばならなかった。

この「科学」は、こうした分析（調査法の精緻化、コンピューターの発達）を通じて豊かな資料を提供した。だが、知識の累積はただちに科学にはつながらない。とくに政治という最も人間臭く、したがってスマートさを本質的に拒否する学問には、科学による人間の進歩と改善という素朴な科学ヒューマニズムに加担しきることの危険が常に胚胎している。しかも、この政治科学がデモクラシーにたいするアメリカ人の確信と夢想をもって、思想的に安定しており、他方で、分析的知識の体系化原理としてシステム理論が開発されると、あたかも政治学の科学化は完成した観を呈した。しかし、そこには〈いかに生くべきか〉という永遠の命題にたいする、まったく不安のない「科学」者があった。政治学を識らぬ政治学者が、最も安易な形で「科学」を唱道したのは、滑稽を通りこして暗澹たるものがあった。この安手の政治科学者がひっくりかえるのに時間がかかったのは残念なことであった。しかし、先進国と称する旧世界に新世界の人間の生き方が衝き当った。自由と平等の国「アメリカ」が、人種・大学・戦争といった問題に逢着し、あれよというまに全地球的規模で人間の束の間の安定は失なわれた。〈政治は安定を知らない〉という大前提を思いだすようすがが、そこに発現した。それは堅く奉じられ、祭りあげられていたデモクラシーの崩壊であった。ということは、われわれが拠ってたつ倫理を失ったことにちがいない。あらゆる制度に疑問符がつけられねばならなかった。分析学としての政治学は、〈何のための分析〉に答えねばならない。これは政治学における革命の開始である。

「デモクラシーが危機なのではなく、デモクラシーの理論が危機なのだ」。かくして、「職業としての政治理論」に知と情が収斂しはじめた。政治学は政治学としての自律性を求めて、ふたたび放浪をはじめた。そこには「既知」なるものはない。

「研究余滴」『三田評論』第七三八号、慶應義塾　一九七四年六月

政治学の現在

日本政治学会と松下圭一

日本政治学会は一九七八年をもって創設三〇周年をむかえる。昨年秋に福田歓一教授（東京大学）が理事長として理事会によって互選されたのだが、福田理事長の挨拶の中で、「戦後になって研究をはじめた者が理事長となった」ことを、ある感慨をもって話されたことを、私は忘れることができない。

それはもちろん、私にも通ずるものだからである。福田教授から企画委員長の指名を受けたことが、私の感慨を増幅させた。あるいはまた、理事を見ると、内田満、河合秀和、関寛治、田口富久治、半沢孝麿、松下圭一といった、私とほぼ同年輩の仲間がずらずら並んでいることへの感慨でもあったかもしれない。

ともあれ、私の企画委員会は高畠通敏、河合秀和、半沢孝麿の諸氏を中核として出発した。政治学会研究会は、共通論題と分科会の二つの範疇に大別され、分科会はさらに自発的研究発表と企画委員会設定のそれとに分かれる。分科会の充実は出発時の課題だったが、それは若手研究者の発掘に心がけ、パネル数をふやすことで切り抜けられよう。問題なのは共通論題である。

ユーロ・コミュニズム、日本政治における中央と周辺、比較地方政治などのテーマが提起されたが、報告者がそろわずいずれも流産に終った。私はできれば共通論題でアクチュアルなテーマを取りあげ、その意味と意義を政治学的に提出する事を一つとし、そのテーマのアクチュアリティにたいする理論的受けとめを、分科会の一つで実験して見たい、という気持ちをかなり強くもっていた。しかし、発表者がいなければ、手の打ちようがない。企画の中核は少々疲れそして倦いた。

はなはだ場当り的ではあるが、こうなれば人でゆかなければなるまい。高畠さんは『思想の科学』の編集を永いことやられて、その企画力は群を抜いているし、私の気持のありかを敏感にかぎとってくれるほど親しい。私は河合秀和君をくどき役として、松下攻略にかかった。そして共通論題「政治学の新課題と新展望」の松下ワンマンショーがはじまったのが、十月十一日、神戸大学法学部の階段教室であった。

戦後日本と政治学

松下圭一、昭和四年福井県生。昭和二七年東京大学法学部卒。法政大学法学部教授。毎日出版文化賞、吉野作造賞受賞。この当代の論客とどこでどうやって知りあったか憶えてはいない。だが気がついたら、一しょに酒くみかわし、議論し、時にはシャモの喧嘩をする仲になっていた。

彼は論じた。時に髪ふり乱し、時に黒板に書きまくり、そしてマイクはいつしか手に握られていた。戦前からの蓄積は、とりわけ封建対近代の視角として六〇年代までの日本の〃現代〃に適用できたし、その意味から戦後政治学は、天皇制——ファシズムを照射することで自己批判の学として出発できた。さらに、大衆社会の現実は、政治過程とりわけ官僚制の問題として把握され、政治過程を論じ分析することで、体制構造論に連接し、それをふまえることで政策、体制の問題が析出する。

この視角が持続され、あるいは時に停滞する中で、高度成長は確実に農村型から都市型社会へとわれわれを変貌させていった。そこでは、（一）焦点としての公害・都市問題、（二）ムラ状況とマス状況の二重構造、（三）

世界認識の相対化と国家目標の喪失、が顕著であった。

こうした内実にもかかわらず、日本社会の戦後民主主義的統合性は確実であるかの観を呈していた。つまりそれは、制度的統合としての依法的統合への安直な寄りかかりであったのだ。だが、政治学はこの制度的統合と実質統合のズレの部分に鋭く切りこみ、真の意味での政治制度論が展開できないほど、機能論化しすぎてしまったのである。

制度論を開発できない政治学は、「行政法学は『憲法』に違反して、政府・官僚機構による政治の独占を前提としている」、その前提と有意に切り結べない。だから、前述した〈統合のズレ〉の部分を顕在的に担当した市民運動が、〈行政は国民に強制できる〉から〈国民による行政チェック万能性〉へと実質的な問題の所在地を明らかにする現実に、政治学は先導されることになる。

制度論的政治学の転換

だから政治学の転生は、少なくとも日本のわれわれにとっては、「政治」の政府・官僚制による独占を排し、基礎自治体と国民が独占する制度論的発想を契機としなければならなくなる。その場合の「政治」概念は、何よりも、市民の生活の政策科学とでもよびうる学問的性格をもつものであろう。他方、政治学は、国民主権の意味を、どんなことがあっても国家主権にとりこめられないというところにまで確立することをその課題とする。

その課題は、松下さんの論をもってすれば、基本的人権の政治理論ということになる。社会保障（生活権）、社会資本（共用権）、社会保健（環境権）を内容とする生活権、それに労働権を加えた社会権が、そこで重大になる。こうした権利の理論は、日常的な憲法運用を加味した変動の追求としての〈日常的変革〉の完遂命題に接合することで、ポリティカル・サイエンスからポリティクスへと政治学が、もう一つの現代性を回復するよすがになろう。

シンプルな科学性をはぎとる

政治学会の現状を語ることを編集者から求められたのだが、政治学界でない以上、私は松下さんの議論を語ることにとどめる。もちろん、政治学は自己を語ることでは終わらない。批判として出された、可能性に対する過大評価の点はありえよう。しかし、社会科学がその科学的整序性によって科学性を確定できる、とする楽観主義は、むしろ素朴主義として排されねばならない所まできている。野性の社会科学がいわれ、〈心ある〉学問が主張されている現在、政治学はシンプルな科学性を剝ぎとる作業を自らに要請している。それは、あるいはすべてを否定することで政治学の現在を凝視することと、人間の現在を認知する新展望からはじまるに違いない。

▼「松下圭一と日本政治学会」については『慶應塾生新聞』に発表されたが、印刷上の誤りがかなり多い。原文にあたることができなかったので刊行委員会として最も近いと推定した表現に改めた箇所が数か所あることをお断りしておきたい。

『慶應塾生新聞』通算96号　慶應塾生新聞会　一九七七年十一月一〇日号

三田評論・新著余瀝

『政治学における現代』

「いいモノグラフができたね」と学内外の友人が言ってくれた。まったくそんな考えもなく作ってもらったものだけに、一瞬ぽかんとした。だが次の瞬間にやはり嬉しさが突きあげてきた。

「作ってもらった」と書いた。作ってくれた方は、私の友人であり、すぐれた編集者であり、ご自身が立派なフランス思想史家であるKさんである。彼を紹介してくれたのは立教大学の高畠通敏さん。池袋の汚なさにシンニュウがついているTという支那（料理）屋で立教の学生たちと、何やら怪し気な代物を肴に支那焼酎で気焔をあげていた時だったと思う。

彼は別に特定の出版社の社員ではない。実は何で生活しているのか分からないのだけれども、とてつもなく勉強家であり実践者であり、つまりは運動家でもある。彼の軌跡はおそらく六〇年安保以後の運動史を、ある意味では、そのまま具体化しているのではないかと思えるふしがある。

その彼が私の論文集を作る、と指定してきた。私がこの十年間に書いたものから一応選んだものをお互いに持ちよることにした。それも順序をつけての上である。未発表の一篇を除いて、ぴったり一致したのにはびっくりもしたし、また嬉しくもあった。

この本は、評論集やテキスト類を除けば、私の二番目の論文集である。最初のものが出る時は、さすがに力んだ。しかし、これはまったく力まなかった。できて、友人たちの前述の評価を嬉しく頂戴して、さて自分で読んで見ると、なるほど自分が思ったよりも、一貫性があるし、ある程度以上の体系性もある。書いている時は、問題意識（この言葉ぐらい虚偽が含まれているものはないので嫌いなのだが）の一貫性なぞ思いもしなかったのに、どうやら私には本来自然に、あることがらを気にする性向があるらしい。

ともあれ、この本は、私の中の何かと切れるためにあるようである。その意味では一区切りをつけたことになる。それは政治学に「汝、いずくにゆくや」と聞き直している私の次なる位相にむけてのみずからの告白と焦燥につながるにちがいないのだから、やはり私は生きてゆかねばならないのだ、と思っている。

自分をつくづく悲しいと思うことが多くなった。勉強することは一つのことであり、教師であることはもう一つのことだ、と思い込んでいて、私は教師であることを唯一のことがらと思い信じてきたのに、勉強を研究に、そして仕事にただちに結びつけて、もっともっとと思う助平根性に気がつくからだ。

こんなことをしていると、きっとどこかで堕落する。つまり、教師たるべき時に研究者に逃げ、研究者でなければならない時に教師に逃避することになりかねないからである。

逃げかくれしないでやりたいこととなると、どうも考えこまざるをえない。休むに似た考えをやめて、「政治学って一体何なんだ」を背負いこんでやろうかと思っている。〔菊判、二八五頁、二八〇〇円、三一書房刊〕

「新著余瀝」『三田評論』第八〇一号、一九八〇年三月

▼今日からみると不適当と思われる表現もあるけれども、著者が亡くなっているのでそのままとした。

政治学の基本文献

はじめに

毎春、新年生にたいして政治学を講ずる最初に、私は、これまでに学習した政治的知識ならびに政治的経験を一切捨てることを要求する。同じことは、通教生諸君には、より強く要求したい。

それは塾生諸君、とりわけ新入生のもっている〃政治〃観なるものが、床屋政談の域をまったく脱していないことを、私が知っているからなのである。政治という現象にのみ目をむければ、そして諸君の語彙《ボキャブラリー》には、政治を世間的にうんぬんできるだけのことばが含まれていることも、私は知っている。だが、それが、〃政治ということがら〃を論ずるのに、もっとも邪魔であり、むしろ有害ですらあることを、諸君は知らなければならない。

ここでは、何よりも、諸君が〃人間〃であろうとするかぎり、まちがいなく、ひとりの思想者であり、だからこそ政治的人間であり、その意味でこそ政治を学び、政治学に踏みこむことができるのだ、ということを確認していてほしい。

この文脈からしたとき、私は私だけにしか、あるいは通用しないかもしれない「政治学のすすめ」を、ここで書き抜こうとしている。したがって、ここに取りあげられる書物は、私の生き方にかかわっているだけのものでしかないかもしれないのであって、塾生諸君すべてに一般的に通用するものではないだろう。だから、私は諸君に強制するつもりはまったくない。つまり、私がもしひとりの政治学者であるとするならば、そして前述した意味で政治的人間であるとするならば、それを支えている私の思想構造の一端を申し述べるだけのことにちがいない。したがって、私と違うのであれば、諸君は他の道をたどりたまえ。私はそうした諸君と相まみえることはない。

政治的人間の条件

私は「政治的人間」ということばを用いた。ここで、その意味するところを述べてみたい。まず最初に、私たちはいかに政治に関心をもたず、あるいは興味を示さなくとも、政治の方は私たちを常に対象としている、ということを厳然たる事実として認めることから出発しなければならぬ。つまり、政治の結果は、かならず、私たちの生活にもたらされる、という事実である。その意味では、私たちは被政治的な存在であるにちがいない。

その場合、政治とはいちおう政治家の活動の結果だともいえる。そして、その政治家たちは、普通選挙によって、私たち有権者（現在では八〇〇〇万人強）の選択の結果として、立法部議員となった人たちである。だから、政治家の活動の結果としての政治は、とどのつまり、私たちの選挙の結果だと言わねばならなくなる。だから、私たちは結局、自分で自分を拘束しているのだ。

この選挙する自分と被政治者としての自分の間に他人が入っていること、その結果として、自分と自分が直接つながっていないこと、そこに実はもう一つの政治の意味があることを私たちは往々にして忘れている。ことばをかえれば、自分の運命は自分で決定し、その決定の責任は自分だけがになうという人間ならば、それ以外にはありえない生き方、はっきりいえば、ひとりで生まれてひとりで死ぬ、という事実に、他人が入りこんでいる現実を、まずは政治的現実とよびたい。

自分の運命の決定が、ここで、政治家の活動の結果に大きく影響を受けないはずはない、ということを考えてもらいたい。私が言いたいことは、自分の運命にかくも多大な影響を及ぼす政治家にたいして、私たちはいかに非政治的であろうとし、無政治的であると言っても、政治家がそこにいること、を無視することはできまい、ということである。

それなら自分が政治家になればよい、というひともあるだろう。だがここでは、他人の運命に介入する政治家を選ばない人を前提とする。いわゆる政治家を職業政治家というのであれば、他人の運命に介入しない政治家、つまり自分のための政治家が私たち普通人の在り方生き方とも言えるのではないか。私が「政治的人間」とよんだのは、この意味での政治家なのである。

こうした二つの意味をもつ「政治家」を論じたのが、M・ウェーバー**『職業としての政治』**（脇圭平訳、岩波文庫）である。これは本来、第一次大戦直後の一九一九年一月、敗戦ドイツにあって、混乱と騒乱のるつぼにおちいっていた学生たちをまえにして行われた講演であった。研究者、教育者そして実践者としてのウェーバーがそこで展開したのは、情熱に支えられた知性のあかしであり、理念と現実との知的架橋であった。（同じ時期にウェーバーは、『職業としての学問』［尾高邦雄訳、岩波文庫］という講演もしている。これは、知的退廃の反歴史性、反人間性を衝いたもので、通教生諸君には味読してもらいたい。）

ウェーバーは、政治家たるべき資質として、情熱・責任感・判断力をとくに重要視する。それは、政治家が権力者でなければならず、したがって彼は「自分はいま他人を動かしているのだ、彼らに対する権力にあずかっているのだ」という権力感情に支えられないわけにはゆかない。だからこそ、権力にふさわしい人間、権力が自分に課す責任に耐えることのできる人間の資質をあげたのだった。そして、この三つの資質の相互関係を次のように指摘する。

「実際、どんなに純粋に感じられた情熱であっても、単なる情熱だけでは充分でない。情熱は、それが『仕事』への奉仕として、責任性と結びつき、この仕事に対する責任性が行為の決定的な規準となった時に、はじめて政治家をつくりだす。そしてそのためには判断力――これは政治家の決定的な資質である――が必要である。すなわち精神を集中して冷静さを失わず、現実をあるがままに受けとめる能力。つまり事物と人間に対して距離を置いて見ることが必要である。『距離を失ってしまうこと』はどんな政治家にとっても、それだけで大罪の一つである」

このことは、単なる心がまえを指しているのではない。自分が生きてあれば、このことがらを実践する以外にない、と言っているのである。その場合に、私たちは一つのあまりにも人間的な敵に〝日常的に〟出くわさないわけにはゆくまい。つまり、《卑俗な虚栄心》である。この虚栄心に動かされるかぎり、「距離を置く」ことは不可能になる。したがって、政治家は、この虚栄心との日常的なたたかいを自分のものにしなければならなくなるのである。

「政治は頭脳でおこなうもので、身体や精神の他の部分でおこなうものではない」とウェーバーは明らかにしている。そのことは、政治家とデマゴーグ（扇動者）との決定的な差異として認識されねばならない。デマゴーグは、「本物の権力の代わりに権力の派手な外観を求め、またその態度が無責任だから、内容的な目的をなに一つ持たず、ただ権力のために権力を享受することになりやすい」ことを本質としている。だがここで、私たちが忘れてはならないことは、「権力は一切の政治の不可避的な手段であり、従ってまた、一切の政治の原動力」でもあるということだ。しかし、「権力がまさにそういうものであるからこそ、権力を笠に着た成り上り者の大言壮語や、権力に溺れたナルシシズム、ようするに純粋な権力崇拝ほど、政治の力を堕落させ歪めるものはない」という事実が、権力者に冷厳にのしかかってくるのである。

単なる権力政治家を、私たちはいくらでも見ることができる。むしろ、ウェーバーがいう意味での政治家を、職業政治家に発見することはむずかしい。だがそれでいて、その権力政治家たちの言動をチェックできないでいることもたしかなのだ。「人間の行為の意味に対する、いとも貧しく、いとも皮相な尊大さ——一切の行為、わけても政治行為を現にその中に巻きこんでいる悲劇性について、なに一つ知るところのない尊大さ——の産物」としての《空虚なジェスチュアー》におどらされるのはなぜか。

私は、私たち一人ひとりが〝政治家〟でなければならないことのために、今までウェーバーに語らせてきた。権力政治家に自分がならないことだけが、権力政治家を排除できるのだとも言ってきたつもりがある。そのためには、情熱・判断力と共にあげられた〝責任〟の問題をとくに取りあげておきたい。というのは、今生きていること、そのことはすでに責任の問題にからんでいるからである。

責任という場合には、すでに倫理的なことがらがそこに含まれていなければならない。ここでの倫理とは、独善の手段として利用されるそれでないことは確かだ。そうではなく、倫理は責任によって担保されたときに、はじめて倫理になるのであって、倫理が責任を必然的にひきだす、という前提は、政治の世界にはありえないのである。

ここでウェーバーは、二つの対立する準則を提出する。一つは、《心情倫理》であり、他の一つは《責任倫理》である。前者について、「心情倫理家は、純粋な心情の炎、たとえば社会秩序の不正に対する抗議の炎を絶やさないようにすることにだけ『責任』を感じる。心情の炎を絶えず新しく燃え上がらせること、これが彼の行為――起こりうる結果から判断すればまったく非合理な行為の目的である。行為には心情の証しという価値しかなく、またそうであるべきなのである」とウェーバーは指摘している。後者については、予見しうる結果の責任を負うべしとする準則、と明記される。

この両者を接合する倫理はないのだ、という点がウェーバーの痛切な指摘の意味であった。おそらく、私を含めて諸君は、ここで述べられた意味内容を自分に組みこむことの困難を知るはずである。というのは、これは政治家である者が、自分の責任と倫理をつなぎとめる準則あるいは源泉を言い当てているからである。私が諸君に求めたのは、政治的人間としての政治家たれ、ということだから、この困難をそのまま受けとることはあえて要求しない。だが、これだけは言っておきたい。

私たちは死ぬために生きている、といったらおかしいか。その生と死は、前述したように、自分ひとりだけのものなのだが、その生と死の結果は必ず誰かに影響を与える、ということも真実なのだ。だとしたら、ぎりぎりに考えて、自分の行為の結果が今生きている他者に影響を及ぼす可能性があれば、全体験全知識をあげてその行為を実践しなければならぬ責任がある、ということである。その意味で、他者の行為の結果責任を問わねばならない場合も当然ある。まして、権力政治家には、この種の責任感はまず望むべくもないのだから、この〝責任〟をになった人たちの彼らに対する批判行為もまた、〝責任〟の一部でなければならないのだ。つまり、〝責任〟が自分の死をもってしても終焉することは、ついにないことを覚悟しなければならないのである。政治的人間とはこのようなものなのである。

政治の世界

私たちの発想はすべて現代にその源がある。私たちは過去に住むわけにゆかないし、未来に生きるわけにもゆかない。私たちは、今生きている人たちと「同時代」をつくりあげている。ところが、現代とはどういった時代なのか。だいたい、時代を画定する評価は、その時代がいちおう過去完了になったときにはじめて可能になる。したがって、私たちは、未確定の時代を生きているのである。だから、この〝時代〟の評価は、同時代人の数にひとしい、と言わねばならぬ。言いかえれば、私たち一人ひとりが、この意味で、歴史家でなければならないのである。

歴史家、つまり現代史家であるためには、歴史観がどうしても必要だ。できあいの歴史観に身を委ねるのでなければ、このことはものすごくむずかしいことだ。したがって、人の一生は、歴史観を創る時間だとも言える。創って死ぬ人もいるだろうし、創れずに死なねばならぬ人もいる。だが、この種のその人の歴史観は、その人ひとりのものであり、他人と共有できるものでは必ずしもないこと、さらに絶対性をもつほどのひろがりも深さもないことを覚悟しておかねばならない。つまり、歴史観と信念との相違を識っていなければならないということだ。

もっとも、バカの一つおぼえは信念とは本質的に異なっているのだから、この歴史観は常に変更をみずから要求するという点で、信念に等しいとも言える。ウェーバーの表現をかりると、信念は〝空虚なジェスチュアー〟とは無縁なのである。

この歴史観創造の作業は、第一に、現に生きている人たち、つまり同時代人がどう生きているか、について十分に識ろうとする意思によってはじめられる。それは言いかえれば、自分はいったい誰であり、何であり、何になろうとしているのか、という自分にたいする問いかけである。「僕は日本人です」と答えて、まったく疑問を持たない人には学問は無縁である。学問は、このような断定に疑義をもつためにこそある。

　試みに、金石範さんの**『「在日」の思想』**（筑摩書房）という本を読んで見たまえ。在日朝鮮人は日本国民ではないのだ。しかし、彼らは日本に住んで生活をしているのだ。日本人というのであれば、彼らはまちがいなく日本人なのではないか。では、世界中に住んでいる日系人は日本人か。彼らは他国籍をもち、他言語を用い、他の法体系によって生きている。それでも日本人であることにまちがいはないか。

　日本人というのは人種なのか民族なのか、国民なのか日本住民なのか。日本人を日本人たらしめている〝日本〟文化はあるのか、あるとしたら何か。「日本人」であることにはそのような吟味はいらぬ、と切り棄てる人もあるだろう。それではもう一つ問いたい。日本住民には、日本に定住している外国人がますます多く含まれるようになっている。私たちは、難民条約にも署名している。日本に住みたい暮らしたいという外国人を、私たちは遮断してはいけないのだ。その人たちといっしょに住み、いっしょに暮らしてゆく社会を、私たちはこれからます、ちゃんとつくりあげねばならなくなっているのだ。

　日本人であろうとする気持、それを考えることからはじめるのは間違ってはいない。日本に住んでいて、日本人と特に言う人は、ほかに言いようがないから〝美しい日本〟なぞとバカなことを言う。そんなことではなくて、日本に精神的基盤を求めねば、そこで生きてゆく土台ができないことを思い知った人たちのその思い知り方を、どうぞ諸君は識ってほしい。それには、前山隆さんの**『非相読者の精神史』**（御茶の水書房）と**『移民の日本回帰』**（日本放送出版協会）が、ある感銘を与えてくれるはずだ。

不自由も不満も、生活の根にかかわりがない程度であれば、それは権力政治のレベルで何とかなる。生きていること、生きてゆくこと、に重大なかかわりがあるからこそ、行為の結果を私たちは恐れる。その〝結果〟は歴史に充満しているのだが、その一つの水俣病についての石牟礼道子『**苦海浄土**』（講談社文庫）はどうしても読んでほしい。この同時代人が受けた〝結果〟は、他国に住む人たちへの目を失ってはならないことを命ずるはずだ。たとえば、M・L・キング『**黒人はなぜ待てないか**』（みすず書房）をあげておきたい。

こうした〝結果〟を創りだした人たちもいることは、歴史観を創るのに忘れてはならない事実である。彼らの責任を問うことは、私たちのいまの責任を問うためにこそ妥当なのである。私たちの現在が、あの人たちの行為の結果だということを、どのように理解するかが、私たちの責任の取り方に密接につながっているにちがいない。丸山眞男『**現代政治の思想と行動**』（未来社）を熟読することがそのためには不可欠である。

この線上には、石田雄『**明治政治思想史研究**』（未来社）、藤田省三『**天皇制国家の支配原理**』（未来社）がある。あるいはちょっと視角は異なるが、R・リフトン、加藤周一の『**日本人の死生観**』（上下、岩波新書）は、私たちの無意識を意識化する転轍ポイントを内蔵している。

私たちは、このようにして、私たちの現在を位置づけることで、私たちの行為結果を自制しようとするし、そのために私たちは何なのかを確定しようとしているのである。こうした作業を総体的に〝自己同一化《アイデンティフィケーション》〟ということばでくくっておこう。この意味は、矛盾、つまり社会と個人の対立をどう克服するか、という一点にかかわっている。J・オールマン『**創造の政治学**』（而立書房）と栗原彬『**歴史とアイデンティティ**』（新曜社）が、諸君の理解に寄与することになる。

おわりに

諸君は大学に何かを求めてはならない。諸君は諸君に求めるのであり、大学はその手段なのである。諸君がそのこと、つまり諸君の任務を確認するかぎり、私はウェーバーと共に、「それぞれ自己の行為の究極の意味についてみずから責任を負うこと」を求めたい。

そうした人間であろうとするかぎり、諸君は、既存のもの、たとえば国際社会、国家あるいは社会から自分を規定しようとしてはならないのである。自分の方が、社会、国家、世界を規定する作業に挺身することが必要なのだ。それには、くり返して言うが、独断や独善の穽におちいらぬ知性が必要なのだ。その場合の知性は、他者がどのように、そうした作業に従事してきたのか、そしてどの他者と自分との共同作業がありうるかを見分ける力なのである。しかも、自分の作業の結果が、少なくとも後からくる人たちにふりかかることにおびえの心情を保ちつつ、そうするのである。

他者や書物——たとえテキストであれ——に、完全に教えられてしまえば、その人は盲目になる。そうならないために、諸君は〝ことば〟をもっている、〝ことば〟を知っている。語り、書き、表現するための〝ことば〟は、すでに手段の域を脱している。その意味で、ことばは、諸君そのものなのである。

現在、この地球上の人間の状況は、おそらく、かつてないほど、同時的に、同質の問題をかかえこんで成立している。何がおきたか、という「事件」がそれほど問題ではなく、その事件がもつ現代の人間にたいする意味を、〝歴史的に〟考え、思い当てることが必要になっている。たとえば、権力政治家が危機を説いていても、それは彼にとっての危機にすぎないことが非常に多いのである。彼の危険性を見破り、排除するためには、常に〝私たち〟というところで発想しなければならない。その〝私たち〟には、世界中のいろいろなところで生きている

〝人たち〟が含まれていることを忘れてはならぬ。

私はこのようなものとしての〝生き方〟を、一つには「政治の世界」としてくくっている。だから、権力者が自己に有利な〝政治〟を、私には拒否するところがある。というのは、私が思う人は、「他人のエゴイズムを見ぬく眼光のするどさにおいては、一致していたにかかわらず、自己のエゴイズムを見ぬく内側へ向いた眼」（武田泰淳『政治家の文章』岩波新書）をもたぬ人間ではないからである。

『三色旗』第四二一号、慶應義塾大学通信教育部　一九八三年四月

三田評論・新著余瀝

『民族の基層』

政治学は戦後世界にどこまで接着した《現実性》をもってきたのか。私はそのことを考えてきた。その場合、政治学とは、必ずしも、日本の政治学を意味していない。それは、〝戦後世界の政治学〟として確立するべき価値目標の下に想像するべきものである。

しかし、一方で〝私たちの政治学〟も、当然、〝私たちの戦後世界〟を明らかにするべき目標につながっていなければなるまい。この視点は、政治が《理想と現実》のはざまで揺れ動く、その軌跡を明らかにすると同時に、つねに〝理想〟を確定された基軸として、離反しかねない〝現実〟を、それに引き戻すべき政治学の位置づけによっている。

たしかに、私たちは《戦後》をたくすにたる政治学をほとんどもっていなかった。したがって、世界史的現実としての戦後世界の政治学は、ほぼアメリカから輸入しなければならなかった。横のものを縦にすることだけでも、そこから見えた《世界》は、私にはまったく無知なるものであった。その作業は、まちがいなく、知的にも心情的にも、めくるめく想いを私に与えたのだった。

だが、戦後世界構想としての大西洋憲章が、冷戦や代理戦争によって、自由主義のリーダーであった諸大国の離反を契機にその意味を希薄にしていったとき、それをもっとも最大可能につなぎとめているのは、この私たちの生き方としての日本国憲法であった。しかし、解釈改憲とよばれる政治の現実が、経済成長あるいは石油ショック以後の権力者側の危機の主張によって加速化されたとき、〝私たちの戦後〟はいよいよ世界史的意義を失いはじめた。

私が雑誌『世界』を中心にして論じはじめたのには、日本の近代が果たせなかった《歴史の創造》への参加が、まだ依然として、政治によっても可能であるにちがいない、そうした方途をさぐろうとする私の《問題》があったからである。

その私の問題は、だから国家なるもの、日本の国家なるものに対する、徹底的な批判を中心としている。だがそれを、天下国家を論ずるというように片づけられたくない。すなわち、他の国に住んでいる人たちが、私たちといっしょに住み暮らしたいと思えるような《社会》を、私は考え、つくりたいのである。

そのためには、どうしても、国家の存在を第一義的に考えたくない。むしろ国家は、そうしたさまざまな人のさまざまな生き方を包摂する形で、ここでは成立し続かないように思えてしかたがないのである。だから、私の《社会》主義からすれば、国家を実体化しかねない〝民族〟の意味の読みかえが必須になる。ここにくれば、問題の次元に先進も後進もなくなる。政治学は政治学として、歴史の共時・同時性も問題にできるし、さまざまな人たちの歴史的経験の交換が意味をもつにいたる。私はここを「比較」の起点にしようと考えている。

〔四六判、二三九頁、二〇〇〇円、三嶺書房刊〕

「新著余瀝」『三田評論』第八四四号、慶應義塾　一九八四年二月

政治学者・内山秀夫　インタビュー

蘇生への比較政治哲学

新民主主義理論の構築へ向けて！

政治というものは、本来、人間がよりよく生きていくための意思作業である。ところが、選挙、任期、統治構造の三位一体を我々は崩すことは出来ず、近代市民革命と同じ質での全面的構造改革は現代では不可能だともされている。

そこで今回は、戦争体験に基づく反官的な姿勢を貫き、いち早く民主主義の形骸化を指摘し、多数決の論理では語れない人間の復興を目指してこられた政治学者の内山秀夫先生に、政治にまつわるお話をいただいた。（『ロゴスドン』編集部）

ひとりで自分の人生を生き抜いて死んでいくという近代

――内山先生は三十年近く前から比較政治の講義を担当されてこられましたので、まずは「比較政治」という学問の概要あたりからお話いただけますか。

内山　哲学とついてしまうと非常に難しくなってしまうのですが、政治学における比較の精神のようなことだろうと了解してお話しようと思います。

これには、私の世代の問題が一つあると思うのです。私は昭和五年の二月生まれですが、亡くなった安田武《やすだたけし》さんの表現を借りると、戦中派第三世代、つまり学徒動員の世代です。学徒動員は勤労動員、つまり工場動員です。

在学中に、勤労動員で工場ばかり通っていて、兵役といえば予科練であるとか、少年飛行兵であるとか。ですから我々の世代はですね、教養主義のかけらもないわけです。本当に軍国主義教育、あるいは軍国主義そのものを信じているというか。そうした状態で我が国が敗戦になっていくわけです。

敗戦ということを、私は当時の中学の最上級生、旧制中学は四年制でしたから、四年生で体験しています。その年の三月にいわゆる下町空襲で死に損なっているのです。ですから敗戦になって、はっきり言っておっぽり出されるわけです。国家がなくなってしまうのですから。ついこの前まで、国家が「お前たちは死ぬのだ」と言っていた、その国家が敵前逃亡してしまったのです。

今度は昨日まで「ない」と思っていたその時間があるのです。戦争中、私はもう時間がないと思っていました。はっきり言うと、もうすぐ死ぬのだなぁと。戦って死ぬのではなくて、きっとただ殺されてしまうのだろうと。ところが一夜あけると今度は時間だけはある、あとは何もない、ですけれど、正直言って、何に手をつけていいのか分からないわけです。

そこで真面目な人は、一つは共産主義運動、共産党運動へ行く。もう一つはキリスト教だと思うのです。そちらへ向かった人は、私たちの世代でもかなりいます。しかし、私も含めて、その両方に行かない連中もいるわけです。私は慶應義塾大学に昭和二十四年に入っています。それは、少し浪人したり、家が貧しかったから働いていたこともありましたから。新制の第一回で入っていますから、昭和二十四年から二十八年までです。何を勉強するかといった目的意識はありませんでしたので、うっかりと経済学部に入ってしまったのです。

すると、びっくりしたのだけれど、講義の中に戦争の「せ」の字もないのです。私にも、上級学校に進学して、自分が何だか訳が分からなくなって、どうしていいか分からない時に、何かあるのだろうと思って入ったのでしょうね。ところが先生たちは、戦争がなかったかのように話もされるし、講義もなさいます。要するに一人でやれということなのでしょう。

そして先ほど申し上げたように、共産党運動にもいかなければキリスト教にもいかない連中が少し知っていたのは、要するにヨーロッパ教養主義です。それはだいたい小説を読むしかないのです。まだ芝居をみるほど人間のはばが出来ていませんから。まあ、むきになってみたのは映画ですね。戦前のキズだらけのフィルムのフランス映画など陶然とみていました。

一番最初につかまったキーワードは、ファシズムです。ファシズムという言葉自身も大学に入るまであまりピンときませんでした。むしろ、封建主義あるいは封建ということに対する反発のような形でもって、私たちの世代はまずは一つの足がかりを得るのです。ただ「封建的」と言っても意味をよく知らないのです。それで、そのあたりをきちんと勉強しようとしないで、教養主義でもってやろうとしていますから、堂々巡りになるのですが、もっとはっきり言うと、この世の中は男と女で出来ているということが、やっと分かりかけるといった方がよいかも知れません。非常に文学的な言い方かもしれませんけれども。

つまり、女の人をかばうのが男だと思っていました。要するに軍服を着て鉄砲を持って立っているのは男ですから。そういうイメージでしか見ていないから、この世の中が男と女で出来ているのだということに、のけぞるようにびっくりしたわけです。

そのあたりが、世代的な体験か、私個人の体験かはちょっと分かりません。私の友人で経済学部を出てから、文学部の大学院に二人ほど行って、二人とも仏文の教師になりました。やはりどこかでもって、一人で生きていかなければいけないということに耐えようとすると、やっぱり文学しかなかったのですね。私はそちらへは行かなかったけれど、小説は読んでいました。ある時期になって、小説を読んで、芝居を見て、酒飲んで、麻雀をぶったたいて。一種の放蕩をしているわけです。

ですから先ほど、「間違えて経済学部に行ってしまった」と言ったのですが、経済学をきちんとやっていれば別なのでしょうけれど、私はどこかで、「経済は人間を数える」と思ったのです。人間は数えてはいけません。つまり数ということでもって人間を考えるのは大日本帝国の時に私は嫌というほど経験しているのです。ですから経済には馴染めなかったのです。しかし、それは本質的に私が不勉強だからなのですよ。

それで経済を卒業することになって、どうしようかとなります。就職するのもいやだし、まさに「でもしか」大学院、大学院に一年行ったのですが、やはり駄目ですね。ちょうど計量経済学とか、数理経済学がとうとう流れ込んでいたような時期です。まえに言いましたように「数」に拒絶反応があるもので、「これはとても駄目だ」ということで、一年でやめてしまったのです。

そのあたりでウロウロし始めたのは、ひとりで自分の人生を生き抜いて死んでいく方法は何かということです。それは、ついこの前までは、先ほど申し上げた国家が親切にも、「お前はこうやって生きろ」、「こうやって死ね」と言ってくれていた。国家がご親切にも人間の生き死にまで規定してくれていたということがはっきり分かったということなのです。

ですから、そのような中で自分の人生は自分のものでしかないのだということを生きていくわけですから、途方に暮れる思いですよね。すると先輩が「お前みたいな頭の悪いやつが経済をやるから駄目なのだ。政治をやれ」と言ってくれたのです。

ところが政治というのには、私は全然興味がなかった。先ほど申し上げたように共産党運動、それから、いわゆる占領政策、それから朝鮮戦争があった、そういう「政治」を全然こっちで意識的に切っているわけです。ところが、ある人物を知ったことで、「そうではないのだ」ということが分かったのです。丸山眞男《まるやままさお》という人です。この人に、例えば「科学としての政治学」という論文があります。まだ本になっていない頃です。「そんなのを読んでごらん」と勧められ、本郷に雑誌を探しに行くとありました。そのあたりから、「これが政治学というのなら、もしかすると俺に出来るかもしれない」と思いはじめるのです。それで、丸山先生のものを手がかりにして、その後どっと読み出したのです。すると、どうも私が経済の教養の時に習った政治学というのとは全然違うみたいだったわけです。

自分を拘束しているものを見極めることから、比較という方法が成立していった

――丸山眞男の政治学のどういう点に一番ひかれたのですか。

内山　生身の人間の生き死にの問題にです。政治というのは、そういうものだと。これは、こたえましたね。「科学」だと丸山先生はおっしゃるけれども、それは経済科学が言った数の問題ではないのです。科学というのは、そういうものではないのだと。そこではじめて科学という言葉に、私は違和感を持たなくなるのです。何というか、非常にプリミティブにですよ。

それで政治学科に学士入学して、三年、四年とまたやるわけです。そこのプロセスで丸山先生にお目にかかっていませんが、丸山先生のところに出入りしておられた慶應の先輩（安藤英治先生）が、いろいろな丸山先生のお弟子さんたちに私を会わせてくれたのです。私は何も知りませんから、ただひたすら、「はぁ、はぁ」と話を聞

きながら酒を飲んでいただけなのですが。

そこでもって、「第二次大戦で、俺たちが命を取られる可能性が非常に強かった、その戦争というのは何だったのかなぁ」というのが、ずっと気持ちの中に残りましてね。またそれも、ファシズムという言葉と、アメリカあるいは連合軍ということ、それから第一次大戦と第二次大戦とのつながり方、そういうところを勉強しなおさざるを得ないわけです。

つまり、反ファシズム戦争という形で第二次大戦を考えれば、どうしてドイツのナチズムやイタリア・ファシズムや日本の軍国主義ということが否定されるべきことだったのかということです。先ほど申し上げた封建的や封建主義ということでもって否定されるべきであるということは、言葉では学んだけれども、どういうことかそれこそ知的にも肉体的にも分からなければならないわけです。

そこではじめて歴史がワーッとかぶさってくるわけですよ。世界史、人間史、人類史等々。そうすると、植民地ということが出てきます。大東亜共栄圏と言いましたが、大東亜戦争というのは何なのでしょうかねと。私たちが何の理由も持たずに、参加するのが当たり前だと思っていた、そのこと自体がいったい何だったのだろうかと。これは自分でもって確かめなければ、納得出来ないわけです。先ほど言ったように、共産党運動やキリスト教からは、私はいっさい受け取る気はありませんでしたから。それで政治学に行ったわけですから。

そこでもって「解放」という言葉が出てくる。今で言えばエマンシペーションなのでしょうが、当時はやはりフリーダムだと思っているわけです。自由ではなくて、「自由になる」ということがどういうことなのだろうと。今なら、はっきり言えば、マックス・ウェーバーでも読めばすぐ分かることなのです。けれど、私は小説や演劇に行ってしまったので、そういう知識は無理なわけです。知識の集積がないわけです。ですから自分でこつこつと蓄積をはじめざるを得ない。

そういうことで、何々から我々は自由になるのか、何々へ自由になっていくのか、それがフリーということかと。そのあたりからまた迷い出すわけです。つまりそれを政治学にかぶせていくための、政治学とはどういうものなんだろう。そんなことで迷って迷って、とにかく大学院に行って、東南アジアをやろうということにしました。

マスターの二年の時に、だいたいマスター論文を書き終わっていました。すると急に教授会から「アメリカへ行け」という指令が来るのです。何をするのか分かりませんから聞いたのですが、英語でベラベラ話されるから全然分からないのです。とにかく「行けばなんとかなるでしょう」と指導教授に言われて「そうですね」なんて言って、アメリカに行ったわけです。行く前に慶應の副手の試験があって、「東南アジアではなくて、政治学をやりなさい、○○先生の後をやりなさい。それで帰ってきたらもう一度試験を受けるのだよ」と決定されました。

これが一九五九年のことです。プログラムのスポンサーがアメリカ政治学会なので、十五人がアメリカ人、五人がアジア人でした。十五人のアメリカ人は新聞記者、大学の助教授クラスが中心でした。アメリカ政治学会ですから、政治学に関する情報がやたらにあるのです。私が学んでいた政治学なんていうのは、ぶっとぶわけです。その当時のアメリカの政治学というのは、ちょうど行動科学革命のうねりの中にありました。戦中戦後の世界経営のためのデモクラシーの移植、定着を命題とするわけですね。それはそこにいる人間を知らなければ出来ないわけです。

ところが政治学者たちが言うのだけれど、「従来の政治学ではそれは無理だ」と。なんといっても国家がないところが多いのですから。政治学は国家を前提としています、近代政治学ですから。すると、国家がない、しかし人間がたくさんいるわけです。そこの人たちが植民地解放運動をする。それが民主主義と言ったにしても、アメリカの民主主義をバーッと持って行くわけにはいきません。それならどうしたらいいのだろうというのが、アメリカ人たちの基本的な問題意識なのです。

そうすると、人間は行動しますから、行動という現象が出てきます。その行動を支えている、作っているという価値観があるはずだと。あるいは歴史観や人間観などというものがあるはずだと。それをつきとめるにはどうしたらいいのか、政治学はそんな方法を持っていない、そこで三つの科学というのが出てくるのです。社会学と心理学と人類学です。

ですからその当時の政治学は、その三つの学問が提出してくる概念、あるいは観念、あるいは実地研究というものに非常に大きく依存するのです。法という言葉を使わずにルールと言ってみたり、国家の代わりに政治システムという考え方を入れていくわけです。つまり国家概念を前提としない政治学ということです。

もう一つは、これはアメリカ人たちはきちっと言わなかったのですが、私たちにとっては、なにしろ日本のことを分かりたい、「汝、自らを知らんと欲すれば、まず比較せよ」なのです。そこで比較の精神という風に私は申し上げているのです。ですからアメリカ人たちが比較政治学と言った場合の比較の概念構成に興味がひかれる。つまり国家ではなくても、一つのまとまり（システム）があれば、そこには必ずインプットとアウトプットがある、インプットをアウトプットに変えるのは政府です。そのアウトプットがまたインプットに変換する過程がフィードバック、つまり、マスコミだとか世論だとか、そういったものがフィードバックによって入ってくるという、非常に自己完結的なシステム概念をつくるのです。

この方法だけでも、正直言ってこちらにとっては大ショックなわけです。つまり国家なき社会、社会の方が優先するのですからね、エンティティーとして、つまり存在として。そういうところから、いわゆる政治学の第一革命、行動科学革命が生まれるわけです。これは現象から、価値観や文化概念に、探り針を入れていくという考え方です。これがいわゆるリサーチです。

ところが私などが気にしていたのは、社会科学における方法論です。私などもそうなのだけれど、マックス・ウェーバーなどによってたたかれていく。「お前はなぜ社会科学をやるのだ」という、非常に自分の内心や内面を常に問題にしていく。そういう訓練を私自身もやったわけです。先ほど申し上げたように、自分で手探りでやっているわけです。それとぴったり合っていくのが常に人間一般に関する知識、あるいは人間についての思いみたいなものですね。

——それが、内山先生の政治学に打ち込む動機付けみたいなものになったのですね。

内山　はい、そうです。ですから、それには一種のヒューマニズムがそこに成立するでしょう。今の言葉で言えばグローバル・ヒューマニズムです。それはイデオロギーになり得るかもしれませんが、技術的な理性と、主体的な理性の相克の場なわけです。こちらはそのように受け取るわけです。アメリカは必ずしもそうではないと思うのですが、私にとっては、自分のテーマを全然損なわない。私はついこの前まで軍国少年だったわけです。つまり自分にも人にも目がいっていないというか、盲目なわけです。

ところが、それではお前ら何も分からないぞ、自分の目を解放しろ、解放するには、お前がお前に課しているものを自分で見極めろ、というテーマが立ちはだかるわけです。そのあたりから、分析概念としては政治システムでよいにしても、しかしその政治システムはどこへ行くのだ、どこへ行けばいいのか、これが分からないのです。分析はそれで可能だろう、どこまで有効かどうかは別として、分析は出来ます。システムの行く手は人間に関する一般理論として展開可能なのではないだろうか。これは、一種の普遍性の世界ですよね。そうすると、普遍という事柄と、先ほど申し上げた自己解放ということを、自分一人の主観や主体に置き尽くさない、つまり分析的なエビデンスを使いながら自己解放をやっていく、このあたりから比較という方法が成立していくわけです。

一九六〇年の十一月にアメリカへ私が行って、その翌年にある本（アーモンド／コールマン編『発展途上地域の政治学』）が出るのです。これが先ほど申し上げたシステム論、および人間はどこに行くのかということについての一種のグランド・セオリーの本です。それは主として対象は新興諸国あるいは発展途上社会です。そのようなことで、アメリカ人の言っている比較政治学ではないかもしれないけれども、比較ということでもって、自分を自分たらしめていけそうだなぁという予感だけするわけです。そんなことを想いながらアメリカから帰ってきたのです。

多数者専制になってしまう、民主主義の問題点

――内山先生の比較政治学は、アメリカ人の言う比較政治学ではないにしても、やはり現代政治学の範ちゅうに入るかと思われますが、その現代政治学の問題点というのはどのような点にあるのでしょうか。

内山　私たちはどこに行くのだということを考えますと、それははっきりと近代社会なわけです。つまり伝統的社会と近代的社会という二項対立です。伝統的社会から近代的社会へというベクトルです。これはちょっと表現

が難しいのですが、アメリカ人たちは一種の能天気、一種の楽観的ヒューマニズムです。すべての社会が近代化線上にある、線上に全部位置づけられる。するとこれは質の相違ではない、程度の相違になります。

つまり、伝統的社会というのは否定的な感じだけれども、全部近代的社会に向くのですから、程度の差、程度の違い、その差違は克服出来るという前提です。すべてがそれでもって説明出来てしまうわけです。しかしそう簡単にはいかないというのが、こちらのへそ曲がりなところでありまして、近代とは何かというところにまた戻っていくわけですよ。

三十年代にはご承知の通り、ナチに追われた社会科学者たちが大量にアメリカへ行きます。その人たちが必ずしも皆恵まれたわけではありませんが、そこでもってアメリカの知的なクライメート、風土みたいなものが変わっていくのです。そこでもって、マックス・ウェーバーなどのヨーロッパ社会科学が初めてというぐらいにアメリカで問題になっていく。ですから、その点では日本人の方がずっと訓練されているわけですよ。

つまり近代とは何かというと、一人の人間が一人の人生を自分のものとして選択していく、それを保障するのが環境です。あるいは条件と言ってもいい。今で言えば個の確立、あるいは主体化の問題です。片一方で言えば、つまり人間に対する限りない愛着です。

――そうなりますと、先ほどの普遍化ということと、個の確立ということとは、相克することになりはしないでしょうか。

内山　弁証法的な発展でしょうね。自分の場合が常に、チェックポイントなわけですよ。ですが自分の中に無限に沈潜するわけにはいかない。自分を社会や世界に開いていくわけですから。その一種のパズル、あるいは近代の罠ですね。それは後に「鉄の檻」という言葉が出てくるわけですが、近代の怖さですよ。それはちょうど日本の社会科学が、例えば大正デモクラシーを含めて、みんなそこで天皇制の問題などにぶつかっていくポイントなわけです。それと同じなのです。戦後に天皇制が残ります。いわゆる旧勢力が温存されていくわけです。それを私たちは目の前で見ているわけです。それですから共産党運動だとか、キリスト教だとかというモメントが非常に強くなる、非常に魅力的だったわけです。だけど、残念ながらというか、不幸にしてか幸いにしてか、私はそちらへは行かなかった。

近代社会になっていく、そのベクトルでもって近代社会を見ている、そのようなところでも、一つにはご承知のように朝鮮戦争があります。もっとそれを端的な形で言えば、ベトナム戦争です。それに関しての問題はアメリカの場合、内在的にあるのです。それは黒人問題です。ちょうど私が行った頃、マーチン・ルーサー・キング牧師などが一生懸命にやっていて、J・F・ケネディが上院議員で黒人を擁護する。その翌年の一九六〇年ケネディが大統領候補になっていくわけです。

誤解されるかもしれませんが、当時はアメリカが一番自信のあった時代です。ですからケネディを中心としたリベラルが、黒人問題を何とか解決しようとしていた。ところが片方では冷戦構造ですから、これはケネディ政権もそうなのだけれど、片方では人間に対する視座、つまり共産主義というものに対するものすごいネガティブな、先ほど言ったグローバル・ヒューマニズムをはっきり言って自己否定せざるを得ないぐらい強いわけです。ところが片方では黒人の公民権という、一つの歴史の必然があるわけです。ですから共産主義に対する否定的な側面と、黒人公民権というかたちでもってアメリカ内在的な問題をいかに克服するか、それとベトナム戦争とつながっていくわけです。

それはっきり言うと、マディソンが『フェデラリスト・ペーパー』の中で一番問題にしていたことでもあるのですが、多数者の専制ということです。つまり民主主義というのは、多数者専制になるということを、ずーっとマディソンは気にしていたのです。黒人公民権というのは、多数者専制の問題なわけです。黒人は当時、全国のだいたい一割ぐらいでした。一割を小さいと見るか、大きいと見るか。地域的には、例えばワシントンＤＣというところは七十パーセントぐらいが黒人でしたね。彼らは投票権がほとんどありません。だから、自己決定の出来ない人間集団なわけですね。

民主主義というのは、私たちが学んだ非常に表面的なドクトリンは多数者、つまり多数決だけれども、少数者の権利は擁護するということです。ところが、黒人の問題などのように、少数者の権利というのは擁護されえないという事実があるわけです。そのあたりから結局、私にとっては政治学というのは、多数者の問題、あるいは多数決の問題だと了解し始めたのです。ご承知の通り日本では、ベトナム戦争の問題、水俣などの公害問題、沖縄の問題などがありました。それは黒人と同じ少数者なのですね。しかも、この少数者は多数者に絶対にひっくり返らない。日本の場合は、まだ選挙権を持っていますが、在日朝鮮人はどうでしょうか。そういう問題がものすごくクローズアップしてくるわけです。

多数決の民主主義というのは、政治的に言ってプラスの価値観になっていますよ。私はイデオロギーに加担しないから、社会主義革命によってそれを払しょく出来るというようには取れなかった。すると多数決ではない民主主義というのはあるのかと。これはアメリカ人たちも懸命に考えました。

すると、例えばアーレント・レイプハルトというオランダ系の人が、「多極共存型民主主義」ということを言い出すのです。これはオランダやスイスなど、いわゆる小国民主主義――、スモーラー・デモクラシーズと言いますが——、のやり方ですね。この本質は、徹底的な比例制です。つまり言語や宗教を異にしているのが、一つの国をつくり国民を作っているわけです。その場合に、それぞれの代表、あるいは要求というものが、はっきり言って多数者がそれを全部カバーするのではなくて、それぞれの言語集団、宗教集団が、それぞれ、きちんとグループを成していて、それぞれがその規模に応じて自分たちの要求を実現しようとする。それが多極共存型なのです。そこにぶつかっていくわけです。

国益中心のデモクラシーからすると、どうしてもベトナム戦争につながってしまうわけです。戦争というのは、多極共存型のように粒立ってくるものを否定してしまうわけです。そうしますと、国益中心の、あるいは国家、あるいは国民中心のデモクラシーではなくて、要するに人間が生きやすい民主主義、生き生きした民主主義を考えざるを得ない。

これはアメリカの場合は、いわゆるＷＡＳＰ神話の崩壊につながります。ＷＡＳＰというのはホワイト、アングロサクソン、プロテスタントです。これがアメリカの支配的な国民文化です。確かにＷＡＳＰというのは、一つの人間集団です。ところが黒人がいて、若者がいて、あるいは地域的な違いがあり、言語の違いがあり、そういう文化的な多元ということを考えた時に、その文化的な多元性、つまり違いを大事にしながら、何とか合意を作れないか、というテーマになるわけですよ。つまり言葉にすると、ナショナル・ナショナリズムから別のナショナリズムへということです。そこでエスニシティなんて言葉が人類学から入ってくるのです。

——内山先生が、「政治文化」という言葉で表現されていらっしゃるのは、そのことになるわけですね。

内山　そうです。青年文化を考えますと、当時、カウンター・カルチャー論が非常に盛んでした。しかし、それがヒッピーやフリーライダースなどになっていくわけです。それはやがて否定されていくのですが、サブ・カルチャーというのは概念として依然として残るわけです。つまりナショナル・カルチャーに対するサブ・カルチャーです。WASPがなぜ国家文化、国民文化を代表するのか。代表じゃなくてこれも一つの文化でしかない、一つのサブ・カルチャーでしかない、というように読んでいくと、今で言えばジェンダー、女性問題にしても、人種の問題もそうですね。そういうものが全部突出してきて、それらがナショナル・カルチャーとされてきたWASP文化と同列になってくるのです。そういうところでもって民主主義を考えなければならなくなる。

いわゆる先進国文化の底にあったのが、産業社会論なのです。つまり経済成長論ですよ。豊かになれば人間は解放されるのだと。リプセットという社会学者が説いたのは、「経済成長と民主主義の成長とは比例する」ということです。これは今でも生きているようです。私はどうもそれには否定的なのですが。つまり、人間は豊かになっても、立派になれる保証はないのですね。

ベトナム戦争という「世界状況」のなかで、先進国政府が全部、統治能力を失ってしまうのです。『ランボー』という一連の映画がありますね。あるいは『プラトーン』だとか、戦争をどう考えるかというのは別問題だけれども、少なくとも国益としての戦争否定論ですね。国益の発動としての戦争というのは嘘だということでしょうね。そこに一九七三年の石油ショックを迎えるわけです。

いわゆるOPEC（産油国機構）が相手にしたのは国家です。他の例えば日経連とかは相手にしませんでした。アメリカでもメジャーやなんかは相手にしない。アラブの産油国機構は、国家政府しか相手にしないと言ったのです。それが石油ショックの意味なのです。つまりガバナブルな政府というのが潰れそうだったのが、ここでもって息を吹き返すのです。それがレーガンでありサッチャーであり中曽根なのです。これで国家が生き返るのです。

ですから、そのガバナブルな政府、つまり国家政府は統治可能である。そうでないと要するに石油が入ってこない。石油というのは国家の原料、資源です。先ほど言った経済成長の基礎になっているものです。それは国家でしか調達出来ない。有力な企業などにしても、全部それに従わなければならない。だから、時には小さな政府を言い、時には大きな政府が語られということで、つまり民主主義が吹っ飛ぶわけです。つまり国家民主主義、ナショナル・デモクラシーになってしまうのです。

ご存知ないかもしれませんが、節電で銀座が暗くなったことがありました。電気がつかなくなるのです。ですから例えばホテルの上の方から銀座を見てみますと暗いのです。アメリカもガソリンが配給制になってしまったことがありました。それが政府にとっては国民に対する一種の脅しになるわけです。

何を失っていくのかということが、政治学や社会科学の大命題である

――日本の社会は高齢化が急速に進んでいるわけですが、内山先生は、「高齢化社会の到来が産業社会の危機として認識され、高齢化社会を産業社会に適合させる形に変革しようとする権力の意思が明確に見てとれる」と、ある書物に書いておられますが、例えばどういったことがそれに該当しますか。

内山　アンガバナブルな国家や社会、あるいは世界などは、先ほどの資源問題を加えなくても、例えば核問題は我々にはコントロール出来ないのです。公害問題も実はコントロール出来てない。例えばＣＯ２の問題、あるいは温暖化の問題、空気、水の問題等々、これらはみんな《危険》という形で出てきます。

それから産業社会における経済成長というのは、テクノロジーによって達成出来るという神話がどこかにある。

テクノロジーが可能だと言えば、それをやらなければならないというのが人間の妙な課題になってしまう。変な言い方ですが、月に行けるとなったら月へ行くのです。行かなければいけないという理由はないのにです。あれだけ大量の資源を浪費して月に行ってしまう。ソ連とアメリカは宇宙競争をやったりする。ところがテクノロジーの可能性神話は正直言って、危険なのです。これは生命の問題にも関わってくるわけです。

それからスパイ衛星を含めて情報が、今度のイラク戦争を始めてしまう。はじめは情報が人間を破壊から救う、つまり人間の可能性がもう一つ増えるということでした。ところが、事実は、「情報が人間を破壊する」ことが明らかになりました。しかし、テクノロジーが可能だということは、人間がやらなければならないのだという命題のたて方、これについては未だに否定されていない。経済成長は、テクノロジーが先端化することによって、人間に幸福をもたらすという神話に含まれているのですね。その中にクローンも含めて、生命の問題が紛れ込んで来るわけです。

生命という、人間にとって最後のアンタッチャブルな世界を人間が引き寄せてしまうのです。科学というのは、非常に危ないところを持っています。というのは、科学はすべてを未知なるものにしてしまう。そして、未知なるものをいつかは既知にする、というのが科学技術の信念なわけです。ところが未知というのは、無知とは違うのです。すべてを未知と置けるかというと、分かる範囲の外にあることが無数にあるはずです。それを人間はある意味で大事にしてきたわけです。一種の聖域みたいなものを未知の中に入れてしまうのです。先端技術でやっていくと、その未知のものを既知のものにどんどんしていくわけです。その典型的なものは遺伝子ですよね。

そういうテクノロジー優先の世界の中で、自己決定とは何だろう、自分の人生を自分でコントロールする、自分の人生、自分の運命は自分で決定するということがますます出来なくなるわけです。あるいは、したくなくなってしまうわけですね。それは生殖技術の問題を含めまして、本質的には生命の問題でしょう。私は古い表現をあえて使いますが、子どもは授かりものです、だから人間は大事なのでしょう。ところが子どもというのは作るものだとされる。試験管の中でも作れるということになると、それを国家科学が可能にしていくわけですね。それが人間の可能性だと言ってしまうわけです。人間の可能性はかくも素晴らしいものだと言ってしまうわけです。

しかし、私たちがここで考えたいのは、それによって我々は何を失ってゆくのだ、何を得ていくのかというテーマよりも、何を失ってゆくのかということが、私は政治学あるいは社会科学の大命題だと思うのです。それを民主主義論という形でもって押さえたいのです。社会科学は本質的に「批判の学」です。何故かと言うと、社会科学はどんな社会科学であっても権力を問題にするから。権力というのは二重構造を持っています。一つは目的としての権力です。もう一つは手段としての権力です。この目的価値と手段価値との両面を権力は持っていますが、権力を手段化することによって何かを達成出来る、と信じていること、それが権力の怖いところなのです。

ですから今、どこの国家教育でも、皆その権力の問題を、「人間のための権力だ」と言っているのです。ところが果してそうなのだろうか、何を失っているのだろうかを権力の第一命題にする民主主義はあり得ないのだろうか。それが生命民主主義の本質だろうと思うし、我々がこれから嫌というほどぶつからなければならない、現にぶつかっているわけですが、しかし当面は解決策がないという、民主主義の現状があるのではないでしょうか。

人間を否定しない豊かさへの第三の生き方

――先ほどの現代政治学の問題点のお話で、伝統的社会から近代的社会へのベクトルの問題を指摘して頂きましたが、内山先生はある書物の中で、「伝統性から近代性への直線的発展史観は、第三世界の存在によって大きく動揺する」と書いておられます。この第三世界が投げかけたものというのは、どのようなことなのでしょうか。

内山　近代的社会あるいは近代社会には、人間が自分たちで作った近代の深淵の怖さが含まれていますが、そこに入る前に「伝統」を考えてみましょう。この伝統ということは、ひとつ間違うと大変なことになって、非常に難しいのです。つまり、復古主義とは違いますから。伝統という価値によって社会をつくり国家をつくり、そして人間が生きていくということは可能なのです。それが第三世界の意味だったのです。つまり、アンチ・モダニティです。これは私に言わせれば、ポスト・モダンではないのです。

先ほど言ったように、得るものに目を付けた時に、それを近代ということで表現出来る。ただ、失うものに目を付けた時には、適当な言葉がないのだけれど、もしそれを伝統的と言うのであれば、第三世界は正にそうなのです。第三世界の政府は、はっきり言って後進国、発展途上国です。それが狙っているのは、みんな経済成長ですよね。しかし、その経済成長にむけて国家構築をするだけでない努力をする人もいるわけです。

例えば、今、一番問題になっているイスラムがありますね。近代ということで、得るものにずっと目をこらしたのは、クリスチャニティです。目をこらしたから怖いのです、危ないのです。宗教的なブレーキのない日本の場合は、「大和魂」なんていう可能性が出てくるのが怖い。今、日本の場合、軍国主義以外すべて肯定的でしょう。日本主義すら大手をふり始めています。

第一世界は超先進国と呼んでもいいと思うのですが、第二世界は遅れて近代化していった我々みたいなところですね。ですが第三世界というのは、その近代ということを、必ずしも肯定していません。もっと違う生き方があると。確かに豊かになるのは間違っていないかもしれない。でも豊かになるにも、なり方があるだろう。つまり人間を否定して、大切なものを失って豊かになっていくということではないだろうという、そういう側面を持っている、それを第三世界と呼べるはずなのです。

日本人がもう少し考えなければいけないと思うのは、我々は先進国だと思っている点です。経済大国だと思っている点です。すると、得ることばかりでしょう。我々が失ったものについての反省のなさというか、その危うさですよね。そうすると、一番危ないというか、嫌なのは「国」という言葉ですよ。

小泉政権にしても、この頃、非常に国という言葉を使います。あるいは意味の分からない言葉ですが「国益」という言葉を使います。「国益に照らして」という。その場合の国益というのは、おそらく小泉氏たちが考える国益であって、他に考えられる国益もあるのです。先ほど申し上げたように、国民というのは一つじゃないのだということです。だから石油ショック以後、つまり国家が前面に出てきて、それでもって国家政府自身が国民の運命を代表するという言い方になってしまっていますけれども、本当は、そうではなかったはずなのです。

それをかつては、このように考えていたことがあるのです。先ほどのカウンター・カルチャーではないですが、「公」という、「パブリック」ということです。この頃、「公共」ということが非常に言われますが、日本の場合、公共という言葉が間違って定着していると私は思います。公共というのは、ひとつ間違えれば、政府がおやりになることがみんな「公」になってしまう。そうではなくて、私的な人たちが私的なことを共有し、共通している部分が、ある広がりを持ったら、それは公的なことなのです。国的なものではないのです。「私」と「公」とは本来結びついているのです。そういうことで考えないと、政府がやることが国益であったり、公であったりしてしまうのです。

かつて大日本帝国の時に、「公」はすべて政府が握りました。敗戦後に、それを払しょく出来なかったのかということですよ。このような言葉がいいかどうかは分かりませんが、「庶民」、いろいろな庶民がいるのです。コモンなのです。コモン・マンのニーズが国益なのです。マスロー（A・H・マスロー）じゃないけれども、ベーシック・ヒューマン・ニーズという言葉がありますが、コモン・マンのベーシック・ヒューマン・ニーズが「公」なのです。

すると、国益と公益というのは対立関係になる可能性を持っています。そういうところから、民主主義というものを考える手がかりが生まれないだろうか。まだ我々には第三の生き方があるのではないか。少なくとも思想として、あるいは観念として。だとすれば政府主導型の民主主義ということよりも、コモン・マンの民主主義や、民主主義的な政治理論というのが提出できるのではないかと思うのです。

「政治学は政治学者の数ほどある」という有名な言葉があります。それは一人一人の政治学者が価値観を異にしているから言えるのであって、「政府党員」として価値観を異にしていない政治学者たちが、政治学を代表することはないのです。ところが今、政治学者という名前で出てくる人たちは、一人一人のコモン・マンと自分をどうつなげていくのか考えていない人が多いようです。その人たちがつないでいるのは「国」民でしょう。あるいは国益の政治学でしょう。最初に申し上げたけれども、自己を知るために他と比較をするということの一番ギリギリの原点にもっていかなければ、いい気になった日本国民という姿が見えないでしょう。

『戦艦大和』という作品で作者の吉田満さんは、沖縄特攻に際して予備学生の海軍士官と、海軍兵学校出の海軍士官との大激論を書いています。つまり、「俺たちはこんなことで死んでいいのか」と。その次の日に出撃した艦上で臼淵という海軍大尉が、「負けて目覚める。俺たちはそのさきがけをやるのだ。それでいいではないか」と言うシーンが出てくるのです。

私たちは最初に言ったように、軍国少年世代です。臼淵さんに私たちはバトンタッチされたのです。「負けて目覚めるのはお前たちだ」ということですよ。このことを私たちの世代は受け継いだはずなのです。何も知らない私たちが、時間だけは無限にあるようなところへほっぽり出された時、次の日から民主主義者になったわけではありません。民主主義など何のことやら分からないんですよ。自分をつなぎとめていく、自分が生きていくことにつなぎとめていくのに、一番はっきり分かったのは、この臼淵さんの言葉なのです。そうだとすると、負けて目覚めたのか？　何を目覚めたのか？　何を目覚め残してずーっと生き続けてきたのかということですね。このところが、はっきり言うと、一人一人違う価値観だろうと思います。ですから、私たちの後を生きてくれている人たちに分かってくれ、とは強制はしません。ただ、私はそういう生き方を、後どのぐらい生きられるか知りませんが、生き続けるより生きる方法がないのです。

ある外国人が、「日本人はすぐに、しようがない、と言う」と言いました。私はその外国人に、「しようがない、というのは、諦めたということではないのだよ。その日本語には、他に仕様がない、という意味も入っているのだよ。だから、日本を分かったような顔をするなよ」と言い返しました。「他に仕様がない」というのは、はっきり言えば選択の問題でしょう。選択は自分が背負うものですからね。

そうなると、自衛隊を派遣するとか何とか言っていますが、そういう自衛隊を持っていることで、あるいは軽装備の自衛隊を持っていることで、日本が滅びるかどうかというのは、我々は歴史的な実験を未だに続けていることになるのです。自衛隊が軍隊であるかどうかという議論は、ややこしくなるのでやりません。しかし、少なくとも自衛隊があるから日本は滅びないのだという、そんな議論だけは誰もしないでしょうね。やはり、歴史的な大実験をしているのですよ。その実験は、やめてはならないのです。「負けて目覚める」のですから。断わっておきますが、これは自衛隊をつくった吉田茂は偉かったという話ではないのですよ。

——それでは最後に、今の比較政治学の問題点と今後の課題についてお話しいただけますか。

内山　比較政治学というのは、最初に申し上げたように、研究者の魂というか、心というか、精神というか、それをかきたてるものでは、もはやなくなっていると私は思います。比較政治学の創始者の一人にガブリエル・アーモンドという人がいますが、その人が一九六〇年に先ほど申し上げた本を書きましたが、七〇年には、「比較政治学はもう役割を終えた。政治学を引っ張っていく役割を終えた」とはっきり言いました。私は、それでいいと思うのです。

ところが今、比較政治学というのは、どこの大学でも政治学科とか、大きな法学部であれば、みんな講座を持っています。それから、比較政治学の学会すら出来ました。つまり、制度化された学問ですね。制度化された学問に、私は興味はないのです。ですから先ほど申し上げたように、「汝、自らを知らんと欲すれば、まず他と比較せよ」というところに私は戻っております。

政治学は本来的に権力を問題にしますから、牙があるのです。政治学は牙のある学問です。ところが、その牙というのは自己否定を含めて、徹底的に、批判的にならざるを得ない側面を持っています。それが牙です。「体制順応はしない」とか、そういう持続力を、かつて大江健三郎は「持続する志」と言ったけれども、そのような持続性を政治学は持っています。制度化された比較政治学に、それを委ねるわけにはいかないのです。比較というのは方法なのです。私はそう言います。ですからその比較の方法というのが、政治学の牙に残っていく、持続していくということが、私の政治学への抱負ですし期待でもあるのです。

――

『ロゴスドン』２００３年12月、『学問の英知に学ぶ』第４巻、ヌース出版 二〇〇七年に所収

第3章　未完の革命としての戦後民主主義

「人間」の存続のための「人間」の協同

セミナー「日韓関係の将来」に参加して

国家の入口での異和感

黒に近い迷彩をほどこされたハーキュリイや戦闘機がいる、そして二連装の高射機銃陣地が滑走路に近接して設置されている。そこには否応なく軍事が屹立した現実があった。ソウル金浦国際空港は、かつての那覇を凝然と思いださせた。野坂昭如流にいえば軍国少年であった私であっても、しかし四〇数歳になった今では、この「現実」を懐しむだけの軍国体験はどこにもかけらほどもない。確実にいえることは、観念の力を自分のいきざまにしつくそうとする私には、まさしくまったく異質の現実的な事実がそこにはある、ということだけである。私は断続的に襲ってくる、突きあげるような不安にさいなまれていた。

いわば国家の入口でのこうした異和感は、ソウル市内のあの都会特有の雑然とした、それでいて何やら人間のエネルギーが人間くさく空間に立ちこめている中に突入していったとき、ようやくある種の平常をとり戻したようであった。二度目の訪韓であり、また世界を股にかけている東大の佐藤誠三郎さんの自信と、野村総合研究所の佐伯喜一氏の泰然さの背後にかくれて、ともかく不安な期待と積極的な消極性に徹する覚悟を私はきめたのだった。それは私の未知なるものに対する自己防衛の小動物的な一貫した姿勢を今回もとる、という意味で私の日常性の延長でしかない。言いかえればひとの話は絶対に信用しない、私のアンテナ——遠距離用と近距離用の両方——を最大限に発揮するよりし方のない、私の生き方がソウルに着いて動きだしたにすぎない。それはとにかく、韓国通なるひとの説明は確実に拒否するかたくなさにちがいない。

準戦時体制下を忘れる

そうした私には、だから、今回の「日韓関係の将来」という高麗大学でのセミナーのテーマは、まったく手がかりのないものだった。金大中、民青学連、金芝河、維新政治、といった事件や問題も直接の関心の対象にはなっていない。要するに、われわれと確実に異なる人間の状況、それを私は感じとりたかったし、町を歩く人たち、買物をしたり食事をしたりする人たち、そうした人たちの顔や歩き方、それだけを見ればよかった。黙々と歩いているのか、誰が昂然とし、誰が俯いているのか、連立って歩いている人たちは話をしながら歩いているのか、そんなことが手がかりになるのではないのだろうか。

ソウルの人たちの顔は明るかった。市場を歩いたとき、そこに群れていた人たちには、まさしく生活者としての逞ましい熱気があった。しかし、それが民衆の生活の貧しさからくる逞ましさでないとはいえない。茶房の一〇〇ウォンのコーヒーは、値上げを禁止された挙句の質の低下から、戦時中の大豆を炒ったトーヒーに似ていた。二万から三万円で家族が食いつないでいる下層民衆の話と、わが国と同じあるいはそれ以上の値段のテレビ普及率が全世帯数の六〇パーセントという話が、奇妙なコントラストをなしてしかし納得的に思いだされる。ソウルにいる限り、私には、韓国が準戦時体制下にあることを忘れた。

しかし、毎月十五日が防空演習日であることも確かである。いわゆる第二「南進トンネル」を見にいったとき、非武装地帯に近づくにつれて、なん重にも構築された防衛線、山腹にはっきり見てとれる数多くのトーチカ、そういったものは背筋を擽られるような軍事であった。

非現実的国家観が基礎

われわれには国境意識がない。だから、地図の上の一本の線で、国家による保障が一切なくなってしまう現実が理解しにくい。あるいはまたその「線」を守ることの意味も分かりにくい。それはひいては、国家意識を本来的に欠落させやすい心情である。だから、国家を実感させるには、ゴリゴリの民族意識を昂揚しなければならなくなる。それでいて、「はじめに国家ありき」といった安易な国家観もどこかにビルト・インされている。どちらにしても、われわれには国家は現実ではないのである。終戦で一挙に国家を政府と同一視する精神構造にかえられたのも、われわれの非現実的国家観が基礎にあったからだろう。

しかし、高麗大学総長のリセプションでお会いした何人かの知識人たちが、日本人の平和論が、韓国を最前線とする反共態勢が成功しているからこその主張にすぎないのであり、その点で日本人はラッキイ・ピープルなのだ、といわれたとき私は「観念」の意味をもう一度確認せざるをえなかった。

確かに韓国人の多くにとって、共産主義は観念ではなく、力だという体験があるにちがいない。「韓国動乱」は、共産主義による死が実現した事実であったし、国境は軍事境界線である。だが、反共のための日韓協力を真顔でいわれると、私にはどうしても、「そうだね」とはいえないものがある。中国を訪れた友人から、中国人から日本の核武装を要求されたという驚倒すべき話を聞いたのと同じ話を何度もきかされたことで、正直いって話をしてくれた人たちの国際感覚とは何なのだろうと思い沈まざるをえなかった。

国際政治はたしかに力の面を強くもっている。しかし、国際政治が国家と国家との、あるいは国家利益と国家利益とのぶつかりあいである、とされるのとは違った側面を強く打ちださねばならなくなっていることはどうするのだろう。国家を国家たらしめるものは、仮想敵国を常時国民に脅威として意識させつつ、その国家枠をしめつけることで「国民」を凝結させるやり方ではなくなっているのではないだろうか。

公害とか資源といった問題の方が、人間にとって確実に重大さをましている。国家とは、その意味で、「人間」の存続のための「人間」の協同を絶対必要条件としている「人間世界」なのではないのか。

先進国は低成長を、そして後進国には高度成長を成立させるべき世界が主張されている。私も原則的にはそうだと思う。だがしかし、韓国の高度成長が、必ずしも綿密な計算と周到な外交によって、その戦時体制を解除する方向の模索をともなわぬ限り、国家的な浪費として軍事にそれが投入され続けられれば、力の誇示を支えるための成長にしかならなくなる。

このように考えてくると、韓国人の民主主義とはいったいどんなものになるのか、とどうしてもきいてみたくなる。そのためには、まず韓国を成立させるための伝統とか文化あるいは価値観の確定をやらねばならなくなるだろう。と同時に、こうした「韓国」の独自性を排外性・排他性に直結しないだけの人間の原理としての民主主義に接続させる努力を、韓国の人たちにお願いしなければならなくなる。

思いあがりの清算こそ

いま朴大統領がいっている韓国的民主主義は、どう考えてもこの種の民主主義に接近するためのものではなさそうである。われわれは、戦後新興諸国の発明にかかる後見制民主主義が、支配の正当性原理としての民主主義を借用して、支配の深化と拡充をもたらしただけであって、民主主義の深化拡充には無縁であったことを知っている。

また本質的に軍事政権である体制が、一方では軍人的ピューリタニズムとして政治の汚濁を徹底的に摘出し除去する、一種の理想政治であると同時に、他方では決定的に一元的な中央集権と能率原理に貫通され、それはまさしく非寛容な政治となることもわれわれは知っている。そして、国家目標は、一元的国家観によって決定され、その決定された目標完遂のためのショートカットが選択される、という定式が行政と外交に布石されることになる。この定式が絶対化されれば、おそろしく効率の良い経済第一主義が支配に包まれて実現することは間違いない。

私には国家民主主義は一国民主主義に堕ちるとしか思えないし、それは民主主義を冠した独善主義になるにちがいないと思える。しかし、民主主義はヨーロッパ民主主義を脱しようとしている。言いかえれば、民主主義は新しい次元と品質の発見に挺身しようとしている。そこで、韓国の人たちが、どのようにして、こうした民主主義への人間の運動に参加しようとするのかを、私たちはまさしく隣人として見守りたい。そのためには、私たち自身が、この民主主義への人間運動に正しく歴史的に参加し、その中で努力し続けてゆかねばなるまい。

さらに、私たちが韓国民主主義の後見人だ、なぞという無意識にもせよ思いあがりを清算することこそが重大である。

それには、韓国における国家と人間の識別をこそ明らかにしておかねばなるまい。私には、この国家と人間の同一視が、われわれ日本人の小児的特性と思えてし方がないのである。

勤勉で誠実な、そして豊かな文化的伝統をもった人たちが、知的水準を確実に高め、そして人間と歴史と世界にたいする洞察力を深めている事実を見たとき、私はまたとないすぐれたこの人たちを隣人としてもつことの意義を思った。

『週刊読書人』一九七六年四月十二日号。『民族の基層』三嶺書房、一九八三年。『増補　民族の基層』二〇〇六年に所収

国家の時代と戦後民主主義の転生

はじめに

戦後民主主義を否定する論調が強い。あるいは、その論調は歴史をまるごとのみつくして、日本および日本人を自然に、ある国家、ある人間として、現在にきちんとその存在の意義をすえつけようとするかのようである。それは戦後を虚妄とする、というように論議の対象を特定化しないで、われわれが今日なんらかの危機感をもっている、その危機感を逆手にとって、われわれの存在を重大に意味づけようとしている、とも言える。

戦後民主主義は、明治日本以降の国家建設での重大な欠落部分を充塡する過程の総称である。つまり、その国家建設は近代的国家の形成であることは言うまでもないが、そこでの近代は、唯一に個々の人間を国民として統合することで、国家を内側から実体的に余すところなく埋めつくす過程であった。したがって、そこには近代的国家のもっとも普遍的な概念である国民国家が歴史的事実として浮かび出たのである。

そこでの欠落は何か。戦後民主主義によった人たちは、国民国家と市民社会との意味のある関連を想定していたにちがいない。国民国家形成の起点が市民社会形成であるからである。したがって、戦後民主主義は、明治以後のもう一つの政治革命を実現する過程を象徴するキーワードであった。

こうした市民革命を許さなかった大日本帝国の内在的条件は何だったか。このことが、国民総反省といったトータリスチックな形態でなく、われわれ一人ひとりの内心の、したがって歴史的課題として、設定されねばならなかった。それは帝国主義の時代に、国家独立によってわれわれが独立を守りうる、という歴史的現実主義を寄せつけることのない、だからこそ世界史に参加する主体としてわれわれの存在を規定するとする意思の宣明であった。それこそが、われわれを市民化する起点であり基点でもあった。

この市民化は、西欧近代的に典型的な方法が用いられた、と言ってよかろう。それはまず権力のゼロ－サム・ゲーム観によって支えられている。つまり、権力は国家権力によって制度的に組織化されており、その量は一定である。したがって、大日本帝国における絶対権力があらゆる意味で国家権力と等置することができる以上、言いかえれば権力には良いも悪いもなく、人間一人ひとりの存在をトータルに規制するものなのだから、一定量としての権力を国家から奪い返し、権力の専横を阻止することが「民主主義」の実現には不可欠なのだ、という考え方であった。

その場合、国家権力はもっとも強固に組織化されている、つまり制度化されているのだから、奪取した権力をもって国家権力に対抗するためには、こちら側も国家に肉薄する程度に組織化し、制度化されねばならないのである。革新政党・労働組合がそうした権力主体として、カウンター・パワーを組織化し強化したのは、この定式によっている。そしてそこでの命題は、人間の命運は究極的には〈戦争か革命か〉の選択において決定される、というポイントにあった。しかも、日本国憲法は国際紛争解決手段としての戦争の放棄を明記している以上、正統性はこちら側にある。この論理が六〇年安保で集約的に実現されたのである。

日米安全保障条約が、「古代からの歴史に現われている戦争好きの征服者や暴君の背後に、民族または部族の

『戦争の必要』があった」（林房雄）とされる、そのわれわれの側での「戦争の必要」に接続しない保証はない。その意味で可能性のあるものをすべて断ち切っておかねばならぬ、とする思考様式は、戦争放棄という歴史的実験――挫折してはならぬ実験を持続し、それを積極的な平和理念にまで発展させるための必然的な帰結である。

戦後民主主義を不毛にした「国家」問題

政党・労組主導の安保闘争がこの脈絡で位置づけられた意義は大きい。それは数十万の人間が動員され結集した、という事実において大きな意義をもった。だが同時に、私は、安保闘争が市民化の正統理論としての組織闘争に対する疑義を提出した点にさらに大きな意義を認めている。すなわち、組織闘争はついに指令による行動以上でも以下でもない、という現実への自己批判がそこにある。言いかえれば、組織の中から個人が析出し、その個人が連合する形で、戦後民主主義の担い手が決定的に変更されたのが六〇年安保であった。

もちろん、安保闘争自体が個人や集団の参加による連合闘争主体の側面を強くもっているのであり、その多様性が「国民」運動の性質をそれに付与していたことを否定しようとするのではない。むしろ、この多様性を多元性としてつねに維持できなかった闘争のリーダーシップのトータリズムが、あまりにも古典近代的な階級対立の思考に固着しすぎていたことを言うのである。

この析出した個人が、まさに個性として他の人たちの個性と相わたる以上、相わたるその一点で人間は平等でなければならない。つまり、何ごとかを意識した人間は、そのことがらが民主主義とかかわる限りで相互に個性的人間として平等なのである。あるいは、その平等な人間はその能力・技能において異なるにもかかわらず平等なのだ、とも言ってよい。ここに集群としての人間の集いが予想され、組織として身がためしない、あるいは組織から解放された個性的人間の行動様式が予定されねばならないのである。

　個性を媒介として集群を組む人たちは、たとえば階級といった意識実体的な利益を媒介にはできない。なぜなら、階級は与件として成立しているからである。したがって、自己が生きていること、つまりは生活関心として一般化される日常性の中で、自己の生活世界の特殊性を維持するところに発想の起点を設置しなければならなくなる。こうした人たちの思考と行動をつなぎとめるものは、その固定化されぬ生活世界を特徴とする限り、ある種の非固定性をもたねばならない。それは一種の流動主義であり運動主義である。むしろ、流動状況での基本的欲求の充足という目標がそこに浮かんでくる。

　主体性と流動性をつなぐ結節点が、社会と人間との間の空間である。これを市民空間と呼ぶことも政治空間とも呼ぶことも可能である。指摘しておかねばならないのは、この空間が生活拠点だ、ということである。したがって、この空間はそこで結び合いうる人たち以外の何ものにも占拠されてはならない、われわれの絶対空間なのである。

　しかし、国家はやはりある。国家はそれが国民国家と呼ばれようが、福祉国家と呼ばれようが、あるいは全体主義であると自由主義のそれであるとを問わず、斉一的存在をもって常態とする。この国家の問題が戦後民主主義をあるときまで不毛のものにした。なぜなら、民主主義国家は、奉ずべき価値として自由・平等を民主主義が定礎している限り、国家だけが体現することがまったくなく、そうした価値は唯一に人間の理念としてのみ認識されるのであり、したがって国家にはそうした人間の存在を保証する機能のみが与えられているからである。すなわち、国家はそこに住み生きる人間たちによってのみ、その存在が承認され、もしこの承認が少しでも変化したり減少したら、国家そのものの意義は消失しうる可能性を持っている。したがって、人間を主とし国家を従とする相関関係が、そこに成立しているのである。

この人間による国家存在の規定は、いわゆる下からの国家維持として成り立っているのだから、われわれから見る限り、国家は政府機構と言わざるをえない。私が政府を国家と同一視することを主張するのは、われわれが、それがいかに困難であろうとも、政府ならば何とか手を届かせることが可能であるのに反して、国家をもち出されれば、その架空性ゆえにどのように利用されても手も足もでなくなりそうな予感がするからである（本書第3章「未完の革命としての戦後民主主義」一三九ページ参照）。

いやむしろ、国民と市民という、時に応じては対立する要素を自己の中に設定し、市民であることを常態とすることで、国民的争点に際会したときだけ国民として活動する市民政治生活論は、六〇年安保を媒介として、歴史的・人間的状況を自己にひきつけることで抽出展開されていった、組織闘争行動から個人＝集合運動への転回の中でぎりぎりに創出された定式であった。七〇年安保は、いわばこの組織闘争行動の破産を自己確認する契機であったとすら言えるのである。

この過程をある意味で純粋化するポイントになったのは公害問題を機とする運動の突出であろう。公害被害は本質的に地域的であり、また本質的に個別的であった。しかも、その原因が私企業であるという意味では私害であっても、その私企業が政府活動の一環であり、したがって公共性をもたねばならないがゆえに「公害」であった。公害闘争はだから、相手方にたいする向き方の点で同一であり、被害者が個別的であるという点で組織行動の性質をもちえない。そこに被害という一点で相交わるルースな集群としての公害闘争が発現し、さらには反公害運動がそれを取り巻く構造があった。

これが、戦後民主主義のもう一つの結節点であった。なぜなら、民主主義における公空間と私空間が、まさしく生活空間の絶対性を賭けて規定される契機を秘めていたからである。さらにここには、高度成長によるモノ主義に対する自己批判・自己否定の契機も内在化していた。

七〇年代の特徴——〈私〉による〈公〉の確定

公害を否定することはまずもって、承認されてきた工業化政策の否定でなければならなかった。それは、承認してきた自己のその考え方に対する批判であり否定でなければならなかった。それはある意味で、市民化＝個人化の現在が、いつの間にか統治機構をまるごと民主主義的としていた、自己欠落の政治世界を思い知ることでもあった。

自分の生活世界が民主主義によって侵される現実を、みずから知らねばならないポイントは、まさしく《私の世界》への覚醒である。統治機構が意思的につくりあげた世界、つまり《公の世界》はそれと決定的・致命的に対立する。市民運動、住民運動が続発したのは、この対立の中で、自身の世界＝私の世界がどのように創造されるかを突きとめる意思の格闘過程を意味していた。〈私〉による〈公〉の確定がなければ、〈私〉は常に〈公〉に圧せられ、その下位に立たねばならない。若者の反乱が、反戦運動が、反基地運動が、この問題をめぐって集結した。

六〇年末から七〇年代を特徴づける、この人間の噴出・〈私〉の突出は、言いかえれば、国民の分断であり、人間はひとりで立っていること以外に、その存在を持続できかねる、ということの認識でもあった。量から質への転換とは、国民としてトータルに存在する様式、つまり国民文化を媒介として成立する一体性を、トータルな存在としての一人の人間、におきかえねばならないとする発想の転換を意味する。

この個性と個性が手を取りあうということは、相互に相手方の存在を承認するという意味で前述した平等主義ではあったが、その平等による個別性の強調よりも、むしろ相互のかかわりに力点がおきなおされるという意味で相互主体観をつくりだしていった。つまり、相互主体性は間主観性を志向する点で、相対主義から相互主義へと転回する糸口を見いだした、と言えるのだろう。

それが本質的に量としての経済主義からの脱出を可能にする。そこで提出された質とは何か。これは、集合的な理念に自分を委託しないということを一つとしつつ、他方で善い生活を創り出すことに意味を認める思考と行動をさしている。集合的な理念というのは、非実体的な人間集団を覆って実体的に固定する観念である。つまり、国民・民族あるいは市民や住民ですら、個々の人間を吸収することで、人間に安易な慰安を与えるものになりうる、という意味である。

こうした観念を実体的たらしめるのは、それ――国家、民族あるいは市民や住民――への忠誠心であるにちがいない。人間にはこうした忠誠心が心理的先有傾向として内在化されているから、それをそのものとして拒否することは、ほとんど不可能に近くむずかしい。とすれば、自分の中に、こうした忠誠心理を多元的に設定することで、一次元的人間であることを自分から崩してゆくことが必要になってくる。

他方、善い生活への志向は、マスローが基本的欲求の体系を指摘したときに最終的な欲求充足の対象として提示した、《自己実現》へのそれを中心とするものである。その自己実現への努力を保証する社会が善い社会だ、ということになる。その場合の《自己》を規定するのは個々の人間であり、前述した集合的人間ではありえないのだから、そこには人の数だけある《自己》を、相互に保証することが正統な社会であり社会秩序になる。

こうした志向はすでに価値観の世界であり、したがって文化の世界でもある。つまり、そこで守るべきはこうした社会であり社会秩序である、とする価値の優先順位が同意の対象として設定されねばならない状況がそのところで成立する。

この秩序論は、前述した国民国家論にはなじまない。言いかえれば、戦後世界の正統民主主義理論としての安定民主主義は、国民国家をその基本的な単位ないし規模として、制度的に政治過程を拡大した（たとえば利益集団活動の正統化）ところにまで政治のゲームのルールを広く成立させ、そうすることで民主主義の活力源の土台としたが、この秩序はそれをすでにこえている。安定とは、この拡大されたゲームのルールに依拠する限りで紛争の存在を承認したところで成立している。いわば、周辺から中央へ、下位から上位へと利益対立が、より普遍的な、ついにはナショナル・レベルにまで到達することで、国益に収斂するにちがいない、という前提が安定の内容であった。

最優先する人間実現の場としての社会

その意味では、国家はつねに存在していた。しかし、私が指摘した秩序の広がりは果たして同時に国家大の規模と合致するだろうか。ここに、あらゆる意味での社会が、生活を実現する、つまりは人間を実現する場として、他の何ものよりも優先する、という位置づけが成立する。さらに、この実現は能率的に行われる必要がない、という意味で本質的に非官僚制的な発想に立っているし、この自己の対立はゲームのルール＝多数決による解決を前提としないという点で、安定民主主義にはなじまない。

こうしたモノ主義からの脱出が、もう一つの社会論を創り出し、社会主体を人間におきかえるところで質主義・質の論理の形成にむかった点は、国家エリートにとっては、その基盤の喪失を予兆するものであっただろう。

つまり、国民のために生き、国家利益のために挺身し、国家繁栄を第一義として邁進してきた彼らの思考と使命感は、彼らの前提たる国民の側での自前の秩序づくりがはじまることで、根底からの崩壊を予感することになった。通産官僚池口小太郎が作家堺屋太一として作品『油断』を書いて、国民教育に乗りだす、すなわち国家的見地からみて、こうした人の自前の秩序がいかに国際的に通用しないものか、ということを彼は教える。

それは社会はついに国家に及ばないのだ、という官僚としての〝警世の辞〟でもあったのだろう。時あたかも資源危機の時であった。たしかに資源の問題は、国家の存在をわれわれに教えた。だが、果たして、資源希少国日本という側面ばかりが強調された、そのような問題なのだろうか。しかし、その問題をまだわれわれの社会秩序内部の問題にしきらないうちに、形成過程のこの《市民》社会は、国家秩序の中に編入される様相を呈している。

われわれはたしかに、個人を市民と理念化し、国民とのかかわりを個人的に想定するとして社会的脈絡の中でとらえてきた。そこにつけこまれるポイントがたくさんあることは承知している。そしてその中でむしろ意識的にはずしてきた問題に《民族》があったことも認めねばなるまい。見田宗介がみずから、生まれながらのコスモポリタンの世代だと語っている点に、われわれの共通した無意識をここで明確に認識しなければならないのではないか。

この見田の意識化の起点は重大である。彼はコスモポリタンに対する自己批判としてナショナリストになることではない、と確認する。つまり、戦後世代が共有したインタナショナリズムへの志向そのものは間違っていない、そこを自己批判するのではなく、ほんとうにインタナショナルであることがどんなにかむずかしいことかということに対する無知こそが、自己批判の対象なのだ、と言う。「客観的に周囲の諸民族の人たちにとって、日本人はどういうものであったし、あるのかということを知れば知るほど、ほんとうにインタナショナルであるためには、まずわれわれが日本人であるということの意味を確実に引き受けていくということが媒介にならないと、けっきょく空転する」と、見田は問題の核心を言い当てている。そこで「ほんとうの意味でプラスの民族愛というか、羞恥までもふくめた意味での民族愛というのは、日本国家にたいして対立しながら、日本民族の尊厳をある程度まで救い出すというようなことをやっていく以外にありえない」ことが、われわれの課題として成立するのである。

これは普通のやり方ではない。いま流行している日本国家主義は、民族と国家をそのあるがままに連結し、それをドリルにして「市民社会」に貫通させることで、国家の時代に日本国家として割って入ってゆく、という構想なのである。したがってそこには、国家存亡という発想も当然明確になる。その焦点に選ばれたのが国防問題であった。

それは自衛を動物の本性とし人にまで拡大する議論から、美しき日本を先祖から受けついだ者として守るのが当然とする議論まで多様にわかれている。国家（民）—民族—個人を、人間の同一化の実体部分とする、西欧近代国家の成立の論理が直截に提出されていると言える。しかしそれは、大日本帝国が国家形成を果たし、国民統合をやってのけた歴史的論理であり、戦後民主主義はもう一つの統合としての市民化の過程を追求してきたことを、全否定する立論なのである。

おわりに

民族を国民ならびに国家の実体部分とすることは、あるいはもっともわれわれを納得させやすい。われわれの経済主義が企業中心主義となったときに、その企業が国際化の荒波にもまれて企業防衛（減量経営）に徹する意味での合理化を至上とするのは、企業を支える中間大衆にふたたび一元的忠誠心を要求する。そしてこの忠誠の一元化としての防衛思考が、反エゴイズムの大局主義に転化し、大局の行きつくところに国家が屹立している、という国家への招待に応じたいとする心性をかき立てるからである。

しかし、見田が自分の心中から取り出した《民族》は、国家の実体部分になりうるものではけっしてない。それは松本健一が、八月十五日は十二月八日を自己否定していない、と指摘し、だから戦後民主主義は虚妄に終わる運命を内包していた、と言わなければならなかったのと共通するところがある。松本は「思想としてのナショナリズムを、現実の民族のありようから、どのように抽出してくるか」と問題を形成する。

私の読みようからすれば、民族によって生きている人たち（つまり第三世界の人たち）の重大さが歴史的事実であるのであり、そこでの民族の意義を徹底的に認識することで、われわれの民族の過去と現在の反人間性が露呈してくるにちがいない。その露呈をさらに明らかにする作業が、大東亜戦争を批判的に受け流すのではなく、そこに民族的に結集したわれわれの民族そのものを見通すのである。したがって、民族を国家にからめとられたわれわれの歴史を、ここで確実に見通そうとする限り、そこでの視点は、アジアのなかの日本と日本のなかのアジアとのゆき戻りを維持することにならないわけにはゆかないのだ。

このことは、アジアの民族主義、第三世界の民族主義と、経済的なポイントからするニュー・ナショナリズムとを混同してはならない、という主張である。つまり、国家エゴの横行する国家の時代であるがゆえに、日本も「国家」たることを歴然とすることには、どうしてもこの主張はつながらない。言いかえれば、国家だけを支える民族はわれわれには無用である。むしろはなはだ危険ですらある。

だが人を支える民族という視点、そしてその民族を決して他の人たちが生きることを脅すものにしない、という民族観は、戦後民主主義には欠けていたところである。むしろ、戦後民主主義が、戦前と近未来の国家をつなげるところで、ばっさり削除される可能性すらある。戦後が終わろうと、何がはじまろうと、戦後民主主義はほんとうの意味で人とともにあることを自己証明する責務がある。その意味で、可能なそしてもっとも重大な領域を戦後民主主義は拓いてゆく契機を今ここで確認したのだ、と私は信じている。

『朝日ジャーナル』一九八〇年五月十六日号。『政治における理想と現実』三一書房、一九八〇年に所収。

未完の革命としての戦後民主主義

「もう一つの戦後」

「もう一つの戦後」というキイワードが、われわれにある決意を求めているかのようである。だいたい「もう一つ」ということばは、たとえば、D・ディクソンが語っているように、現在行なわれていることがらを、反人間的であるがゆえに反社会的と措定し、人間に対抗的なかかわりをもつその本質を見極めることで自己否定的に評価し、もう一つ別の創造的なことがらに変革し、その変革を阻碍するような社会的・政治的な要因をも除去する志向をかためる人間の情況を意味している（田窪雅文訳『オルタナティブ・テクノロジー』時事通信社参照）。

したがって、こうしたもう一つの選択肢は、人間の創造力を検証するものであり、産業社会以後の新しい社会像の形成にむけての、ことばの真の意味での革命をわれわれが担当することにほかならない。ディクソンが、「われわれは新しい、これまでにないような世界を創造しようとしている。いまや想像力の時代なのだ」と語ったのは、まさしく「もう一つ」のことがらに人間の命運をかけた、その意思のありようにほかならない。

ところが「もう一つの戦後」と言われる場合、そこでの「もう一つ」には、こういった人間的・歴史的な想像力や創造力へのつらなりはまったくない。むしろそこには、人間への想いや歴史への意思ではなくて、日本人というごく部分的な人間集団への閉塞が意図されている。そこにはひだやかげりのないのっぺらぼうの民族主義への回帰が歴然としている。

というのは、一九四五年八月十五日に日本が負けた、という強調があるからである。国家日本が負けて、日本人が日本人としての民族的連帯性を失い、それが平和主義と結びついて、日本人は無限に解体してゆく過程をたどった、とする無念さがそこに滲みでている。負けたのは軍部・軍隊であって、われわれが負けたのではない、という第一次大戦後のドイツで行なわれた〈銃後の匕首〉神話の逆手の神話をつくることで、日本人に自信（？）をもたせようとしている人もいる。

しかし、こうした人たちが日本人への警告の大合唱をはじめたのが、資源問題としての石油やソ連のアフガン侵攻を契機としていることは間違いない。それは状勢をとことんまで利用して、ある意味でわれわれの大国意識をくすぐりながら、一方では国民意識をあおり立て、他方では国家への結集を力強く呼びかけている。たとえば、清水幾太郎は、『週刊ポスト』（一九八〇年一月十一・十八日号）の「あらためて戦後の価値体系を疑う」で、この呼びかけを行なっている。

清水の論理は明快である。出発点は、戦後タブー視されてきた防衛論議のすすめである。その場合、一つには安保体制による日本の軍事基地化と、二つにはアメリカの軍事力の圧倒的優位性の衰退問題である。前者については現在なお進行中ととらえられている。後者については、アメリカ優位がひっくり返って、むしろソ連優位を事実として認識するべきことを教える。そして、ソ連は「戦争という手段を用いてでも世界制覇、すなわちある一つのイデオロギーに基づく世界統一を目指しているのではないか」と、一応は疑問形で提示しつつ、それを一つの観念の固定化方向に嚮導してゆく。

アメリカは日本を防衛しない。アメリカはヨーロッパでの対ソ戦を考えているのであり、したがって日本やアジア――つまり「有色人種の住んでいる極東地域」――は、「白色人種の住んでいるヨーロッパ」よりも重要ではないのだ、と清水は説く。ここから、「経済大国でありながら、安保のただ乗りをつづけるといった状態から早急に脱却して、一九八〇年代に予想される危機に備える」べきだ、という主張がでてくる。

ここで興味をひくのは、「防衛問題が俎上にのぼると、国家の問題がそこにヌーッと顔を出す」と言っておいて、戦後を国家過小、社会過剰の時代とおきなおし、現在の世界状況でこうした「時代」がいかにアナクロニスティックであるか、と指摘する。「石油の政治商品化、中越戦争などにみられるように、国際社会のなかでます国益優先の論理、ジャングルの掟がまかり通る今日、日本が生き残っていくためには、これまで冷遇されてきた国家についていまこそオープンにまじめに議論する必要がある」（傍点＝内山）。〈日本生き残り〉の危機の唱導が、いまこそまじめに国家に結集しなければ、おまえたちはくい殺されてしまうぞという脅迫的教訓となってそこに明らかである。

まじめに議論さるべきは、戦後に「あいまいにされ、ないがしろにされてきた」ことがらを一つ一つ明らかにすることだ、というところは同感である。だが、戦後は異常な時期なのだから、「多くの人々の信ずる正しい道に戻す」のが八〇年代の課題とされると、多くのと正しいは、誰がどのような基準で評価するのかが分らなくなる。そして戦後に拠ってきた人たちは、敗戦後を良きものとする錯覚にとらわれているときめつけられる。「かりに敗戦からいいことが生まれるのであれば、どの国も先を争って負けることを考える」だろうと言う。そんなことはありえないのだから、八〇年代が終ったときに、日本が自由な独立国でなくならないために、「この際、防衛をはじめ、自由、人権、民主主義など戦後価値を徹底的に疑ってみる必要がある」（傍点＝内山）、そのことが

「もう一つの戦後」構築の第一歩だ、とするのである。

「難民」の問題をかりて、面白い論理を展開したのは、志永速雄である（「難民はなぜ出るのか」『文芸春秋』八〇年二月号）。志水は、近代国家理論を巧みにしかも素朴に行使する。彼はホッブズの人間観に立ちつくす。つまり万人の万人に対する闘争をもって人間の〈自然状態〉を設定した、あのホッブズである。自然状態にある人間は、自分の生命・財産を保全するために、あらゆる人間よりも強力な国家を設定し、その国家権力によって個々の人間を守らせようとした。その限りで近代国家は人為的なものである。そのことは政治学のイロハである。しかし、この人為物をこわれものと表現するところに志水の工夫がある。日本人は、「実際は国家の保護を受けながら、国家をこわれものとして大切にすることなく、むしろ場合によってはそれを呪詛した。一種の甘えであろう」と言う。このこわれものとしての国家は、つくりものとしての国家と一対をなしている。つくったのだから、いつかはこわれるとつなげる意味では、この国家は一体をなしている。だから難民は、このつくりこわれた国家の結果なのだ、ということになる。ここから、われわれが、このようなものとして国家を見ていない非現実的な空想をいましめられる。

「日本人は国家の一員であるよりは、まず『市民』であり、その『市民』は国家をすり抜けて、『世界』と直結するようになった。そして、そうふるまうことが進歩的であると考えられた。あたかも現実には国家なき民であることを経験しなかった日本人が、その分、心理的に国家なき世界市民の役割を果そうと心に決めたかのようであった」

志水のもう一つの立脚点は、人間観である。そしてその人間観は、性善・性悪の単純な二元論である。そして彼は性悪な人間だからこそ国家によってその悪を減殺しなければならないと主張する。「国家を否定し、これを

『人間の基本』とやらでぶちこわそうとする人びとは、国家悪なるものは人びとの心の奥底にひそむ人間悪を包み込むための代償にすぎないことを忘れている」。志水の啓蒙的な論文は、「戦後」ナンセンス論として清水の論脈を支えている。

この二人に共通しているのは、徹底的に民主主義というキイワードを使用していないことである。そこで少々長いが、川上源太郎の発言をひいておきたい。

「民主主義というのは、みんなが集まって物事を決めるための、実に単純な政治制度にすぎない。その底には個人主義とかリベラリズムとか、いろいろな思想的基盤はあるだろうけれども、民主主義それ自体にはそれを支える精神的基盤や、理念というものはないと思います。要するに、民主主義というのは、精神のない政治制度である。ところが戦後に、みんなが集まって話し会えばいい答えが出てくるというような風潮が生まれて、それにともなって〝いい人ごっこ〟の遊びのような政治が出現したのじゃないか。いい人ごっこの遊びの中で、個人のエゴイズム、集団や地域のエゴイズムが自覚されないまま、日本中を跋扈してきたのじゃないか。そういうものがはびこっているわけですから、平衡感覚や責任感が今日の政治には欠けているような気がします」(『日本に政治はあるか』恒文社)。ここでは決定的に戦後民主主義否定が脈動している。

日本主義の斉唱

こうしたエゴイズム論はいくらでもある。たとえば「日本では民主主義本来の良さというものが十分に発揮されず、いわば勝手主義に陥っている傾向が強い」(松下幸之助・盛田昭夫対談『憂論——日本はいまなにを考えなすべきか』PHP研究所、一九七五年)。ここでは民主主義は本来良いものだが、日本にはそれがない、という意味で戦後の病理として認識されているのだから、戦後否定論としては十分であろう。

そしてこれらの論旨が収斂するところは、一様に日本人は甘いであり、甘えているという点である。現実はそんなものではなく、そうした甘えの構造が日本を滅ぼすのだ、という極めつけである。そこでのキイワードは国益・国民・国防というように、すべて「国」を冠したことばであり、したがって「国」難として現在の全人間的危機状態がとらえられる。そこには〝人間〟を〝日本人〟に限定することで、〝日本〟を遮二無二浮きあがらせる努力がある。

その典型が防衛問題であろう。かつて安保論議のさなかで、空巣泥棒論が横行したことがある。つまり、自衛戦力をもたねば、外国軍が無防備な日本、つまり空巣に侵入するであろうという議論である。しかし、前述したように、現在の議論が安全保障から国防へキイワードをかえて行われるにいたっている事実を知ってもらいたい。そして、その国防論は、われわれの甘えを徹底的に非難した上で説得性をもとうとしているのである。

栗栖弘臣の『いびつな日本人』（二見書房）の冒頭節は「日本人の大いなる甘え」ではじまる。「『自己を守る』ということは、人間、あるいは国家の必然的な感情――本能である。いかなる生物も、他者からいかにして自己を守るかを生存の基本としており、人間として自分を守る、あるいは家庭を大事にすることも本能といえる。これは、人間の集団である社会、あるいは国家でも同じことで、国家はこのような概念で成りたっている」（傍点＝内山）のだが、それにもかかわらず、「ところが、わが国だけはこの概念が通用しない、世界で唯一の国で、国を守るというそれだけで感情的な反発が彭々として沸き上がってくる」のであり、「私はそこに日本人の大きな甘えの気持をみる」となるのである。

この書物を推薦している竹村健一も、「国防について考えるとき、日本人を支配するのは感情論であり、イデオロギーである。国防について語るとき、本来、このような甘えは入るべきものではない」と言う。甘えていないのは国防論者のみである、と言っているようであり、非武装平和論者はすべて感情家であり、イデオロギストだということになる。

ここに官僚（正確には元官僚だが）の発言が割りこんでくる。たとえば榊原英資は、戦後のオーソドキシイを平等主義イデオロギーだとして、「㈠階層と管理の存在の否定、㈡同質性の強調、㈢結果の平等の重視という特徴をもつ理念」だとし、「少くともタテマエのうえではみんなが同じであり、それが機能上のものでも支配―被支配あるいは管理はなされるべきではなく、また所得や資産の分配は能力や努力に関係なく平等でなければならない」とするものだとしている（『日本を演出する新官僚像』山手書房）。

このオーソドキシイはエリート官僚にはかなり鬱屈を強いるものらしく、現実には「管理とエリートの存在を公的には拒否しつつ、影の序列づけに狂奔し、その競争のエネルギーを巧みに経済成長のために利用できた、日本にとってきわめて都合のよかった環境はすでに大きくくずれはじめている」のだから、機能的エリートとして官僚をいかに位置づけるかが、現在われわれが直面している重要な選択の一つなのだ、と要求するのである。

柿沢こうじにしても同じで、「価値観の多様化した社会でも、それを維持するための責任者は必要である。誰がその責任を担っていくのか、……政治もその役割の一端を担うが、政治もふくめた社会全体で、これを主導的に担っていくのが、私はエリートであると思う」（『霞ヶ関』学陽書房）として、エリートの意義を強調している。

両者に共通しているのは、エリートとしての官僚が、平等神話の戦後にあって、黙々と国事に挺身し、国士としてひたむきに生きる使命感をもち、これが柿沢を政治家に、榊原を大学教授に転進させたのであろう。この転進に〝乃公出でずんば〟の「責任感」がにじみ出ている。しかも、「人間の欲望をナマの形で現実にぶつけていく政治は、〝赤く燃える情熱の世界〟であるが、行政は〝青く光る理性の世界〟として、前後左右の均衡をはかりつつ、現実を整合性あるものとしていく役割」を担うことのできる自己が、そこに明らかに定礎されているのである。

これまで私は、財界、官界そして学界からの「日本」主義の強調の斉唱を紹介してきた。この憂国者たちは、戦前と戦後が断絶していることを強調している点に特徴がある。たとえば、盛田昭夫ははっきり「二千年の歴史が日本にはありますが、それが敗戦で断絶しています」と言い、戦後三〇年間は「少なくとも日本の伝統をひきついだ人が日本を指導してきたからここまでこれたけれども、いよいよ三〇年たちますと、これは一世代変わってきますと、もうその二千年の伝統というか、いい意味の国民の力といったものを知らない人たちがだんだん日本の大部分を占めてくることになります。そうなると、もう非常に問題が大きい」（『憂論』）と心配する。

私と同じ焼跡世代の憂国者たちは、この戦前派の心配を身に受けて、心配をかけない伝統守護者たらんとでもしているかのようであるし、官僚派エリート主義者は〝青く光る理性〟によって国民の運命を双肩に担う行政管理者として懸命であるかのようである。

前出の志水速雄は、日本は自然天然のあるがままの国家であり、その特殊性を日本人が知らないことを嘆いているが、大日本帝国の建国の父たちが、この国をいかに人工的に自然国家に仕立てあげていったか、そこで象徴体系をどのように形成し、どのように国民を教化し、この自然国家観が撫育されていったかを知れば、「自然天然のあるがままの国家」は彼らが人為的国家形成に成功した結果なのだ、ということが判明するはずである。

したがって、この国家がわれわれの無意識の位相に定着していて、敗戦をもってしてもいっかな変化せず、大日本帝国と日本国を貫通している事実が、どんなにか識者にいらだたしい、時には絶望すら与えていることを知ってもらいたいものである。

この連続性を実証的につよく指摘しぬいた、たとえば石田雄の労作があるが（『現代政治の組織と象徴』）、その連続性をどうにも奇妙な論理で肯定的に染めあげる戦無派もある。たとえば、「戦時下にあって、かかる組織化（「翼賛」や「報国」の名のもとに進められた「国民再組織」＝内山補）による下からの権力形成が潜在的になされており、膨大な力が蓄積されていたからこそ、敗戦を契機に、とどめようもなくデモクラシー運動が噴出し、占領軍の超憲法的権力による戦後政策に呼応しつつ、一気にその体制化へと進むことができたのである。いわゆる体制としての『戦後デモクラシー』は、組織化された大衆が新たな主人公になったという意味で、長い歴史をもつ《革新デモクラシー》運動の体制化された姿にほかならなかった」（清部英章「日本の民主主義」『現代デモクラシー論』有斐閣所収）という、日本民主主義史観も登場する。そこには、統制派軍部も、革新官僚もすべて《革新デモクラシー》の系譜としてとらえ流され、軍ファシズムによるアジア侵略の影はきれいに払拭されている。

こうしたノッペラボウの連続性強調は別として、憂国者たちの危機感は、国家意識なき日本人が、国益をあらわにし、軍事力の強化と強化された軍事力の直接行使の脅威が《現実》だと思ったときにかり立てられるのは亡国の恐怖であろう。そこで国家意識の問題を第一に、そして次ぎに危機の現在について論ずることにしたい。

戦後国家観の心的構造

見田宗介は、われわれ日本人は民族オンチだと言う。それは二つの意味においてである。一つは、国家とか民族はいずれにしろ大した問題ではない、ということが無意識に深くある。没ナショナリズムだということである。二番目に、そのことはあるいは、日本人であることについて無知であり無自覚だ、ということにもなる。したがって、日本人であることに無関心であり、無自覚でもあるわけである。だから、アジアの人たちから、言われてみなければ気がつかない、それも批判や非難にぶつからなければ分からない鈍感さがある（日高六郎編『意識のなかの日本』朝日新聞社）。

これは、大日本帝国下で、国家・民族意識を一種の選良意識（アジアの盟主日本）と共に注入され、国民と臣民とを分ちがたく身につけなければならなかったわれわれが、そのまま国のために死ぬ意味も不可知のままで動員されていったことの一つの反対の極でもあっただろう。そこには、生命・財産といった基本的人権も未分化のまま、まさにその人まるごとを拉致する国家があった。つまり、国家の指示するままに生きることは、死ぬことしか意味しないのだ、という知識を確信をもって身につけたのが敗戦であった、と言っても過言ではあるまい。

そうした知識をもったところで、民主主義が入ってくれば、民主主義とは生命・財産を保障することであり、そのために自由・平等が出生と共にはじまる私権であり、その私権を保障するために政府が懸命に作動しなければならない機構のはずであった。それは少なくとも、命令権者はわれわれであり、われわれはしたがって、われわれにサービスすることを職業とする人たちに要求する立場にはじめて立つことができるものであった。

言いかえれば、税金を払うことで、われわれは命令することができたのである。さらに、その民主主義は国際紛争の解決手段としての戦争の放棄を明示している。そのことは、人類史上において唯一に近い実験的性格をもったことがらである。そして／あるいは、この実験は、われわれ日本人のみが選択したもっとも進んだ性質のものでもある。つまり、われわれはこの実験を事実として定着することで、世界史にわれわれの名をきざむことができる栄光を想った。これは確かに甘美な栄光であった。その実験の続行がこんなにもむずかしいこととは思いもしなかっただけに、それに耐え続ける勇気はいずれは失われはじめるだろう、との予感はあった。

しかし、高度成長はふたたび命令者としての国家をわれわれに見せつけるはじまりであった。国民の利益としての成長が豊かさを現実のものとしたとき、列島改造は至上命令として産業都市・コンビナート・飛行場・新幹線・幹線道路の設置・開通をわれわれに要求した。「いまのいままで、まさか国がおらたちを殺すとは思わなかったなあ。いざというときは、国はおらたちを助けてくれるかと思って、おらたちがこんなに穴掘ってまで、穴とともに死ぬことを示せば、国というのは助けてくれるかと、いまのいままで思っていたけど……」（傍点＝内山）と石牟礼道子は三里塚の農民に語らしているが、こうした至上命令によって、国家はふたたび加害者としてその姿を現わした。もっとも直接的に死や廃疾をもたらしたのは公害であろう。それは被害者にとっては、戦争と同じ結果を強いたと言ってよい。国家の命令をきくときは、自分は死に確実につながる破滅の道を歩まねばならないことが、痛切に思いかえされねばならなかったのである。

だいたい戦後の思考様式は、国家を直接その対象とすることはない。それはおそらく、志水たちが指摘するように、天皇によって具現化された国家に、われわれが天皇の臣民あるいは赤子として直接つなぎとめられ、政府活動がこのつながりの関係のどこにでも自由に入りこんで作用し、それでいてすべてが天皇―赤子関係に無限にとけこんでしまう、という構図に対する心的構造の変形によるものである。

この心的構造はだから国家とは政府であるという定式によって、戦前戦中と逆転したかに見える。だが、私にはこの逆転が思考の起点の転移としか思えない。つまり、国家は依然として天皇に求心する象徴体系として、政府（具体的・機能的国家）のもう一つ奥の薄暗がりのなかに鎮座している、とする二重構造をとったのではないか。それはだから、まさしくより神聖な、したがって絶対的な存在として聳立《しょうりつ》しているにちがいない。それは、あらゆる日本的なものの象徴であり、だからこそ聖なるものである。戦後民主主義が理想を求めれば求めるほど、そして日本をはぎとって《人間》と《世界》のキイワードに収斂しようとするのに正比例して、この神聖な国家は厚いヴェールに覆われて、われわれの心底に一つは住みつき、他はわれわれから隔絶する。

したがって、意識のなかの日本を突きとめようとすれば、国家機能の担当者である政府しかでてこないし、それを唯一に国家だとするには心もとない思いがあるにちがいない。そして政府の誤謬があからさまになり、あるいはそれを糾弾すればするほど、神聖国家はますます強化される関係になってしまう。私は、国家は政府だ、と断念するところに立つことしかない、と思い切っているが、それはおそらく無意識のなかの国家への断念を意味している。この断念が共有されない以上、われわれはこのようなものとしての「国家」論者に足許をすくわれるにちがいない。

政府は誤るが、国家は無謬である。これが国家論者の論理である。なぜなら国家は美の象徴でもあるからである。そしてその場合、「象徴は、社会秩序の発展と維持にとっては本質的なものである。その仕事を充分効果的に果すためには、象徴の社会的機能は、行為者によっておおかた意識されないもの、気づかれないものにとどまらねばならない。ひとたびそれらの機能が行為者に知られるようになると、象徴はその有効性の多くをうしなうことになる」（A・コーエン『二次元的人間』法律文化社）と指摘されているように、見事な秩序感覚の源泉になる。

国家に依って生きることを唱導する人たちは、こうした象徴の機能を知られないために懸命の努力を傾けることになる。一方では、美しい日本の合唱がある。そこでは「水と安全はタダ」と思っているわれわれに警告しつつ、国内秩序の安全を国際比較的に強調することで、身のしあわせを思わせる。海外旅行経験者がふえることは、この日本人に生まれて良かったという共感の伝播に役だつ。守るべきは「この日本」という実感が育成される。

日本ナショナリズムの現在

他方、国際環境はつねにこの日本の存続を危うくしている、というプロパガンダが説得的に進行する。それは信仰としての国家観を十分にあおり立てるだけの力をもっている。これがしかし、一人ひとりに説得的であり了解的であるレベルでは、意味がない。集合的な基盤となり、全日本人に普遍化しなければならない。そこに日本ナショナリズムの現在がある。

とりわけ、石油ショック以来、ある種の崩壊感覚ができていて、それは信仰としての国家でもどうしようもなく支え切れないところにまで到達する気配がある。いわゆるトイレットペーパー騒乱は、美しき良き日本なんぞ、ああいったもっとも日常的なことがらで消し飛んでしまうことを実証している。それは「日本」なんぞ、何気なくすっとばすほど個々の生活者にわれわれがなっていることの証左でもあったのである。

したがって、不定形であればこそ神聖であった国家を神聖なものとして定形化する内的要請に突きあげられる憂国者がいても不思議はない。彼らはまさに〝意識の中の日本〟として国家を定礎したいのである。そこで安全保障ではなく、国防が容易にでてくる。安全保障では当たりまえすぎるのである。聖なる国家を国家として定形化するには、それが当たりまえの責務であってはならないのである。われわれに勝手に実体としての国家があると思わせる、その思いを固定化すればよい。国防というのはそれへの非常に常套的な方法なのである。常套的手段というのは、ある効果を確実に予想しうるがゆえに常套的なのである。

領海問題はたしかに国家発現が地球再分割問題とからんだ問題として眼に映じたが、そこだけが強調され、資源保護のもっとも重要な部分は消去されてしまった。日本遠海漁業がいかに魚資源の根絶に貢献していたかを政府＝国家は、少なくとも軽視した。

前述した石油を中心とする資源問題は、無資源国日本として「日本」をわれわれに焼きつける好機であった。発展途上国からの一方的収奪は、日本の存立の危機によって糊塗された。見田宗介の言った「民族オンチ」がまんまと利用されたのである。ここに橋川文三が語り明かす、崩壊感覚救済の日本型力学がしのびこんでくる。つまり、〈美しき日本〉という強調は、素朴な郷土感情の表現なのである。したがって、「その郷土喪失感というのは、じつは具体的な生活環境としての郷土がなくなったということよりも、郷土意識の結びついた安定した美的感受性そのものが崩壊したという意識のことだと思います。何が醜いか、何が美しいかということの基準が失われたという意識が昂進すると、日本の知識人はしばしば伝統的なものに還る。伝統的なものというのは、じつは抽象的なものではなくて、やはり具体的にものとして実在する芸能や美術、あるいは古典文学というものを通して美意識の回復をはかろうとする。つまり人間回復を考える、そういう形がいちばん日本の知識人を捉えやすい」(『意識のなかの日本』傍点＝内山)と指摘された回帰・回復のチャネルがふたたび作動しはじめる。

ヤマタイ国論争も騎馬民族論も、針葉樹林文化論も、歴史小説、大河テレビ劇場もすべてこのポイントにつながれる。つまり、丸山眞男のなりゆくものの勢いとしての〈歴史の古層〉が滲出してくるのである。その呪縛に身を委ねることは、知識人にとっては安楽である。あらゆるものは自然であった、というところに身を落着ければ、流されるかぎりで説得力をもつからである。

しかも、彼らには戦後に失われたものとして、もともとあった日本人のつながり、を哀惜する心性が強いのだから、それに回帰しそれを回復するという使命感ももちうるわけである。流される安逸と使命感との吻合、これはひとを強くする。「ナショナリズムというのはなにかの共同体とすぐ結びつくものではなくて、そういう、共同体の崩れていくエネルギーみたいなものの不安定さをはじめからなかに持っているから、逆にナショナリズムの持つ悪魔的なエネルギーみたいなものが出てくる」（前出書）と橋川が言うナショナリズムが、彼らをとらえつくすことは言うまでもない。

心奥に鎮座する国家が象徴として国民統合機能を十分に果たしえないところで、他方では世界の現実への対応能力を欠いた政府＝国への不信が高まる。この崩壊と不信は、神聖国家の意味喪失という、憂国者がいちばん畏怖するポイントである。日本は美しくなく、政府もまた間違っている、ということが徐々に進行する気配があるからである。ここで政府＝国家を徹底的に（つまり建設的に）批判することを一方とし、橋川のいう挫折のナショナリズムを他方とする彼らの見取図ができあがる。前者は同時に戦後民主主義の思考様式の典型だから、具体的な内閣や政策決定者、とりわけ政治家たちに批判をあびせることで戦後否定という目的は達成できる。つまり、ある意味では政治不信の状況に便乗しつつ、より真なる政治の回復を主張することになる。後者については、大日本帝国を賛嘆するわけにはゆかない。したがって、日本および日本人という線で戦前や戦中の復活が予定される。そこには《民族》が闇のなかからにじみでる無気味さがあるのだけれど。

これをふっ切るにはわれわれが世界史に参加している認識をかためる必要がある。世界史における現在はしからば、どのようにとらえることができるのだろう。それは日本もまた世界の一構成部分であることの確認の仕方にほかならない。ここに八〇年代論が意味をもつポイントがあるにちがいない。

世界共時性への視座の転換

これを転形期あるいは転換期の発想につなげることには異論はない。たしかに、国家論者が言うように、国際社会には旧態依然たる国益主義がまかり通っているおもむきがある。しかし他方で、人間たちが相互依存あるいは相互浸透を前提として生きはじめていることもまたたしかなのである。この事実をかりそめのものであり、いずれは国家の時代に併呑されてしまうと見るかは、楽観論とか悲観論の問題ではなく、じつは歴史観の問題なのである。そして歴史観とは期待はもちろん入ってくるけれども、その実は決意と洞察力の複合体であることを忘れてはならないのである。

坂本義和は、相互浸透と平等化の二つのキイワードで、一つの転形期論を提出している（「世界政治と世界秩序」『地球社会への展望』日本生産性本部）。つまり、相互依存という場合は、相互性を保証するにたるだけの距離が前提となっている。その限りで主体性は主権国家におかれねばならないだろう。ところが実際には、人間の交流はこうした主権国民国家をくずしつつある。「国境をこえた相互浸透が、経済・科学および技術のレベルでとくに顕著に進行している事実……は、その浸透がそうした分野に限定されることを意味するわけでは決してない。相互浸透は文化面でも同様に、かなりの速さで進行している。それは一般に相互浸透の度合が高い先進社会において、とくにそうである」

このことは人間が動くことで、国家間の距離がなくなり、相まじわる、つまり共通するところをもたざるをえなくなる、ということを意味する。だからこそ、「主権国家の国境をこえる相互浸透は、機能的なレベルだけでなく、主権という観念の核心にかかわるもっとも基本的なレベル、すなわち軍事的安全保障にまで及んでいる」ことが、国際政治の底流なのである。

歴史的に見れば、この相互浸透は、不平等な浸透の過程にちがいない。しかし、国民国家内での平等化は、国家間の平等化、つまり多様性のなかでの平等実現にむかっていることを世界史は教えている。この相互浸透と平等化は、人間の発展にもう一つのシナリオを提供するものだ、と坂本は指摘する。

坂本の転形期はもちろんわれわれの現実を組み入れた上での議論であるがゆえに、ただちに国際性をもっている。だが同時に、転形期論には、日本および日本人の現実をどう切り取るか、というもっとも内在的な視点があるはずである。高畠通敏たちが試みた討議は、官僚制と大衆天皇制の二点に集中された点でものたりないが、それでもなおわれわれの現在を切り取っている（『転形期』潮出版社）。

私が前述したところは、高畠が官僚のイデオロギー的主張が表出されてきている、と指摘したことにほかならない。つまり、「政党が党派エゴで見失っている客観的な国益というものの守護者」というところが彼ら官僚の基盤にある。この官僚の突出は、鶴見俊輔のいう「日常生活のなかでの慣性あるいは惰性を系統的に活用する力としての天皇制」と無意識的に接合したところで位置づけられるはずである。つまり官僚は政府＝国家のところで現実を嚮導する責任者だと自覚するが、神聖国家には思いをよせないほど管理テクノクラートだから、国民のなかに多様にある分断状況を日常的に統合しようとするときに、潜教としての天皇制には気がつかない。ここに彼らのモダニズムがあり、機能主義がある。

しかし、この詰め方は国家論者には戦後民主主義ないしは戦後民主主義の虚妄とかたづけられそうな感じがある。たとえば日本官僚の優秀性を彼らは高く評価することにおいて、戦後を国家秩序と国家利益の追求の実績の文脈のなかで位置づけているからである。とすれば、戦後は虚妄だとする論理、あるいは戦後民主主義は日本伝統に違背する、とされる非難の論脈のなかで、国家論者たちと対決する立場を探し当ててゆかねばならないのではないだろうか。そのことは、言いかえれば、日本を特殊におかずに、ある意味では普遍的なところにつなげる作業であるし、またその普遍は歴史のなかに拡散してしまわないところで特殊にとどまっている、というむずかしい位置を探し当てることにほかならない。

松本健一の転形期論は、ある程度このむずかしい位置に立っての提起だと思う。松本は「近代日本」の枠組の崩壊を指摘する。その枠組とは、アジア対西欧・中央対地方・都市対ムラといった二項論理的対立構図だと言う。この対立構図は、ベトナム反戦からニューミュージック、ニュージャーナリズムなどにいたる社会現象が、特殊日本的文脈から世界的共時的な理解への要請に変形したことにほかならない。つまり、日本が日本であり、日本でしかない、という見極めの枠組がこわれたのである。

この特殊日本から世界共時性への視座の転換こそが、松本の「転形期」を形成している。そこで松本が執着するのは、アジアである。あるいは「アジアのなかの日本」と「日本のなかのアジア」との執拗なまでの往復運動である。「戦時体制としての大東亜共栄圏は崩壊したが、日本を『盟主』とする経済体制としての大東亜共栄圏はむしろ、戦後において確立したといえるのではないか」(『戦後世代の風景』第三文明社)との設問が彼を決定していると思う。

この視点は松本に特有のものではない。ある程度、これは戦後民主主義に立つ人たちにも、経済侵略として提出されているところである。ただ松本を松本たらしめているのは、「戦後民主主義が虚妄に終ったのは、それが大東亜戦争の理念をついに止揚できなかったからである。大東亜戦争の理念は、外に、欧米帝国主義列強からアジアを解放することにあり、内に、近代(文明開化)を超克することにあった」(傍点＝内山)と言い切るところにある。

彼はもちろん、大東亜戦争の現実が、一方ではアジア侵略に、他方では「日本回帰を媒介とした一種のファナティックな復古主義」として顕在化していることを知っている。それでもなお、「八月十五日は戦争の現実の一部を白日のもとに晒したが、そのことによって、戦争の理念に死をもたらしたわけではなかった。つまり、八月十五日は十二月八日を自己否定する日として、歴史に登場したのではない」ことも知っている。だからこそ、

「戦後民主主義は、八月十五日が十二月八日を自己否定したかのように錯覚し、その錯覚のうえに成立した」ものにちがいない。さらには、「欧米帝国主義列強からのアジアの解放という、ナショナリズムに発する欲求を軽視したために、中国の台頭、ベトナムの抗戦を認識することができなかった。そして、金芝河に連帯を表明することが、インターナショナルな行為であると誤認する人びとを生みだした」と指摘する。

松本はかくして、民族を真向から問題にする。それは竹内好が「私は、大東亜の文化は、日本文化による日本文化の否定によってのみ生まれると信じている。……日本文化が日本文化としてあることは、歴史を創造する所以ではない」という文章をひいて、ナショナリズムの自己破却への道を示している。だがその道に聳立しているのは、現実の民族のありようから思想としてのナショナリズムを抽出する方法の確立である。それでなければ、自己破却をともなわない、いわばまるごとのナショナリストになってしまうからである。もしそうなれば、「民族主義の近代主義に対するアンチ・テーゼとしての意義を十分に認めながらも、その相剋のなかからジン・テーゼを導きださないなら、近代主義は何度でも『転回』を繰り返し、民族主義は何度でも『血ぬられ』ざるをえない」ことを承認することになる。

松本の原点は、時代にほとんど流されつつも、これに抗った思想を抽出する、《屈服と紙一重の抵抗のありよう》にある。ここには悪魔のささやきに耳かした者のすごみがある。それは滅びんとして滅びざる者のすごみに通じている。ナショナリズムを否定するものは、自分のなかのナショナリズムでしかない、ということからは、もし戦後民主主義が言われるような近代主義で塗り潰されるものであれば、それとはまったく異質である。しかし、未完の革命過程として戦後民主主義をとらえる、つまり戦後という時間をわれわれの空間にまで拡大し確定する作業をはじめることで、一つには戦前戦中へのノスタルジックな評価と切りむすぶ場を設定しなければならないのではないか。そしてまた、この戦後は、世界史的な戦後世界として、人間同士が相わたり相浸透する物を共有することにならないか。この共有は、私は松本の言うように、感情的な後ろめたさあるいは新盟主感が支配するところのない、われわれのなかのアジアの場でこそ間然するところなく成立する可能性を思うのである。

そのための作業が、松本の主張する通りの民族としての日本人を明らかにすることであり、日本人を凝結させるナショナリズムの基底からの解明であり、そしてそれを自己否定することでの《アジア人》としての日本人への模索であろう。そこにこそ、われわれの歴史的現実と世界史的現実がある。現実とはあるがままには存在しない。それは確実にそれを認識する人間の評価を媒介にして成立するものである。そしてその評価は、自分や自分たちの都合に合わせるものではなく、人間が世界に新しい可能性を切りひらくことができるというところでのみ許される性質のものである。

ここでいう利己主義的な現実論が日本を覆っているかのようである。自己を守るということは、結局はこうした利己主義から自己を守ること以外の何物でもない。物理的な実力で屈伏させられるのなら、それは屈伏させるべきなのである。たしか丸山眞男だったと思うが、侵略されるのなら侵略されよう、植民地にされるのなら植民地にもされよう、そしてそのなかから、どんな人たちのまえにでもだせる民族を思想的にも歴史的現実としても創りだすのだ、というそのところに、私はいまだに終ることのない戦後民主主義を想うのである。

『世界』一九八〇年六月、岩波書店、『政治における理想と現実』一九八〇年、『民族の基層』一九八三年『増補　民族の基層』二〇〇六年に所収

世界に革新的変化の予兆

東京大学社会科学研究所編『運動と抵抗』上・中・下

五月の日差しはファシズムに希望を託して滅んでいったひとたちや、ファシズムに命がけで抵抗していったひとたちをめぐる論考を読むにはまぶしい。だが、編集部との約束ではあったけれど、ここでこの三冊を読み通すことは、私への約束でもあった。なぜなら、ファシズム状況を現在にただちに重ね合わせることが短絡であることは分かっているにしても、何かそれに近い革新的変化が人間の世界総体におこりうる予兆が感じられるからである。

「戦後」は、言ってしまえば脱ファシズムを契機として成立した時代であったはずである。そこではファシズムはまぎれのない悪であった。したがって、戦争を惹起した能動者の側も、そうでない者も、ファシズム的人間をふたたび生みださない風土形成と、そうした人間の改造に集中した。

そのためには、ファシズムを知らねばならなかった。一つは、なぜ民主主義は見捨てられるのかが、そしてもう一つは、なぜそこでファシズムにひとが結集するのかが究明されていった。だがそれでもなお、ファシズムを知悉することはできなかった。なぜなら、それは人間の本性を解明することであったからである。人間の本性を明るみにだすことは、すでに人間のわざではなく、神か悪魔のしわざに属することかもしれない。にもかかわらず、ファシズムが、個々の人間にではなくて、民族とか国家の観念に巣くって、自己増殖を維持することだけは分かっている。

この観念は、そのもの自体として、人間の可能性の創造的な開発源としての思想とはまったく異なっている。いわば、この観念はみずからを閉ざしているがゆえに、ひとにある種の充実と慰安を与える。だが、この自閉性を特性としながらも、この観念はファシズムを注入されたとき、人間を破壊する位相でのみダイナミックに増殖を開始する。それはガン細胞が有機体をおかす、あの動態に似ている。

民族とか国家は、常にこうした人間破壊の可能性をもった観念である。人間であればこうした観念を誰もがもっているのだから、それが人間破壊に進行してゆかせない抗体をどう創ってゆくかが、私たち戦後人の課題である。たしかに病理学的な蓄積はあるが、疫学的調査は十分とはいえない。つまり、処方箋もできていないのである。にもかかわらず、私たちの国家や民族はふたたび自己増殖をはじめそうな気配がある。私たちはどういう死に方をするのだろう、と思わないわけにはゆかないのではないか。

私はこんなふうに思っていた。ファシズムがひとの本性にかかわる以上、それはどうしても政治的現象である。だがあまりにも多くのさまざまなひとたちがファシズムにかかわっていた。この三巻（『運動と抵抗』上・中・下、東京大学出版会、各巻三二〇〇円）にもりこまれた人間の体験にしても、あまりにも多様で、そうしたひとたちの生きざまと死にざまを読み分けるだけで精いっぱいの仕事であった。だから、私は整理も断念したし、紹介も思い切った。私にできるのは、私の思いを書きつづることでしかない。

社研（東京大学社会科学研究所）所長石田雄は、「私たちが『戦間期』に着目したのは、まさにこの時期にみられる政治・経済・社会および法律の構造的な変化が、現代の政治、経済、社会体制の特質を刻印づけたと考えられるからである」と研究企画趣旨を説明している。社研の業績としては、このまえの『戦後改革』全八巻を、前時代につなげる必然性がある。だが、現在ファシズム論がほとんど世界大に盛行している状況と、この必然性は偶然に一致しただけなのだろうか。私には丸山眞男を中心とした日本ファシズム共同研究が一九五三〜五四年に『思想』で展開され、私たちをかき立てた、あの知的必然とこの必然が連続していないはずはない、と思い信ずる偏見がある。だが、そうしたことにはまったく言及するところはない。

ファシズム、なぜ悪い？

「ファシズムはどうしていけないんですか?」私がめずらしく熱っぽい講義をしたとき、ひょっこり現れた学生から素朴にきかれたことがあった。私は絶句したままであった。だが、いまだにその学生を説得できる自信はない。このこたえも、この三冊からはみたされなかった。たしかに、二一編の論文は、一九二〇年代後半から一九四〇年代前半までの「ファシズム期」における人間のたたずまいを、強く熱く私にきざみこむ。ひとがさまざまにいて、そうしたひとがまたさまざまに思い考え動いてゆく。そこに特徴的な動きとしてのファシズムがあり、それに対抗するひとびとの動きがある。それらを、現象としてのファシズムと認識することに異論はない。

ここでの人間の位相は、ねばならぬファシズムとして積極的に参加したひとびと、そうなってしまったひとびと、そしてそれを否定しそれに抵抗したひとびとの三相としてとらえられている。それぞれの執筆者は何とかして、それぞれの位相での〝ひとびと〟を析出しようと努力している。その場合、ドイツ・イタリアにあっては、下から権力を獲得してゆく過程としての革命性があるのに反して、日本の場合はそうした意味での革命性はなく、むしろ上からと下から国民再統合の過程と措定されている点を見逃してはなるまい。そこに、「国民再編成」の日本の政治力学がある。「国民運動」のイデオロギーと組織が「国民動員」に没し去ってゆく過程の解明が、あるいは「産業報国運動」がファシズム体制を構成せず、戦時労働行政の末端機構とも位置づけられず、ついに労働組合が国家労働政策を担当できなかったことも、この国民統合の政治力学によるにちがいない。

　言いかえれば、この時代は〝危機〟のそれにちがいなかったから、当然のこととして行政の刷新・行政組織の革新・官界新体制といった《革新》がキーワードとして受容された。つまり、「〝生れながらの行政国家〟における伝統的な統治機構の変革が、非常時の限界状況のもとで、時代の不可避性の課題として提出された」(井出嘉憲)、そのことがわれわれの場合には創造的な解決の方向にむかわずに、「〈日本官制〉のうちに内在されてきた特質がいわば極大化した形であらわれ」ていく方向に収斂したのであった。

　もちろん、だからといって、イタリアやドイツが創造的方向を選択したのだ、というわけではない。だが「伝統的文化の危機にたいする自覚から生じ、ヨーロッパ文明を救済する積極的解決を自負したファシズム」であれば、そこで提起された「全体主義とは、たんなる個人の消去ではなく、個人の慣習と意識をこの方向へとつくりかえる宗教的・教育的な国家の倫理性を意味しなければならなかった」(竹村英輔)、そこのところにファシズムの言いしれぬ魅力があるはずだ。

　つまり、ファシズムはすぐれて観念的であり精神主義的であり、量に還元されることに耐えねばならぬ民主主義を容易に超克しうるところで生命力を発揮するのである。したがって、民主主義を〝質〟につないで持続するには、この量への還元に対する耐久力によるほかはない。イギリスのファシスト、O・モズレイにしても、アメリカのヒューイ・ロング、そしてまたフランスのアクション・フランセーズ運動も、この文脈での民主主義における質と量についての限界的識別に耐久できなかったところに発現している。

　状況に対する拒否的否定は、それが批判精神に支えられぬかぎり、独善的革新主義に凝固する。そして、その革新主義は使命感に容易に連結する。しかも、その挙動は崇高ですらある。つまり、体制を築きあげる過程のファシズムや崩壊していったファシズムは詩的世界でもあるし美的でもある。そこで一生懸命に苦闘したファシストたちには、創出せんとする人間の雄々しさや、破滅にもかかわらず求道する者に似たひたむきさもある。だがそれを、美しいもの、真なるもの、とは思わぬ、言葉の真の意味での真実を弁別するものは何か。

〈抵抗〉の唯一正当な起点

それを自由と言い、平等と言うのはやさしい。しかし、その自由と平等は、孫文が「知難行易」（知るは難く行うは易し）と語った意味でのみ重いのではないか。あるいは、どんなにしても、権力をもって他者の幸福、そして自由と平等を保障することを想定することは、ことがらの本質においてありえないことと思い定めることが決定的なことがらではないのか。そこに唯一に〈抵抗〉が正当に成立する起点がある。和田春樹が抵抗の質を問い直そうとするのは、この抵抗すらも、ファシズムと底流を共有する可能性をもっているからにちがいない。さらに、共産主義が国際性をもてばもつほど、ファシズムも国際化する、そしてその逆もまた真であるところに、それぞれの側に立って生き残り、あるいは亡んでいったひとびとの栄光と矮小を見ないわけにはゆかない。

ファシズムを〝人類の敵〟として葬送したのが第二次大戦だった、とは安易な言い方である。人間にとって、ファシズムの時代はまさしく歴史的現実としてあったのだし、その歴史は現在と断絶されてはいない。むしろ、それをかいくぐることで、遂に排除したひとたちが、辛うじて現在を人間の歴史として成立させているのである。

私たちひとりひとりにそのかいくぐりと排除の思想・行動の原理は定礎されているのだろうか。国家にたいして契約者として自己の保全を命ずる意思を、制度機構的にも、また自立的にも樹立しえているのだろうか。このことがらを課題としたのが〈戦後の世界〉だったし、それは決してアメリカやソ連が教導した形での一般的民主主義の世界ではなかったはずである。耐久力のある民主主義は、人間の数だけありうるし、人間の集群それぞれに創造されるたぐいのものである。

そうした独自に創造的ないとなみとして民主主義は措定されたのだろうか。それはまず、これは民主主義に違背することがらである、と見定める原理的判断基準の設定からはじまる。それこそ精神の次元に属する。しかし、その精神は大量動員を拒否する性質のものである。

私たちは、この意味で民主主義精神の創造に限りなく接近する契機をすでに何度かもちえた。たとえばサルトルが知識人の条件を設定したベトナム戦争もあった。サルトルは、知識の専門家ではなく、批判的知識の行使者、それを知識人と規定した。彼にとって「知識人の特徴は、自己のなかにも社会のなかにも認められる対立、すなわち一方では実践的真理の探究とそれにふくまれる規範のすべて、他方では支配階級のイデオロギーとその価値体系、その二つのあいだの対立を自覚することにある」のであり、「ひきさかれ矛盾にみちた社会の産物である知識人は、その社会の証人なのです。なぜならば、彼は社会のなかのこの裂け目を内在化した人」にほかならない（『知識人の擁護』）。

ファシズムは、ひとが生きるためのエネルギー源とする、この社会の矛盾・社会の裂け目の意義を認めようとしない。むしろそれを最大の悪と断定することで一挙に埋めつくそうとする。この埋め方にあらゆるものが動員される。ここには普通のひとの立ちうる場は残されない。

収録されている諸論文が、読み方によっては、さまざまな人間が社会矛盾を彼らなりに解決する努力が、不幸にしてファシズムに結ばれていった、とさえ読めるのはサルトルが立ちつくしたような価値的姿勢が打ち出せなかったからかもしれない。だから「抵抗」もそれに応じた歴史的推移とも読めてしまう。「NON」をともなわないところに創造はないということ、そしてその「NON」は限りなく人間を信じる意思につらなっていてこそ意味がある。

だが私には、今日の重く鬱積した歴史状況を、つい五〇年ほどまえの人間の状況の諸相に重ねて、時には打ちひしがれ、時には光明を見る〃遊び〃に誘ってくれた三冊であった。

「本　思想と潮流」『朝日ジャーナル』一九八〇年六月二〇日号

歴史と人生の創造としての自己発見

馬場伸也『アイデンティティの国際政治学』
前山隆『非相続者の精神史』

人間は国家に拠って生きる、ということを確定したのが戦後世界だとすれば、人間の現在と国家の現在とは、まちがいなく、歴史的に異なる位相に立っているのが今日だ、と言えるのではないか。つまり、国家は人間の容器としてほんとうにその意味を全うしうるのか、という問題が一つであり、国家における人間が国民とか民族といった形のまとまりかたを唯一のそれとしておけるのか、というもう一つの問題が現在的に、しかも世界大に顕在化し、あるいは滲出していると言わねばならぬ状況があるのだ。

この顕在的事態を大学紛争や反戦・反公害・環境保護・女性解放といった運動から、ケベック・北アイルランド・バスクといった分離主義、あるいはさまざまな地域統合・国家連合につづり合わせることは容易である。しかし、歴史として現実を切り取って見れば、そうした脱国民・脱国家的傾性は、むしろ国家や国民の惰性的耐久力によって阻止されていると言わねばならぬ。それどころか、新しい国家主義や民族主義が、古い形の国家配置を保守する方向で強化されているとしか見えまい。

だが、たとえば《エスニシティー》(人種性)として認識されている人間の状況が、国家の内実を徹底的に批判的にとらえつくしていることも、まぎれもない現実なのである。その場合、《エスニシティー》とは、いかなる現実なのだろう。

それは《民族の基層》とも言える人間の共同性を文化的にぎりぎりのところで支える生活世界なのである。

国民国家では、一人ひとりの人間の運命は国民としてくくられて、国家の運命に従属させられる。この国家の運命と人間の運命とを同時的共時的に不可分とした虚構が崩れたのが、前述した反戦などの対抗文化運動を契機とした人間の姿勢であった。

そして国家と人間が否応なく乖離したところで国家を観察した時、人間は国民という人為性が実はとんでもなく反人間的な世界であることを先見せざるをえなかった。人為性の剝離は、したがって、人間が人間を取り戻すための必然的な作業にならねばならなかった。人間の共同性を自然つまり反人為性に求めようとする時に、その自然性は人為の到底及ばないところにまでゆきつく。それは生物的な種に親和するにちがいない。

民族から人種へ、この方向は脱国民の中で見いだした人間再生への道でもあった。しかも、この生物的種は人種主義として人間にヒエラルヒーをつくらせ、優劣の階序制をつくりあげる根にもなっていた。人間の自然的共同性への希求と、人種的優劣の現実克服がここに二重に焼きつけられて〝人間〟をクローズアップする。

だが、ここでのエスニシティーは、ある意味で、世界が国家に分割されている現実そのものを全否定するものではなく、国家内にあって国家を人間化するよすがを確認しようとする、いわば自己発見の様相を強くもっていることに気づかねばならぬ。

つまり、この自己発見こそが、西欧近代精神の核をなしていた自我に代わりうる《もう一つの自分》の確認の方法を模索することであったのである。この《もう一つの自分》がアイデンティティと呼ばれるものであり、したがって、現代の人間を貫通する《時代精神》と認知されてしかるべき人間精神の位相なのである。

新たな「意識革命」の進行

馬場伸也が『アイデンティティの国際政治学』(東京大学出版会、一九八一年)で、「われわれの歴史に気づくことは、われわれの特異性に気づくことである」とオクタビオ・パスに語らせたのは、まずは、人間の状況を人間の普遍性に還元しつくさぬところに足を据える思いであったろう。馬場が時代精神としてのアイデンティティを二つの特性において認識する時に去来したのは、現代における人間の自律を、パスの言う、徹底的な特異性に立ちつくす人ひとヒトの姿に見た、その風景ではなかったか。馬場は言う。

「第一にそれは、自己を神仏や運命によって他律的に捕えられたものとみなすことなく、歴史の創造に主体的にかかわっていこうとする自我である。そうすることによってこの自律的自我は、同時に、自己実現をも計ろうとする。それは、時間的存在でありながら――いやそうだからこそなおさら――超時間的な実在を志向する」

この段落の前半はまぎれもなく西欧近代である。だが後段の意味内容は「近代」から排除さるべき次元を含んでいる。かくて、馬場は「アイデンティティとは、歴史における自己の存在証明を求めることである。それはパスカルのいう『神なき人間』が、神のかわりに歴史の中に自己を位置づけ、その存在理由の確証を得ようとすると同時に、時間的に限定された自己を超越して、歴史の永遠性に帰依しようとする精神作用を指す」と続けなければならなかった。自己確認・自律性・自己超越・永遠性といったキーポイントを接続し、自己を世界に連続させる思念を求めれば、それはそれぞれが生まれついて持ち続けてきた世界観の問題になる。エスニシティーが意味をもった人間の共同態になるのは、実にこの次元である。そこには、あらゆる人間がアイデンティティをもち、あるいはアイデンティティを追求する点での平等と自由、そして対等といった価値の大きさが、イデオロギーを問題とせずに、現代的に定立される場があるにちがいない。「アイデンティティとは、第二に、自己の内・外部に、自分がなにものであるかを確立することである」と馬場は言う。つまり、これは主体性の追求と同一性の探求との同時平行的な精神作業にならないわけにはゆくまい。言いかえれば、「アイデンティティは自分自身のものをみつけだし、その世界に閉じこもりたいという閉鎖性（離脱）と、そうした世界の環を広げて他者と共有したいという開放性（結合）との矛盾した両側面を兼備している」のである。

この《離脱と結合》の逆説そして弁証法が馬場をして、E・H・ノーマンの生き方と死に方からケベック問題、外交問題そしてナショナリズムにまで、つまり個人から国家、国家間関係そして民族の問題にまで視座を拡大させるのだ。それは絶望と希望とも読みかえられる事態ではあっても、「文明が全般的かつ急速に荒廃してゆくかにみえるその内側で、いま一つの革命が進行している。『意識革命』である」ことの意味、さては「発展とは、無意味でとぎれとぎれの断章ではなく、第三世界の人たちにとっては永続した抵抗と苦悩の歴史である。そしてその中から彼ら自らが自己を認識し、互いの同一性を通じて共闘し、そうすることによって、民族の歴史、人類の歴史も新たに塗りかえてゆくことである」（傍点＝内山）と読みつくす意味が明確に析出しているのである。

日本人には他人を他者として認識する機会が少ない。日常的には、私たちは日本人として相互関係を結んでいる。だからこそ、明治以降の知識人は生命をかけて個的自我の措定に苦闘する道をひらいてきた。そこでのアイデンティティは無限の閉鎖性の暗黒に落ちこむか、ひらりと反転して日本人大にアイデンティティを無媒介に——つまり日本民族とか天皇というキーワードに技術的に接岸することで——充実してしまうかの一方的過程として定立されてきた。主体性と同一性が統一さるべき対象として、有意味に定立される場の設定はほとんど不可能であった。

そして／あるいは、現在でも、この二つの人間であることの極は意識され認識されることは少なく、なんとなく人間らしく、といった形で日常化されようとしている。この精神の落ちこみに、またふたたび民族・国民・国家が古い衣装のままに忍びよってくる気配が強い。となれば、その落ちこみから自己を救済するには、私たちの人種的・民族的自然性の神話を突き破る意思作業を知の世界にもちこまなければならないのではないか。

私が前山隆の『非相続者の精神史――或る日系ブラジル人の遍歴』（御茶の水書房、一九八一年）に見たのは、もしかすると前山が意図した「一常民の精神史」ではなかったかもしれない。むしろ、熊本県の一農家の次男として生まれ、大正三年に十四歳で単身ブラジルにわたり、「みずからの生活と倫理と世界観を、ブラジルにおける日本移民としての現実から判断の材料を汲み取りながら、彫り刻んでいく」ことで「人生」を創造した中尾熊喜に、日本人のアイデンティティの追求の一実例を確認できたことが、私を刺激したとも言える。

あるブラジル移民の軌跡

「伝統的日本における家をめぐる社会構造、小農制、長子相続制の枠組のなかで家と村から生産手段を相続できずに排出された非相続者たちが、生存と社会上昇のためのストラテジーとして抱いた行動規範、すなわち立身出世主義と勤倹力行主義の複合体」を《非相続者の倫理》として確認し続ける中尾熊喜が、ブラジルと日本を、時には対立させながらも統合する精神の軌跡を私は読んでいった。

ブラジルが国家として「極端な同化主義を採り、民族的連帯に重要な意味を与えるものを国賊呼ばわりする風潮がつよかった」中で、「短期的出稼ぎストラテジーから長期的出稼ぎストラテジーに移り、やがては定住と社会的上昇のストラテジーを析出せしめて来た日本移民たちの、民族的な連帯に基づいた適応ストラテジーの在り方」が、産業組合運動を生み、「養国ブラジル」の観念を創出し、そして日系コロニアを創りだしてゆく、移民マイノリティー社会の形成過程は、私の目には前述した日本人社会自然論を否定的にだがありうべき民族論として新鮮に強烈であった。

だが、何といっても、そうした社会形成のタテ糸として中尾熊喜が飢えとたたかいながらポルトガル語をマスターし、青春の彷徨を通じて、「桃太郎主義、長期的出稼ぎストラテジーから次第に脱皮して、《ブラジルで成功する》といういわば『カーネギー主義』、永住の決意、ブラジルに生きる日本人としてのアイデンディティが形をなしてくる」（傍点＝内山）、つまり「日本移民たちはブラジルの地に着いてはじめて《日本人になった》」こと、言いかえれば「日本を離れ、異人種と異文化の只中に投げ込まれ、そこで外人とのコントラストの上で改めて日々《日本人》としての意識、文化人類学上の言葉を用いればエスニシティーをしっかり頭の中に抱え込むのである。この意識された《日本人》はもはや《日本の日本人》とは異質なものである。それはある程度『プルラルな社会』においてマイノリティーを形成している日本人としてのアイデンティティである」ことを見つけだし、実証してくれた前山のこの仕事は、《私たちの現在》に限りなく可能性をもった示唆を与えてくれる。

人として生まれて、やがて日本人になってゆくことは誤りないことがらである。だが、日本人になることは一つのことであって唯一のことではない。むしろ、栗原彬が「在日日本人」とし、前山が「日本の日本人」とよんだ、その特殊日本人であることを思い直し、思い返してゆく契機が、ここで取りあげた馬場と前山の作品にもりこまれていると思う。お二人が水先案内をつとめて下さった航跡は、私には歴史と人生の創造の起点と思える。

「本　思想と潮流」『朝日ジャーナル』一九八一年六月十九日号

憲政一一〇年の日本と日本人

R・P・ドーアは「日本ファシズムの農村的起源」で、次のようにとらえられる論旨を提出している。「早い時期に動きはじめ、平和的で秩序ある満足すべき社会への約束をとりつけたかに見える近代化過程の多くは、日本がより『近代的な』方向――教育の普及や都市化など――に向っている期間中は持続した。しかし同時に、他の一定の過程はゆきづまったのであり、社会の平和的改革は最後に戦争が日本を崩壊させるまでは社会的・経済的・政治的な緊張、革命的な抵抗運動の発生、暴力の横行、および弾圧の強化などによって次第に挫折していったのである」（J・M・モーリ編『日本近代のジレンマ』一九七一年所収）。

このアンバランスド・グロースをもって、期待から挫折へのプロセスとしての戦前日本を総括する指摘は、近代化の部分的成功と失敗を確認する特殊反省的な姿勢を私たちに要求する点で説得力をもっている。言いかえれば、その失敗を矯正することで成功を拡大すれば、日本の近代化は完成しうる、との期待を私たちに醸成しえたからである。しかし、私たちが歴史的にその存在を拘束されている以上、この近代化の光と影がそのままで、私たちの現在をつくりあげていることも確かである。つまり、戦前と戦後を「一身にして二世を経る」（福沢諭吉）ことがらとして、私たち一人ひとりが内面化しなければ、〈日本と日本人の近代〉は、私たちに同時代として衝迫すべくもない。私たちの現在を拘束している要件として、近代日本を歴史的にあぶりだきなければ、それは表情をもたないのである。

その場合、「政府ありて国民なし」（福沢諭吉）という断然たる指摘が今なお苦渋のおもむきをおびて繰り返されているのはなぜか。日本国憲法をもって大日本帝国憲法を追放し、後者の政治体制を過去完了に打ちすてることで、戦後を聳立させる作業を私たちはいやというほど経験してきた。それに対して私もまた「未完の革命」として戦後史を語ってきたつもりである（拙著『民族の基層』参照）。そして、一九九〇年十一月二十五日は国会開設一〇〇年である。九〇年を国会開設一〇〇年とするか、憲政一〇〇年とするかで、日本の近代に対する評価は決定的に対立しうる。それは昭和四十三年に明治一〇〇年を祝賀した際に、さすがに明治大帝とまでは公然とは言わなかったにしても、政府側のトーンには、昭和三十一年の「もはや戦後ではない」の延長線上での「偉大な日本」とするひそみが見え透けた、そのポイントに接続する質の問題状況を含んでいる、と言わねばならない。

「国会」とすれば、それは政治制度としての議会を強調することになる。明治二十三年に開設されて以来、制度としての議会は中断することなく一世紀を持続してきた。その持続をアジアにおける唯一の近代国家の実例として内外に自負する姿勢がそこに現れるだろう。またそこには、いくたの試練や挫折にもかかわらず、今日の繁栄日本を結実したとする《結果》自賛を表明することもできよう。

だが「憲政」、つまり立憲政治という視点に立てば、それはただちに近代日本の政治の内実を問うことを意味する。「朕国家ノ隆昌ト臣民ノ慶福トヲ以テ中心ノ欣栄トシ朕カ祖宗ニ承クルノ大権ニ依リ現在及将来ノ臣民ニ対シ此ノ不磨ノ大典ヲ宣布ス」にはじまる明治二十二年の憲法発布勅語に言う「不磨の大典」たる大日本帝国憲法そのものが批判の対象たらざるをえない。同時に、その憲法によって形成された政治機構およびその運用が、国民の慶福にどのようにかかわったのか、国家の隆昌と国民の慶福とは真に相互依存的だったのか、背反してはいなかったのか、が問題として析出してこないわけにはゆくまい。

さらに続ければ、大日本帝国憲法は、中江兆民の言う恢復的民権主張を盛り込んだ自由民権運動の成果だったのか、あるいは恩賜的民権と評価するべきなのか、という設問も可能であろう。だが民権であるかぎり、それが恩賜であっても恢復の力学の中で自己醗酵する可能性をもっているはずである。中江兆民が「衆議院議員の一大義務」(明治二十三年)で、「憲法なる者は国家の根幹なり基礎なり、唯此根幹有るが為めに国家始て国家と称す可く、人民始て人民と称す可し」と前提し、議員の義務は、したがって、「憲法に就て意見を陳述すること是なり」と明確にし、「国の根幹たる憲法に就て一言を出すを得ざるに於ては其国会は真の国会に非ずして行政の一諮詢官たるのみ」と指摘しているのは、この可能性を明らかにする意志の表明と考えられる。そこには、あるいは、恩賜力が恢復力を囲い込む国家権力の論理作動が見透かされていたのかもしれない。

だがここでこの問題を論じはじめるわけにはゆかない。むしろ、憲政一〇〇年を画期するということの意味は、実は、明治憲法が上からの文明開化あるいは近代化の必然として明治二十二年に発布されたのではなく、明治十四年に国会開設の勅諭を公布しなければならなかった事態を重大に受けとめる点にあるのである。したがって、「憲政」にこだわるかぎり、一九九〇年は憲政一一〇年だとするのが自然である。この視角をすえるかぎりにおいて、わが国における立憲政治の品質を評価するいくつかのポイントが設定できるだろうし、それを現在のそれの照合点にする、という立場も明らかにできるのではないか、と私は考えているのである。

機能主義的天皇制のメカニズム

これまでにも書いたことがあるが、国名は政治体制を表示することをもって当然とする。王国、共和国、つまり君主制か共和制かである。ところが、日本は日本国にすぎない。昭和天皇の死に際して、このことが政治学的にいかに不可思議なことかを学生に話してみた。この不可思議なことがらは、民主主義になれすぎた学生諸君にはまったく見当もつかない面妖さであったらしい。

民主主義ということがらは、政治権力の限定・運用にかかわる「主義」的原理であり、国家そのものを表象はしないのだから、この国は少なくとも日本帝国とでも呼ばねばならないのだよ、といってもさっぱり通用しないのである。大日本とするか日本とするかはすき好きだろうけれど、この国家認識のうすさを民主主義感覚の定着として慶賀するつもりは私にはない。むしろ、戦前帝国から戦後帝国への移行がどのようなものかが、共有されないままに民主国家日本におきかえられているほうが、私にはひどくこたえることがらなのである。

明治憲法発布は大日本帝国が立憲主義君主制国家たることを明らかにした事件であった。その場合の立憲主義なることがらを少しく明らかにしておこう。それが憲法にもとづく秩序と法にしたがって行われる政治の原理を意味し、法治主義・基本的人権の保障・権力分立をその内容とすることは、すでに言うまでもない。だが歴史的にみれば、立憲主義は専制の対抗概念であり、絶対主義に対抗する原理を意味するがゆえに、権力機能の一元的行使を拒否して権力分立の原理たることを内容とすることも明らかである。だからこそ、一七八九年フランスの「人および市民の権利宣言」は、「権利の保障が確保されず、権力の分立が規定されないすべての社会は、憲法をもつものではない」（第十六条）と宣明したのである。

ここで中村哲が指摘しているところをきいておきたい。立憲主義は歴史的には議会主義以前の概念だ、と確認される。すなわち、立憲主義を特徴づけているのが権力分立原理であることは前述したが、その原理は「国民の積極的な政治への関与を意味する議会主義にくらべれば、それ以前にあらわれた原理で、国民が専制的な権力の

圧制をうけないことを建前とした消極的な原理であるから、デモクラシー以前の歴史上の標語であった」（傍点＝内山）

しからば立憲君主制とは何を意味するのだろうか。これは制限君主制とも呼ばれるように、憲法によって君主の権力が制限されることに力点がある。つまり、歴史的には市民階級が抬頭することで、絶対主義君主専制がその権力を制約される事態を示している。しかし、中村哲がここで君主主義を十九世紀ドイツ・プロシャに認めている点が重大である。その内容は「立法権にたいしては法律の裁可権を有し、行政権にたいしては内閣選定権を有して行政権をにぎり、君主の名においておこなわれる独立の司法権を有し、君主の権力の行使の方法が憲法によって制限されるのであるが、他方では君主は神聖不可侵であるとして、政治上の責任を負わず、広範囲の大権を有して、国民を代表する議会の実質上の権能をみとめない」ものである。したがって、「国法学的な概念としての立憲君主制は、法学的意味の絶対君主制、無制限君主制とは対立するが、社会史的概念としての絶対主義とはかならずしも対立する概念でないばあいがあり、このばあいには外見的立憲主義とよばれる」のである。

日本の場合、幕末開国から明治維新への社会変革を、どのように制度化するべきかをめぐって政府と在野知識人とに対立があったことは言うまでもない。それが外からの国際的圧力に対抗しながら、それへの対応能力を育成する国家形態の選択につながっていたはずである。その際、重要なのは「明治と大正初期の日本では、今日の日本とはちがって、権力者の側もそれなりの政治理念をもっており、在野の指導者のほうも自分の理想を実現するための具体的な青写真をもっていた」（坂野潤治『近代日本の出発』）点である。つまり、それは歴史的な方向選択の位相にかかわっていたのであって、単なる権力闘争的な政治力学ではなかったのである。

それあればこそ、その事態を坂野潤治が「知識人の時代」と呼びえたのだった。何よりも知識人たちにとっては近代的国家創設こそが、外圧に対抗し対応する至上命令であった。そのためには五ヵ条誓文にある「上下心ヲ一ニシテ盛ニ経倫ヲ行フ」ような中央集権国家が何よりも必要だったのである。新興後発国家たるべき運命を担った日本が、《集権》をいかに実効的能率的に達成するかの〝方法〟こそ、その場合に最大の争点だった。しかも「人心ヲシテ倦マサラシメン」ことも同時に追求しなければならなかったのである。

福沢諭吉や大隈重信、あるいは木戸孝允のイギリス型立憲主義は、民度（＝国民の開明度）の進展と相関すべき要件を内在化し、板垣退助らの急進立憲主義は急進的な民度伸長を前提とするがゆえに、後発国家の集権化要請にたいしては即効性をもたなかった、と言うべきであろう。言いかえれば、政府側政治家の世界認識は、在野知識人のそれと十分に通底しながらも、上からの集権的国家統合によって、帝国主義世界での生き残りの方途を確立しようとする焦燥感の点でより緊迫していたのである。つまり、近代的国家に個々人を臣民としてはりつける、国家の運命に個々人の運命を従属させ、その国家の運命をみずからが天皇を輔弼することで担い切る、という形でしかこの焦燥感はみたされなかったのである。そこに《神聖天皇》の存在理由が明確化する。「一君万民」という論議の立て方が、「天下は天下の天下なり」のもつ民主主義への志向をとらず、「天下は天皇の天下」とされたとき（たとえば陸羯南）、「国民全体をして国民的任務を分掌せしめん」（『近時政論考』）とする国民論派の勤王主義の立場が聳立する。

しかし、憲法発布は国民の合意形成ルールを示したことでもあった点は忘れてはならない。その場合、合意形成ルールを具体化する機制《メカニズム》として、政府・議会・裁判所の権力機構が一応確定されねばならず、合意の基礎としての「公議輿論」の担い手の存立も承認されねばならなかった。代議制がそれである。大日本帝国が立憲君主制であり、十九世紀プロシャ型の欽定憲法を備えたという意味は、すでに述べたように、天皇が最終的国策決定者である、とするところに集約される。問題なのは、その決定責任を天皇に付託しない、つまり天皇専制ないし天皇独裁にしない仕組みである。「蓋天皇ハ天縦惟神至聖ニシテ臣民群類ノ表ニ在リ欽迎スヘクシテ干犯スヘカラス故ニ君主ハ固ヨリ法律ヲ敬重セサルヘカラス而シテ法律ハ君主ヲ責問スルノ力ヲ有セス独不敬ヲ以テ其身体ヲ干瀆スヘカラサルノミナラス併セテ指斥言議ノ外ニ在ル者トス」（伊藤博文『憲法義解』）の神聖天皇解釈がそのことを可能にするのである。

坂田吉雄はその間の事情をたくみに次のように指摘している。「天皇は日本における唯一最高の権威者であって、この最高権威者による裁定は理非を超越する聖断としてそれには国民の全てが無条件に従うという原則を確立することであった。聖断は理由を超越する絶対的裁定であるということで、天皇親政の原則は非合理的なものであったが、決して不合理のものではなく、当時においては、最も合理的であるとともに最も現実的なものであった」（『天皇親政』、傍点＝内山）。この合理性と現実性の複合こそ、機能主義的天皇制が持続するカギだったのである。

すべてが天皇の名において行われ、その天皇が政治責任、つまり政治決定の結果責任を免れるという近代日本の立憲君主制は、かくして、勤王討幕期に天皇を「玉」として自派に取りこむ争奪戦に発現した機能主義をその核心部分にもちこむにいたる。だからこそ、後になって、「非義の勅命は勅命に非ず」として《君側の奸》を殺害する、もう一つの天皇親政主義の直接行動（＝昭和維新）が現出したのであった。そこには、「帝室は政治社外のものなり。苟も日本国に居て政治を談じ政治に関する者は、其主義に於て帝室の尊厳と其神聖とを濫用すべからず」（『帝室論』、傍点＝内山）と福沢諭吉が念をおし、さらに「立憲国会の政府に於ては、其政府なる者は、唯全国形体の秩序を維持するのみにして、精神の焦点を欠くが故に、帝室に依頼すること必要なり」と続けたように、国家＝国民統合の象徴としての意義を説く余裕はなくなっていったのである。むしろ現実は、天皇の政治的機能化を推進し、「恰も帝室の名義中に籠城して満天下を敵にする者の如し」（福沢諭吉）という状況を呈するにいたる。天皇の勅令を政権維持あるいは政局打開に利用する政治手法が、伊藤博文を含めて、為政者の常套になったことは周知の事実であった。

立憲君主制における自由主義の位置

日本の立憲君主制が、君主権の憲法上の制限はあっても、実質的な制限を内在化せず、統帥権の独立によって軍隊が独立した勢力と化し、また官吏任免権の掌握によって天皇の官吏団（＝朕が百僚有司）また一勢力となって天皇制を支え、国民の政治力に対抗しそれを押さえこむ機制《メカニズム》が、その時代時代に対応して変形されつつ完成する過程があった。だが、その機制あるいはシステムに対抗する力学がなかったわけではない。たとえば、行政権による司法権の侵害防止、政府による議会解散権濫用反対といった権力分立原理の確立志向がそれであることは前述したとおりであり、議会による内閣の行政責任追及といった議会主義も、部分的には行われたのだが、立憲主義そしてこれらの志向を正当化する「反立憲」という問題の立て方にしても、それは「議会主義、民主主義以前の自由主義的な政治の方式」（中村哲）にとどまっていた。

　大日本帝国が軍隊と官僚制の二本の足で支えられていたその構造は、まさに絶対主義のそれであった。そこにあってなおかつ自由主義が存在しえたとしたら、戦後の議会主義・民主主義に接続する地点を形成したことになる。だが、自由主義はたとえば国家に求心するよりも個人に遠心するベクトルにおいて成立する生活作法である。とすれば、自由主義は日本の立憲君主制にあって、どのような位置を占めえたのか。この問題は私の生涯にわたるモチーフであり、まだそのデッサンも描くまでにいたっていないが、考えてきたことを雑然と書きとめておきたい。

徳富蘆花が幸徳秋水らの大逆事件に際して旧制一高大教場で「謀反論」と題する準公開講演を行ったことはよく知られている。それによって新渡戸稲造校長が譴責処分を受けている。だが、残されている準備草稿を読むと、「強制的の一致は自由を殺す、自由を殺すはすなわち生命を殺すのである」といった、かなり激烈でその分正鵠を射た表現にぶつかる。「諸君、我々は生きねばならぬ、生きるためには常に謀反しなければならぬ、自己に対して、また周囲に対して」とも述べている。しかも、大杉らは「自由平等の新天新地を夢み、身を献げて人類のために尽さんとする志士である」（傍点＝内山）とする。

ここで明らかになるのは、蘆花が大杉ら無政府主義者の反政府批判精神をもって《自由》を認識している点であり、藩閥政府に対立する《志士》に擬している点である。あえて言えば、蘆花には大杉は愛国者だったのである。大杉の思想構造をここで解析する余裕はないが、蘆花に察知されている自由は既成の支配体制に対応する自由である。この自由主義は、私には次のように時代の推移と共に構造変化するものと考えられる。

絶対主義の側面を強く備えた帝国にあって、政府を構成する人びとはすべて天皇輔弼の臣としての官僚であった。このことを抜きにして帝国憲政を語ることはできない。その核になった人脈・派脈をもって藩閥・政党・軍閥と呼ぶにしても、彼らが天皇の百僚有司であることにかわりはないのである。それに、明治の元勲・元老・重臣といった内閣担当者推薦権者を加え、皇族・華族の貴族を添加し、資本主義の発達に伴って抬頭した企業家・資本家を組み込めば、天皇制サークルが完成する。

このサークル内に組み入れられる資格をもった人物グループに、当然、リベラリストも入ってくる。彼らが反藩閥であったり、政党制樹立志向をもったり、あるいは反軍閥であったりすることも確かである。時代の推移によっては反資本主義、反国家主義に立つことも十分にありえた。だが、二つの留保がそこにあったと言うべきであろう。一つは、彼らが程度に差こそあれ、思想としての社会主義や共産主義に嫌悪感をもっていたことであり、その感覚――危機感――の深化に比例して天皇主義者であった点である。もう一つは、この天皇主義と天皇制国家との識別がきわめて曖昧な点である。このことは、超国家主義にたいする反感を彼らがもちえた点と矛盾しない。だが、ごく少数の例外を除けば、彼らは既成事実によって国家的現実が定礎される、日本帝国の支配の論理に追随した。その追随の消極性が彼らの自由主義の証左であった。

「内に立憲主義、外に帝国主義」の論理構成は、やがて、国内革新か対外進出か、という進路の選択に道を譲る。自由主義者にしてこうした状況の中で国家・国民の進路を明確に指示しえた人物はほとんどない。あえてあげれば、小日本主義をかかげた石橋湛山であろうか。もちろん、福沢諭吉のように、衆心発達のための啓蒙者のカテゴリーに入る者も多い。しかし、在野ということがらそのものが、日清・日露の二度の戦争によって「挙国一致」を積極的に経験した帝国体制においては、すでに変質していたのである。それはちょうど、明治十四年に国会開設の勅語がでたことで、「何ゾ料ラン、世ノ政論ハ南海地方ノ積雪ノ如ク忽チ日光ニ照ラサレテ尽ク消解シ、殆ンド痕跡ダモ留メサルニ至レリ」(末広重恭『二十三年未来記』)と表現された事態と軌を一にしている。「この戦争のための政争中止、挙国一致そのものが、藩閥官僚・軍閥・資本家・地主・政党が、いずれも侵略的戦争の支持者・遂行者として完全に同一本質のものであった」(鈴木安蔵『近代日本政党史』)ことを示す、との評価をここで加算しておくべきだろう。つまり、体制的系統化が完成してゆくには、挙国一致が常にはたらくのである。そこには、明治中期における対外姿勢の一つとしてアジア・モンロー主義も強く作用したはずである。つまり、

「奪われたるアジア」（満川亀太郎）を一つのアジアと読みかえたときに、「ヨーロッパ洲内の事物はヨーロッパ人よろしくこれを調理すべし。アメリカ洲内の事物はアメリカ人よろしく調理すべし。アジア洲内の事物に関係するは、もとより日本人の天職をつくすものなり」（『日本人』、明治二十三年、傍点＝内山）とする内なる使命感が、自由主義者にも共有されてくるのである。

この国家・民族的使命感を脱却できず、したがって批判の支点を本質的に「人類史」へとシフトできなかったところに、「天皇制リベラル」（岡利郎）の特長がある。つまり、オールド・リベラリストと総称される人たちが、私に言わせれば天皇主義に接着すればするほど、「戦うべからざるに戦ったという悔恨に心を嚙まれ」（小泉信三）ながらも、「綸言汗のごとし」の終戦の聖断に、みずからの信念を安んじたのであったろう。その信条はかくて天皇の忠臣のそれであった。

＊　＊

私はあるいは記述を誤ったのかもしれない。つまり、近代日本の立憲政治を、時代を区分することでその特長をあげてゆき、そこから反省点をひきだし、現在に資する行論がありえたと思うし、そのようにも考えた。しかし、近代日本政治を歴史と思想史の交錯の中でとらえたいとしている私にとって、そのように政脈を追うのはやはり気が進まないことであった。なぜなら、たとえ先人の悪戦苦闘の行路は尊敬するにたるものであっても、彼らの結果責任を今ここで私たちが背負っているかぎり、そして戦後の結果を担わなければならないかぎり、前述したように、天皇制国家体制を堅固に形成し持続した、つまり自縄自縛の中での苦心惨憺の状景ばかりが見えてしかたがないからである。官僚としての藩閥、官僚としての政党政治家、官僚としての軍部は、この天皇制の中で権力のダイナミズムを担った。したがって、それを排除することそのこと自体が天皇制国家にたいする謀反そのものであったのだ。

もちろん、前述したように、国際情勢の変化に伴う国家的「ゆるみ」は存在した。たとえば大正デモクラシーにそれを見ることができよう。あるいは、労働者階級の自立・自決の運動昂揚もある。だが、それにしても、帝国が世界を観じアジアを見る視点は決して自己解放にはつながらなかった。

このように考えたとき、しからば現在の「自由国家日本」は、帝国と決定的に異質化しおえ、それに即応しうるだけの政治構造を創りえたのだろうか。小異を捨てて大同につくべし、との主張が国家危機論の提唱にのってきこえてくる。そこには帝国の天皇制も天皇も、少なくとも、昭和天皇の死によって終焉し、昭和天皇を人間的に回想する仕掛けができたのではないか。しかし、松下圭一が鋭く指摘した「大衆天皇制」の国民心情は、天皇の聖断をあるいは黙示的に期待しない、とは言えない。福沢諭吉が「一身独立して一国独立す」と強調した課題は、一世紀たっても依然として私たちのものなのである。

『三田評論』第九一四号　慶應義塾　一九九〇年五月、『私立の立場から』日本経済評論社　一九九四年に所収

知の共和国を求めて

はじめに

概念化はまだできないけれども、人間が人間であろうとするための条件を変えつつある状況が、今ここで確実に進展してきている。それは「なにか新しいことがらが生まれてきているのだ」とする歴史的触知感覚にはとらえられており、「なにか新しいものがあるばかりでなく、共通しているものも存在している」と認識されてはいるが、「考えることをはじめるということは、可能性の領域に突き当るということにすぎない」[1]という意味で、ひとつの新しい現実がひらけようとしていることを示している。だが、そのことはけっして歴史的必然の動力学の作動による自然的帰結を意味しない。新しい現実を反映しつつ、その現実のひとつの変化を反映しなければならない人間的営為を、それは前提としているのである。

歴史激動、それはだれの目にも明らかなことがらであるが、それが人間がより人間であるための歴史創造に連結する意味でのみ、歴史を意味あるものにできる、ということを自覚してはじめて、同時代は人間史のひとこまになる。この言わずもがなの表現は、人間がより人間的であろうとする営為あるいは方法として政治を考えてきた私には、政治の台頭、政治の復権、政治の再興など、さまざまに表意しうる内容を含んでいるにちがいない。

だがそれは、「恒久の平和を念願し、人間相互の関係を支配する崇高な理想を深く自覚するのであって、平和を愛する諸国民の公正と信義に信頼して、われらの安全と生存を保持しようと決意した。われらは、平和を維持し、専制と隷従、圧迫と偏狭を地上から永遠に除去しようと努めてゐる国際社会において、名誉ある地位を占めたいと思ふ。われらは、全世界の国民が、ひとしく恐怖と欠乏から免かれ、平和のうちに生存する権利を有することを確認」した私たちの志操と一致すべき歴史状況であることこそが、私たちに逆に確認を迫る可逆的事態でもあるポイントとして聳立しているのだ、と言えよう。

顧みれば、私たちは私たちの憲法によって生きる、という生き方をはじめて敗戦によって知ったはずである。それは、「権利の保障が確保されず、権力の分立が規定されないすべての社会は、憲法をもつものではない」とするフランス人権宣言（一七八九年）での立憲主義を一挙に超える性格をもっていた。前掲の憲法前文はすでに国家と国際社会との有意なかかわりを明示しているからである。言い換えれば、「恒久の平和を念願し、人間相互の関係を支配する崇高な理想を深く自覚する」日本国民の容器としての日本国であると同時に、日本国民は「平和を愛する諸国民の公正と信義に信頼」する一点において国家を抜けだし、人間の世界へとつながってゆく生き方を宣明しているからである。

にもかかわらず、この国家を抜けだし、国境をかるがると超えてゆく志向を国民としての私たちは意志的に奉じてはいない。むしろ、日本国憲法の精神を普遍的に実体化し肉化するよりはむしろ、「政府ありて国民なし」（福沢諭吉）の伝統を固定化するような国内秩序原理に凝縮したかの憾《うらみ》がある。それは本質的には米ソ二極対立の冷戦体制にあって、その対立体制に平和的に便乗したにすぎない。丸山眞男が、この国におけるリアリズムを既成事実リアリズムと呼び、その既成事実を決定する為政者の支配リアリズムを指摘しているが、その条件づきのリアリズムが〈現実〉を壟断する統治の秘薬として、冷戦体制が利用されたにすぎない。それが「ただ乗り《フリー・ライダー》」と糾弾された日本問題、つまり、「なぜ服従しなくても利益を得ることができるのに、あえて制約に服さなくてはならないのかという問題」[2]を浮彫りにする。

この状況には、憲法改正ではなくて、たんなる占領政策の変更によって、日本が共産主義との対決の防波堤になる政府の選択が、憲法が内包する「公正と信義」原理に背理する事態が含まれている。それは帝国主義的膨脹主義のたんなる清算ではなく、平和主義の世界構築への国民意志の高揚と持続を放棄することではなかったのか。極言すれば、国民がトータルに違憲状況をつくりだしたのだ、と表現できるのではないか。

私は日本国憲法が思想の質とレヴェルにおいて、戦後世界の秩序原理だと考えてきた。つまり、思想としての日本国憲法は自律の原理であると同時に、他者を律すべきそれでもあって、だからこそ私たちは、反人間的であるがゆえに反歴史的でもあった戦間期体制に代わりうる行動を、人間的-歴史的戦後世界において発現でき発現をもしなければならぬ、と考えてきた。それは、社会主義世界の構造変化としての自由化《リベレーション》に発端はしているにしても、国家を所与とし、その国家防衛を軍事力を基軸に国力のすべてによって措定する思考様式がようやく破綻したところに、戦後約半世紀を経過して到達した〈平和意志〉のグローバリゼーションの開示をみる。かくして、〈戦後の思想〉は知的営為として、どのようにありうるかが、本論の課題になるのである。

啓蒙から神話へ

本質的にいって、戦後の思想を世界に定着させる〈啓蒙〉の不徹底から戦後の世界が出発したのだった。ホルクハイマーとアドルノは、第二次大戦終焉時に「何故に人類は、真に人間的な状態に踏み入っていく代りに、一種の新しい野蛮状態へ落ち込んでいくのか」[3]と認識していた。これは第二次大戦をたたかわねばならなかった人類に普遍的な命題だったはずである。その場合、この認識課題を実践する過程で、彼らが「現代の意識」においていた信頼を放棄しなければならなかった点こそが重大であった。それはこのように語られている。

「学問の伝統が、実証主義を奉じる清掃業者の手によって、無用のガラクタとして忘却に引き渡される所では、学問的伝統を注意深く育成し吟味することが、認識に欠くことのできない一契機をなすこともあろう。だがそれにしては、市民的文明の崩壊という現代の状況においては、ただたんに学問に従事することばかりでなく、学問そのものの意義が、疑わしいものになってしまっている。筋金入りのファシストたちがしたり顔に喧伝し、順応力に富むヒューマニティのエキスパートたちが無邪気に推し進めている事態、すなわち啓蒙の自己崩壊に直面しては、思想はもはや、時代精神の習性や方向に、どこまでもいい気でついていくことをさっぱりと拒否せざるをえない。世の風潮が、否応なしに思想が商品になり言語がその宣伝になるような状態に立ち至ったとすれば、この堕落過程の行方をたずねようとする試みは、この過程の世界史的帰結によって充分に息の根を止められる前に、現行の言語上、思想上の諸要求に随従することを拒否しなければならないのだ」[4]

〈啓蒙の自己崩壊〉と指摘された事態は、ここではたしかにファシズムが市民的文明への反措定としてみずから聳立した世界史的帰結への省察として表示されている。しかし、「吾等ハ右条件ヨリ離脱スルコトナカルヘシ右ニ代ル条件存在セス吾等ハ遅延を認ムルヲ得ス」として提示されたポツダム宣言の条件、たとえば「吾等ハ無責任ナル軍国主義カ世界ヨリ駆逐セラレルニ至ル迄ハ平和、安全及正義ノ新秩序カ生シ得サルコトヲ主張スル」や、それに先立つ一九四一年の大西洋憲章が「世界のより良き将来に対して抱く希望の基礎をなす両国の国家政策の共通の原則」としての領土的拡張の放棄、経済的繁栄に関する貿易と資源利用への平等主義、恐怖と欠乏からの自由としての平和主義、武力使用の放棄は、啓蒙時代としての戦後を画定すべき人類史の命題だったはずである。しかし、この啓蒙の自己維持が知的課題として保持されない事態をみずから創りだしたのが、植民強国としてのヨーロッパ諸国の植民地維持姿勢であり、世界再分割としての戦争体制の持続であり、それをもって「世の風潮」とした力のリアリズムであった。それはすでに国益防衛の世界ではなかった、と言うべきであろう。誤解を恐れずに言えば、民主主義と社会主義という思想が、「否応なしに思想が商品になり言語がその宣伝になるような状態」、つまり、〈堕落過程〉にあったのであり、この過程については思想の窒息にゆきつく世界史的帰結が見透せる以上、「現行の言語上、思想上の諸要求に随従することを拒否」する心性こそが、啓蒙への意志として現在に生きつづけうるのではないだろうか。

ファシズム状況と、民主主義と社会主義の現状を精神史的に重合したとき、私たちは歴史としての戦後からの脱却を意志するのではなく、むしろ歴史としての戦後への回帰をこそ切実に考えるべきなのではないか。それは、「かつて勝利者であった思想が、すすんでその批判的な本領から逸脱し、現存するものへ奉仕するたんなる手段と化すとき、その思想は勢いのおもむくままに、かつて選びとった積極的なものを、自らの意志に反して、否定的なもの、破壊的なものへと変貌させてしまう」(5)ことを私たちは経験したからである。

人類の戦後体験は産業社会の高度化志向に関して一致している。社会を産業化し、さらにそれを高度化することの一元的志向の退廃が、しばしば否定的に批判されていることは言うまでもない。それに関して、反生産性の概念にもとづいたイリッチ的な批判はよく知られている。たとえば、J＝P・デュピイは次のように的確に指摘している。

「産業社会の大規模な諸制度にたいする批判は、必然的に、それらの諸制度の思いもかけない効果、意図しない〈反直観的な〉、自らその諸制度を批判していると主張する人びとさえも仰天させるような効果を認識することから始まるのである。発達のある危機的な閾《しきい》をこえると、それらはすべての人びとが期待しているものとはまったく逆のものを産みだす。医学は人を病気にし、学校は人を痴呆にし、輸送は人や物を動かさず、コミュニケーションは人を聾唖者にする」(6)

これを退行と呼ぶことができるとすれば、その概念に対抗するのは進歩でなければならない。その場合、ホルクハイマーとアドルノがすでに〈啓蒙〉に退行の萌芽を認めていたことを想起すべきである。彼らは、啓蒙が退行的契機への反省をともなわなければ、自分自身の命運を封印することになると指摘し、「進歩のもつ破壊的側面への省察が進歩の敵方の手に委ねられているかぎり、思想は盲目的に実用主義化していくままに、矛盾を止揚するという本性を喪失し、ひいては真理への関りをも失うに至るであろう」(7)としている。その場合の〝進歩の敵側〟がファシズムであることは言うまでもない。

しかし、戦後世界の顕教である「高度産業社会」主義の場合は、それが民主主義と社会主義の正統な教義であるかぎり、その論理を本質的に突くことは少なくとも反体制であるか異端として排除されねばならなかった。しかも、その体制教義のにない手たちは、進歩と進化を盾の両面のごとく使い分ける権謀術数を心得ていたのである。つまり、進歩は完全社会を想定して、それにむけて意志的にみずからを方向づけるのに対して、進化は往々にして弱肉強食の自然淘汰を肯定的に内包する思考様式である。日本の戦後がこの文脈で典型的な「産業社会」主義に支配されていたことは言うまでもない。だが、戦後世界における米ソの冷戦体制は、実は民主主義の正統教義の独占化をめぐる実力的闘争であり、その核には、産業社会達成の後見者として、他者を囲い込む進化観の争いでもあった。したがって、そこではアメリカにしてもソ連にしても、みずからをモデル・カントリーとして設定するところに退行・堕落の要因を内にもっていたのである。それはすでに、神話としてのアメリカン・デモクラシーであり、ソヴィエト・コミュニズムであった。「啓蒙が神話へと逆行していく原因は、ことさら逆行することを目的として考えだされた、国家主義的、異教的等々の近代的神話のもとに求めうるべきではなく、むしろ真理に直面する恐怖に立ちすくんでいる啓蒙そのもののうちに求められなければならない、ということである」(8) この「恐怖」に対決し、新たな啓蒙を提出し、みずからに課したのが〝青年の叛乱〟であった、と私は理解している。

現在からの民主主義

少なくともアメリカ青年たちが自己同一化する過程、つまり自己啓蒙化の過程で発見し確認したのは、金ピカのアメリカでなければならなかった。そのメッキとは、「各人のための自由と平等、人民の・人民による・人民のための政府、こうしたアメリカ特有の価値を、われわれは善なるものとみなし、われわれが人間として生きてゆくうえでの原理であると考えていた。したがって、われわれの多くは、この国への満足感にくるまれながら成長を開始した」彼らが成長する過程で、「これまでの快適感のなかに、そのまま見過ごしておくわけにはいかぬ深刻な事態が忍び込んでくる」、つまりいや応なく突出してきた歴史的現実そのものであった。すなわち、そのひとつは人種差別ということがらが明らかにした「人間頽廃」であり、原爆の存在をもって象徴される現実としての冷戦である。

青年が発見したのは「急速に身近かな存在になってきた幾千万もの『他人』」に対する〈懸念〉であった。人種差別と核冷戦は、「いずれも影響という点で、あまりにも直接的で圧倒的であり、個人個人にたいして、これらの問題に直面する責任と決断とを求めてやまぬもの」(9)だったがゆえに、彼らは〈価値の真偽〉をはっきりさせようとする点で自己啓蒙──合理化へと自分を突き動かしてゆくのであった。それは〈アメリカ民主主義の顕教〉からの自己解放とも言うことができよう。

彼らの現実認識は、「われわれの先輩のリベラルや社会主義者は具体策のないヴィジョンという問題によって悩まされていたが、われわれの世代はヴィジョンのない具体策という問題によって悩まされている」という点で的確である。それはこのように展開される。「過去の理想主義的な考え方にとって代わって、理論の混沌が訪れてきている。そして、理論の秩序を再建できぬ人びとは、理想主義そのものを非難するに至っている。疑惑が希望にとって代わり、現実主義という名の敗北主義が人びとを行動へと駆り立てている。ユートピアと希望の凋落が今日の社会生活を規定する特徴の一つとなっていることは、まぎれもない事実である」。すなわち、〈突き詰めた願望〉をもたない「現実人間」が横行する社会とは、社会の名に値するのか、という自問の姿勢が彼らの啓蒙を貫徹している、と言うべきである。

この自己確認は方向性をもたなければ、かならず「現実の陥穽」にはまりこむ。つまり、方向を規定する基本原理の提起への要請が内在化されてくるのである。この原理探究は、現実社会の原理である、「人間とは操縦されるべきものであり、生まれつき自分を統御できない存在だという考え方」と衝突するポイントで成立しうるたぐいのことがらであるにちがいない。だからこそ、「われわれは、人間をもって、限りなく尊い存在とみなし、まだ充分に開花しているとは言えないが、理性・自由・愛などの能力を保持している存在と考え……人間は自己涵養、自己指導、自己理解、創造性などの、まだ実現されていない潜在能力を保持している。われわれが重要視し、訴えかけているのはこの潜在能力であって、暴力、非理性、権威への従属などの潜在性にたいしてではない。人間と社会の目標は、人間の独立ということであらねばならない」[10]という〈人間への思慕〉がうたいあげられたのだった。その場合の人間関係は相互依存関係であり、その絆の要素は友愛と誠実によって形成される。そこには所与としての社会が人間の存在を規定するのではなく、個々の人間の存在が、「他の人間およびすべての人間活動との関係において、ある人間の独自の個人的資質がそれらのうえに刻印を残すことが許されるような大らかさの生まれる」ような形象によって、社会のありようが規定されねばならないとする、ぎりぎりの精神のたたずまいがあった。

この〈人間の高揚〉あるいは〈人間への昂揚〉が参加民主主義への方向をとっていったことは、いまさら言うまでもないが、それは人間の多元的存在性を世界に定着させ、人間の尊厳回復運動として歴史の底流を貫通させてゆくにしても、高度産業社会の原理を転覆させることはできなかった、と言えるのではないか。むしろ、石油ショックに発端した国家主義が〈生き残り〉競争の様相から発現し、政府による危機打開への国民的要求をふまえた〈政府主義（*governmentalism*）〉としてのネオ・コーポラティズムに結集してしまうイメージの集約があった、と言うべきであったろう。だがそれは「からの自由」から「への自由」の過程に設定さるべき人間の発達ではなかったのである。たとえば、内発的発展としてのもうひとつの発達が、そこに措定されえたのである。

たとえば鶴見和子はそれを次のように語っている。「内発的発展とは、西欧をモデルとする近代化論がもたらす様々な弊害を癒し、あるいは予防するための社会変化の過程である。内発的発展の担い手は、その目ざす価値および規範を明確に指示する。近代化論が『価値中立性』を標榜するのに対して、内発的発展論は価値明示的である」[11]

こうした内発性に力点をおく場合、それはどのようにしてパロキアル〔特殊主義的〕な性格を脱してより普遍的なそれを獲得するのか。鶴見のシナリオを少したどってみることにする。彼女は「発展」を「個人の内面から精神を育て、覚醒した個人が村を発展させ、いくつかの村が発展することによって国民へ、そして世界へと、発展を波及させること」[12]と考えている。その場合の〈覚醒〉を規定するのが「欲望の抑制」のモメントである。その拠点に立ったときに、ハマーショルド財団の報告書『もう一つの発展』にもとづいた発展の四要件が重大になる。すなわち、①食糧・健康・住居・教育など、人間が生きるための基本的要求が満たされること、②地域の共同体の人々の共働によって実現されること、そのことを自助と呼ぶ、③地域の自然環境との調和を保つこと、④それぞれの社会内部の構造変化のための行動を起こすこと、がそれである。つまり、内発性とは、「地域における文化遺産〔伝統〕と、地域住民の自己変化と主体性を重んじる」ことになる。この内発性は、したがって、基本的なヒューマン・ニーズを充足し、個々人の自己実現の条件を具現するという人類の共通目標の実現を方向的に確定するがゆえに、そうしてそうした明示的価値目標が設定されるがゆえに、その実現への努力の過程に地域的多様性を想定することができ、それあるがゆえに自己――主体性のありようが地域に発現するのだ、という展開と考えられる。

「地域の小伝統の中に、現在人類が直面している困難な問題を解くかぎを発見し、旧いものを新しい環境に照らし合せてつくりかえ、そうすることによって、多様な発展の経路をきり拓くのは、キー・パースンとしての地域の小さき民である」[13]

この説述はたしかに人間に勇気をあたえるたぐいの内容を十分に含んでいる。人間の覚醒、主体化、環境との交流・交信、そして生きるあるいは生きられる場としての地域、そして地域から国家・世界の構造変革というコンテクストは、方向喪失時代の人間に、確乎とした方向感覚をあたえる。だが、私にしてもそうなのだが、この発展論にしても、内発性を強調すればするほど覚醒しない人間の存在に対する目配りが欠けている。つまり、私たちは歴史を変えるという場合、どこかで人間が自立することを予定しがちである、つまりポートヒューロン宣言が言った操縦される人間を忘れてしまうのである。もちろん、鶴見和子はそのことを十分に知っている。だから、「キー・パースン」を前提としているにちがいない。にもかかわらず、私は従属の民の存在を逆に予定してしまう。それを愚民観と言うのだろうか。「愚民の上に苛き政府あり」との福沢諭吉の想いを私はここで思いだしてしまう。そして、「古の政府は力を用い、今の政府は力と智を用ゆ。古の政府は民を御するの術に乏しく、今の政府はこれに富めり。古の政府は民の力を挫き、今の政府はその心を奪う。古の政府は民の外を犯し、今の政府はその内を制す」(『学問のすゝめ』)との指摘に、私たちの現在を重ねあわすことが多い。とすれば、たとえば内発的発展論を、下からの、あるいは内からの人間発達のシナリオとすれば、上からの、あるいは外からの人間発達のモメントも十分にありうる、と考えるべきではないのか。

このポイントに関して、挿話として、R・A・ダールとE・R・タフティが検証した民主主義の最適規模論について少しく語っておきたい。彼らは、スモール・イズ・ビューティフルという表象において提示された「小さい単位のほうが大きい単位よりも、デモクラシーを推進する点でまさっている」とする命題に経験的に接近しようとした。たしかに、「都市の急激な成長は、ひいては、ある種の疑似われわれ意識がいちじるしく情動的な大衆運動によってかき立てられる場合以外には、強い絆と地域共同社会意識を欠いた、非常に多数の相対的に孤絶化し疎外される個人を生みだすという懸念を強めるのに役だっている」(14)ことは確実である。つまり、社会と個人の隔絶、個人の原子化状況の進展がそこにある。だからこそ、それがたとえ疑似のそれであるにしても、〈われわれ意識〉が醸成されうるポイントにおいて、人間は人間の共同性を回復しうるとする錯覚におちいるのだ。しかし、それは次のように提起された問題によって、その疑似共同感覚を断ち切られる。

「すべての単位がその自律性を、恒常的連続的に増大する形で、次の大単位へと引きわたしていったら、民衆の政府管理の余地はどこに残ることになるのだろう。とどのつまり、各小単位が世界政府の代理機関にすぎなくなり、政治参加が何十億の市民による選挙での投票から完全になりたってしまったら、デモクラシーということばにはどんな意味が残されることになるのか。逆に、もしも少なくともある種の決定には権力の分散と自律性が望ましいとしても、それはどの規模の政治単位への権力分散なのか、という疑問が残ってしまう」[15]

このみずからの設問に答えるために、彼らは、「政治体の決定に責任をもち、それを適切完璧に制御する市民」に対応する〈市民有効性〉と、「その市民の集合的な選好に完璧に対応する容力《キャパシティ》をもつ政治体」に対応する〈システム容力〉が設定され、理想的な政治体は、この二規準を充足すると想定する。だがここに「規模」という要因がはいってくると、デモクラシーのディレンマが生ずる。つまり、政治体の規模が小さくなれば、市民が公的決定を制御するのに責任と有効性をもつ度合は高まるだろうが、市民の選好に対応するシステム容力は減少することになる。言い換えれば、集合的な決定に対する市民参加と、市民の選考に対応する集合体の能力とは逆の関連性をもつ、と言わねばならなくなる。

したがって、政治システムないし政治単位の最適規模を決定することには、必ず、この二規準の相反関係が含まれることになる。そしてダールとタフティが実証した結果は、次の二点になる。「市民有効性とシステム容力という対になった二つの目標を達成するのに最適な、唯一の型ないし規模の単位はない」、そして「デモクラシーの諸目標は対立し、こうした目標に最善に奉仕することのできる唯一の種類の単位はない」がそれである。
このように指摘された〈デモクラシーの現実〉によって政治思想史上のデモクラシーと規模についての解答が間違っていたのだとすることはできないし、あるいは現実が非民主主義的なのであり、現実が理論を侵害しているのだとすることもできない。だからこそ、彼らは地に足のついた指摘をしなければならなくなったのである。

「現在までのところでわかっているデモクラシーの理念は、数の点でも人間の相互依存度の点でも前例のないところにまでゆきついている現代世界にあって、どうすればデモクラシーは最大化しうるのか、といった疑問にたいする解答を発見するための適切な指針をまったく提出しない、というのが事実なのである。民主主義的な夢想のなかに一つの軸となる抱負を最大化すれば、もう一つの抱負をいちじるしくそこなう可能性がある、という結論には同意できないのだから、多くの人たちにあらがうことのできない誘惑は、旧来のひび割れしていないビジョンをふたたび主張することなのである」(16)

だがここでの「いにしえにかえれ」は、伝統的なデモクラシーへの復古を意味しない。「普通の人間が自分の生活にたいして合理的な制御力を行使する能力がたかめられねばならないとしたら、そして巨大な数にのぼる人間の相互依存が、正当化された支配の毒気を助長すべきことがらでなければ、『新しい』あるいは『根源的な』民主主義思想ならば必ずやそうしたことを果たすと思われるように、民主主義理論は前向きに飛躍しなければならず、ただちに過去に飛び返ってはなるまい。妥当な新理論は、古いものの断片をかき集めてできあがった集成体の域を脱しなければなるまい」(17)との指摘に明らかなように、現時点に立つことが条件づけられるのである。
かくして、現在の問題状況は、「異常な事態の国家をこえる問題を処理するのに巨大な単位が必要とされるのであれば、はるか遠くへだたったきらびやかな指導者たちの集団が、一般市民には神秘にみちた不可解な過程で動かしている世界にあって、一般の民衆が道徳的責任と政治的有効性の意識と実感とを獲得する場を提供するのに非常に小規模な単位が必要なのだ」という一点にかかってくる。つまり、「超国家的単位が重大な問題を処理するシステムの容力をたかめ、またしたがって、市民団の集合的有効性を高めると同時に、超国家的単位は、個々の市民の有効性と無力感をもたかめることになろう」[18]という点が克服されねばならなくなる。この観点にたてば、前述した内発的発展は〈デモクラシーの鑑〉を提示するディスコースの観を呈することになる。

未完の革命――戦後民主主義と一九八九年

ダールとタフティが「一般の民衆が道徳的責任と政治的有効性の意識と実践とを獲得する場」として認識した単位、つまり集合的な場を、国家に直結することはできない。というのは、市民的責任の領野を意識化し実感するのは、主として、その存在に対する脅威の要因によって契機づけられるからである。それは往々にして、生活空間としての社会が人間の生活の安全性を脅かす形象を実質的に明示しはじめる、すなわち、社会の負性が現象することで発現する。

U・ベックが提示した〈危険社会（*Risikogesellschaft*）〉は、社会が人間に襲いかかっている「歴史的現実」を十分に映しだしている、と言える。そこでの基礎認識は、「近代が発展するにつれ富の社会的生産と平行して危険が社会的に生産されるようになる。貧困社会においては、富の分配問題とそれをめぐる争いが存在する。危険社会ではこれに加えて次のような問題とそれをめぐる争いが発生する。つまり、科学技術が危険をつくりだしてしまうという危険の生産の問題、そのような危険に該当するのは何かという危険の定義の問題、そしてこの危険がどのように分配されているのかという危険の分配の問題である」[19]

ここでの含意はすでに、たとえば第三世界に顕著とされている貧困の問題は、先進世界においても依然として持続しながらも、より多く危険の構造をビルト・インしている、という点にあるだろう。と同時に、それはK・ガルブレイスがすでに十分に提出した産業社会の論理でもある。経済成長を至上命令とし、科学技術の可能性を人間の可能性と等置し、だからこそそれによって構造化される産業社会にあっては、社会規範形成者は科学技術であって人間ではない、とする社会論理がさらに反人間的な度合いをすすめている、とする認識である。「産業社会はもともと不完全な近代であり、そこに内在する反近代性は過去から受け継いだものでもなく、産業社会自体の構成概念であり、その生産物なのである。産業社会の構造は、普遍的な近代の概念と産業社会の制度体の実際の機能との間のくい違いにもとづいており、その制度体の中では、近代化は個別的、選択的にしか進められない。その結果、産業社会はそれが実現したことによって不安定なものになってしまったのである。連続性が転換の『原因』となるのである」[20]

普遍としての近代を歴史的に連続することが、個別選択的でなければならないがゆえに、近代を特殊化するという観点は、近代に現代の病理を帰着させる還元的思考に衝撃をあたえるにちがいない。それはしかし、すでに神話的思考にまで凝結している〈現代〉の打破を命ずるはずである。しからばその神話とは何か。

「一般的に抱かれている近代という概念からみると、産業社会がその志向したことにおいて中途半端に終わったことや中途半端に終わった事実がおおい隠されている事態は、近代という概念とはまったく相反している。しかし産業社会が近代化と異なるという理解を妨げるものがある。それは今まで十分に認識されていなかったが、十九世紀の社会思想を支配し、二十世紀になってもその社会思想の細部にまではびこっているあの神話である。その神話とは、産業社会の発達とそれがもたらした仕事と生活の形式的分化、生産分野の分化、経済成長を前提とした概念と思考、科学と技術の認識、民主主義形態、これらすべてが完璧な近代であり、これにもはや何もつけ加える余地のない究極の近代である、とする神話である」(21)

ここで私たちが立ちどまるべきは、「分化」が近代化特性のひとつと教えられてきたポイントであろう。産業社会に私たちはさまざまな分化を要求した。そして、その分化された部分は〈社会〉の名において全体性を維持する、という「社会」主義が成立した。したがって、分化は社会――生活空間――を部分化しサブ化(下位化)し、その部分があたかも独立し自律化するかのごとき幻影を人間にあたえるのである。その意味では、「危険」はだれの、あるいはどの部分の責任でもなくなる。危険の発生はいわば社会の自動作用なのだ、と言うべきである。「危険な副作用という形で政治の責任となるのであり、経済の責任とはされない。つまり、経済はそれが起こしたことにたいして権限を有していないのであり、政治は統制しえないことについて権限を有しているだけなのである」(22)

ベックの論説をここで詳細に述べる必要はない。私には、ポスト産業社会が想定されたときに、産業社会のもつ反人間性(=反近代性)との人間のたたかいの場の創成を期待したのだったが、歴史の事態はむしろポスト産業社会としての危険社会を措定するべく進行したのであった。ベックは言及しなかったが、こうした社会――分化し下位化した社会――を管理するのは技術官僚制にほかならないし、その種の社会を維持するのは管理国家である。その管理を社会と国家に確実に結合したのが社会主義国家であった。それはS・メンシコフが指摘した社会主義の優位性、つまり、「社会的公正、社会的正義のあの社会、つまり、正義と平等と公正を万人にもたらそうとする社会」(23)のネガとして発現したがゆえに、「社会主義を破壊して資本主義に戻るのではなく、社会主義を改善し、社会主義の優位性を利用しようとする」(24)意志表明になるのである。さらにメンシコフはガルブレイスに、

「あなた方は、自分たちの現在の優位性を信じ、私たちはむしろ将来の優位性を信じています」[25]と語るのは、〈理想〉の歴史的意義を意志し、そのための現在の閉塞状態の突破を課題と見定める人間の存在証明と思えるのである。

正義・平等・公正を価値とする社会へのさらなる構造改革を開始したソ連および東欧がまずは「からの自由」としての運動を開始した、と私は考えている。それを自由化と呼ぶことは誤りではない。だがそれは、少なくとも平等を価値とする民主主義が自由もそれとする民主主義に転換しなければならない、という意味ではあるまい。ましてや自由主義の社会主義に対する勝利なぞではありえない。その点でO・ラフォンテーヌの次の指摘は正確である。

「社会を媒介とした自由概念ではなく個人主義的な自由概念の結果、自由主義では技術を全体社会の政策の視点から形成していくことはできない。／何が生産さるべきであるかが公共的な討議を経ることなく市場を通してのみ決定される場合には、そのための技術的手段も市場の損益計算に従属させられてしまう。巨大技術から生じうるはかり知れない潜在的な被害を考えてみるなら、この点に危険な矛盾が存在している。すなわち技術による生産物は本来社会的および政治的な意志と行為の結果であり、社会と政治がその倫理的な責任を担わなければならないものであるのに、あたかも市場経済過程の結果であるかのように扱われているのである」[26]

社会主義体制が自由化をバネとしながら、自由主義体制との共存併存を可能とする世界秩序を模索している状況は、人類史的事業であると言わねばならない。そしてその事業は、自由主義体制と自称する自由市場主義に拘束されている事態を大前提とする〈自由主義の虚妄〉におかされているかぎり、歴史としての現代を創造する作業への参加はありえないのではないか。自由主義は体制化したことで、価値としての自由をも体制化したがゆえに、産業社会全体主義にはまりこんでいるのではないか、というのが私の現在の起点である。

おわりに

「現代は新しい社会的条件のもとで、啓蒙主義的な責任倫理を新たに生産させる時代である」[27]との指摘は、アドルノとホルクハイマーの起点につうじあう〈歴史〉の意識であろう。それは確実に、「われわれは現在、おそらくは社会主義国と第三世界を含めて、他の国々の消費者経済を拡大する必要について語っています。ところが次には、地球上の資源によっては現存する消費社会をいつまでも現在の形で支えることができないという理由で、何とかそれをやめようとするのです。このことは、文明の未来への道が容易でないことを示しているように思います」[28]との指摘につながっている。

　このように思料してくれば、私が〈未完の革命としての戦後民主主義〉と呼んできた戦後史が私たちに要求する自己啓蒙の意味が明らかになるはずである[29]。それは体制化した自由主義にも社会主義にも拘束されない自由な人間たちが平等に挺身する知的領野の多元的成立と展開を意味している。そして、それを保証する地球大の秩序の確立と維持、つまり、知の共和国こそが〈現代〉を特色づけるはずなのである。

（1） Nathan Glazer and Daniel P. Moynihan, *Ethnicity: Theory and Experience*, Cambridge, Mass.: Harvard University Press, 1975（内山秀夫訳『民族とアイデンティティ』三嶺書房、一九八四年、五―六頁、傍点＝内山）。

（2） Charles R. Beitz, *Political Theory and International Relations*, Princeton, N.J.: Princeton University Press, 1979（進藤栄一訳『国際秩序と正義』岩

波書店、一九八九年、七九頁。）
（3） Max Horkheimer and Theodor W. Adorno, *Dialektik der Aufklärung,* Amsterdam : Querido Verlag, 1947（徳永恂訳『啓蒙の弁証法』岩波書店、一九九〇年、ix頁。）
（4） 同右、ix—x頁。
（5） 同右、x頁。
（6） Jean-Pierre Dupuy, *Ordres et Désorders,* Paris ; Édition du Seuil, 1982（古田幸男訳『秩序と無秩序』法政大学出版局、一九八七年、二頁。）
（7） M. Horkheimer & T. W. Adorno, *op. cit.,* 邦訳xii頁。
（8） 同右、xiii頁、傍点＝内山。
（9）「ポートヒューロン宣言」、高橋徹訳『アメリカ革命』平凡社、一九七三年、六三—六四頁、傍点＝内山。
（10） 同右、六七頁、傍点＝内山。
（11） 鶴見和子「内発的発展論の系譜」、鶴見和子・川田侃編『内発的発展論』東京大学出版会、一九八九年、四三頁。
（12） 同右、四六頁。
（13） 同右、五九頁。
（14） Robert A. Dahl and Edward R. Tufte, *Size and Democracy,* Stanford, Calif. : Stanford University Press, 1973（内山秀夫訳『規模とデモクラシー』慶応通信、一九七九年、五頁。傍点＝内山。）
（15） 同右、四頁。
（16） 同右、二二八頁。
（17） 同右、二二八—二二九頁。
（18） 同右、二三一頁。
（19） Ulrich Beck, *Risikogesellschaft,* Frankfurt am Main : Suhrkamp Verlag, 1986（東廉監訳『危険社会』二期出版、一九八八年、四二頁。）
（20） 同右、三七頁。
（21） 同右、三二頁。
（22） 同右、二九〇頁。
（23） Joseph K. Galbraith and Stanislav Menshikov, *Capitalism, Communism and Coexistence,* Boston : Houghton Mifflin, 1988（中村達也訳『資本主義、共産主義、そして共存』ダイヤモンド社、一九八九年、一一頁。）
（24） 同右、八四頁。

(25) 同右、二〇七頁。

(26) Oskar Lafontaine, *Die Gesellschaft der Zukunft*, Hamburg, 1988（住沢博紀訳『国境を超える社会民主主義』現代の理論社、一九八九年、一〇九頁。）

(27) 同右、二四六頁。

(28) J. K. Galbraith & S. Menshikov, *op.cit.*, 邦訳二六四頁、傍点＝内山。

(29) 内山秀夫『民族の基層』三嶺書房、一九八三年。

『新国際学／混沌から秩序へⅡ　多元的共生と国際ネットワーク』臼井久和・内田孟男編、有信堂高文社　一九九一年

人間のゆくえ

社会主義体制の崩壊の後に

はじめに

「どこから出て行くのかわかっているが、どこへ入って行くのかあまりはっきりしない」とギ・ソルマンが指摘したように、ソ連邦の崩壊と社会主義圏の解体は、人間が歴史を新しく切りひらくのに必要な創造力や想像力の発動を要請している。

言いかえれば、米ソ対立の冷戦国際体制は、自らの運命は自らが決定し、その決定については自ら責任をとる、とする個人の意志のいとなみを核としつつ、その意志のいとなみの場として、独立主権国家がある、とする認識の国際的承認を大前提として第二次大戦が戦われ、ファシズムと、ひいては植民地主義からの人間解放の実現とは似て非なる結果として成立した。

逆に、解放されたかに見えた人間は、国家もろ共、自由主義陣営と社会主義陣営にイデオロギー的にも実力的強制的にもトータルに組みこまれたのであった。皮肉にも、運命自決と自決責任は、その冷戦体制を前提として、つまり、その国際体制に抵触しない限りで、許容されたのである。言いかえれば、人間は〝鉄の檻〟の中で自由だ、と思ったのである。一九四九年アメリカの反共マッカーシー旋風による狂暴な赤狩り、五六年のハンガリー事件、六八年のチェコ事件、ポーランド事件などはすべて、この〝鉄の檻〟が自らその姿をあらわしたものと言えよう。そこでは、だから、自由主義も社会主義も《体制》であった。そして今、この二つの体制が崩壊した。したがって、戦後世界秩序がその本質を失ったのである。とすれば、〝檻の中の自由〟、〝檻の中の平等〟という意味内容をもった《安楽の全体主義》（藤田省三）もまた変質しないわけにはゆかない。このことがらについて、少し述べてみたい。

本論

冷戦体制を、民主主義の正当性をめぐって対立し、その対立を軍事力――とりわけ、核戦力――によってエスカレートさせた国際状況とよむのは容易である。同時に、米ソ二大超大国が軍備競争による自己疲弊化を内実として、その体制崩壊をまねいたことも確かである。しかし、そこには生産力主義を核とする成長経済と、それを保護する成長政治との結合という〝国家の失敗〟が強くはたらいていることも忘れてはなるまい。

この国家の失敗を規定したのが、理性信仰にもとづいた進歩理念の信奉であったことを、私たちは確認しなければならない。「進歩がどれほど人間を解放と抑圧とのディレンマに陥らせるか――今日ではむしろ、豊かさと破滅の間のディレンマであるが――に応じて、われわれはその進歩を歓迎し、あるいはそれと闘っていかなければならない」（O・ラフォンテーヌ）との指摘の正しさは、「われわれを縛る進歩を否定してわれわれを解放する進歩を歓迎するなどと、簡単に言ったり行なったりすることはできない。このディレンマはまさに両者が不可分に結びついていることにある」（傍点＝内山）と展開されているからである。

私たちは、こうした進歩観の裏側をすでに知っている。しかし、ラフォンテーヌが言うように、「進歩の宿命はその巨大な成果の中に内在する。科学の進歩によって、現代人はそこから逃れることはできず、もはや適切な制御ができないように思える人工的な力の世界を築いてきた」、その人工世界の危険を知りながら、進歩の成果の欺瞞性と対決する意志をわれわれは形成できなかった。なぜなら、その進歩の恩恵は一応先進国民全体に及んでいるからである。

だが、ソ連はいちはやく、一人ひとりの「人間が経済的な力の前には完全に無力である」現実を突きつけられた。無力である個人が自分の生命・生活を持続するために経済力に対決しなければならなくなったのである。言うまでもない、それは共産党官僚支配体制が支配の正当性を独占し続け、国家目標の設定権を承握した、社会主義体制の帰結であった。それは常に人もものも情報も、すべてを動員する体制であった。そして、すべては歴史的必然でもあった。動員体制を必然とするとき、人間の日常生活は既定とされ、その既定を変更する手続きは計画である。その計画が党官僚制に掌握されれば、その計画は形式制度化される。プロレタリア独裁が否定されれば、その分だけ共産党のカリスマ（組織カリスマ）が増幅される。個人存在を限りなく無力にする手段としての経済力が党に掌握されるのである。

ペレストロイカが唱導され、グラスノチが提唱されたとき、実はこの経済力の根幹が腐食していた点で、時すでに遅きに失した。言いかえれば、官僚支配体系が政治を独占している現実のまえに、人間が自己再生するいとなみとしての政治は復元しうべくもない。だが、この事態は決して社会主義体制としてのソ連にのみ成立したものなのだろうか。前述した成長経済を中核として形成されている協調全体主義体制としての西側の新保守主義にも、それは本質的に適合しているのではないか。それは冷戦体制を維持・展開してきた限りで自由主義陣営にも言い当てることができるのではないか。

〝自由〟は〝自由市場〟に縮減され、〝平等〟は構造的不平等にもかかわらず〝制度的平等〟に差し戻される。その事態は、「無反省な進歩信仰は、今日、社会の変化をもはや後もどりできないものにしてしまっている」（ラフォンテーヌ）ことを示している。とすれば、自由主義国家にしても社会主義国家にしても、その立脚点を変更しなくてはならないだろう。

かつて私たちの先輩たちは、明治国家建設（〝はじめに国家ありき〟）の道程で、《社会》を発見した。しかし、日本の近現代史は、国家がつねに社会を併呑する傾向を顕著に明らかにしている。つまり、「国家の論理」が「社会の論理」を覆いつくしてきたのである。社会の論理が国家のそれに取って代わろうとしているのが、《現代》を特徴づけている、と私は考えている。民族紛争、地域紛争はその意味で〝現代〟的なのではないか。つまり、既存の国家・国民は個々の人間が集合する協同のエートスによって充顚されるものではなくなっているのではないか。

おわりに

入口がわからない、というギ・ソルマンの言説から本稿を書きだした。O・ラフォンテーヌは、「実現されたものからは離れて現代を批判し価値評価することを可能にする未来像であり、行為における失敗や気力喪失の徴候であるとともに、行為にむけた情熱的要求」とユートピアを位置づけたH・ルフェーブルを引いて、社会主義の科学化をもってユートピアの喪失と断じた。

そのことは、冷戦以後の現代が、資本主義であれ社会主義であれ、いずれもユートピアを失った体制であること、つまり、〝実現されたものから離れる〟ことを人間に要求している〝精神〟の情況をさし示している。

少なくとも、既存の体制から身をもぎはなすことが必要なのである。ラフォンテーヌが拒否と責任を説いた一節は、私たちの出口を指し示すと同時に、入口をも示唆しているのではないだろうか。「責任と拒否は対立するものではなく、互いに条件づけあっている。われわれが暮らす非常に複雑な産業社会では、拒否の政治は責任の物差しがなければ考えられず、責任の実権がなければ遂行できない。責任感にあふれた拒否の政治は、いかなる場合でも責任を拒否する非政治よりもずっとましなのである」(一九九二・八・五)

参考文献

1 桜井哲夫著『メシアニズムの終焉――社会主義とは何であったのか』(筑摩書房)
2 M・イェニケ著、丸山正次訳『国家の失敗――産業社会における政治の無能性』(三嶺書房)
3 ギ・ソルマン著、秋山康男訳『社会主義からの脱出』(新潮社)
4 O・ラフォンテーヌ著、住沢博紀・牧野尚子訳『社会民主主義の新しい選択』(現代の理論社)

『三色旗』慶應義塾大学通信教育部　一九九二年一〇月

人間と社会と大学と

はじめに

洋書店の最近出版案内を見ていたら、ロジャー・キムボールという人の『長い行進――六〇年代の文化革命はアメリカをどう変えたか』の予告がでていた。早速注文した。というのは、一九五九年にいって六〇年に帰ってきた一年間のアメリカ体験が、私の六〇年代を始発させたとする私個人にかかわっている、その意義を思うからだけではない。むしろ、帰国して翌年慶応義塾大学法学部に採用されて、吐きだすようにして発出していった政治理論の私のテーマは、政治学における行動科学運動であり、政治過程における集団論であり、近代化論であった。だが、その中で私に黙示し続けていたのは黒人問題であった。

私がいた下院議員会館にしろ上院議員会館にしろ、黒人はページボーイとして働いているだけだったし、アジア系にしても州に昇格したハワイ選出のダニエル・イノウエさんとそのスタッフがいただけだった。羽田をたつ直前に翻訳がでたマーチン・ルーサー・キングの著書『自由への大いなる歩み――非暴力で闘った黒人たち』(岩波新書)は、滞米中に何度も読んで、私とアメリカをつなぐ強い紐帯になった。アメリカでの生活に何とかなれるまでの三ヵ月間、それは日本語とアメリカ語をつなぐ方法でもあった。

人種差別問題は同僚たちの間でもホットな話題になっていたし、J・F・ケネディの上院での歯切れのよい演説当日は、ギャラリィを埋めつくした黒人の制止することのできない歓声で迎えられていた。その渦の中に私は新しいものの胎動を感受していたのだった。

私はやがて帰国後に懸命になって六〇年安保闘争を追体験してゆくのだが、その過程で時々立ちどまらざるをえなかったのは、キングの《方法としての非暴力》が気になってしかたがなかったからであった。政治運動は暴力を伴う。なぜなら、政治的に正義を主張し、だからこそ異議を申し立てる時、唯一に正当な暴力装置を擁している国家つまり政府は、その暴力装置を行使する用意をしているのが常態だからである。したがって、政治闘争は暴力を手段としうる、とする定式が暗黙裡に承認されているらしかった。それでは以下のキングの行論はどういうことになるのか。

「非暴力という方法は、漸進主義か即決主義かという、あの永い間論争されてきた問いに正しい答えをあたえてくれる。非暴力は、一方では、無為にすごしたり逃避したりすることに口実をあたえて、結局は一ヵ所に足ぶみさせることになるような忍耐におちいることをふせぎ、いま一方では、和解させないでたがいの仲を割くような無責任な言葉をはいたり、社会の必然的な動きにたいする盲目な性急な判断におちいったりすることをふせいでくれる。それは賢明な抑制と冷静な理性をもって正義の目標にむかってすすむことの必要をはっきりとみとめている。だが、それは同時に、正義にむかう歩みをおくらせたり、不正な現状を守る人たちに屈服したりすることが不道徳であることをもみとめている。それは、社会は一夜にして変革することができないことをみとめながらも、人々をして翌朝社会を変革することができるかのように活動させるのだ」（前掲書、傍点＝内山）。

社会、そして正義、さらに道徳という三つの言葉が私を射すくめていた。それは敗戦以来、この国でもあるいは使われた言葉であっただろう。だが、「非暴力は一方では悪と協力しないことを要求するが、他方では、善の建設的な力と協力することを要求する。こうした建設的な面がなければ、悪との非協力は、それがはじまったところでただちに終ってしまう」（前掲書）と明確に言葉で刻み打ちつけられた善と悪の凜烈な区別と意味を、この国の言葉はもっていなかったように思う。「わが行為は悪への協力ではないか」と内心に問い続ける作業は、決して宗教者だけのそれではあるまい。人間がより人間的たらんとする意志のいとなみ、としての政治の規定に、すなわち、わが政治に私はようやく近づこうとしていたようであった。だが、その政治の容器の確認には、私はまだゆき当ってはいなかった。いや、社会ということがらの意味をたしかに触感していなかったのだ、と言うべきであろう。

一

六〇年安保闘争の追体験は、私にこの国のナショナリズムのありようを教えた。それは「批判」あるいは「抵抗」という精神発現によるナショナリズムであった。そこには左翼のナショナリズムもリベラルなそれも明確であった。だが、私にはナショナリズムは遠かった。批判・抵抗をよしとしながらも、それをナショナリズム――たとえ排他・排外の自己中心主義では決してないにしても――に私はつなげなかったのだ。つまり、私の想念としての民主主義は、どうしても、国民とか国家といった位相での集合ないし具象には結びようもない質のものでなければならなかったのである。

だから、一九六二年に「民主主義をめざす学生組織」（Students for Democratic Society, SDS）が発した『ポート・ヒューロン宣言』は、私をつかんだのだった。「われわれは、まあまあ快適といえる環境のなかで育ち、いまは大学に身をおきながらも、やがて引き継ぐべき世界にたいして快適ならざる気持を抱いているところの、まさに新しい世代に属す人間である」ではじまる、あの『宣言』である。ここで使われている「世界」は、遠い国民や国家にたいする異和感を私に与えなかった。私は世界に直接に結ぶ私を察知していたにちがいない。それは実質を伴った私の拡大であっただろう。

この『宣言』が私に与えた衝撃について、すでに何度もとりあげてきたから、ここで繰り返すことはしない。ただ青年たちがここで目指したのは《社会体制》の変革であり、「個々人が彼の生活の質や方向を規定するような社会的決定に参加する」ことと、「人間の独立性を促進したり、決定への共同参加を促す媒体を備えられるように社会を組織し直す」という二つの中心目標によって貫徹された参加民主主義の確立であった。

これが邦訳されて活字になったのは一九七三年であった。七〇年代は私には六〇年代と切り離すことのできない時代であった。つまり、六〇年代後期から七〇年代前期にかけて、大学はさまざまに動揺したし、その動揺をつくりだした原因は、それまで唯一に体制的正当性をえて、私たちの安定化原理となっていた、そのシステム化した民主主義そのものへの懐疑に発していた。それは直截には、大学における教育・研究とは何か、と問うた。その中で私は一冊の本に出会った。のちに翻訳出版したJ・オールマンの『創造の政治学』(而立書房、一九七六年。原書は一九七二年刊)である。

原著者もまったく未知の人物だった。たしか目次をみて買っておいた、教科書としてアメリカで使われているものだろうし、原著者にしてもおそらく教養課程の教育専門の人物だろうと見当がついていた。しかし、「はしがき」を読んで、私はびっくりした。つまり開巻第一ページにこうあったのである。

「私は、『すぐれた研究者は同時にすぐれた教師である』という神話によって成長したのだが、他の多くの人たちがたとえそうであるにしても、この頃では、私は研究と教育とは全く別の二つの種類の課題だと思うようになっている」

では研究とは、教育とは何か。オールマンはこう続けている。「研究というものは、主観的な人間経験から知識をつくりだすことを対象とする課題」であり、「教師は、こうした知識を、学生諸君が自分自身の生活の中に組み入れることのできる、主観的に妥当な人間経験に転換しなおしてやる、というまったく別の課題をもっている」。さらにこのように続く。

「客観的知識を主観的に理解された知識に転換するということが、実は、学生諸君が『有意性』を要求することの中心になっている。教師が、自分自身の世界観を通じてそうした知識を評価できる、その程度に応じて、客観的な理論とデータを主観的に経験する過程にある学生諸君に、教師は力をかすことができるのだ、と私は信じている。簡単に言ってしまえば、教師は学生に知識を伝達する人間ではなくて、その知識に判断を加え、また自分をとりまいている世界を考え評価する独自の方法は、こうした知識が与える意味を伝達しようとする人間なのだ」

この行論は次のように受けとめられる。

「本書で私が意図したのは、学生諸君に、政治のしばしばきびしい現実に関する見方と、学生諸君が理解し選択し行為することによって生きてゆかねばならぬ社会を提出してみることである。それは、学生と教師とが、政治学のもっている研究と思想の多様性を統一的に把握し、またそれを現在の大衆技術社会で生きてゆくことに適用できる、一つの評価的枠組としての役割を果たすはずである」（傍点＝内山）

ここには客観性と主観性とのかかわり、知識を方法とする生きるということがら、評価（＝判断）の問題がきわめて説得的に説かれている。だが、研究者＝教師神話に肉迫した原著者が、行間で教師であることの使命そして／あるいは責務をになう意志をはっきりと打ちだしている、その紛れようもない《選択》の痛切さに、私はしばらくは打ちのめされていたのだった。

今は知らないが、私が大学教員になるまでに自分を鍛造すべくのめり込んでいったのは、M・ウェーバーの『職業としての学問』であり、多くの先輩、同僚はこの過程をへたことだろう。それは尾高邦雄訳の岩波文庫であった。「すべての希望を捨てよ」という選択意志の厳粛さにおののきを抑えられなかったし、苛酷なまでの職業倫理要求にたじろいだし、何よりも「時代の宿命に男らしくたえる」ことが自分にできるか、との自問にもだえた。しかし、オールマンが言いあてた教師―研究者神話には、私はひたっていたのだった。

二

学生が「客観的な知識を主観的に理解された知識に転換する」のに力をかす、そのことが大学の中心的な機能だ、とするポイントに私たちは身を落ち着けることができる。その場合の客観的知識は、私の場合は社会にかかわる客観的知識でなければならない。社会科学を字義通りに語れば、こう言わなければならなくなる。そして、社会が人間たちの共同生活の場である以上、その社会での人間、あるいは人間たちの社会との相互作用の関係の中で社会と人間についての認識の基礎がたえずつくられる過程に自分をおくことになる。言いかえれば、社会科学者はそして社会科学の教師は、つねに相対性の中に自分をおき続ける、そのことに耐える必然を前提とする生き方を選択した人間なのである。この選択の宿命こそが私たち一人ひとりを総体的に規定し続ける。

しかも、客観的知識が、ある時代あるいはある時点での人間と社会について成立しうる限界を、私たちは必ず知っていなければならないのだ。つまり、客観的知識は、時代や時点をこえて成立する普遍的知識では決してないのである。言いかえれば、人は死ぬ、ということを除いては真理・真実は絶対にない、ということを知り抜いた上で、より普遍的な知識を時代に制約された客観的知識から選別し、定立するという、決して楽しいはずのない、そして終ることのない作業を自分に課す業苦を、私たちは、甘受する一生なのではないか。

この業苦を共有するところでの共同性が、実は共同体としての大学に成立しているとするのが、私たちのコモンセンスであるにちがいない。そこには業苦にたえてきた時間の長短をになったさまざまな人間がいる。その違いはしかし決定的、致命的な差異ではない。むしろ、その耐えている業苦をそれぞれ胸奥に包み込んで、客観的知識の獲得に全力をあげているにちがいないのだ。だとしたら、その客観的知識の宛先はどこか。

オールマンは、人と社会とを次のようにつないでいる。「私が自分と自分の社会を理解するようになり、また私の自己認識と世界観を確認し拡大するのにどのような行動をするかについて選択を行うことで、この理解を実現することのできる」(傍点＝内山)、そうしたものを《善い生活》とよぶ。そして、《善い社会》は、「一人ひとりの人間にとっての善い生活に、自分と社会についての理解、およびその理解にもとづいて選択し行為することが含まれるのであれば、『善い社会』は、必然的に、この種の学習・選択そして行為の機会を用意しているものでなくてはならない」と展開している。キイワードは「理解」と「選択」である。

突然のように善い生活、善い社会がもちだされたのは、理解と選択に前述した客観的知識が強くかかわっているはずだからである。だいたい、七〇年代の初頭にオールマンはなぜ、善い生活、善い社会をその著書の冒頭にもってこなければならなかったのか。私の知る限り『善い社会』という書題を冠しているのは、一九三七年に出版されたウォルター・リップマンの著書である。〔最近R・N・ベラーたちがこの書題を踏襲した著書を公刊し、

翻訳もされたが、私は未読である。〕

リップマンが筆をおこしたのは、言うまでもなく、全体主義国家の成立にたいする民主主義の擁護のためである。つまり、全体主義諸国の絢爛とした達成、つまり富と権力に幻惑されないための道徳的規範の強調であった。言いかえれば、魂を悪魔に売りわたした繁栄がいかに人間にとって反人間的であるかを、私たちに突きつけたのだった。つまり、社会を形成し維持し発展させることを基底で支えるものは道徳・道義でなければならないのであって、それを放棄してまでも豊かさを一元的に追求したら、人間はただちに反人間的存在になり、社会は人間から乖離して権力機構としての国家に併呑されてしまうのである。リップマンは集産主義と当時総称された、スターリニズムやファシズム、そしてナチズムにそれを突きとめていたのであり、それが民主主義社会＝国家に接続される可能性にたいして警鐘を乱打したのであった。

「まあまあ快適といえる境遇のなかで育ち」と言った学生たちは、その快適が《豊かさ》によって、道義的に麻痺された結果であることに、黒人運動を通じて感受してゆき、やがてジョンソン大統領によって「偉大な《グレート・》社会《ソサエティ》」が唱導され、決して「善い社会《グッド・ソサエティ》」とは言われなかった〝現実〟を見透かしていったにちがいない。ベトナム戦争というもっとも非道義的な国家行為は、「偉大な社会」であれば矛盾しないけれども、「善い社会」であれば説得能力を失うだけの道徳規範が社会に確実に存在するにちがいなかった。国家に奪われない社会の意味の追求がここにあったのだった。

おわりに

大学は社会に屈することを明らかにしなければならなかったのだ。国家に接続しようとするたえまのない権力的努力(=文教政策)を批判し抵抗するための〃社会理解〃のための、つまり〃善い社会〃のために大学の再生が、人間の歴史の名において要請されたのだった。この再生は〃ロング・マーチ〃になるにちがいなかった。私はしかし、この人間の《善い社会》回復への行進が、どこかで行先を変えたとしか思えないでいる。

それは高度成長=豊かな社会の実現とする錯覚、経済成長による貧困解決の幻想といった経済中心思考の横溢による行先変更である。アメリカを主導国とするこの経済思考は、政官財共同による国家推進力の伸長を第一義としている。そこには、人間の幸福にたいする一元的評価基準としての物質主義が絶対化している。いかに糊塗しようと、宇宙開発にしても、臓器移植、DNA操作等はすべて、この基準にそうものとして承認を迫り、それによる至福幻想をかり立てている。

私はここに人間のそして社会の退廃荒廃の蔓延をみている。科学技術が可能だといえば、それを実行しなければならぬ、とする反道徳的な、いやニヒリスティックな心性の横行をみている。教育改革と称する一連の政策ないし政策提案は、この心性の育成に結果すると考えるべきではないか。人文・社会科学徒が、いま大学で回復し、教師・研究者・学生の連関を、善い生活、善い社会につないで、人間と社会とを徹底的に人間化するルネサンスへの道にむけ直す時機ではないか。

『私学公論』私学公論社　二〇〇一年三月

オーウェルの想像力と現代3　1984▼2003

矛盾覚えぬ思考の危機

「戦争は平和である　自由は屈従である　無知は力である」。ジョージ・オーウェル『1984年』の舞台、オセアニア国のスローガン。独裁者は、矛盾する事柄に矛盾を覚えずに従う「二重思考（ダブルシンク）」を人々の精神に刷り込む。国家の命令が変わり、歴史が書き換えられても人々は信じる。

そんな二重思考の危うさが現代の世界を覆っていると、政治学者の内山秀夫氏は指摘する。

＊　＊

「戦争は平和」とそのまま言えば、誰でもノーと答えるだろう。だが、9・11で米国は「テロに対する戦い」を宣言した。それはまさに「戦争は平和」を意味している。

戦前の陸軍パンフレット「国防の本義と其（その）強化の提唱」は「たたかひは創造の父、文化の母」で始まる。日本版の二重思考を示すが、敗戦によって、日本人は戦争は決して平和ではないと知った。しかし今、「国際協調」の名で自衛隊のイラク派遣という「平和のための戦争」が無条件に承認された。

戦争は戦争であり、平和にはつながらないことが、どうしても確認されない。その根底を考えると、戦後のテクノロジー中心主義に行きつく。

人間が制御できないテクノロジーには核と情報があるが、経済成長のために、その制御できないものが信仰された。豊かさや便利さの価値を優先し、正しいことはテクノロジーが決めるとされた結果、人間の選択や決断、そして自由が失われた。

さらに情報テクノロジーは、戦争や死も仮想現実にしてしまった。理性的な判断が求められない社会で、政府や一部の人たちは歴史の書き換えのチャンスと考えているようだ。過去を変えるには憲法改正が最も手っ取り早い。そうすれば、「太平洋戦争ではなく大東亜戦争だ」と言う手間もなくなるのだから。

『1984年』に、価値判断を排除するため言語を単純化した「新語法」が出てくるが、内容のない「愛国心」や「国益」を言う小泉首相や、「悪の枢軸」と断じるブッシュが思い起こされる。「短い言葉」や「断定」への反論には何万語も費やさなければならない。緩やかな全体主義が広がっているようにみえる。『1984年』が今も黙示録の意味を持つことに、私たちが歴史をつくり損ねたことを思わざるを得ない。（『南日本新聞』二〇〇三年一〇月一日）

共同通信配信二〇〇三年九月二十四日「オーウェルの想像力と現代」4回続きの（3）聞き書き／「戦争は平和」という危機根底にテクノロジー信仰

わがこだわり

もう随分昔のことになる。アメリカのテレビドラマ『軍事法廷』という毎回完結の一時間ドラマがあった。モノクロの時代だった。(これが軍事法廷であって帝国日本で行われた「軍法会議」と訳されなかったのはどうしてなのかという疑問が、今もなお残っているが、それは別の話題として取っておこう。)主人公は米軍の若い法務将校。彼が軍隊にかかわるさまざまな犯罪をあばいて、〝正義ここにあり〟と世に示すといった、本質的にアメリカ人好みのシナリオのドラマだったと記憶している。もうみんな忘れてしまったが、一本だけ今でも忘れられないでいるのがある。学生にはある時期講義で言及したことがあるので、憶えている卒業生もあるかと思うが、とりあえず、その筋を語っておこう。

この法務将校はポーランドで、レジスタンスの闘士に出合う。彼はナチに捕えられ、拷問され、あまつさえ妻子がみせしめに銃殺されても同志を売らず、反ナチの意志を貫いた英雄として賛仰されている人物だった。将校も当然彼を尊敬する。将校は、ナチの戦争犯罪を調べている中に、ポーランド・レジスタンスのリーダーやメンバーがある日以後に一斉に検挙され、処刑された事実にぶつかる。それを詰めてゆく過程で、この事実と、彼がナチの秘密警察に逮捕された日との関係に、将校は疑惑を抱く。彼は米国の軍事法廷に戦犯容疑として告発され、取調室で尋問され追及されている最中に、突如としてナチスばりの踵を打ちつける姿勢をとり、完全に悩乱状態を呈する。彼が同志を売ったのだ。狭いコンクリートむき出しの、裸電球が天井からぶら下った寒々とした取調室で、不動の姿勢をとった体格のよい初老のポーランド人が叫ぶ。

「妻と子供が引出された。コンクリートの壁の前に立たされた。こっち側には機関銃が据えられ、兵士が発射の姿勢をとった。レジスタンスの仲間の居所《いどころ》をいえ。いわなければお前の家族をここで殺す、といわれた。」「やるはずはない。」「ノーといった。」途端に機関銃が火をふき、妻子がばたばた倒れた。彼はそこで崩れた。「それにお前たちは耐えられるか。目の前で妻や子供が血をふいて死んでゆくのに耐えられるか。」彼の絶叫が狭い陰惨な部屋にむなしくこだまする。テレビのスクリーンは、たしかここでぷつんと終わったのではなかったか。

私がそこで立ちすくむ思いだったのを忘れない。戦時下に逮捕され、非転向を貫ぬいて敗戦後に出獄し、凱旋将軍のように迎えられた共産主義者・志賀義雄や徳田球一、共産主義中国から帰国し熱狂的に迎えられた野坂参三といった英雄たちが見せた不退転の思想的営為は事実として私に迫ったし、小林多喜二を含む拷問による獄死者に心をつないでゆく知的環境を、私もつくっていった。そこに凝然と現われたテーマが転向であった。

私の場合、何を貫くための非転向なのか、が問題として立ち上っていた。『思想の科学』のメンバーによる研究がこれにこたえたのだが、私の未熟な民主主義論や自由主義論では到底この設問に耐えられなかった。もう一つの問題は、たとえば拷問といった物理的暴力に私は耐えられるか、という切実な問題だった。軍国少年で十五年間をすごし、旧制中学生として三年半を経験していたから、撲られるのには慣れたにしても、裸の権力が殺害を許容範囲にして迫ってきたら、私の仮定できるあらゆる事態をこえるレベルの状態が発現するにちがいない。こうした思念をもちながら、私は教員になった。大学で教壇に立つということは、民主主義者であるのと、それを持続するのとの二つの必要条件を満たすことを要求する。前者に関しては、「民主主義はただあるものではなく、常に創られるものである」との命題が至上のそれになる。私が学生諸君にたいして、「諸君は生まれながらにして民主主義者だが、私は十五年間大日本帝国憲法下で生きたから、そうであろうとしない限り民主主義者にはなっていられないのだ」と講義の中で語ったことがあるのは、学生たちが生き方として民主主義を選択しないですましていることにたいする警鐘乱打のつもりだったが、学生の多くにそれは届かなかった。

この私の情況は、若者の反乱、人種抵抗などを媒介にしながら、自己の存在にたいする凝視、そこからなお見えてくる他者との連帯・共同、そして現象の「意味」を追求する過程での多数決民主主義の反民主性の自己暴露、つまり、民主主義国家に必然的に内在する反人間性の認識に根をおろした。真実そして真理は常に多数決原理下にあっては、少数者の側に多く存在した。ここでの少数者は、支配者が常に少数者だという意味でのエリートでは決してない。被支配者と運命づけられるかも知れない、無告を常態とするが故に少数者と位置づけられた大勢《おおぜい》である。

多数者支配の民主主義は国家を全一単位とする有権者全動員型の民主主義であるらしかった。その当時私が表現するのにしばしば用いた「ひとりひとりが粒立っている民主主義」は、この国家民主主義にはほど遠く思えた。この種の少数者を「国民」に強権的に吸収することのない国家。それこそが民主主義の容器になりうる。つまり、国家はこうしたあらゆる少数者グループが対等に存在することを寛容する社会、すなわち、多元社会を包容し、その存在をそこなわない仕組みを培養することではじめて、「より人間的たらん」とするものになるのではないか。A・レイプハルトが提出した〈多極共存型〉民主主義が小国民主主義論として時代的意味をもったのは、既成の先進民主主義国なるものが、依然として未成のそれであり、国民形成において別個の新しい原理に立ちうる展開が重大だったからである。つまり、民主主義は理論的に自己否定をバネにして創造にむかわねばならなくなったのである。

　この民主主義の解体と再編のプロセスは、理念の制度的完成を望遠することのできない、いわば永久革命に乗り出す人間の英知と勇気の振起にほかならなかった。それは本質的に根源的《ラディカル》な事業への挺身であった。言いかえれば、第二次大戦によって、ファシズムを人類史における自由そして／あるいは平等というより普遍的な概念によって克服した、その価値であった自由・平等が「自由平等」とスローガン化されたのを、ふたたび時には対立し時には提携する二つの価値としてそれぞれの普遍性を追求する地点に立ったのである。ここに第二の民主主義者たるための必要条件としての〈普遍への意志〉が聳立するのである。

　社会科学者にとって〈絶対〉がない以上、〈普遍〉にしても〈より普遍的〉という程度でしか成立しない。しかと言うべきかのみと表現すべきかは、その人と時による。この明日にも変わりうる普遍を確信することが、社会科学者の精神を決定する。この精神は勁《つよ》い精神である。つまり、絶対を拒否するが故に勁くなければならないのである。生涯にわたって奉ずることを期待する信念をも、明日にはその普遍性の欠損によって放棄し拒否しなければならないが故に、彼は勁いのである。そうでなければ、その信念なるものは独善にすぎず、馬鹿の一つおぼえにしかならなくなる。その独善に神話的に粉飾した普遍をかぶしたイデオロギーにかつておどらされたのがわれわれではなかったか。

　既成の論理や理論にたいして一身をあずけない、〈創造への意志〉と、その創造を支える〈普遍への意志〉を善く生きるための条件としてより分けてきた、その出発点が〈転向〉の問題であった。テレビ・ドラマでのレジスタンスの英雄の物語は、教壇に立つ者として、決して他人事ではなかった。近代の軍国日本主義の時代での社会科学的信念にたいする物理的強制力の発動の歴史は過去の事実ときめこむことはできなかった。戦後日本のレッドパージをどう理解するのかは、私には納得できる理解にはなっていないし、GHQからのリベラル左派ニュー・ディーラーの排除、そして全米を震撼させた「赤狩り」は〈言論の自由〉の普遍性を否認するものだった。共産主義者の殲滅がアメリカを席捲したとき、H・ノーマン博士はみずから命を断った。民主主義の時代に民主主義を奉ずることがいのちがけなのだ、ということを私たちは教えられたのだった。

ノーマンは勁《つよ》かった。私はそう思う。私には物理的強制力による転向要請に抵抗しぬく自信はない。しかし、そうした抵抗の危険を排除して、最初から安全地帯に立って発言し発表する巧知、つまり、意図的なあるいは結果的な御用学者を自分に承認することはできない。少なくとも政治学という権力作用を知りぬくことを前提として成立する知的営為は、その権力作用によって反人間性をむき出しにする可能性を常に感受し批判することを命ずるのだ。

したがって、政治学はこの「感受」、「批判」が行われるのを常態とする社会にしか存在しえないのだ。あのテレビドラマは人間の批判的理性が暴力によって破壊された悲劇を描いた。私が学生諸君に伝えたかったのは、批判的理性を断じて尊重し、普遍への意志を訓育する〈社会〉の存続の意義だったのだ。

「政治探求・5」『ロゴスドン』ヌース出版、二〇〇五年三月

尊敬される国家をめざして

「あっ」と思った。ほとんど何の期待もしなくなった大型の古本屋の文庫本の棚にそれがあった。高井有一『北の河』(文春文庫、一九八七年、第四刷)。いつの頃からか、私はこの作家のものが読みたくなっていた。彼は昭和七年のおそ生まれだから、学年でいうと私の三つ下になる。三年という差は、戦時では埋めようもないことが多い、制度的強制の体験差にもなる。たとえば、敗戦時に私は旧制中学の最上級生(四年生)だったが、高井さんは最下級生だったはずだ。

しかし、作品を読んでゆくにつれて、その差はなし崩しになくなっていった。それはあるいは、「戦争の終りの日までは、私は何事にも気附かなかった。当時の私たちの年頃の者にとって、戦争は常に何処かで続けられているものであり、謂《い》わばそれ自体が日常であって、戦争が終るという事は想像を超えていた」(『北の河』)との共通体験、共通感覚が先に立って、その後の生活を制約したためかもしれなかった。私たちの戦争は、後になっては、私たちにはどうにも「耐え得ない強さ」になったものが常に眼前に立ちはだかり、私たちを呑み込んで、いつかは私たちもその「強さ」に加担させられる仕儀だった。

だから、「強く生きた人間はね、謂《い》わば肩肘張って生きた人間はね、皆若い人の持っている一番いい柔かさを擦り切らせてしまうものなんだ」という〈現実〉に私たちは戦後になって脅えた。高井さんは、『夏の日の影』

の末尾で、「一つの体験」の終わりをこう書く。「過ぎた事が自分に遺すものについて気附き、やがて来る事について考えるようになるまで、私はまだ幾許《いくばく》かの時間を必要としたのである」と。

背負った過去が未然の将来につながってゆくのに、私たちには恐らくちょっとした跳躍が必要だった。その跳躍まえの「幾許かの時間」を思い当てるとき（つまり晩年）が否応なく切迫したのだ、と私は思った。私はそれに備えるために、高井さんの芥川賞受賞作品『北の河』を読みたかった。それは、長部日出雄さんが「解説」で、「作者はそれを声高に語ることはないが、戦後作家のなかでも、氏ほど戦争に固執し続ける人は稀である。氏の作品は時が経つにつれて、つまり世間が戦争を忘れれば忘れるほど、ますます重さを増していくことになるだろう」と言い当て、「自分の個別的な問題に固執することによって普遍性を獲得している」と語って、方法としての文学を指摘したところで、言挙げに似てしまうが、私の政治学と紛れなく重なった。

息詰るようにしながらも、ほっとして『北の河』を読みあげて、肺をわずらったために長いこと断ってきたタバコが吸いたくなった。その思いをむしろぶった切るかのようにして、買ったまんまにしていた『国防』（石破茂著、新潮社、二〇〇五年）を読んでみた。

これを書いた政治家は間違いなくいい人。

「私たち政治家は、今日の、明日の、今年の、来年の、日本の安全に責任を負っているわけです。安全保障に携わる人間というのは、心配して、心配して、心配して、心配して、それで何事もなかった、そういうことでいいのです。楽観して、楽観して、楽観して、楽観して、何かあった時には責任をとらない。そういう人もいると思います。軍事について考えることを、まるで危険思想のように言う人たちがそうです。しかし政治家というものは、心配に心配を重ねて、結果として何事もなかった、ということでいいのだと私は思っています」

心配、心配、心配→責任、楽観、楽観、楽観→無責任。この政治家は一所懸命なのだ。しかし、安全とか危険といったことがらを武力攻撃にいつの間にか限定してはいないか。むしろ、対象を軍事に限定した上での〈心配〉を政治とするのと、対象を民事に拡げることで危険対処・解消に力点をおく現代的〈責務〉の強調を政治とする意識のずれが根本にあるのではないか。武力攻撃を含む「危険」を防ぐのは外交という政治行動である。「仮にミサイルが飛んできたとします。今はまだミサイル防衛も不完全です。しかしそれでも、ほんの少し注意を喚起するだけで、命が助かる可能性もあるのです。例えば、広島の爆心地でもコンクリートの建物の中にいたおかげで助かった人もいました。」そのための注意報を発するシステムの必要性が強調される。しかし、この例もまともにとる人がいたら、その人は能天気だ。つまり、ミサイルで攻撃されたら、生き残るのは運でしかないからである。この政治家は、国防は全国民による国家防衛だとする考え方からすべてを発想してゆくから、どうしても徴兵制にゆきつかざるをえない。ある新聞での本書の紹介にこうあった。「軍事はリアリズムだ。奇をてらった国防論など信頼を得られない」

政治家は、戦争を政治に含めるのではなく、政治を反戦争への人類の営為とする思惟を養って欲しい。政治家は、政治をもって戦争を根絶する努力と思い切ることで、人類史に記名するのだ。戦争を軍事に押し詰めても、戦争は重大だから軍人に委ねてはならない、との箴言《しんげん》が成立するが、現在の文民支配にたいして、文民にも戦争はまかせられないのだ。つまり、戦争を始めるのは（その準備を含めて）政治家だということを私たちは絶対に忘れてはならないのだ。われわれが必要とする政治家の任務は、政治家があるかぎり、戦争は起こさない、との一点にかかっている。

一九二八（昭和三）年八月二十七日署名。一九二九年六月二十七日批准、一九二九年七月二十四日批准書寄託、一九二九年七月二十五日公布。署名国は日米英独仏伊等一五カ国（後に六十三カ国）。いわゆる不戦条約が成立した。

第一条　締約国ハ国際紛争解決ノ為戦争ニ訴フルコトヲ非トシ且其ノ相互関係ニ於テ国家ノ政策ノ手段トシテノ戦争ヲ抛棄スルコトヲ其ノ各自ノ人民ノ名ニ於テ厳粛ニ宣言ス

第二条　締約国ハ相互間ニ起ルコトアルヘキ一切ノ紛争又ハ紛議ハ其ノ性質又ハ起因ノ如何ヲ問ハス平和的手段ニ依ルノ外之カ処理又ハ解決ヲ求メサルコトヲ約ス

ここでは引用しないが、これには前文がある。この二条に前文の趣旨が凝縮されているのであって、したがって、今ここで人類進歩の一道標としてこれを読み透したい。〔帝国日本は第一条の「其ノ各自ノ人民ノ名ニ於テ」を承認しないとの宣言書を一九二九年六月二十七日に発表した。それは結局、政治主体が人民でない大日本帝国の真実を露呈するものだった。したがって、戦争の行動主体も人民でありえなかったことを、敗戦の結果責任との関連で考え抜かねばならなかったのだ。〕

不戦条約は平和のための条約だった。国家は政策を達成する手段として、戦争を抛棄する宣言をよしとした国家が六十三カ国に達した事実を思い返したい。戦争は何も生まない、いや憎悪や怨恨といった反人間的な情念を生むだけだ、との認識がそこに共有されていたのだ。国家はこうした低劣な反人間性に追随しない。むしろ、政治のもう一つの位相である、人間の高貴を実現する場として国家が成立する場面だったのである。したがって、国家の暴力性をとことんまで否認するモメントがそこに表出していたのである。

私がこの不戦条約を取り上げたのは、約八〇年まえに人類がその歴史に刻んだ栄光が、その人類によってその後に消滅させられたのではなく、今なお世界の地下水脈をなしていると感受しているからである。

しかし、J・S・ナイが「戦争の民営化」と呼んだ事態が発現していることも確実である。すなわち、「二十世紀には、ヒトラー、スターリン、ポル・ポトらが多数の人たちを殺すには、独裁国家の組織が必要だった。不幸なことだが、いまでは過激な集団や個人が政府の組織を握らなくても数百万人を殺すことが可能になっている。」(『ソフト・パワー』日本経済新聞社)この「可能」を如何にして常に「未然」の状態に保つかが、世界から「危険」を除去する〝政治〟なのだ。その除去は徹底的に軍事力になじまない。必要なのは、ナイがいったように、「自国が望む結果を他国も望むようにする力であり、他国を無理やり従わせるのではなく、味方につける力」としての〈ソフト・パワー〉である。

かつて国家にはモデルがあった。尊敬される国家があったのである。帝国日本が強国を目指して形態的モデルをドイツ帝国に求めた際の世界史認識には、ヨーロッパという、そのままで普遍的な文明の基礎があった。そのことが次第に置き忘れられていったのである。そして今、この国は愛国主義というイデオロギーや、国益そして／あるいは国防といった余りにも多義的な浮華ことばを放置したまま、人を裁き、処理し、排他的方向づけを進めている。そうした世態を造成し推進する原動力が「改革」イデオロギーであり、危機の扇動ではないのか。

かつて、「内に立憲主義、外に帝国主義」が先進国のあり方だった。今は「内に民主主義の誘導と魅力、外に軍事力の制裁と強制」に堕ちている。そこにあって、不戦を非軍事化と結んだ人類史の英誉の旗幟《きし》をこの国はあげ続けられないのか。二十一世紀の尊敬される国家を目指して。

「政治探求・6」『ロゴスドン』ヌース出版、二〇〇五年六月

息苦しさがます中で

今、国会議員を含む、いわゆるこの国のリーダーと称せられる人たちに、あなたはミリタリズムをよしとしますか、と訊ねたら、おそらくそのすべてが間違いなく否定することだろう。しかし、ミリタリズムを軍国主義と読みかえ、H・ラスウェルが命名したように兵営国家化にそれを直結せず、軍事力による国際紛争解決を優先する政府の思考様式・行動様式をそれとしたら、冷戦以後の現在でも、軍国主義は立派に存在するのである。この軍国主義、つまり軍事力優先主義は、異教徒国家の民主化推進を聖なる使命とする世界正義によって正統化されるかのごとくである。

この私の言説はブッシュのアメリカに底礎している。それはベトナム戦争によって発現した形の軍事力主義というのではなく、アメリカ政府のガバナビリティ（統治能力）の低下に結びついているというべきであろう。民主主義のリーダー・カントリーないし最先進国としてのアメリカが、ベトナム反戦の対抗文化運動《カウンター・カルチュアー・ムーブメント》としての若者文化《ユース・カルチャアー》によって揺り動かされ、それが少数者の異議申し立て運動として、たとえばアメリカ史を貫通する黒人の聳立や女性文化、言語、宗教等の文化多元性の意味を現代史に問うたのだった。

この多元文化の承認は国民の崩壊だった。少なくとも、国民文化として成立していたはずの価値体系が、下位《サブ・》文化《カルチュアー》によって分断され、それぞれがそれぞれの存在意義を承認することで共同性をつくりはじめたのである。

それは国民や国家の、あるいは国民国家の虚構性を剔抉する作業でもあった。政府は国家を隠した。徹底的に形式化したと言ってもよい。そうする中で、政府はガバナブルな住民に国民を転換する挺子とその機会をうかがった。つまり、政府の統治しやすい、政府に都合のよい国民に人民を転換するチャンスである。それは政府が国家権力を行使するのを、たとえ積極的ではないにしても、支持する人民である。その機がきた。石油ショックである。

産油国機構（OPEC）は私企業を相手にしなかった。メジャーによって石油資源を簒奪された産油国にしてみれば、石油を世界資本の私企業から奪い返した以上、資源外交の対等な相手は国家でなければならなかったのである。この〈国家の回復〉は、政府の回復であり、前述のガバナビリティの回復であった。なぜならシステムとしての国家は、そこで生き暮らす人間たち一人ひとりを全体的に包絡する生産システムであり、消費システムであり、つまり生活システムでありえたからである。だが、この国家は、生活システムとして、生活に含まれている人間の活動のすべてを充填するほど緻密ではなかった。言いかえれば、個人の生活行動には、国家権力によって埋めることのできない領域が残されていたのである。それが民主主義のシステムだった。政府が回復した国家はこのようにさまざまな隙間のあいたシステムであっただけに、統治能力をたかめる、結局は統治のしやすさをたかめる作業が、政府の次の課題になった。それが〈改革〉であり、〈政策〉の意味であった。

この隙間を埋める、ないしはシームレスな国家を形成するのに、われわれのリーダーたちは、性こりもなく大日本帝国を持ち出した。言うまでもない、それが改憲である。彼らにとって改憲が前述した統治しやすく一元化された国民の存在を前提としていることは言うまでもない。言いかえれば、自分の生活を常に足許に見つめることのない、ロマンチックな観念的国民である。この観念的国民の支え棒が愛国心であり、〈伝統〉である。

ずっと不思議に思ってきたことがある。「貴様には愛国心がないのか」。戦時中に誰かにこう言われたら、その人間には死刑を宣告されると同程度の効果が及んだはずだ。〈愛国心〉、それはあるものであり、もたねばならないものだった。この心的要素の実体化が今も生き続けている。だが、愛国心と呼ばれているものは、実は愛国主義というイデオロギーにほかならないのだ。こうした良い加減な言葉づかいが、人間の運命を分けるときに、日本人を決定的に非歴史的にし、無限に無責任化した。

私が敗戦後に、ゆっくりとはしていたが、確実に学んだのは、国のために死なない、愛する者のために死なない、ということの大切さであった。つまり、いのちをかけるという行為は、生きるという意志の行為に結ぶことで初めて人間に意味をもたらす。したがって、太平洋戦争時に、愛する者のために死ぬ、と決意して死んでいった先輩たちは、そうした選択肢しかない状況に人間を追い詰めることのない生活=生命空間の確保を後に続く私たちに要請したのだった。それはすなわち、「日本国民は、恒久の平和を念願し、人間相互の関係を支配する崇高な理想を深く自覚するのであって、平和を愛する諸国民の公正と信義に信頼して、われらの安全と生存を保持しようと決意した」ことにほかならなかった。そしてこの日本国憲法前文は、「日本国民は、国家の名誉にかけ、全力をあげてこの崇高な理想と目的を達成することを誓ふ」（傍点=内山）と締めくくった。

この〈国家の名誉〉を担った私たち日本国民が世界=人類史に登場して六〇年、今その〈名誉〉が放棄されようとしているのである。これは新しい日本国民の形成過程と読むことができるのだろうか。前述した七〇年代の国民崩壊を目撃した政治学者として、同時代は先進国の国民崩壊、新興諸国の国民形成の同時進行を考えないわけにはゆかなかった。この国にとって、それは「政府ありて国民なし」との現実と、「一身独立して一国独立す」（福沢諭吉）の定言の構造化として成立した、明治以降未解決のテーゼだったのである。ここから滲み出してくるのが、名誉ある国家だった、と言うべきだろう。もう一つ言いかえれば、この〈国家の名誉〉を優先させる思考＝行動様式を愛国主義と呼ぶのである。

現在の日本のリーダーたちには、この名誉を冠することのできる国家としての日本国と、自然＝文化態としての日本を故意に混同することで、愛国心を愛国主義に突きとめられるのを懸命に回避しようとする姿勢が顕著である。彼らはその点で明らかにデマゴーグである。

彼らにとって、愛国心は彼らの言うがままの方向に歴史を歩んでゆく、従者としての国民の核になるものでなければならない。つまり、日本人というもう一つの言い方を実体あるものにする、すなわち、アイデンティティの核としての愛国心である。私たちは、幸か不幸か全国的に共通しうる標準文化（これを国民文化と呼ぶのは危険だ）をもっている。言うまでもない、それは明治維新によって造出された官製文化であった。それに文化変容された私たちは、敗戦を契機に、そのもつ普遍性がきわめて狭隘であることを知らされた。その狭隘性は、しかしながら、日本にユニークな文化として誇るべき（さすがに名誉とはいわなかったが）ことがらとされた。いかなる文化も人種、民族、国民に結びついている限り、それはユニークなのだが、それをもって他との優劣を主張するとき、その文化は間違いなく退廃する。前述したベトナム戦争で、米国文化の強制がインドシナ半島で文化荒廃の情況を暴露したとき、若者が、そして彼らに肩をよせた多くの人間たちが、自己確認をしたのは下位文化であって、国民文化ではなかったのである。国民は限りなく崩壊し、その崩壊の先に人間の存在が聳立する、そしてそこから折返すようにして、人間の〈集合〉（gathering-together）から〈共住〉（living-together）への位相を希望として望見する、こんなシナリオが描けた。

このシナリオが認められるはずはなかった。これは一種の現代的アナキズムだからである。これは徹底的に統治しやすくない民のものとしての社会をイメージしている。リーダーたちがここで計画したのが、動員型の社会である。つまり、限りなく拡散する遠心的な人間たちが、ぎりぎりのところで発揮する共同性を人間の再生と考えない権力思考様式である。動員した人間をガバナブルなシステムに誘導する企画が、改革とか時には破壊というまるで違った表現でちらつかされる。

この改革ないし破壊はできれば、経済回復でカバーすることで、そのマイナス面を糊塗したいところだが、それを十分に考慮するリメイキングよりも、現在のミリタリストが選ぶのは、〈戦争〉である。中東をめぐる終わりなき戦闘は、異教徒国家にたいするキリスト教的正義としての民主主義の強制である。この〈民主化〉の例として日本が引かれたとき、異教徒としての日本人はどう評価されたかをきちんと論じたのか。日本人にはハードな信仰は宗教としては存在しなかった。あったのは天皇信仰だけだ。だから、天皇制と天皇を未分離のまま存続させることで、民主化は推進された。だがイスラム教はソフトな信仰ではない。

おそらく、現状から希望が見えてくるのは、米国を中心とする軍事力第一主義の勢力が分解し、その愚かしさに歯がみするようにして、人間の共同性に一途の光明を見るときであろう。それまでに私たちもまた自立性をとり戻しておかねばなるまい。（二〇〇六・四・三〇）

「政治探求・10」『ロゴスドン』ヌース出版　二〇〇六年六月

「戦後五十年を迎えて」

ご紹介いただきました内山でございます。ご当地で社会教育に関しましてさまざまにご活動をなさってこられました諸先輩のお話をぜひとも伺いたいものだ、と念願しておりましただけに、こうした機会がえられましたことに、心から御礼を申しあげます。

私的なことで恐縮でございますが、話をしにおいで、と声をかけて下さったのは、ただ今、ご紹介いただいた本協会副会長の桑原昭三先生でいらっしゃいます。私、いま県生涯学習審議会の会長をしておりますが、最初そのお話がありました際に、ご当地にきたばかりのよそ者ということで、おことわりをいたしました。ところが、桑原先生から副会長として助けてやるからという、身にしみるようなお口添えをいただきまして、何とかやっているという経緯がございます。その桑原先生のご依頼でありますだけに、なにほどのことがお話できるか、まったく心もとないのですが、しばらくお耳をかしていただきたいと存じます。

さて、戦後五十年を迎えて、と題だしをいたしました。昭和五年二月に東京の下町で生まれ育ち、旧制中学の四年生であった満十五年と六カ月があの八月十五日の私でございました。中学二年の後半からすでに勤労奉仕で、三年になりますと本格的に、学徒報国隊なんていう腕章をまきまして、工場で働きました。先輩方は御存知のように、当時の大日本帝国はまことに親切で、私たちに生き方・死に方を全部教えてくれた時代です。「おまえたちは、二〇歳《はたち》になるまでに死ぬことになっている」と聞かされました。軍国に骨がらみのしつけを受けておりましたから、「そういうものか」と思っておりました。

三月十日の東京大空襲で、まさに間一髪のところで焼け死ななかったり、敵戦闘機のしつっこい機銃掃射に逃げまどったりしておりますと、いっそのこと兵隊になって武器を持って戦いたい、そんな気持にかられることもありました。友人たちの中には、少年飛行兵、甲種予科練、陸軍幼年学校、海軍予科兵学校に入学した者もおりました。しかし、軍服を身にまとい、階級章をつけても、武器を持って戦った者はいなかった。そういう世代が私たちだ、と私はずっと思っておりました。

かなり後になりますが、実はそうではありませんでした。戦死した者がいたのです。その人たちは通称海軍特年兵とよばれました。私と同年輩で、銃をもって実戦にでていって戦死したという事実を知った時の衝撃は深刻なものでございました。と申しますのは、私たちはこうした制度ができたことすら存じなかったからです。

どうか誤解のないようにお聞きとりいただきたいと存じます。私は都立第七中学校、ぞくに七中に所属しておりました。一中から十中まではそのまま、十一中からはそれぞれ江北中とか江戸川中というふうに改称させられておりまして、いわゆる都立のナンバー中学というのであさはかにも得意にもなっていたのです。

特年兵の対象はどうやら、小学校（当時は国民学校ですが）の上に、たしか二年制の高等科というのがありまして、そこの優秀な生徒であったようです。最近の日報の紙面に、特年兵の訓練中の騎馬戦の写真が掲載されたことがあります。新潟からも志願された方がおられた。当りまえかもしれませんが、打ちのめされるような思いでした。つまり、私たちは優遇されていたんだ、という辛い想いです。少なくとも、特年兵には訓練を終えて、沖縄戦で戦死された方がたがおられます。

そのことを事実として知れば、銃を持たなかった世代の戦争経験ということがらが崩れてしまいます。同じ年齢で、私は中学生であったがゆえに、戦死する機会を免れた。だが他方では、恵まれておられなかったし、同じように無垢でいらしたがゆえに戦死された。戦争責任ということがらは、こうした形で私に迫ってまいります。もっともそれはずっと後のことなのですが。

無知は罪悪

これも大学に入ってからのことですが、ドイツの社会科学者、マックス・ウェーバーという方の本を読んでおりましたら、無知は罪悪なのだ、ということを思い知らされて、私は動けなくなりました。満十五歳の少年が無知という、そのことすら知らないことこそが、人間の歴史の中では罪悪であり、時には犯罪でもあるのだ、という指摘が私をとらえ切ってしまったのです。この「罪悪」そして「犯罪」ということがらが、私の戦後を特徴づけた、と申しますときざっぽく聞こえるかもしれませんが。

しかしですね、実際のところは、確乎とした動機もないままに、上級学校へいこうとは思っておりました。そこに何かがある、という漠然とした期待はありましたが、学問というふうには思っておりませんでした。敗戦後にうつつを抜かすようにしてみて歩いた戦前のフランス映画、手のひらにのるすべての本（その多くは小説でしたが）、偶然のようにみはじめた新劇。何もかもが、この世の中は人の世の中であって、それは男の人と女の人からできあがっている、という真実を教えてくれたのでした。春を思うには幼く一途であった私には、この真実は余りにも重かった、と言うべきでしょう。強いて言えば、この「人」の真実を追う、そして知りたい、ということがらが上級学校に私をむかわしたのかもしれません。

慶應の面接で「君は何になりたいのかね」ときかれた時の当惑を今でも忘れかねております。苦しまぎれに口走った「新聞記者」のことばで経済学部に入ってしまったのです。大部分の新入生も何かになるために入ったのではないことがだんだん分かりましたが。

ですから勤勉な学生なんぞとはほど遠い生活でした。今になれば、入り方が少しは見当がつくのですが、経済あるいは経済学から人の世を見定めるなんてできるはずがありません。経済学部不経済学科文学専攻みたいな連中と駄べってばかりおりました。大学院にいったのも、このまんまじゃ残り惜しいみたいな気持でしたでしょうし、だからすぐに退学してしまう破目になります。

ただ大学院におりました時に、ほんの短かい間でしたが、若い講師の方に出会いました。胸を病まれて講義を二、三回で中絶された方でしたが、大学院を飛びだして二年ほどぶらぶらしている間にお手紙をいただいたり、引張りだしていただいたりして、結局は私を政治学に放りこんで下さった方です。

私事を語りすぎまして失礼いたしました。つまり私は秀才でも何でもなくて、自分が何をしたらよいのかが分からなくて放浪したあげくに大学の教師になっただけの人間なのだ、ということをお分かりいただきたかったのです。そういう経歴から申し上げることですから、かなり本音のところでのお話になります。その点どうかご海容下さい。

国境とは地続き、人続き

さて、戦後五十年ということがらですが、五十年、半世紀は非常に長い歴史だと思います。その間、私たちは他の国の人たちと直接争う、血を流して争ったことがないという事実は誇ってよかろう、と思います。しかし、この五十年間を私たちは本当に意志の力で選びとったのか、と考え直してみますと、それは必ずしもそうとは言えない。たとえば、地政学的にみますと、日本は海でもって他の国ぐにと隔てられております。地政学、ゲオポリティクと申しますと、ナチス・ドイツを思いだす方もおられるかもしれませんが、ここではそうしたイデオロギーを含めませんで、地理という観点から政治を考えるぐらいの意味でおとりいただきたい。つまり、私たちにとって国境とは海です。それがどうも日本は日本というイージーな考え方、生き方に通じるのではないでしょうか。

森崎和江さんという私の好きな作家に、たしか国境の民といったエッセーがあったように思います。この方は、日本の旧植民地で生まれ育った方ですが、森崎さんの体験からしますと、国境というものは、地面が続いていて、ですから当然のことですが、人もさまざまにつながっている。親戚がいたり、お嫁にいったり、子供たちがいっしょに遊んでいる。日本人も中国人もロシア人も朝鮮人もつながって生きている。つまり、地続き、人続きなんですね。そこで生きていることに何の不自然さがない。それがある日突然に断ち切られる。自然で当りまえだった生活が、ある日、自然でなくなる。たしか、そんな情景を書かれたのではなかったかと思います。

私が森崎さんを引合にだしましたのは、海という国境からは、地続きという意味での人続きということが、私たちには分からないのだ、と申したいからです。地続きでない分だけ人続きという感じ方が薄いのではないでしょうか。もっとも、戦争は、こうした情愛と人情といったものを踏みにじることではじまる点で、非人間的・反人間的であることは言うまでもありませんし、ベルリンの壁とか朝鮮半島の三十八度線もまた、その性格を象徴しているのですが。

日本の歴史、とくに近代史を読みますと、この人続きの薄弱さがみてとれます。つまり、ペリーの黒船がきまして開国ということになりますと、明治維新によって国がぎゅっと縮まる形をとる。開国というスタイルをとって、その実は鎖国的な国家をつくる。そうした国家が外交という方法で国と国とのあいだがらをつくらねばならなくなりますと、力を持たねばだめだ、という感じ方にこり固まってゆきます。続いているという感覚がなく、切れているという実感に支えられているものですから。「狭い日本にゃ住みあきた、支那には四億の民がまつ」なんて、自分勝手に思い込んで、海外雄飛の夢を描いてしまいます。言いかえますと、人と人、国と国のすき間を埋める努力をするのではなくて、距離を一挙につめてしまうやり方です。そこには、「……をしてやる」という恩着せがましさがあります。その典型が大東亜共栄圏でしょう。

距離を一挙につめるやり方は、相手が人続きでないのですから、相手の納得をうるという方法にはなりません。恩を着せるのだからよいことをするのだ、という思い込みだけがあります。これが《侵略》の心性ともいうべきことがらなのだ、と思います。

ところで、太平洋戦争と私たちがよんでいるアジアでの戦争が、まぎれようもなく第二次世界大戦なのだ、という事実を私たちは知っていなければならない、と思います。ドイツ・日本・イタリアを中心とした枢軸国とフランス・イギリス・アメリカを中心とした連合国側との世界を二分した戦争です。

アジアの場合は、先進国同士の戦争が主として植民地であった場所を戦場として行われた、という特徴があります。世界全体でみれば、イギリスの首相でしたW・チャーチルが「一人の死は悲劇である。しかし十万人の死は統計である」といった現実が、アジアでは現地民の人びとについても成立していることを、私たちは忘れるわけにはまいりません。

こうした事実、現実が分かるまでに、私たちはどんな生き方を戦後にしてまいったのでしょうか。少し一般論的に、同時に私の体験を織りまぜながらお話を続けてまいります。

戦後の生き方

昭和二十年八月十五日。それぞれの人にそれぞれの八月十五日があったと思います。ドイツ人にとっては五月八日ですし、沖縄の方には六月二十三日です。ここでは一応、象徴的に八月十五日としておきます。少なくとも、そこで何かが一八〇度ひっくり返ったわけではありません。むしろ、混乱、無秩序、そして一人ひとりの世界が、いやでも立ちあらわれた、そうした期間がありました。おそらく、昭和二十三年いっぱいぐらい、それは続いております。私が大学に入りましたのが、昭和二十四年で、その時には学生食堂にいきますとカレーライスがたべられるようになっておりましたから、飢餓線は乗りこえられた、と思います。

飢えているのは、まえにも申しあげましたように、人間・社会・世界といったことがらを、どう分かったらいいんだ、という疑問です。ところが、大学での講義ではそうしたことを語らない。何か遠いところから声がきこえてくるようなむなしさがある。友人たちの多くが共産党運動に入っていったのには、このむなしさを突切りたいという焦りがあったからかもしれません。

私のような非政治的な人間には、そうした「実践」にはどうしても興味が持てません。講義にも夢中になれずに、妙に中途半端に時間をすごしておりました。

卒業が近くなって、何ということなく、四年間の結着みたいなものをつけようかな、とこれは誰しも思うことでしょう。「おれたちはこれから、いったいどうやったらいいのかねぇ」といった案配です。「まさか教育勅語じゃあるまいし、まして軍人勅諭じゃないよなぁ」。こんなまだるっこい話です。

もの知りがいて、文明開化・殖産興業・富国強兵というのがあった。明治の三大国是だ、と思いだしました。

その当時、依然として無知に近い状態でしたから、現在が明治以降の日本の近代化の結果なのだ、とする歴史の意味は分かっておりません。分かってはおりませんが、これからどうやって生きるのか、という地点に立ちますと、これが案外と普遍的に感じられるのです。

たとえば私たちの戦後体験は衣食住の調達からはじまりました。A・マスローというアメリカの心理学者がいった、人間を成立させる基本的欲求のいちばんの基礎にあるニーズです。その生命維持の基礎のところを通って、その次のところに差しかかっていたのでしょうか。自分が生きる目標のようなものを思ったのでしょう。

文明開化。これは言いかえますと、自分を無知から解放する、つまり自己啓蒙ですから文句はありません。文明といったぐあいにおさめこんでしまうのではなく、文明化（シビリアナイジング）と進行形にしておくことで、自分の問題になります。

厄介なのは殖産興業です。殖産興業の結果が富国（強兵はまっぴら）です。そうしますと、殖産興業には富国が当然含まれる。「まあこんなもんだなあ」と酒をのみながら落つけてまいりました。つまり、現在のことばで表現いたしますと、個人・社会・国家の目標が完全に一致していて齟齬をきたさない、とでも申せます。それはある意味で幸せであった、とも言えるでしょう。昭和二十八年卒業組。それはまさしく経済成長の先兵たちでした。そのあげくは、働きすぎでバタバタ死んでいったわけで、あまり嬉しくないまとめ方なのですが、ひとまずこんな風に考えております。

至上命令としての経済成長

敗戦を契機とする戦後は、経済成長を大前提とした人間関係、つまり社会の組み方を中心として展開してまいりました。そこに成立しましたのが高度産業社会です。言いかえれば、経済成長を至上命令とした社会（K・ガルブレイス）とでも申せましょう。これは別にこの国だけのものではございませんで、先進諸国はすべてそうですし、新興諸国の目標もまたそうです。いわば世界中を産業文明が覆ったのです。

この至上命令としての経済成長ということがらの意味することをお考えいただきたいのです。ケネス・ガルブレイスというアメリカの経済学者は、こんなふうに申します。政治は経済のために機能する。経済は本来、私的利益を追求する活動であり、政治は公的利益の実現を目標としている。だが、この社会では、公的利益と私的利益は区別されない。したがって、政府は財界から独立した機関ではなくなる。

経済成長の持続を阻害するような対立・紛争は徹底的に排除され、経済成長を能率的効率的に運用するのに必要な管理機構が要請される。管理機構は、個々の人間に役割を配分し、その役割を官僚機構に組織化することで、能率向上をはかる。人間はこうした管理機構からの逸脱を許されない。むしろ、こうした逸脱から社会を守るための法制定が行われる。

さらに、法という外的規制によるのでは十分ではないがゆえに、この管理機構を支える人間をつくることで、社会を保全するのである。社会化過程としての家庭のしつけ、そして学校教育は、この社会を守る人間の育成を目的にするのです。

つまりですね、社会があって人間があるのでして、人間がいて、だから社会があるのではないのです。教員のご経験をお持ちの方がたくさんいらっしゃると思いますが、たとえば文部省がだしてまいりました文教政策の核になっているのは、こうした社会の存在を大前提として、その許容範囲内で創造力豊かな、個性的な青少年の育成を言っている。社会を内側から支える人間が有用な人材でして、国家もまた、そうした社会を外側からしっかりとかためる形をとっているのです。

社会科学の出発点は、国家と社会を厳然と区別するところにあります。ところが、こうした話をいたしますと、学生諸君には理解できません。それは当りまえでして、彼らにはこれまで生きてきた中で、そうした実感がえられるチャンスはなかったのです。

高度産業社会から高度産業国家に編成替え

この高度産業社会が、世界的には、七三年の石油ショックを媒介にしてかげりを示しはじめます。しかし、この石油ショックはもう一つの効果をもっていました。「国家の復権」とでも申しておきましょう。それまでは、先ほど申しましたように、国は社会を外側から守る形をとっております。ですから高度産業社会、つまり社会の中心的な担い手でありますす企業の自由な生産活動を保護し保証するのが国でありました。ですが、産油国がＯＰＥＣ（石油輸出国機構）として共同体を組み、石油の生産量や国際価格を決定する主導権をにぎりますと、高度産業社会のエネルギー源、あるいは生産原料としての石油を獲得する交渉当事者は国家にならざるをえません。何しろ中東の産油国は、メジャーとよばれた世界石油資本を駆逐して、石油を国家資源として世界に供給する意志をかためたのですから、国の政府しか相手にいたしません。つまり、社会を守る機能から一転して、国家が主役の世界秩序がここで新しく形成されたのだ、と申せましょう。レーガン・アメリカ大統領、サッチャー・イギリス首相、中曽根首相などの新保守主義体制が西側国家連合を形成したのです。

しかし、石油問題は資源枯渇、環境汚染などの問題を人間に強烈に投げかけました。そこには国家エゴイズム、とくに先進国エゴイズムの、貧しい南の国ぐにを犠牲にした繁栄というイメージが浮かびでたのでした。生産力主義が必然的につくりだす南北較差は誰の目にも明らかになったのです。ですが世界は依然として冷戦体制によって覆われています。軍備拡大・核兵器による抑止平和論が力をもっておりました。

言いかえれば、高度産業社会は高度産業国家に編成替えをしたのです。社会が国家にへばりつき、「社会」人は「国家」人になることで、自分の安全―保身―をまっとうしようとします。社会は今や完全に人間を包み込むものから、国家と合体することでますます中身を空虚なものにしてしまいました。

もちろん、一九六〇年代からはじまった少数者の社会運動は、この国家主義の時代にも持続しています。しかし、こうした「社会」運動は性急な形で結果をだすものではありません。むしろ、国家中心主義に対する抵抗運動という性格をもっていますから、非常にきつい自律性が要求されます。学校教育で成功した青年には、こうした耐久力は最初から要求されていません。くり返しになりますが、学校秀才は「国家人」になることだけが目標なので、社会の中身をつめるということがらには興味がもてないのです。

しかし、ソ連邦が崩壊して戦後体制としての冷戦構造が消滅し、軍事産業が衰退して、いわゆるバブル経済が崩壊してしまいますと、国家は当面のところ目標を失ってしまいます。そのことは、国家に自分をあずけていた人間たちの破綻を意味します。もっていき場を失った人間たちが、惰性で生きている、あるいは、なくなったものに懸命にすがりつく、芥川の「蜘蛛の糸」にすがりつく亡者の群れといった観を呈します。歴史の閉塞と言ってもよいかと思います。

啄木と明治国家

石川啄木は明治の末年に「我々青年を囲繞《いじょう》する空気は、今やもう少しも流動しなくなった。強権の勢力は普《あまね》く国内に行わたっている。現代社会組織はその隅々まで発達している」と〈時代閉塞の現状〉を突きとめました。そこでの青年たちは「今猶《なお》理想を失い、出口を失った状態に於て、長い間鬱積《うっせき》して来たそれ自身の力を独りで持余《もてあま》している」と言わねばなりませんでした。「理想を失い、出口を失った状態に於て」、しかしながら、啄木は「明日の考察！　これ実に我々が今日に於て為すべき唯一である、そうして又総《すべ》てである」と言い切るのです。それは啄木が歴史を生きている意志の表明だと言ってもよろしいでしょう。人間であることを捨てていない、とも言えるにちがいありません。

明治末という時代は、現在の状況とは方向がちがうかもしれませんが、やはり「国家」人に収斂させる強権が作用していた時代です。そこでの啄木は必死懸命に社会を想い人を恋うる生き方をしています。けれども現在は、オウム事件にみてとれるように、人間は社会を通りこして、一挙に超越・絶対世界に跳躍してしまいます。一万人の信者集団が信仰を軸にして厳格な階層秩序を孤立的に作ってしまう。社会や人間と隔絶して排他的な――したがって反社会的な――組織を形成する。

宗教学者の山折哲雄さんが言うように、「宗教運動の多くは、人類への予言的な警告、社会による迫害、そして抑圧を強める権力への報復という三段階を経ることが少なくない」ことは私も知っております。しかし、オウム運動は、ハルマゲドンといった世界終末をもちだして、サリン・テロに、また武装攻撃を準備するといった狂気としか言えない行動に入っていきました。社会の迫害、権力の抑圧、権力への報復とは到底考えられない様相がそこにあります。私には、これは宗教とは思えません。京都大学の佐伯啓思さんは、「宗教においては、答えは決して簡単に与えられはしないのである。この非決定に人は耐えなければならない」と指摘しています。また「オカルトは超能力あるいは『この世を超えた力』によって神秘に対して性急で強引な解決をおしつけてしまう」とも書いております。

私がオウム真理教は宗教ではない、と申しましたのも、実はこの「非決定」に耐えることがない、という一点に理由があります。

人間の生命は地球より重い、とは私たちが奉ずる人間観であります。つまり、人間の絶対性の承認です。しかし、一人ひとりの人間の存在が絶対であるということは、人間の関係という観点からすれば、お互いの絶対を尊重するという意味になります。言いかえれば、他人《ひと》がいなければ自分がなく、自分がいなければ他人《ひと》は生きてゆけないのだ、というふうに読めば、人間一人ひとりは相対的な存在なのだという意味にかわるのです。中学生や小学生の「いじめ」の問題は、このひととひとのあいだがら、つまり世の中が自分のからだにうつしとられていない、という現実を証明しているのではないでしょうか。

ひとが他人《ひと》に好きだよと言おうとしますと、「おまえはそんなこと言うな」と拒絶してしまう。人間が好きだと言いたいと思っている者は、人間嫌いというポーズをとらなくてはならなくなる。つまり高度産業社会・国家が用意した人間むけのマニュアルには、人間嫌いのプログラムが設定されているのではないでしょうか。

「心」ということばが使われるようになりました。私には「心」は、中空になっている社会をふたたびひとで埋めよう、充塡しなければならない、という課題の表現だと思えるのです。「ひとにやさしい」ということばがやたらに使われます。ですが、そう言われれば言われるほどむなしい、そらぞらしい、と感ずるのはなぜなのでしょう。人間嫌いを本音とし、ひとにやさしいをたてまえとする、その二重構造が見え透けるからではないでしょうか。こうした状況からの出口はあるのでしょうか。私はここでそれを指し示すことはできません。できませんが、「戦後五十年」という時機に、こうした現在をつくった五十年間を顧みることはできると考えます。

私たちは、言うまでもなく、それこそ廃墟の中から今日の繁栄、あるいは豊かさを得ました。まえにも述べましたように、これは確かに壮大な事業だった、と言えます。しかし、ここで学ばねばならない歴史の教訓は、いったい何を失ったのか、ということです。得るものがあれば、必ず失うものがある。これは単なる引き算ではありません。得たものから失ったものを差引いて、得たものの方が多いから成功なんだ、とする引き算ができないことがらに属します。

失ったものが、この五十年間、とくに産業化に成功した後に、私たちの眼前にくっきりと具体的に突きだされてきたのではないか、と私には思えるのです。たとえば従軍慰安婦の問題を考えていただきたい、と思います。

この問題はかなり早くからルポルタージュやドキュメンタリーの形で私たちは知っておりました。むしろ、そうした事実を知っていたにもかかわらず、国民一人ひとりの問題という形で提示されるにはいたらなかった長い時間があります。たしかに、朝鮮・韓国女性を従軍慰安婦にした直接責任は私たちにはありませんし、韓国との間には国家間条約で解決ずみではあります。しかし、これで本当にすませるのか、ということになれば別です。

憲法の前文を読んでいただきたい。「政府の行為によって再び戦争の惨禍が起ることのないようにすることを決意し、ここに主権が国民に存することを宣言し、この憲法を確定する」とあります。つまり、国というのは、国家間に表われてくる政府の行為なのだ、と確認しなければなりません。憲法によって私たちは国をつくっているわけですが、国の動きとは政府の行為なのだということ、そしてその政府をつくっているのは私たちなのだ、ということが何よりも大切なことです。ですから、政府のやったことは、私たちの責任なのであって、知りませんでしたではすまないことなのです。

「過去を相続する」

従軍慰安婦の問題は大日本帝国時代のそれだから、私たちの責任、つまり戦争責任に属さない、と言えるのかもしれません。ここであるドイツ人のことばを聞いていただきたい。「大抵のドイツ人は自らの国の大義のために戦い、耐え忍んでいるものと信じておりました。ところが、一切は無駄であり無意味であったのみならず、犯罪的な指導者たちの非人道的な目的のためであった、ということが明らかになったのであります。疲労困憊し、なすすべを知らず、新たな不安に駆られている、というのが大抵の人びとの気持でした」。これは一九四五年五月八日、ヒトラーの第三帝国崩壊時のドイツ人の「気持」でした。

しかし、戦後四十年目にこのドイツ人はこう続けるのです。「罪の有無、老幼いずれを問わず、われわれ全員が過去を引き受けねばなりません。全員が過去の帰結に関り合っており、過去に対する責任を負わされているのであります。……問題は過去を克服することではありません。さようなことができるわけはありません。後になって過去を変えたり、起こらなかったことにするわけにはまいりません。しかし過去に目を閉ざす者は結局のところ現在にも盲目となります。非人間的な行為を心に刻もうとしない者は、またそうした危険に陥りやすいのです」

このドイツ人とは第六代のドイツ大統領ヴァイツゼッカーです。こうしたことばには、人間を信じ人間をいとおしむ心根がつらぬかれていると思います。「過去を相続する」ことで、自分が人間であるあかしを立てる、その一点に私は人間のあり方を思い当てるのです。

私たちの間には敗戦による大日本帝国から日本国への転換が、亡国を意味している、という認識が欠落しているのではないでしょうか。国体護持という条件が認められたのだから無条件降伏ではない、と主張する者もおります。その場合の国体とは、言うまでもなく、天皇制の存続です。私は天皇の戦争責任の問題をここで取上げようとは思いません。むしろ、亡国という認識をもたないまま、過去を大過去にしてしまう「気持」を問題にしているのです。

ヴァイツゼッカーが言ったのは、過去を過去完了にしない、という強調でしょう。英語の文法に現在完了がありますが、過去のできごとの結果が現在に及んでいる事態を表現する言いまわしです。ヴァイツゼッカーが「過去を引き受ける」というのは現在完了の発想だと思い当たります。その文脈からすると、E・H・カーという歴史学者が、「歴史とは過去と現在の対話だ」と言った意味もよく分かります。

過去は過ぎ去ったものとしてしまいますと、そこにはノスタルジーだけしか浮かびあがりません。自分に不要なものは忘れてしまう。辛かったこと、それに耐えたこと、そんなことが悲しく、そして楽しく思い出をつくりあげます。これは自分だけの過去、グループだけに共通する過去として、他人を寄せつけない障壁をつくりあげます。他人の痛みは、その障壁でもってはじいてしまう。「貴様と俺とは同期の桜」です。

一人の人間になる。きざな表現です。この一人《ひとり》を「独《ひと》り」と読みなおしていただきたいのです。独りだからこそ一人では生きられません。独りだったら淋しくて生きていられません。それでも、一人は独り、ということがらは紛れようもない現実です。だから何としても他人《ひと》といっしょにいなければならないのです。この他人とのかかわり方こそ、その人の責任に属することがらにならないわけはありません。「やさしさ」こそが、そのかかわり方をきめるものでしょう。

やさしさは責任なんだ、と妙なことを申しました。女子卒業生の披露宴にまいりましたら、結婚の動機を「やさしい人だから」と申しました。このての「やさしさ」ぐらい、私の言う責任としてのやさしさと異なるものはありません。それぞれが独りで生きていくことに懸命であってこそ、その夫婦はやさしいあいだがらなんだ、と言いたいのを我慢しました。

地域社会こそ人間のすみか

ですが、本当のところは、やさしさをこうした次元だけに閉じこめるわけにはまいりません。ヴァイツゼッカーにもう少し語ってもらいましょう。「法律上の主張で争うよりも、理解し合わねばならぬという誡めを優先させること……これがヨーロッパの平和的秩序のためにわれわれがなしうる本当の、人間としての貢献に他なりません」。この「本当の、人間としての貢献」が、「平和への愛」に結びます。すなわち、「平和への愛とは故郷を忘れず、まさにそのためにこそ、いつも互いに平和で暮らせるよう全力を挙げる決意をしていること」であり、「相手が手を差しだすのを待つのではなく、自分の方から相手に手を差しだすことは、はかりしれないほど平和に貢献するもの」であるのです。

私たちは、このやさしさを国の内外に放出する責務があるのではないか、と思うのです。そのためには、やさしさが心にしみ透るような人になり、またそうした人をつくらねばならないのではないでしょうか。人にとげとげしい社会をつくったのは、私たちの責任です。それには社会の立てかえ、立て直しをしなければならないはずです。そのために全力を挙げて取組むことが第一に優先するべき歴史的ことがらであろうと思います。

人がいて社会がある。そこに想定されているのは、そうした社会です。その場合、「われわれ年長者は若者に対し、夢を実現する義務は負っておりません。われわれの義務は卒直さであります。心に刻みつづけるということがきわめて重要なのはなぜか、このことを若い人びとが理解できるよう手助けせねばならないのです。ユートピア的な救済論に逃避したり、道徳的に傲慢不遜になったりすることなく、歴史の真実を冷静かつ公平に見つめることができるよう、若い人びとの助力をしたいと考える」とのヴァイツゼッカーの吐露を受けとめたいと思います。

ここで社会教育に挺身されておいでの先生方につなげるお話になるのではないでしょうか。私たちは戦争中から戦後五十年の今日まで、ヴァイツゼッカーの表現をかりれば、「人間は何をしかねないのか」ということがらを、いやというほど見てまいりました。そのことがらの中には、私たちにも責任のあるものがたくさんあります。戦争責任として負わねばならないものも、あるいは戦後責任として背負わねばならないものもございます。それらは、私たちの後を生きねばならない人たちと共に心に刻むべきことがらでもあります。

その責任とは何よりもまず、人間としてしてはいけないことをしかねない、そういう人間をつくってはならない、とする精神のあり方を意味します。第二は、より人間的でありたいとする人たちを大切にする社会をどうつくっていくのか、という課題です。それは今日の不満、そして明日への不安を少しでも取除く生活環境としての社会とでも申せましょう。

人間は一〇〇パーセント確実な人生も、一〇〇パーセント不確実な人生も生きられません。確実と不確実が自信と期待としてないまぜになって成立するところに、一回の人生の意味があるのではないでしょうか。

社会をあてがいぶちにして、その社会については何も考えない、つまり全面的によしとしてきた、その事実を私は何よりも自分が負うべき責任の中核に据えつけております。社会教育というスタイルから生涯学習へという変化の中には、社会そのもののあり方を問う、とする人間への信頼があると考えております。

その場合、私は国家大の社会を必ずしも考えておりません。地域社会という「社会」こそが取り戻すべき人間のすみかだと考えております。そうした地域社会が、まえに申しあげた森崎さんの国をこえて人続きにつながっていく、そうしたきずなになれないか。人が人を信ずる、そうした当りまえの人続きの世界を考えられないものだろうか。私は新潟にまいりまして、お仲間に入れていただいて一年数カ月、匿名の見知らぬ人の群れとしての町ではなくて、町にでれば知っている方に偶然のようにお目にかかれる、人の町としての新潟市に住むよろこび、うれしさを想っております。

いつまで住まわしていただけるか分かりませんが、今後ともご昵懇をお願い申しあげます。話がまことに散慢で、お聞取りにくい点が多かったと存じます。ご海容をお願い申しあげまして話を終らしていただきます。ありがとうございました。

（平成七年度通常総会記念講演　主催・社団法人新潟県社会教育協会　新潟国際情報大学学長　内山秀夫）

『にいがた社会教育』（現『にいがた生涯教育』）新潟県社会教育協会　一九九五年七月十五日、八月十日

「敗戦から戦後へ」

2000年の12月31日に、三田で、20世紀と21世紀の歓送迎会（世紀送迎会）がありまして、その時にしゃべったのが、「命の民主主義」というテーマでした。あとで聞いたら、〈名講義シリーズ〉ということだった。大体私の講義が名講義なんてあるはずがないのです。つまりこっちで迷っていることをしゃべっているわけですから。それをもって「名講義」というのだったら、おそらくそれは、当たり前のことであって、何も断るまでもない。今回も、実は、迷って迷い抜いているテーマなのです。

敗戦の日

昭和20年8月15日。私は、満で15歳でした。抜けるように青い空でした。ギラギラするような太陽でした。なんていうとカミュみたいな話になっていくのですが、そんな中でどうやら負けたらしいと伝わってきたのです。学生諸君と前にそんな話をしていたら、「新聞見りゃ分かったでしょ」と言われて、「新聞なんかあるか馬鹿野郎」。新聞ないんですよ。あったかもしれないけれども、配達なんて、絶対にあり得ない。当時新聞というのはどうなっていたか、時間があったら調べてみてください。新聞社の戦争責任を論ずる場合に、これは非常に大きな問題だと思うのですよ。つまり、伝えない新聞とは何か。

（ひとり入場）ああ、遅れてきて座るとこない…。この教室は私が昭和24（1949）年に慶應に入ったときに、ここで心理学の講義をやっていたんです。その辺にみんな立っていたんですよ。だから一向に構わない。ここに新聞紙を敷いて座っちゃえばいいんですよ。大体、机があって椅子があってそこに座ってそれで居眠りしているような、そんな施設は要らないです。私はそう思っている。話をもどしまして、それで敗戦です。

で、敗戦はあるときぐらいから、まあ、ぼんやり知っていた、という話が友人たちと話しておりまして、よくでます。

戦争に負けたっていうことは、要するに服を脱いで寝られるっていうこと。それはよく分かるのです。私もそうです。それから電灯の覆いを外してしまえる。それもよく分かります。だけど、それぞれひとつの世代観からすると、そういうことは共通してあるけれども、でも戦争に負けるって、もっと歴史的なことだったんじゃないかって、いうことで、実はここでストップがかかっちゃうのですよ。よく分からなくなってしまうのです。

つまりそれが分かってきたのは、天皇が「終戦の詔書」っていうのをラジオで放送します。皆さんのお手元の資料に入れておきました。非常に有名な、テレビのドラマでしょっちゅうやっています、いわゆる天皇節。なんかエイリアンみたいな。あれは日本人の日本語じゃないなあっていう気がします。「朕深く世界の大勢と帝国の現状とに鑑み…」という、天皇語ですから、「朕深く」、これ、耳で聞いて分かるはずがない。中身を知らないと分からない。これで終わるのです。つまり「終戦の詔書」によって、実は戦争が終わるのです。そういう実感はあるわけです。

つまり、天皇の放送があるよって言われて、それで直立不動で聞くわけです。ガーガーピーピーいっていて分からないのです。それで日本語がよく分からないところで、ラジオがガーガーピーピーですから分からない。二重に分からないところで、つまり「承詔は必謹である」というのですね。これが非常に面白い。「しょうしょうひっきん」っていうのはですね、天皇の言ったこと、天皇の詔《みことのり》です。天皇の言ったことは、必ず謹め、謹んで聞きなさいっていう、聞かなきゃいけない、ということです。

資料では、「終戦の詔書」の次、169ページ上段の、終りから4行目、「政府は国民と共に承詔必謹刻苦奮励常に大御心に帰一し」という。そうすると、戦争が本当に終わった、あるいは、負けたというのは、天皇の言葉なのです。要するによく分からない言葉で、終わったんだ。もう、戦争はやめたよと、天皇がおっしゃった。一所懸命聞かなきゃいけないということだと思うのですね。そうすると、戦争が終わったのは、天皇の言《げん》によって終わったということで、これしかないのです、当時は。

そうすると、ポツダム宣言の受諾という肝心なことが出てきません。言葉で「ポツダム宣言」ということが聞こえてきたって、その頃、新聞はないのですから確かめようがない。私の先輩たちに当時のことを聞いてみますと、ポツダム宣言なんて読んだこともない、と非常にたくさんの方が言われます。それは慶應で、私がご指導いただいたり、あるいは一緒に酒を飲んだりした人たちなのです。

戦争体験世代のカテゴリー

亡くなった安田武という方が、戦争体験世代について分類をしています。「戦中派」とか、「わだつみの世代」と呼ばれた年齢層は、3つのカテゴリーに分けられる。第1の世代は、大学を卒業するやいなや軍隊へ連れていかれた世代。これは大体大正6（1917）年ぐらいの生まれの人たち。で、これは戦前にマルクス主義の影響を受けた最後の世代ということ。例えば皆さんご承知の方で言えば、日高六郎氏がこのうちに入る。

第2の世代、これは「学徒出陣の世代」。これはマルクス主義との関連で見ていくというのが、分かりやすい。マルクス主義については、この世代は、きわめて特殊な例外を除いては知らない。知る方法がなかったのですね。だからこの人たちの時代、人格主義とか教養主義の風潮が、かろうじて彼らに軍国主義への距離感を育てた。入営する前に、和辻哲郎の『古寺巡礼』を持って奈良を訪れる。というひとつのパターンがあります。私の兄なんかもそうです。そういう意味ではつまり、軍国主義というものに対する、批判の目はもっていても、例えば理論的に、論理的にあるいは知識的にそれに反論するという手だてはもっていない、ということです。で、これが大体大正11（1922）年から12年の生まれです。

で、第3の世代、これが最後です。「学徒動員の世代」ですね。いわゆる在学中に、勤労動員で工場ばっかり行っていた。または、予科練とか少年兵、そういった世代。私たちがそうです。つまりそこには教養主義のかけらもありません。

この3つの世代の人たちを考えてみます。で、私なんか、一番、ご指導いただいた、あるいは一緒に遊んでいただいた方々の中には、学徒出陣の世代、大体私より10歳ぐらい上です。この人たちに、「ポツダム宣言を敗戦のときに読みましたか」と聞いたら、「そんなの読むはずがないだろう。全然読んだことないよ」と。「いまだに読んでないよ」っていう正直な方もいらっしゃる。（笑）

「宣戦詔書」と「終戦の詔書」

「終戦の詔書」の一番最初、「朕ハ帝国政府ヲシテ米英支蘇四国ニ対シ其ノ共同宣言ヲ受諾スル旨通告セシメタリ」これが出てきます。つまり、天皇の「終戦の詔書」によって戦争が終わる、ということを、私は具体体験としてもっている。ですけれど、この文言のもつ意味については、実は確認していない。つまり天皇が終わったって言ったんだよな。だから終わったんだ。で、そうだとするとですね、今、申しあげた、この、つまり「戦中派」と言われている人たちの共通視点としては、実は、ポツダム宣言体験はないのです。そうして戦争は敗戦した。

これはけしからんと言っているわけではないのです。つまりそういう敗戦ってなんだろう。つまり、どういうふうに申したらいいのでしょうね。私、あえて、「宣戦詔書」を資料に加えているのです。「天佑ヲ保有シ萬世一系ノ皇祚ヲ踐メル大日本帝國天皇ハ昭ニ忠誠勇武ナル汝有衆ニ示ス」で始まる、宣戦布告です。これは、当時私は知りません。昭和16年、私は満で11歳です。けれども、これで始まったのです。で、終わったのは天皇の、「終戦の詔書」です。そうすると、この戦争っていうのは、われわれの内部問題、になってしまうじゃないか。天皇と一緒になって始めて、天皇と一緒にやめてしまった。その間に亡くなった人がたくさんいた、それは気の毒だったね、あとは一所懸命やりましょうねっていう話なんですよ。じゃないですか…。

ここで私の、私的な話を少しさせていただきます。この敗戦前後のことにひっかかってしまったのは、実は、そんなに昔のことではないのです。私自身、先ほどご紹介いただいたように政治理論、戦後政治理論史という分野、その限りでは一所懸命横文字を読んでいる。それで今の日本に必要なものを採り入れていく、あるいは拡張していくというスタイルです。そういう意味では、迷いもあれば悩みもあるわけですけれども。日本に関しては、「民主主義」を媒介にして見ていくということをやってきています。

ところがですね。民主主義でなければいけないというのは、一体どこから出てくるのだろうか。なんで民主主義なのということは、実は出てこないのですよ。天皇の宣戦布告に出てくるわけがない。それから「終戦の詔書」にも出てこない。そうすると戦後の民主主義ということを、あるいはその民主主義によって追求すべきことを、どのようにわれわれは叩き込んできたのか。

それは私のあとの世代の諸君らも、同じなのだろうと思う。私たちの要するに、出場《でば》、脱出口が実はないんですね。つまり、民主主義って言っていれば済んでしまう。だけど、どうもそうではない。どうも民主主義でなければならないという根拠がない。この根拠を見つけなければならない、というところに行き着くんですね。

価値の追求

なぜ民主主義なのかということ。戦後だんだん豊かになってきた。かつてのひとつのテーゼだった、民主主義は豊かでないと育たない、貧しい民主主義なんかありえない、貧しさと民主主義はつながらない、という一種のテーゼがあるわけですね。とりわけ日本の場合でいうとですね、豊かになることによって民主主義というのは広まったのではなく深まった、深まったのですよ。〈日本型の民主主義〉って言ったのですね。つまり日本型の民主主義というのは、ここであやしくなった、いやいや、あやしい。民主主義で何を追求したのでしょう。つまり、それは、価値の追求ですね。人間の行為というのは価値を追求していくことですから、理想といってもいい。例えば、フランス革命で立ち上げたのは、自由、平等、友愛ですが、これらは無限に追求する事柄、価値ですよね。つまり実現し得ない。完全な実現はあり得ないという意味で、大価値ですね。で、この大価値の追求というのが、実は民主主義なのです。大価値を追求する場合に、いろいろな障害を排除していくという努力が民主主義の努力なのです。

ところが、そんなこと誰も言わない。日本国憲法があればという言い方は確かにあったのです。私もある意味で、そう思っています。ただ、あるだけではダメだっていうことも知っています。獨協大学の古関彰一先生がいらしてると思うのですが、中公文庫に、『新憲法の誕生』という非常に優れた先生の本があります。是非読んでいただきたい。そこで古関先生が懸命になって追究していく。新憲法によって、民主主義の何が保証されているのか、何を追求していくのか、ということが非常にはっきりしてきます。

むしろ、当時の憲法を作る段階での日本というのが、いかに戦争に負けなかったか。変な言い方ですね。逆説に見えますが。さっきも言ったのですが、戦争に負けたんでしょ。その負けた戦争でもって我が親愛なる大日本帝国は、何を守ったのですか。大東亜共栄圏ですか。大東亜共栄圏、いいじゃないですか。ひとつの理想として掲げうるのですよ。だけれど、残念ながら、それは全然リアルではない。リアルでないどころか、リアルなものにどんどん傾斜していったときに、それは似て非なるものになっていったわけです。そうでなければ今、東南アジアを含め、東アジアの人たちが、われわれに対してこんなに不信感をもつはずがないのです。それは残念ながら、〈大東亜〉ということでもって考えていたことと、したことが、あまりに違いすぎた、ということでしょう。

「戦後」という数え方

「戦後」という言葉を考えてみてください。1956（昭和31）年だったでしょうかね、『経済白書』で、「もはや戦後ではない」と言った。それから中曽根政権ができたときに、中曽根さんがですね、「戦後政治の総決算」と言った。この戦後っていう言葉は、保守陣営の人にとっては嫌な言葉らしいのですよ。つまり、「戦」とついたのが気に入らないのですね。「戦い」という字があるのが気に入らない。だから佐藤栄作氏が、ノーベル平和賞を受けたという、非常に不思議なことになります。その佐藤栄作氏が、「沖縄が返ってこなければ戦後は終わらない」と言って、威張っちゃった。返ってきたって何も終わらないと、私は思っていますが。どうも戦争っていうのは、保守の人たちにとっては、早く消したいのでしょうね。

ところが、去年の戦後60年。私は最初、戦後60年という数え方はないだろうって思っていたのですが、そうしたらあったんですよね。つまり、団塊の世代です。堺屋太一氏がつけた名称ですね。つまり敗戦直後に生まれた人たちが、60歳定年を迎えるという年がくるのです。そうすると、これは保守の諸君にしたって、「戦」を消せないですよね。厳然たる事実ですから。その人たちにヘマなことを言って、逃げられたら、もうガタガタになってしまいますから。やっぱりご苦労でした、ご苦労でしたって言わなきゃならない。そこです。戦後という言葉が、つまり生き返ったんですよ。つまり保守の人たちも使わなきゃならなくなった。保守という言葉、私もかなり保守なんですけれどね。だから「戦後」を解消するというのは、実は、保守の人たちにとってひとつの、要するに、念願なのですね。その戦後がむしろ今、去年、確立されたというふうに私はみた。

そうすると、この意味はもうひとつある。歴史の数え方のひとつに、元号がありますね。平成なんていうのは、全然わからないですよ。昭和は非常に良かった。25を足したり引いたりすれば西暦になるのですから。平成になると全然分からない。今度は「戦後」、っていう数え方がある。戦後何年、っていう数え方ということです。これはれっきとした数え方なのです。それはもう、本当に大事にして欲しい。つまり、慶應150年なんていうのは全然、関係ない。(笑)だけど、戦後はそうはいかない。どうかそこをひとつカウントしておいていただきたい。

その戦後の数え方が、もうひとつの戦後の内容みたいなものです。さっき申し上げた安田武さんが、「戦争体験」ということでカウントされた。ところが「戦争体験」と「戦後」とは結ばなくなるのです。これは申し上げるまでもない。当たり前です。体験というのはそう簡単に追体験できるものじゃないのです。しなくていいんです。当たり前ですよ。人間２０００年の歴史。いちいち追体験できますか。はっきり言えば、教科書に書かれることでもって一丁上がるんです。ただ、なんかの拍子にひょいと迫ってくるときがある。その時に逃げないことです。

逃げないっていうのは、どういうことかと言いますと、その方が、戦後何年っていうふうに数え上げたときに、例えばご自分のお父さん、お母さん、あるいは兄弟、皆さんの場合は戦後で数えられる歳なんです、皆さんの孫ぐらいまでは。皆さんがおかしなことして死んじゃうとお孫さんあたりが、俺のジイサンはねっていうんで、数えるかもしれない。昭和や平成で数えるのではなくて、戦後で数えちゃったりすると、面白いのですけどね。

一身二生を生きる

実は、皆さんのですね、一身二生を聞きたいのですよ。聞きたいといったって、私が当てるわけにいかない。これは講義と講演の中間ですから。(笑) すみませんが先生と言いませんよ、福沢で通しますよ。福沢諭吉はもちろん、『文明論之概略』の緒言で、「恰も一身にして二生を経るが如く一人にして両身あるが如し」という、有名な台詞を言います。これは、ひとりの人間が二つの人生を生きるっていうことは必ずあるのです。福沢のように、漢学、儒学をやっていた人が、かなり早くに蘭学にいっているわけですけれど、この、今申し上げたものの前の、「方今我国の洋学者流、其前年は悉皆《しっかい》漢書生ならざるはなし」っていう有名な、つまり、漢書生から、儒学者からですね、つまり蘭学、洋学、西洋学に転換していくわけですね。これを「一身にして二生」って言っているのですね。二生を生きる。一身にして二生を経るが如く一人にして両身あるが如し。「一人にして」、両身って二つの身と書くのです。「両身あるが如し」って。これはみんなあるんですよ。あるはずなのです。あの戦争を経験した人は、これは否応なしに、「一身にして二生」であるわけです。

さっき申し上げましたように、私が慶應に入ったのが昭和24年。この教室で心理学を聴いたなんて話をしましたが、一番びっくりしたのは、どの講義にも戦争の「せ」の字もなかったこと。こっちはまだもやもやしているところがないんですよね。私のもう少し前の人たちですと、学生大会なんかの時にまだみんな軍服を着ていた。私が入ったときはもう、そういう感じは全然ありませんでした。焼け野原でしたから、入学式だって、そのへんで座り込んでやったんです。そのとき、みんな詰襟を着ている。短靴履いて、革のかばんを提げていたんですよ。私はびっくりしちゃった。これがお坊ちゃん学校か。(笑)

「一身にして二生」を詰めていきますとね、私はどういう二生なのか。普通で言えば、軍国少年。丸々15年間軍国少年だった。そこから180度の転換でもって、民主主義に変わる、普通はそう言うのです。表現としては間違ってない。16年目からの経験、これは懸命な人為的な努力ですよね。自分で努力しなくちゃいけない。前の15年間の経験は、刷り込みに近いですから、いろんなことが頭の中に納まっちゃっている。

この間も笑ったのですけれど、歴代天皇の名前、神武、綏靖、安寧、懿徳、孝昭、孝安、孝霊、孝元、開化、崇神…って、これで124人。昭和天皇がなくなりましたから、昭和って最後に入るのでしょうね。「軍人勅諭」だとか、「教育勅語」を、悔しいけれどまだ覚えている。そうすると福沢たちが二生、つまり儒学者から洋学者に転換する。それを投影してみると、大変な努力なことがはっきりします。

敗戦によって、われわれは自由を強制されて、それで民主主義者を名乗るということなんです。やっぱり福沢の儒学者から洋学者への転換と、同じような転換なんですね。ただ、なぜ強制されたかというのが分からない。

どうもわれわれのやったことは悪いことらしい。で、そこらへんがずうーっと霞んでいるわけです。はっきり言って、どうしていいか分からないんですよ。そこに手を突っ込んだらえらいことになる、ということなんです。私と一緒に勉強してくれた学生諸君が、ここに随分おられるようですけれど、あの当時、私に、その質問をした人はいない。きっと労わってくれたんだろうと思うのです。私、自分でその一点は誤魔化しているなって、気が付いてるんです。気が付いていても突破する方法が見つからない。私は軍国主義者ではない。ただ、だから、民主主義者であると言い切れるかって、何が民主主義かよく分からないんですから。言えるわけがない。

負けて目覚める

で、そのときにぶつかったのが、吉田満という人です。いつごろでしたか。一般紙で「論壇時評」をやっていたときか、『朝日ジャーナル』で書評委員をやっていたときかもしれない。なんとなく手にとって読んでみたら、ものすごくショックだった。私と同じような経験をなさった方が随分おられるらしくて、その後、折に触れて目にしたことでした。今ですと、吉田さんの『鎮魂戦艦大和』という作品集（講談社、１９７４年刊）に入っています。臼淵磐という海軍大尉、21歳。少尉、中尉が出撃の前の日に、大喧嘩をする。殴り合いをやるんです。学徒出身の士官の少・中尉が、このままじゃ死ねない、と。大和は特攻ですから、行けば必ず沈むんです。沈めば三千数百人、ほとんど生きて帰れない。このままじゃ何の意味があるんだって。兵学校出身者は、とにかく戦って死ねばいいんだ、と。その時に、少・中尉の部屋、士官次室というそうで、その室長をしていたのが、臼淵という人。彼は厳として、こんなことを言います。「進歩のない者は、決して勝たない。負けて目覚めることが最上の道だ。日本は進歩ということを軽んじ過ぎた。私的な潔癖や徳義にこだわって、真の進歩を忘れていた。敗れて目覚める。それ以外にどうして日本が救われるか。今目覚めずしていつ救われるか。俺たちはその先導になるんだ。日本の新生にさきがけて散る。まさに本望じゃないか」というのが、吉田さんが臼淵大尉に言わせた言葉です。臼淵さんは海軍兵学校の出身です。これを読んだときに、そうかぁって私も一種の納得がいくんです。私はちょっと思い入れが強すぎて、お笑いいただいていいのですが。負けて目覚めることを、臼淵さんが私に求めた。私は負けて死なななかった。もうじき死にそうだった。そのへんまで来たんです。死ななかったということは、つまり生き残っているわけですから、生き残っているのだったら、要するに負けて目覚めるしかない。負けるっていうのは、目覚める条件。だとしたら、そこで天皇はぶっとぶわけですよ。天皇が何を言おうが知ったことではないんです。負けるっていう、厳然たる事実があって、そこで目覚める。何に、何を目覚めるのか。臼淵さんは何も、規定しておりません。

少なくとも、臼淵さんたち、三千数百名の若者が、こんな強制されて死なないような、死なないで済むような、そういう事実を常態にする。それに目覚めろって言ってる。われわれが死ぬという、三千数百人が死ぬなんて、いいですか、一隻の船が沈む、軍艦が沈むということはそういうことなんです。陸上部隊で三千数百人が死ぬっていったら、もう大変なことになるのです。

どっちがいいなんて言ってるんじゃないですよ。だけど、やっぱり強制された死だけは、つまり死というものは、その人の、その人だけのものなんです。命が、その人のものであるということと、これ、マルクス主義的な意味での問題じゃないんです。要するに、なんていうのかなあ、つまり命の、自分の命の処分、あるいは処理の権限はその人にある。これははっきり申し上げていいと思うんです。だからそこでもって、要するに、この臼淵さんの言葉が、戦後の私を作ったと。

私はこれは言いませんでした。学生諸君に言わなかったと思います。これを私が学生諸君に言ってしまったら、学生諸君はそこでもって、もしかするとああそうかと思ってしまうかもしれない。自分でどこかで、いろんなぶつかり方があるわけですよ、いつも。一身にして二生という、それをご自分が作っていく。ご自分が発見していく。そういうことだろうと思うんです。

だったら、今日、何故しゃべったの。だってもう、お前さんたち、いい歳になったもの。そうでしょう。一番若い卒業生でももう、かなり、生きましたよ。だからもう、はっきり言えば、自分で探すことはできる。

「ポツダム宣言」受諾の意味

だからねえ、非常に困るんですよねぇ。私はだから終戦、実は敗戦っていう事柄は、戦後ということになったときに、意味が違ってきた。つまり敗戦っていうのはよく分からない。未だによく分からない。ポツダム宣言を、要するに、受諾するのですね。で、ポツダム宣言って、こんなふうにも未だに読んだことあるっていう人、少ないんじゃないですか。ほとんどないんじゃないですか。だって、必要なくなっちゃった。じゃあ、今日は「ポツダム宣言」を聞いてください。長谷川君が読んでくれます。

資料の164ページです。

1 吾等合衆国大統領、中華民国政府主席及「グレート・ブリテン」国総理大臣は吾等の数億の国民を代表し協議の上日本国に対し今次の戦争を終結するの機会を与ふることに意見一致せり

2 合衆国、英帝国及中華民国の巨大なる陸、海、空軍は西方より自国の陸軍及空軍に依る数倍の増強を受け日本国に対し最後的打撃を加ふるの態勢を整へたり　右軍事力は日本国が抵抗を終止するに至るまで同国に対し戦争を遂行するの一切の聯合国の

決意に依り支持せられ且鼓舞せられ居るものなり

3　蹶起せる世界の自由なる人民の力に対する「ドイツ」国の無益且無意義なる抵抗の結果は日本国国民に対する先例を極めて明白に示すものなり　現在日本国に対し集結しつつある力は抵抗する「ナチス」に対し適用せられたる場合に於て全「ドイツ」国人民の土地、産業及生活様式を必然的に荒廃に帰せしめたる力に比し測り知れざる程度に強大なるものなり　吾等の決意に支持せらるる吾等の軍事力の最高度の使用は日本国軍隊の不可避且完全なる壊滅を意味すべく又同様必然的に日本国本土の完全なる破滅を意味すべし

4　無分別なる打算に依り日本帝国を滅亡の淵に陥れたる我儘なる軍国主義的助言者に依り日本国が引続き統御せらるべきカ又は理性の経路を日本国が履《ふ》むべきかを日本国がけっていすべき時期は到来せり

5　吾等の条件は左（以下）の如し

吾等は右条件より離脱することなかるべし　右に代る条件存在せず吾等は遅延を認むるを得ず

6　吾等は無責任なる軍国主義が世界より駆逐せらるるに至る迄は平和、安全及正義の新秩序が生じ得ざることを主張するものなるを以て日本国国民を欺瞞し之をして世界征服の挙に出ずるの過誤を犯さしめたる者の権力及勢力は永久に除去せられざるべからず

7　右の如き新秩序が建設せられ且日本国の戦争遂行能力が破砕せられたることの確証あるに至る迄は聯合国の指定すべき日本国領域内の諸地点は吾等の茲《ここ》に指示する基本的目的の達成を確保する為占領せらるべし

8「カイロ」宣言の条項は履行せらるべく又日本国の主権は本州、北海道、九州及四国並に吾等の決定する諸小島に局限せらるべし

9　日本国軍隊は完全に武装を解除せられたる後各自の家庭に復帰し平和的且生産的の生活を営むの機会を得しめらるべし

10　吾等は日本人を民族として奴隷化せんとし又は国民として滅亡せしめんとするの意図を有するものに非ざるも吾等の俘虜を虐待せる者を含む一切の戦争犯罪人に対しては厳重なる処罰を加へらるべし　日本国政府は日本国国民の間に於ける民主主義的傾向の復活強化に対する一切の障礙《しょうがい》を除去すべし　言論、宗教及思想の自由並に基本的人権の尊重は確立せらるべし

11　日本国は其の経済を支持し且公正なる実物賠償の取立を可能ならしむるが如き産業を維持することを許さるべし　但し日本国をして戦争の為再軍備を為すことを得しむるが如き産業は此の限に在らず　右目的の為原料の入手（其の支配とは之を区別す）を許可さるべし　日本国は将来世界貿易関係への参加を許さるべし

12　前記諸目的が達成せられ且日本国国民の自由に表明せる意思に従ひ平和的傾向を有し且責任ある政府が樹立せらるるに於ては聯合国の占領軍は直に日本国より撤収せらるべし

13　吾等は日本国政府が直に全日本国軍隊の無条件降伏を宣言し且右行動に於ける同政府の誠意に付適当且充分なる保障を提供せんことを同政府に対し要求す　右以外の日本国の選択は迅速且完全なる壊滅あるのみとす

内山　どうも有難うございました。これが何を言ってるかわからないよっていうことだと思うんですよね。私たちが非常に下手なのはですねえ、これは学生諸君に私は言ったことがあると思う。線を引っ張るときに、自分が分からないところに線を引くけれど、分かったところに線を引いてください。この、例えば1から13までですね、分かったところに線を引いたら、どこになるかということです。おそらく、一番、私たちが担ったところに線を引くことになるんですよ。あとは、どういうことか分からないんですよ。多分、そうです。ポツダム宣言だから、当時の鈴木貫太郎内閣の連中は読んでいるわけです。しかし、黙殺するということになって、対応してしまう。「黙殺」を英語でいうと何が一番いいのか、私わかりませんけれども、確か neglect という英語にしてしまったんじゃないですかね。

会場　ignore。

内山　ignore ですか。有難う。「無視する」ですね。鈴木内閣はポツダム宣言を ignore するのです。とにかくこちらが知らないところでそういうことをやっているわけですから。ただ、私たちは要するに、戦後になって、ポツダム宣言に加担するのです。

私は今日、新しい要素をぐじゃぐじゃにしながら、皆さんにぶちまけているのは、戦争に負けたということ、敗戦という言葉には、決して、自分たちの生き方が間違っていたというふうな反省が伴ってはいなかったということ。それを、最も端的に証明したのは、新しい憲法を作るプロセスで、日本の政府の側が最初に作った案。これは、天皇主権ですよ。明治憲法と変わっていないんですよ。

われわれはポツダム宣言を受諾したんですね。気に入るとか気に入らないとかの問題じゃない。受諾したんです。ポツダム宣言の何を受諾したのか。私らが、そのときにポツダム宣言を読む力をもっていたら、これは間違いなく、民主主義です。つまり普遍性の問題です。さっき申し上げた大東亜共栄圏という発想と、ポツダム宣言の発想が、限定された意味で一種の普遍性をもつ。少なくともある広がりをもっています。普遍性をある程度もっています。しかし、その大東亜共栄圏の普遍性は、地理的に決められたものだったわけですよね。

かつてヨーロッパが近代市民革命をやって、それで「市民」という概念を広げて広げて広げていくわけです。やむを得ず広げたんですよ。ほんとは広げたくなかったかもしれない。労働者にまで広げていったんですよ。貴族から、労働者に権利が広がっていくわけです。そういう形で、近代市民あるいは近代の理念というのが、好むと好まざるとに関わらず、普遍性をもった。

普遍性への渇望

ところが大日本帝国は、残念ながら、そういった普遍概念は作れなかった。「八紘一宇」、嘘ですよ。無理でしょう、八紘一宇って天皇の優れた影響力っていうんでしょう。これが、普遍性をもち得るんですか。無理でしょう。天皇っていい人ですよ。会ったことないけれど。（笑）昭和天皇の、なんか変なアクセントっていうか、いい人に決まってますよ、あんなアクセントでしゃべれる人って。

われわれが学ばなかったのは、普遍的なものに対する、なんていうか渇望だと思うのですね。それは、久野収さんが、天皇制の「顕教」、天皇制の「密教」ということで、指摘をされた。初等教育から中等教育および軍隊では、天皇制の顕教、つまり天皇絶対論を断定的に教え込んでいくのです。そして支配層に対する高等教育、大学や高等文官試験に至って初めて天皇制の密教、つまり天皇国家機関説というか、国家の実体が明らかにされていくのです。だから、それは密教を学んでも力にはならないということなのです。ところが、もし普遍性ということをこの中に求めるならば、天皇しか普遍性を、与えられなかった。そんな普遍性なんてありえようはずがないんだ。

普遍性に対する信仰、これが、はっきり言えば「ポツダム宣言」の受諾だったんです。これがほんとに分からないことです。ものすごく分からなかったことです。占領軍についての本をいろいろ読んでみますと、占領軍の政策に抵抗する。それがフランスのかつてのナチス占領下におけるフランス人、イタリア人の抵抗、レジスタンスと、同じように考えられている。そうかもしれません、実際には。確かに占領軍は軍隊ですから、強権発動があるのです。だけどそれは別にして、われわれ自身が、普遍性というものに対して初めて直面していくわけです。それになかなか気がつかない。

それは民主主義という言葉だけを、いじっちゃうからでしょうね。確かにひとつひとつ戦後の歴史を紐解いていくと、そこには痛烈な努力があります。百も承知です。でも今、われわれは今を生きている。今を生きていることをしていくわけですから、「戦後」という言葉のもつ意味を考えてみてください。それは、われわれの歴史を数えるひとつのメルクマールですよ。西暦で数えることも必要でしょう。私はほとんど認めませんけれども、元号が好きな人は元号を使うということもありうる。だけど戦後ということがカウントできる。戦後は終わらない、未だに。戦争っていうのはあれだけものを残しちゃう。こんなに残しちゃったっていう戦争は、そんな戦争は私たちは知らなかったんですよ。ずーっと戦争やってきたって言いますけれど。

そういうことですね、私が今日、皆さんにお話ししたかったことは。この要するに一点をお伝えしたかった。ただ、あまりにあの戦争、あるいは敗戦体験が個別化してしまっているものだから、暑い日だったよとか、あの時みんなで泣いたんだよとか。そういうことじゃなくて、自由に、戦後自由になる。その意味を考えてください。

私の話はもうやめます。何かご発言なり、内山違うぞっていうことがあったら聞かせてください。

私は今日、かなりいろんなものを外してお話ししてしまったのですけれど、決して自民党の連中がダメだとか、そういうふうに申し上げているのではないのです。この人たち、普遍性ということをちゃんと知っていますよ。ただ、形容詞をつけちゃうんですね。普遍性っていうのは、形容詞がつかない。つまり普遍性というものを限定するような形容詞はつかないんですよ。もっと不思議な人がいますからね。自由民主主義っていうのは俺のこったみたいな、なぜかっていうと俺は自民党員だからっていって。非常に面白い連中。私は現に言われたことがある。で、まじまじとその人の顔を見ました。昔、東京帝国大学っていうのは、そういう人を作ってたんですかね。

皆さん、何か、黙ってる。はい、どうぞ。

Q&A

会場男性　先生は、戦後は終わったとお考えか、終わらないのか、あるいは、もし戦後は終わっているとお考えだとするならば、いつ戦後は終わったかとお考えでしょうか。

内山　私は、戦後は終わってないと思います。終えられないんですね。終わるかなぁと思うとまたにょこにょこ出てくる。終わらせようと思っている努力というのは、かなりあると思う。たとえば今度のサッカーにしても、この前の野球にしても、ああいう世界レベルのスポーツ大会というのは、それに利用されてしまうのですよね。私は選手が悪いなんて言っていませんよ。決して愛国心がどうのこうのと申し上げているのではなくて、作られている。ああしたスポーツ中継をやっている時って、マスメディアに全部、乗っとられちゃうでしょう。この中にマスメディア関係の方がいらっしゃるかもしれないけれど、「何考えてんだよ馬鹿野郎」って言いたいですね。だから私は、戦後は、終わっていないと思っている。

会場女性　民主主義の根拠というものを見つけていかなければいけないと、今、私は政治の世界にいるのですけれども。今、まさにその普遍的な価値であったり、民主主義というものが、きちっとつながっているもの、日本国憲法というものがですね、変えられようとしている。その普遍的な価値とは反対の方向に今、動こうとしている。そうだとすればこれからの日本の中で、私たちはどういう形で、民主主義とかその普遍的なものを獲得する過程というものを、まさに今、憲法が改正されようとしているものに対抗する動きの中で、日本人というか、日本に暮らすものたちが、そういう価値を見つける、自分たちの中に落としていく作業になりうるのか。

または違う形で例えば、韓国などは、さまざまな血を伴った民主化運動があったわけですけれど、一体この国の人たちは、どういう形で価値というものを見つけていくのだろうか。そこについて何か先生は、どういうふうにお考えでしょうか。

内山　わかりません。（笑）いやもう、ほんとに分からないのですよ。どうすればいいかとか。ただ、ちょっと、変に取られると非常に困るのですけれどね、人それぞれの場でもって、やりましょう。やるよりしょうがない。

あるときにですね、ある人と私が大口論したことがあります。そのときに止めにはいった人がいた。私と喧嘩したのは編集者だったのですが、その編集者に「黙れ」と言った。「人間はそれぞれ戦場を持ってるんだ」って言ったら、その人、黙っちゃった。そういう、ひとりひとりに戦いみたいなものがある。

ひとつだけ伺いたいのは、あなたは政党政治を、承認しますか。

会場女性　今の政党政治のあり方が、私にとっての理想の形であるとは言えないのですけれども、

内山　ええ、ええ。

会場女性　しかしやはりこの制度をいかにより良いものにしていくのか、ということが大切なのだと思って頑張っています。

内山　うん、うんうん。私が今、あなたに伺ったのは、政党政治以外に方式、方法があるのじゃないかということを、もし、あなたの中にどこかにあるとしたら、それは、大変危険だということなんですよ。私は政党政治というものをほんとうに、３６５日のうちの３６６回ぐらい、死に体だと思っているところがあります。だけれども、他に方法がない、今のところ。それでかつては、それをいじることでですね、あたかも革新政治というのは、政治手段のごとき錯覚があったのです。それで見事に非常に大きな失敗をやった。自民党は。あれが政党政治だよと言う人がいるんですけれども、うそだよ、そりゃ無理だよ。そうするとですね、例えば、今の政治家たちの発言を聞いていると、政策と改革という言葉でもって、すべてが前に進むっていうふうには考えていないんですね。何が前に進むのでしょうね。

政策分析はやらなきゃいけない。ところが今は政策を推進することばっかり考えている。学者先生たちもそうですよ。そうではなくて、政策を分析することによって、批判の対象にしていかないとですね、お尋ねのことや、

改革というものは、全部吸い取られてしまうんです。私はもうそっちは下手だし、力がない。できませんけれどね。それぞれの場でもって突っ張るしかしょうがない、と思っています。

あまりにも政策とか改革という言葉でもって、言葉に追随しすぎませんか。そこでもってひとつ、踏みとどまってほしい。おひとりおひとりが。それで考えてほしい。やっぱり、おかしいですよ、これでいいんだなんてとても言えないじゃないですか。いや、これでは生きているのが嘘になってしまいます、正直言って。おしまい。

［２００６年６月24日（土）15時～16時半　三田第一校舎　１０９番教室　〈復活！　慶應義塾の名講義〉内山秀夫名誉教授講義］

当日の配布資料

① 米英への宣戦詔書

② 終戦の詔書

③ ポツダム宣言

④ 信濃毎日新聞「潮流」２００５・11・12付「新憲法案の主権在民」と２００６・５・31付「『愛国心』教育のねらい」コピー

［内山秀夫寄稿］

第4章　一身にして二生・一人にして両身

福沢を座標軸として考える

私の場合としての福沢諭吉

はじめに

福沢諭吉という人は気になる人である。しかし、私の気になり方には、一種の断念が含まれていた。それは、私にとって時代としての明治がにが手だ、というところに原因があるにちがいない。では、「明治」とは何か。それはたとえば、丸山眞男が指摘しているように、「知識層の自由な思想活動が活発におこなわれ、しかもそれがあるていど大きな社会的指導性をもったという点では、それ以前の時代はもとより、大正・昭和期に比しても画期的であった」時代であるけれども、「相対的に見れば……思想の社会的定着性が全体としてまだルーズであった」事態であったからなのである。しかも、その時代は「反動的あるいは『御用』思想家も進化思想や功利主義にあるていど依拠せざるをえなかった」のであり、「儒教的な経国済民思想が国際環境の衝撃のもとにヨーロッパ的リアリズム（レーゾン・デタとそれに対応する「実学」的思惟）と接合されたところに生まれた」実践的政治性の躍動をも顕示している。

丸山は、その時代の歴史的根拠として、「明治の国家と社会自体の上向的・発展的性格」を見届け、その歴史性が権力者たちに「自己の権力に対する神秘的な幻想や自己偽瞞」からの解放性と、「歴史的発展の動向に対してリアルな感覚」を抱かしめたと確認し、明治思想の公分母として、「天皇制が知性的に制約され、逆に知性が天皇制的に制約されていた」（「明治時代の思想」）ポイントを析出しているかぎり、私のようにアメリカ政治学をぎりぎりのところで批判的に摂取展開しようとしてきた人間には、おそらくまちがいなく、それは途方に暮れるほどの内実をもった時代であるにちがいなかった。

私はむしろ、こうした思想や仕儀がもっともみずみずしく鮮烈に時代を創造してゆくにちがいない人と思想とことがらの切れることのあるはずのない関連としての、その心ときめかす歴史としての時代に戦闘意欲を欠いている、とは言わない。それは倨傲《きょごう》を秘めた謙譲ではなく、まったく自信がないのである。政治を変えてゆく、社会を変えてゆく、そして歴史を創ってゆく、という作業には、確実に、思想的営為がともなわれねばならないことは言うまでもない。この作業は、その作業者に命じて思想者たることを要請する。私にしても政治学にあるかぎり、この作業者であることをみずからに命じている。

しかしだからといって、私は専門職業者としての思想史家たるべし、とは自己規定はできない。ましてや、「英雄の事業一成し一敗す、維新の大立者たる西郷隆盛は城山の露と消え残るは傷痍と国債とのみ。松菊、甲東空しく墓中に眠りて、而して門下の故吏徒らに栄ふ。而して此間に方りて白眼天下を睥睨せる布衣の学者は日本の人心を改造したり」と山路愛山に言わしめた福沢諭吉を思想史的に解明することなぞ私の任ではない。

ただこれだけは言っておきたい。私の《現在》は、少なくとも、明治および明治以後によって規定されていることを。だからこそ、私は私を分かるためには、明治も大正もそして昭和も私のまえにおかなくてはならないのである。だが同時に、私の現在の起点が確実に敗戦にあることを私は識っている。私の歴史は、昭和二十年八月十五日をもって二分しており、また二分していなければならないことを私は常に識っていなければならないのだ。

私の戦後

いま流に言えば十五歳であった私の戦後のはじまりを、私は「この世の中は男と女とで成り立っていることを知った」と表現することが多い。それがきざにきこえようとも、私が気がついた戦後はそのこと以外にはなかった。大人になるまで生きてはいない、生きてはいられない、というふうに、世の中が親切にも私の生命の終着点を確定してくれた〝時〟が《敗戦》という私には瞬間に過ぎなかった時点で大過去になったときに、そして自失の時間が過ぎ去ったときに、私の周囲には次第に男と女とがそれぞれに立ち昇ってきたように思えたのだった。そのことは、藤田省三が、「戦後経験の第一は国家（機構）の没落が不思議にも明るさを含んでいるという事の発見であった」（『精神史的考察』）としたことがらの、私なりの〝発見〟であったろうか。

この〝発見〟はしかし、私にはただちにどこかへ向かう方向・志向の確定には向かわない。むしろ、戦後の経験の第二として藤田がとらえた、悲惨と欠乏と不安とが渦巻いていながら、「どこかアッケラカンとした原始的ながらんどうの自由」が感じられていて、「すべての面で悲惨が或る前向きの広がりを含み、欠乏が却って空想のリアリティーを促進し、不安定な混沌が逆にコスモス（秩序）の想像力を内に含んでいた」というようにすべてのものが両義性のふくらみを持っている、そのことがらを「自覚」ではなく「感知」することでしかなかった。

いまはもうはっきりとは憶えていない。下町の焼け残った小学校に間借りしていた中学の同級生たちが、それぞれに何をしていたのか。私のまわりにいた者の中に、坪内のシェークスピア全集を読破しようとしていた少年飛行兵がえりがいたし、物理や化学ばかりやっているやつ、あるいは小説にのめりこんでいるやから、私のように映画ばかりみているのもいた。それはまちがいなく日本帝国少年だった私たちにようやくに訪れた惑いの年であった。

いつのころか、少なくとも私が法学部に残った後に、そしていくつかのドラスチックな状況を経験しなければならなかったころ、私にこの《戦後》が明瞭によみがえった。それは自分の志向が経済学部にいても経済の大学院に進学しても、ひとのように確かめられずに彷徨と放蕩をくりかえし、そのあげくは先輩たちにほとんど力ずくで法学部に学士入学させられ、政治学を強制され、とりあえず与えられたナチズムにチョッカイをだしながら、いつのまにか伊藤政寛先生のてのひらで踊り狂った後のことであった。

私はこの自分を喪失させ続けている何物かは、《昭和》にあると思いこんでいた。昭和五年という私の生まれた年に呪詛に似た思いを抱いていた。政治学は世を忍ぶかりの姿、昭和という時代を私がとらえることで、われとわが身をとらえてやる、そうでなければ、私の生と死はわがものにならぬ、と思う苦界を私は期待していたのかもしれない。それはちょっとマゾヒスティックな傾向をおびてもいた。

しかし、私は八月十五日以前と以後をどのようにして私自身のものとして措定できるのだろうか。そこで切断し、以後を新生のものとして以前を〝歴史〟に対象化するのか、連続線上の画期点として定礎することで、私の存在はなお証明できるのだろうか。

この問題は、大東亜戦争史観とでも言うべき歴史観をあからさまに提出してきた大国日本主義者たちが、戦前戦後の断裂こそがわが国の公序良俗の壊乱源として、その連結性の回復に狂奔しはじめたとき、私にとって直面し解決しなければならない質のことがらになった。それは丸山眞男が言う、「『憎むべき反動家』からさえも、およそ栄養となるものは一滴たりとも見逃さずに汲みとる貪らんな眼と旺盛な食欲が要求される」ことへの身構えでなければならないし、「『イデオロギー』をリトマス試験紙に浸すような操作ばかりやっていると、過去の思想史の大部分は単に『清算』さるべき対象とはなっても、到底生きた伝統として現代に蓄積されない」（「断想」）ことへの私なりのいとなみの開始でもあった。私が福沢諭吉に思い到ったのは、まさにこのときであった。

私と福沢諭吉

私もごたぶんにもれず、福沢の著作のいくつかはすでに読んでいた。『自伝』（註、『福翁自伝』）、『文明論之概略』、『学問のすゝめ』、といった主著ぐらいはである。『自伝』にはかなり興味をおぼえていたし、四回ぐらいは読んだおぼえがある。しかし、私の戦後政治学は、福沢によって形成される気づかいはほとんどなく、何かというと《福沢先生》の片言隻語が金科玉条のスローガンのようにくりかえされる《塾風》に、むしろひんしゅくしていた、といった方が正確である。

したがって、学外のたとえば丸山眞男、石田雄、松本三之介、橋川文三、藤田省三、松沢弘陽、坂野潤治といった方がたの福沢論考を、それぞれの解析・析出の論脈を方法論的にたどることで、私の思考様式を研磨するのに役だてていたのだ、と言うべきである。その場合、私は塾出身者の行論を意識的に排除する偏見を抱いていたし、現在でもその傾向が強い。それほど私は塾内での福沢の取り扱い方に反知性的なものをかぎとっていたのだった。

もっともこの私の偏見の形成には、一つの事実が介在している。それは、私が講座を受けもってすぐに、ある教授に呼ばれて、私が講義中に福沢諭吉あるいは福沢と呼び捨てにすることを難じられ、以後「先生」と言うようにと忠告され、私がそれに従わなかったことで、その後いろいろと支障が生じたことである。若さの客気ももちろんあったが、その時の私の態度を私はいまもって修正する気にはなれない。もっとも、にがいおりのようなものがつかえてはいるのだが。

ともあれ、私が福沢を気にしはじめたのは、戦前戦後のつなぎ方で、福沢に重ね合わせるところがどこかにあったはずだ、と思いだしていたからである。確かそれは『自伝』にあるはずだ、とそう思いこんだ。「私のために門閥制度は親のかたきでござる」と言い切った福沢のことだから、『自伝』にないはずはない。目をさらのようにして引っかきまわしてみたのだが、どうもぴたりときまったのがでてこない。「こんな所にだれがいるものか、一度出たらば鉄砲玉で、再び帰って来はしないぞ、きょうこそいい心持だと、ひとり心で喜び、うしろむいてつばきして、さっさと足早に駆けだした」（傍点＝内山）のは、長崎に遊学したときの胸中を語った有名なくだりだが、今になって日本帝国にうしろむいてつばきして絶縁したのでは、私の意思するところとちがってしまう。福沢にここでひっかかってしまえば、人生の残り時間をにらんで生きてゆく術をそろそろ身につけなくてはならなくなっている以上、より切迫したことがらに対峙することができなくなる、とそのときは思ったのだった。

しかし、このひとまずおいたはずの福沢との私の結縁をより緊密にする事態がふってわいた。「ふってわく」というと語弊がある。それは文学部の河北展生教授のグループが福沢門下生の、それも中央ではなく、地方での活動をさぐる必要を、塾一〇〇年史編纂の経験から切実に感じておられて、その調査を実施しようとなさっている、という情報が耳に入ったことに発端する。商学部の石坂巌先生からうかがったのではなかったろうか。

私には調査というしろものに苦い経験がある。色川大吉さんに誘われて、むなしい抵抗をしたあげく、水俣調査でそれこそ七転八倒した結果、それこそ何もできなかった経験である。人とむきあいながら、あるいは人のまわりを歩きながら、その人の経験としての歴史を突きとめてゆく行為は、水俣病というその人の歴史をたとえ部分的にでも明らかにはできるだろう。それは石牟礼道子さんが私たちに、ほろびてゆく歴史としての水俣病を書きとめてほしい、と言われたことでもあったはずである。

それは小田実流に言えば、「義務としての調査」であった。しかし、私のひ弱さはその義務に耐えられなかった。歴史にむきあうための、したがって人それぞれの《現実》に対決しながら、そこから〝私の歴史的現実〟を思い当てるほど、私の学問は厳格ではなかったのだ。「詩と真実」の人の世界から私は逃げだした。だがそれは、私からの逃避にはなりようがない。人の歴史的現実に打ちのめされること、私と私の学問のひ弱さを思い識らされること、これが水俣調査で私がえなければならなかったことがらだった。一方では悔恨に近い想いをもちながらも、他方ではやり直しに眉あげる想いもあった。この二つがないまぜになったまま、私は福沢調査に加えてもらった。福沢との結縁を私は覚悟した。

福沢門下生調査グループ

今では退職された文学部の中井信彦先生、経済学部の島崎隆夫先生をはじめ、河北さん、石坂さん、高島（正夫）さんといった方がたのこのグループは、私には、ひとあじ違った慶応主義者のそれであった。お名前をあげたことでご迷惑であるかもしれない非礼を私は意識している。しかし、この方がたの「慶応主義」は、あるいは、「諭吉は今日の慶応大学の前身である私塾を開き、それはかっては教育における急進的改革の象徴であったが、のちには工業国日本の最も保守的な教育機関になった」（加藤周一ほか『日本人の死生観』）と指摘されている事実にたいして、義塾を放っておけばますます制度的安逸におちいるかもしれない、という危機感を秘めた形のものであるように私には思えた。「人はいるのだ」。そこには、たつみあがりの言挙げはなかった。一人ひとりが厳しくも熱い慶応主義者である。

おや、と私は思った。これはどこか福沢めいたものだ、と私には思えた。先輩たちの生き方がどこかで間違いなく福沢に通じている。それはどこだったか。私は思いだしてゆく。「信の世界に偽詐多く、疑の世界に真理多し」（『学問のすゝめ』）。福沢諭吉を、そして／あるいは義塾を「信の世界」にまつりあげない人たちであった。このことは本質的に批判的な精神の自在なありようにかかわっている。〝自由〟とかかわっている。自立なき福沢もたれかかりによる慶応コンフォーミズムの拒否がある。

その中にあって、その中に埋没せず、ということはぎりぎりの主体性のもち方である。福沢の言った「私立」がそこにあったし、「抑《そもそ》も議論とは心に思ふ所を言に発し書に記すものなり。或は未だ言と書に発せざれば、之を其人の心事と云ひ又は其人の志と云ふ。故に議論は外物に縁なきものと云ふも可なり。必竟内に存するものなり。自由なるものなり、制限なきものなり」（『学問のすゝめ』十六編）というところで、未発の心事がその人を聳立《しょうりつ》させる〝自由〟があった。私には希有なことがらと思えたのだった。

こういった方がたとの「交際」は、私を慶応主義者にすることにふみきらした。その場合、私に遮断しておかねばならぬ〝心事〟は、福沢原理主義では全然ないところに据えつけねばならない。気負った言い方をあえてすれば、私そのものが慶応義塾であり、そのための私の要件を確定する過程に私自身を常に追いこんでゆく、ということになるにちがいない。

この作業は、一方では〝福沢の心事〟を自分で解き明かしてゆくことであり、他方ではその自分を自分に解き明かしてゆくことにならないわけにゆかぬ。私ははまりたくないと思ったところに、みずからはまりこんだことを自覚した。福沢が生きねばならなかった幕末から明治、それをどうしても追体験しないわけにはゆかない。それは私にはさらに大正・昭和というふうにぎりぎりごりごりとつないでゆかなければならない作業でしかない。

とすれば、前述したように、どうしても一つには戦前・戦後、つまり八月十五日はこだわることを回避できない時点になる。もう駄目だな、と私には空あおぐ想いがあった。

福沢研究センターの設立

私がいささかたじろぐ想いをもちながら、やり直しに思い切っていたそのときに、福沢研究センターの設立が実現した。これは調査グループが調査を続行する中で、ある程度必然的な帰結として想定されていたものだった。ことの次第をこまかに語る必要はない。塾創立一二五年記念事業の一端としてそれは実現した。初代所長石坂巌商学部教授、そして私が副所長に任ぜられた。

この研究所の性格づけについて、設立準備委員の諸氏の合意事項は、現行規約に明らかであるが、設立の趣旨としては、まず塾史編纂のための資料収集・整理がある。これは従来「塾史資料室」が担当してきた事業を継承するものである。だが、より重大なのは、近代日本研究センターとして開かれた研究所たらんとしていることである。センターの英文表記「福沢記念近代日本研究センター」が、そこに結集する人たちの志を表象している。慶応主義者として考えれば（慶応第一主義ではない）、この「開かれた」状態をどのように実現してゆくかが、唯一、私たちの姿勢の検証になる。たとえば、塾が名声を維持している大きな要因として、図書館の公開システムがあることが範になりうる。

だが、所蔵資料の公開システムをつくる、それだけでは研究所の公開にはならない。研究の公開、いま流にいえば塾外の研究者が研究に参加しやすくなるような、あるいはその参加を刺激するようなプロジェクト・テーマの設定と呼びかけ、そしてその成果の発表をくりかえすことが要求されよう。それは反覆になるが、塾内の「福沢研究」にありがちな福沢万歳的・好事家的性質の一掃を意味する。ある意味では、センターの孤立もありえよう。しかし、塾内外の研究所の閉鎖性を思えば、新しい慶応の研究所の在り方として間違っていない。これは前述の「信の世界」ではないはずである。つまり、そこには自己否定にも通じる批判精神が定礎されているからである。

しかし、この私たちの〝心事〟からするとき、センターの課題はあまりにも厖大であることがただちに了解されねばならなかった。言いかえれば、塾の福沢研究体制は一二五年の歴史にもかかわらずゼロから出発しなければならないことが、すぐに明らかになったのである。課題の優先順位の決定は一応できる。だが、その課題はある程度同時進行を前提としなければならぬ群として見なければならない。塾当局の好意的配慮にもかかわらず、この課題にとりつき、それを解決してゆこうとするだけで、途方もない人的・物的・時間的な消費が予定されねばならぬ。茫然自失のいとまもなくセンターは活動を開始しなければならなかった。そこに加算されたのが、福沢生誕一五〇年記念展覧会であった。

この展覧会は現在もなお進展中であるから、言を新しくするには及ぶまい。私自身その実行に参加していちばんに思い当たったのは、福沢を一つの光源とした塾生たちが日本全国に散ったとき、彼らは福沢の部分を実践に移したまでであり、彼らを総計しても福沢にはならない、ということである。これは何も福沢の偉大さを顕彰するのではなく、近代日本の起点を明治においたとき、その明治の意義と限界を突破するだけの《展開》がとげられなかったのだ、とする想いであった。このポイントは、丸山眞男が次のように指摘したところに通じている。

「福沢の評論には、現実のもつ、いくつかの可能性をいつも考慮に入れて関連的に見てゆく思考法があったと思うんです。ところが、日本の国家が整備されていく過程と、十九世紀末の国際的状況の発展のテンポが非常に急速なので、維新の当初は日本というのはまだいろいろな可能性を含んでいたと思う。ところが急速に現実の選択の範囲が狭くなってしまった。いかに福沢がプルーラルに考えても、現実には日本全体の方向にしろ、またそれぞれのジャンルの内部の発展の可能性にしろ、エネルギーの流れ方がコンクリートの溝の中に流しこまれた水のように非常に狭い選択の範囲しかなくなってしまった」（座談会「福沢諭吉の文体と発想」での発言）。

この現実的な選択領域の狭隘化が、明治国家体制の整備、つまり官僚制化と共に進行したのであり、石光真清の手記にある有名な一句「国の運命と人の行末が細やかに結ばれていた時代」（『望郷の歌』）の終焉による闊達さと素朴ナショナリズムの放逐が出現することで、塾員の活動もまた〝狭い選択〟の中で成功してゆかざるをえなかった。

草莽の死屍るいるいたる中で、私たちは辛うじて何人かの塾員を見つけだし、展示に加えた。典型的には北海道帯広地域の開拓先導者依田勉三であるが、現在では顕彰されているものの、彼はむしろ野垂死に近かったはずである。私は依田に明治を見た。だが、明治国家をどのように規定するかについて私は何も言う資格はない。ただ整備された明治国家は戦前昭和国家と明らかに直結してしまう部分を多くもっている、ということが展覧会準備過程でいっそう明らかになった、とだけは言っておきたい。

明治から昭和へ

かつて色川大吉は、「大きな使命感に背後から追いかけられているように生きてきた明治人」（『明治人――その青春群像』）と表現した。しかし、私たちはいま少なくともそうしたところで彼ら〝明治人〟とつながることはできない。むしろ、明治四十三年に書かれた石川啄木の「時代閉塞の状況」に類縁を想いつなげられるのではないか。啄木は言う、「我々青年を囲繞する空気は、今や少しも流動しなくなった。強権の勢力は普く国内に行亙っている。現代社会組織はその隅々まで発達している。——そうしてその発達がもはや完成に近い程度まで進んでいる事は、その制度の有する欠陥の日一日明白になっている事によって知ることができる」。

このように考えると、たとえ福沢が「啓蒙専制主義」者であった（遠山茂樹『明治維新』）かどうかは別としても、のびやかに広い選択肢が国家にも人間にも開かれていたときの一大存在であるかぎり、私は福沢と自分を直接に重ね合わせることは不可能になる。まして、閉塞のときになると必ず首をもたげてくる《維新》論が、あるいは大正維新、昭和維新として、このパストラールな明治への回帰、天皇主義的回帰をする状況に身を委ねるわけにはゆかない。それにはすでに《私立》の精神が、そうした〝他〟に向かわないまでに私の肉身に宿り住んでいる分だけ、かかわりがなくなっている。

言いかえてみよう。私には明治という時代は、昭和から大正へ、そして明治へと逆に帰りつき、《私のいま》をマイナスに規定しているものを探し当て、そして切って捨てるためのものなのである。私はそのために、「維新史観」を当分はテーマとして、私のいまを突きとめようとしているのだが、その手がかりとしてどうしても発見しなければならなかったのは、福沢の「一身にして二生を経る」という認識の立て方であった。

「誠に見よ、方今我国の洋学者流、其前年は悉皆漢書生ならざるはなし、悉皆神仏者ならざるはなし。封建の士族に非ざれば封建の民なり。恰も一身にして二生を経るが如く一人にして両身あるが如し。二生相比し両身相較し、其前生前身に得たるものを以て之を今生今身に得たる西洋の文明に照らして、其形影の互に反射するを見ば果して何の観を為す可きや」（『文明論之概略』）

前述した通り、私はまぎれもなく昭和日本帝国少年であったのであり、敗戦という非主体的な契機によって民主主義者になった。そして私たちは、〃花の二八年組〃などとはやされて、高度成長日本の先兵として奮闘した。そしていま、私たちはその翻身をみずからに問い直さねばならなくなっている。まさに「二生相比し両身相較」することが迫りきたっている。《昭和》は私たちによって確定されねばならないのではないか、とすら思える切迫感がある。

そこには幕末から明治にかけて生きた福沢と、昭和戦前と昭和戦後を生きねばならない私たちとの生き方の類比がありうる。それは、福沢を一挙自ままに時間を飛ばして現在にもってきてしまう、いわば〃生ける福沢〃論ではない。福沢が前生前身に得たものを今生今身に得た〃西洋の文明〃によって照合することで、〃独立〃の生命過程を経たとすれば、私たちの照合点はそれこそ何になるのか。福沢を「複」沢たらしめた複眼の思考様式を、私たちはどのように獲得できるのか。

おわりに

私はここにいたって思いだしている。それは服部之総が一九五三年に表現したことばである。その年が私の卒業年であったことも何らかの形で、私に〃思わせる〃機縁をつくっているのかもしれない。彼の表現は、「福沢研究のかんどころは、主体的に言ってみて、福沢惚れによって福沢の真実にはとうてい到達できないということである」(「福沢諭吉」、傍点＝内山)にはじまる。

「福沢は研究されねばならぬ。なぜなら彼くらい敗戦後の〃民主主義〃時代に、不当に——もしくはあまりにも〃民主主義〃調で——喧伝された古人はなかった。ひところは、明治の自由民権や基本人権の主張が、

『学問のすすめ』いらいの福沢の専売特許であるかのような錯覚すら横行した。その〝民主主義〟時代の錯覚からさめたあとでは、こんどは明治十年の秘稿『丁丑公論』の福沢のいわゆる〝日本国民抵抗の精神〟が、あるいはまた明治七年に匡底に秘められた『学問のすゝめ』第十二篇のための無題遺稿にいわゆる〝内は忍ぶべし、外は忍ぶ可らず〟が、過大評価されるといったあんばいである。――福沢は研究されねばならぬ」

私は福沢が昭和日本帝国の時代も、戦後民主主義の時期も、そしていまでも捨てられないできた事実を識っている。それがどのような論脈によっていたかを服部は明らかにしている。だが、そうした論脈はおそらくは「その人の言によってただちにその人を規定する」（服部）非歴史家によって行われたであろうこと、つまり《福沢惚れ》によって行われたことを、私たち慶応義塾に在る者は全身をもって識っておかねばならないのではないか。すでに何度も述べてきたところだが、私は福沢に見当てるものは発見できた、と思っている。だが、それは福沢専門家になることではない。いや福沢惚れの福沢専門家になることではない、と言いかえておくべきだろう。それはあくまでも、自己発見の対象としての福沢諭吉である。福沢の自己発見の照合点に文明論、つまり「人の精神発達の議論」があり、「一人の精神発達を論ずるに非ず、天下衆人の精神発達を一体に集めて、其一体を論ずる」ことをもってその趣意があったことは周知のことがらである。

私たちにありうる照合点の一つは、まさにこの意味からする文明論であって差し支えはない。ただし、それは〝衆心発達〟としての文明の堕落・退行状況であり、私たちの社会がまさに〝西洋の文明〟の反人間的であるがゆえに反歴史的な形象を同時・共時的に発現している事態である。

私たちの現実主義は、まさかに西洋がだめなら東洋が、そして日本がそれにとって代わるべし、とは全然言わない。だが、モデルカントリイ、モデル文明がなくなったいま、私たちはまさに世界中の人びととの経験の交換によって、この時代閉塞を突破しようとしている。だからこそ、私には当分福沢との格闘が続かねばならないし、世界の人たちのありように敏感な感受力をとぎすまさねばならないのである。

『三田評論』慶應義塾　一九八五年三月、共編著『一五〇年目の福沢諭吉―虚像から実像へ―』有斐閣、一九八五年所収

『学問のすゝめ』を読む

自分の文章・文体が気になりだすある時が、どうもあるらしい。ということは逆に、他人のそれがやたらに気になる時でもあろう。自分のためにものを書く、自分に何がわかっていて何がわからないでいるかを確認するためにものを書く、と私はずっと思ってきた。だから、おまえのはむずかしい、と言われても余り気にかからなかった。だが一方では、誰かがわかってくれる、わかってくれるひとがいるにちがいない、と、これは意外と私の思いあがりに通じてもいた。

福沢の文章・文体は、最初は断然としているところ、それを自信過多というか独善というように私には見えて、いやだった。いまになれば、それは私の独善を重ね合わせていただけのことだったことを、私は知らねばならなかったのだが。

大学も慶応義塾という私学にいて、少なくとも大学紛争を契機として、「大学管理」が教授会自治にとってかわる現実が生まれた。問題がさまざまに表出する中で、大学自治能力の欠落が誰の目にも明らかになっていった。それは一方では確実に私学の国家依存、別の角度から言えば、私立大学は国民教育システムに組みこまれる限りにおいて、私学の特色を発揮することができる、という変形を意味した。この他律・他者依存の風土が紛争正常化の結果であった。私が創始者福沢を問題にしなおすよすがは、この「結果」にあった。

福沢の「一身独立して一国独立す」は、この「結果」と何ほどかむすんでいるのか。この「結果」は独立の喪失ではないのか。とすれば、慶応義塾はどうするのか。『学問のすゝめ』十七篇は、かくして、私のまえに立ちはだかる。それは大学一般、私学共通の問題としてでなく、慶応義塾だけの問題・特殊問題、そして私自身の問題として定着しなければならない質のそれであった。それは「学問」であり「学者」の問題であった。私は「少しく心を潜めてその文を外にしてその意を玩味」することを思った。そのことは、現場にいることで慶応義塾から力の限りをつくして、身をふりもぎる作業をみずからに強いることを意味する。

このありさまは、近代市民が《市民》であるがゆえに、人間の社会にあって、政治の客体であると同時に主体でなければならないことを、私に確実に思わしめる衝迫であった。それを福沢はいともかるがると明治七年に明らかに書いているのだ。（七篇「国民の職分を論ず」）近代ヨーロッパ人ではなく、私のもっとも身近にいるにちがいない人がである。

私は自分の浅薄を思い知らねばならなかった。福沢にのめった。私の福沢であった。

「私立」、あらゆることを「私」に突き当てた福沢に、私は見るべきものを見なければならなかった。「私立」をキイワードとしたとき、「独立」が、そこから国家国民の独立が必然的につらなってでてこないわけにはゆかなかった。戦後の、とくにアメリカ政治学がかかげたテーマの一つであるネーション・ビルディングが、西欧近代の純粋型を模範として論じあげて、逆に第三世界と先進世界内部の周辺部分のたたずまいによって突き崩されたのは、まさしく福沢の周辺的営為を重大に評価できなかったからだった。「私に事を行うべし」「私に事をなすべし」。そのために、「信の世界に偽詐多く、疑の世界に真理多し」の信条が、ひとにかんして、私のまえに高く掲げられねばならなかったのだ。

とすれば、この懐疑の行末の不毛から自分を解放するてだてがあるはずである。そこにふたたび「私立」が突き入ってくる。「古の政府は民の力を挫き、今の政府はその心を奪う」、そうした政府が国を専断し、「日本にはただ政府ありて未だ国民あらず」は、戦後民主主義によっても何一つかわってはいない。むしろ、民主主義の手続き機構的な面が、欲望の解放によって生じた自然主義と重合して、新しい正当な「政府」主義をつくりだしていることへの、認識と打破を福沢はすでに出しているのだ。

戦後に私が思い至ったのは、無知は罪悪であり、だからこそ犯罪性をおびる、ということだった。私は自分の無知にこれほどつらく思い当たったことはない。M・ウェーバーによって、さらには丸山眞男先生によって自分の目のうろこが落ちたと思っていた、そこにまだまだうろこがあることを、自分で知ることは、無知を未知の可能性におきかえてゆく修業の過程に自分をおくことである。「学者あるいは字を読みて義を解さざるか、或いは義を解してこれを事実に施すの誠意なきか」。福沢の奔命の叱咤激励が身に迫ってくる。

丸山先生は福沢に接したときのことを、「維新頃にくらべて何で日本はこうも駄目になっちゃったんだろうという驚き」と言われている。大学紛争を通じてみた慶応義塾にたいして、私はそれと同質の驚きをもった。それは福沢の慶応義塾の退廃ではなかったか。私立人がそこにどれほどかいても、慶応義塾を立てるところにまで、私立の精神が充実されていないためにちがいない。「独り我慶応義塾の社中は、僅かにこの災難を免れて、数年独立の名を失わず、独立の塾に居て独立の気を養い、その期するところは全国の独立を維持するの一事に在り」

（傍点＝内山）

福沢の凛然が私に突きささってきたとき、おそらく、私もまたそれに似た作業に突入していたのだろう。それはすでに「一身にして二世」を、学問の方法にまで仕立てあげ、懐旧をふりすてた「文明」人福沢の学統を継承する心事＝志のたちあがりであったにちがいなかった。

『彷書月刊』、弘隆社　一九八六年四月

福澤諭吉と長岡藩
小林雄七郎を中心として

私と明治、正直言って、福澤先生のことを真面目に考え始めたのは六〇歳になってからです。こう言うと先輩方に怒られるかもしれませんが、慶應のなかであまりにも福澤先生という言葉が乱れ飛んでいた時期がございましたものですから、何となく臍曲げたのですね。隠れて著作を読んではいたのですが、きちんと読んだことはなかった。

創立一二五年のとき、ここにいらっしゃる河北展生先生などの大変なご努力によって、福澤研究センターを創るという話になりまして、私もその驥尾《きび》に付していたのですが、初代の所長が商学部の石坂巌教授――私の兄貴分みたいな方でした。それで、きちんと先生の著述を読み始めました。正直言って、焦りました。福澤先生のものをもっと早い時期にきちんと読んでいれば、市民政治論ということであんなにも格闘しないでもすんだのではなかったろうか。私なりにあんなに苦労したことが、なんでこんなに説得力をもって、すっきりいくのだろうかと、愕然といたしました。

そこで、近代日本研究、あるいは近代日本政治思想史について、私はまったくの素人だったものですから、いろいろな方に教えを請いました。本日ご列席なさってくださった方々、なかでも塾外の方が多かったのですが、本当に親身になって教えていただいた。ですが手をつけてみますと、「私はいったい幾つまで生きればいいのだ」と思ったくらい、実に道が遠い。ですから、明治にいったら「私の昭和」にはかえれない。明治だけはやるのはやめようと思っていたのです。

今度の戦争に敗戦したとき、私は満十五歳で、そこから福澤先生流に言うなら「一身にして二生」を経ていくわけです。つまり、それ以前の十五年間は大日本帝国憲法の時代に生きて、そこからあとは日本国憲法です。まさに「両身相画して」です。せいぜい遡っても大正ぐらいまでが近づき得る距離だ、と自分で思っていたわけです。

ところが福澤先生が引っ張ってきたのは明治です。つまり、福澤先生のことを何とかわかろうと努力してもその時代の人間の気持ち、あるいは時代のたたずまい、営みまでがわかるようになるというのは、私には不可能だと思っていたのです。従いまして福澤研究センター（福沢記念近代日本研究センターというのが英字表記）ではできるだけ、私は大正と昭和を勉強しよう、と思っておりました。

ところが福澤先生という人は、非常にチャーミングな人ですから引きずられてしまうのです。先ほどご紹介いただきましたように、新しい大学（新潟国際情報大学）を創る、力を貸せということで四年それにかかりっきりになったのですが、実はその間、何度ももう駄目だと思ったことがあります。そんなとき私が読み直した本は、マックス・ウェーバーの『職業としての学問』か、福澤先生の『学問のすゝめ』なのです。そういうものを読んで辛抱しました。そうすると昭和とか大正に逃げられなくなってしまった。しかも行ったのが新潟というのはちょいと運命的でした。ご案内のように、新潟には十一ぐらいの藩がございまして、幕末から明治までそれぞれ実にさまざまな形で悪戦苦闘が行われてきた。とりわけご案内のように、最も鮮烈な形で幕末維新を過ごしたのが河井継之助に代表される長岡藩で、このことは司馬遼太郎の『峠』という小説で一躍有名になるわけです。

幕末の長岡藩

司馬遼太郎という人は、語りがうますぎて、そのために小説を通りこして、読んだ学生たちがあれを歴史そのものと思ってしまうのです。はっきり言って、歴史とはそんなすっきりしたものではない。例えば河井継之助のことで言えば、長岡藩は主戦派と恭順派に分かれ、継之助自身は、決して主戦派というわけではなかった。ご案内のように小千谷会談という有名な会談があり、彼が小千谷へ行って官軍の若い軍監に会って、長岡藩は武装中立でいくと言います。武装中立だから、天皇に決して刃向かうというわけではないと申し入れるのですが一顧だにされなかった、ということがもう芝居のように書いてあるのです。そうすると、そこでもうみんなゾクゾクしてしまうわけです。一顧だにされなかったものですから、ついに河井継之助も戦う決意を固めていったのだと。そこで読者を、日本人好みの悲壮観にとらえていくわけです。

私にも判官びいきがあります。私も一時代前は南部の出で、ここも賊軍だったものですから、どうも賊軍びいきが強いんですが、それにしても河井継之助は、武装中立ということを可能だと本当に考えていたとすれば、北海道に独立国をつくろうとした榎本武揚と同じように、河井継之助という人物の時代感覚に問題がなかったかと思うのです。

河井継之助は佐久間象山の門に入っています。佐久間象山と言えば有名な蘭学者で、江川太郎左衛門、下曽根金三郎と並ぶ幕末の江戸の三塾の一つです。その佐久間象山は江戸の小挽町に蘭学塾を開き、そこで英学と洋式砲術を教授しています。佐久間象山は決して藩というものにとらわれていなかったはずです。むしろ藩など超えている。つまり福澤先生の言葉をちょっと拝借してしまえば「ネーション」、彼の考えはそこまでいっている。

そうすると河井継之助は、象山のもとにそんなに長くはいないのですけど、そこで触れたもののなかには、少なくとも「もう藩を超えるということしかないのだ」という象山の考えがあったはずです。

例えばそれが、開国か攘夷かは別にしても、そのままの形で攘夷はできなかったはずですから、どうしても開国は攘夷の手段だというところにいかざるを得なかったわけです。そういう選択を継之助ができなかったとすれば、そのできなかった理由は何だったのか。長岡藩特有の問題が何かあったのか。そういうことになってくると、これはもう私の手に負えなくなってくる。

長岡藩は最初は今川義元の荘で、今川義元が桶狭間の戦いで戦死しましたあと、徳川の麾下に入った譜代大名であります。長篠の戦いで戦功をあげ長岡に移封され、幕末維新に至るまで長岡六万四千石、その間に栃尾一万石を加増されますので七万四千石となり、新潟平野の中心部にあって大変豊かなところで、実収入はその倍以上あるのではと言われていました。

譜代大名ですから、九代、一〇代、十一代と老中職を勤めており、一〇代の忠雅はちょうどペリー来航のときの海防掛、十一代の忠恭にしても外国事務管掌、つまり外務大臣。みんなそういう役割を持てる人たちですから、ただ藩を維持することだけを考えていたはずもないし、封建体制というものの限界を殿様自身が知らないわけもない。とするとますますわからなくなるのです。

歴史的事実とすれば、奥羽越列藩同盟というのができます。もちろん会津が中心でしたが、長岡もその中心のひとつとして、会津とともに戦います。それが戊辰戦争です。先ほどもお話ししましたように大変豊かな藩で、しかも河井継之助という人はなかなかの人物でしたから、彼が財政改革もやって、確か十万両以上の蓄えを持っていたはずです。江戸屋敷にあった什器や書画なども全部売り払って数万両の金を整えて、その金で最新式の装備をいたします。なかでも有名なのがガットリング砲で、一門五千両もしたそうですが、南北戦争のときに使われた機関銃。六砲口と言いますから六つ弾が同時に出る三六〇連発の元込機関銃を、長岡は二門入手し、数百丁の新式銃を買う。訓練は洋式の訓練をやります。

ですが河井継之助には、詳しくみていくとちょっとわけがわからないところがある。つまり誤解を招くような反官軍的な動きをちらちら見せてしまう。それで信用されないわけですが、結局河井も戦死し、長岡は落城して会津に逃れるのですが、その会津も落城します。土地は没収され、やっと二万四千石だけ認められる、という状況になってしまいます。

焦土の長岡

司馬遼太郎さんの『峠』で河井継之助が一躍有名になりましたが、でも年配の方はご承知のように、長岡というと山本五十六海軍元帥を思い出されるのではと思います。戦争中、あるいは戦後、むしろ有名だったのは山本有三が昭和一八年に書いた『米百俵年』の戯曲のほうだった。これは戊辰戦争で敗れた長岡の支藩、巻原子力発電で問題になった巻のあたりにあった一万一千石の三根山藩という支藩の話なのです。その三根山藩が食うや食わずの長岡藩に百俵の米を、今で言えばカンパするわけです。長岡藩士のほうはお粥もろくろく食えないような状態です。一二万石以上の収入があった藩領が二万四千石に減らされてしまったのですから。侍は食っていけない。はっきり申して本当に飢えに苛まれるような状況です。今で言う副知事、廃藩置県の前のことですからまだ藩で、その大参事だったのが実は小林虎三郎という人なのです。その話をしておきます。

カンパされた米を当然武士たちは「分けろ」と迫り、小林虎三郎は「分けない、これは売る」と言うのです。

そのことを山本有三が二幕物の戯曲で書いているのですが、非常に感動的でして、小林は「これを分けて食ってしまうと、一軒あたま二升かそこらだ。それぐらいの米しか分配できない。だったらないものと思え」と言って売ってしまう。ある方の大雑把な計算ですと一俵二両二分ぐらいなのでしょうか、二五〇両ぐらいになる。そのお金で学校をつくろうと言うのですね。それで実際に国漢学校というのができるのですけど、そういう話なのです。

この戯曲が出版された昭和一八年にはガダルカナルからすでに撤退しておりますし、山本五十六氏ももう戦死しておられる。そんな状況です。それこそ一機でも多く生産しよう、あるいは「ガソリンの一滴は血の一滴」みたいなスローガンがあったように記憶しておりますが、そんな時に、山本有三の「ヒトをつくることが何よりも大事なんだ」「その日暮らしの考え方はやめよう」というような台詞が出てくるわけで、これが軍部などの忌諱《きい》に触れたのかなと思うわけです。短い戯曲ですが、実際に上演もされたようです。戦後のある時期、国語だろうと思うのですが、教科書にも収録されていたようで、読まれた方もおられるだろうと思います。

長岡はこれを非常に徳といたしまして、昭和五〇年（一九七五年）これを復刊しております。副題が「小林虎三郎の思想」になっています通り、小林虎三郎関係の資料がかなりぎっしり入っています。

さらにそれを一九九八年、つまり一昨年、長岡市がドナルド・キーンさんに依頼されて英語版をつくっているのです。それぐらい長岡はこの『米百俵年』ということを大事にしているのですが、そうなると河井継之助とこの『米百俵年』とは、どういうバランスになるのだろうかと思うわけです。ところが、地方史家の方々が書いて出されている本などを読むと、やっぱり多いのは河井継之助なのです。どうも継之助のほうがドラマチックで、小林虎三郎のほうはあまりドラマチックではないものですから、そういうことになってしまっているのかもしれません。

小林虎三郎の意気地

この虎三郎という人は、それではどんな人なのでしょう。この人は直接、福澤先生や慶應義塾には関係ないのですが、実は間接的には非常に関係がございますので、少しその話をさせていただくことにします。

小林虎三郎は一八二八（文政一一）年の生まれで、生家は百石取りの家です。家格でいうと中士でしょうか。ただこの人は大変な学者で秀才だったのですけれど、病身で、一生病気で苦しむ。しかし、まさにその気力たるや大変なものなのです。嘉永四年に上京しまして、先ほど申し上げた佐久間象山の門に入り、象山門下の「二虎」と称せられるようになる。片方の虎は吉田松陰。吉田松陰は、十二支の「寅」と書いて、通称寅次郎と申しました。こっちの小林はタイガーのほうの虎ですが、「二虎」と称されて、象山に非常に信用される。「事を天下に成すのは吉田松陰だろうし、自分の子供の教育を頼むのは小林しかいない」と言われるくらい信頼されていた。実際に象山はのちに子供を小林に託します。つまり、それほどの知性を持っている人でしたから、教育や学校というものについては非常に思いが深い。本日のテーマのひとつであります「小林雄七郎」という人は、この虎三郎の弟なのです。すぐ下の弟ではありませんが、とにかく弟で、結局この虎三郎は、雄七郎の東京の向島の家で亡くなることになります。非常に兄弟も多いのですが、兄弟みんな早死にしてしまいます。比較的に遅くまで生きたのが雄七郎で、虎三郎はそこで死ぬということになるわけです。

この雄七郎という人は、すぐ慶應に来たわけではないのです。実は義塾に入る前がよくわかりません。いつ江戸の誰のところに来たのか、よくわからないのです。ただわかっているのは、今の言葉で言えば、長岡からの国内留学生であることです。

ご案内のように明治の初年に「貢進生」という制度を政府が作ります。大藩は三名、中藩が二名、それから小藩は一名、つまり全国津々浦々から優秀な青年を中央に集めて、そこでまさに近代化を担う中心的エリートを育てようとした。つまり藩閥というものがどこまで実効性があったのかということは別にして、中央政府は藩を基盤にしながらも、一方では封建体制を崩しながら、他方では封建体制を利用します。つまり人材を確保できるのは、藩しかなかったわけですから、そういう形で藩を基盤にして秀才を集めようとした。この政策は廃藩置県でもって、制度としてはすぐ打ち止めになりますが、実際には、チャンネルとしては開いています。貢進生でも、政府が費用を出したというわけではない。政府も一部出しているけれど、生活費やらなにやら全部藩持ちでしたから、貧乏藩は出せないわけです。特に長岡は、廃藩置県になる前に藩籍を奉還してしまっています。だから長岡藩は出そうにも貢進生を出す資格がなくなっていた。会津も出せないのです。

話を戻しますと、小林雄七郎がどういう形で誰のところに行ったかということは小林虎三郎以上にわかっておりません。小林虎三郎が佐久間象山のところに行ったのは、又兵衛という虎三郎のお父さんが新潟奉行をしていたとき、佐久間象山が新潟に来ていて、そのとき象山に会って、二人は意気投合するのです。それで「自分の息子の面倒をいずれみてくれよ」「よしきた」ということで行くわけですから、これはよくわかる。

ところが、雄七郎のこととなるとそこがよくわからない。残っている資料でかろうじてつながってくるのは、茨城県の人で塚原周造という人が横浜におられて、この人の伝記を読んでみますと、「横浜で間借りをしている、そのうちに越後から小林雄七郎氏が来る」と書いてある。これがいつのことだったかはわからないのですが、でも越後から来ているのです。東京から横浜に行ったのではないということだし、どうもこれは初めてではなさそうだ。

その当時、ちょうど幕末の志士たちが横につながっていたのと同じようなスタイルで、洋学の書生たちが横につながっていたとしても、全然知らない人のところにひょっこり現れるということはあり得ない。そうすると塚原となんらかの形で接触があったのだろうと思うのです。ともかく塚原の下宿に雄七郎は入ります。

小林の息子の魁郎という方が書いたものによると、中村敬宇の塾にいたというふうにも言われているのですけど、小林が慶應義塾に入るのは「入社帳」を見ますと、明治三年のことです。それに中村敬宇の塾は「同人社」というのですが、この塾ができたのは明治六年ではなかったかと思います。そうすると、明治三年に慶應義塾にいて、明治四年から明治五年まで一年間、福澤先生の推薦もあって、雄七郎は土佐の海南学校の教師をやっています。帰ってくるのが五年で、そして大蔵省にそのあと入っているのです。そうすると中村敬宇の塾にいたというのがどうも計算が合わない。中村と付き合っていた、恐らくそういうことだったのだろうと私は了解しています。中村敬宇、つまり中村正直の『西国立志編（セルフ・ヘルプ）』は、福澤先生のご本と並び称された大変なベストセラーですが、そういう意味でも付き合いがあってもおかしくはない。

雄七郎の仲間たち

ところが塚原のところにだんだんいろいろな人が入り込むようになり、それで横浜の東漸寺の本堂を借りるのです。そこには大井憲太郎であるとか、星亨であるとか、そういったまさに当時の俊秀が集まってきました。

塚原という人は大変面倒見のいい人だったようで、大井憲太郎を誰々に紹介する、あるいは星亨をどこかの先生に推薦するとか、あるいは小林雄七郎を宣教師のバラーに紹介して英語を学ばせるとか、いろいろなことをしていました。そのあと塚原が慶應に入ってしまう。「横浜書生」という言葉があったのですが、横浜ではもう限界だと、ちょうど福澤先生の令名もそのあたりになったらものすごく鳴り響いていましたから、塚原が先に義塾に入ってしまう。小林雄七郎はその塚原を大変慕っておりましたので、塚原が行かれたというので、どうも彼も慶應に来たらしい。もちろん福澤先生のものも非常によく読んでいて、私淑していて、ここで雄七郎と福澤先生とが重なってくるわけです。

小林雄七郎の書いた政治小説の『自由鏡』という本ですが、大河小説になるはずだったのですけれど、二編で終わってしまい、尻切れとんぼなのですが、おもしろい本です。

これに「横浜書生」というのがどういうものかということが書いてある。使う言葉で「横浜書生」が分かるのだそうです。和漢蘭英仏五カ国語をごたごたにしてしまって、その当時流行した横浜訛りというものがあったそうです。

塚原にしても、小林にしても、慶應に入るわけですが、何しろ相当英語を読めましたし、バーレーなど全部読んでいますから、半分学生で半分教師だったのでしょう。福澤先生がちょうど適塾のときに塾長で、できるのができないのを教えるというスタイルですから、おそらくそういうことだったのだろうと思います。

雄七郎官途につく

雄七郎は土佐から帰ってまいりまして、ある方のご推薦で、大蔵省の紙幣寮に出仕することになります。その紙幣寮の頭は芳川顕正で四等官、小林は権助六等出仕、六等官です。四等がトップですから六等はそんなに低くないわけです。先に述べました塚原もずっとあとになって大蔵省に出仕します。塚原は茨城県の出ですし、小林の場合は長岡で賊です。茨城がどこまで反政府だったかというのは難しいのですが、もしそういう「ひき」ということで言うなら、長岡のほうが不利でしょう。しかし、塚原のほうは九等官、九等出仕から始まっています。塚原も一緒に海南学校に行っていますから、それぐらいの力は持っている人です。だからむしろ、小林雄七郎のほうが厚遇されたと考えても、そう間違ってはいないと思うのです。

紙幣寮と言っても、別にお札を刷っていたわけではない。つまり紙幣寮のなかに翻訳課みたいなものがあって、そこで知識人たちがさまざまな翻訳をしていた。政府から命令されてやったものもあったでしょうし、こちらが考えて、参考になるようなものを含めて翻訳にあたっていたわけです。当然そういう知識人たちがそこに集まるし、例えば福地桜痴、中江兆民ともここで知り合っています。中江兆民はさっき言った『自由鏡』の序文を書いています。

それからまたここでおもしろいのは、伊藤博文が芳川顕正のラインを含めて、雄七郎という人を評価したようだということです。伊藤博文は当時大蔵大輔、つまり大蔵次官が工部省に工部大輔で移動するのです。そのとき雄七郎を工部権助にして連れていくのです。伊藤という人はあまり藩を気にしなかったようですね。自分が就任するところに連れていくわけですから、決してマイナスの評価ではなく、むしろプラスの評価をしていたのでしょう。

結局彼は官途から退いてしまうのですが、ただその間、及びその官途を退いてからの小林の生活はどうしていたのだろうか。はっきり言って収入はなくなってしまうわけですから。六等官というのは当時、月百円、大変な収入です。要するにそれを放棄してしまう。

モデルとしての福澤先生

雄七郎という人は、かなりの詩人です。彼の小説を読んで、その書き方などをみると、ものすごくデリケートな人だと思うのです。しかも片っ方で気負いがある。つまり福澤先生というひとつの大きなモデルがある。要するに片っ方には洋々と開けていく世界があり、もう一方にどうもあまりうまく開けない日本がある。しかし中心になっている連中は、みんな日本の近代化を担う相当すごい知識人だった。しかし人はネーションへの方向には動かない。そんななかで彼も屈託したとは私には思えないのです。この『自由鏡』は初編と二編しか書けなかったのですが、そのあいだに『薩長土肥』という本が出てくるのです。恐らく『自由鏡』の二編と同時に書いていたのかもしれません。しかし、同時に書くような本ではないです。片方ではいわゆる藩閥論を書き、また片方で、ある一人の有為な青年をめぐる大ドラマを書こうとしている。だからやっぱり『自由鏡』が書けなくなるということの裏には、どこかで雄七郎は、今の言葉で言えばものすごい挫折感にとらわれていたはずなのです。

その挫折感の由《よ》ってきたるところから官を辞めることにつながるわけです。先ほど述べましたように塚原のほうは九等出仕から始めて、たしか最後は逓信省の管船局長までやって官は辞める。その後もいろいろな会社の社長をやるというように、一応は功なり名を遂げるわけです。でも前途有為だった小林のほうは途中で放棄してしまう。片方にかなりの志があるのだけれど、その志が満たされぬという思いがある程度予感されている。私はどうもそのようにみてしまいます。それは決して、あの賊敗軍の長岡の出だからということではなく、どうも福澤先生から移ってきたというかシフトしてきた「一身独立して一国独立す」という事柄がどこかにひびいているわけです。福澤先生もそういう、ものすごい挫折感をお持ちになっていたようなのです。はっきりとはお書きになっていませんけれど。

私は、福澤先生は偉大なオプチミストだと思っていますし、それが福澤先生の救いだとも思っています。小林はどうもここでもってオプチミストにはなりきれなかったのではないか。オプチミストは常に希望を失わない。希望とか期待を人に持ち続けるには詩人でありすぎたように思うのです。彼は自分でアルコール中毒だと言っています。中江兆民も自分でアル中だと言ってますけれど、「アル中はアル中とよく話が合うんだ」などと書いている。これは冗談に決まってますが、つまり正気でいることにどれだけの屈託があったのだろうかと、そんなふうに考えてしまう。

東大におられた坂野潤治君が「朝にも野にも大知識人がいた時代だった」という表現をなさったことがあるのですが、これはすばらしい表現と私は思うのです。そのことを私たちは少し見過ごしてはいまいか。つまり、どうも政府は悪玉で、福澤先生なり、あるいは在野の人たちが善玉みたいな、そんなふうに考えすぎているのではないか、というのが私は気になっております。

挫折すれど志を捨てず

この小林の『薩長土肥』も、実は読むまでは、間違いなく賊軍側の人が書いたものですから、もしかすると恨みつらみじゃないかと思ったりしました。ところが全然そうではなくて、これはむしろ「人国記」に近い。「初めての人国記ではないか」ということを柳田泉氏が言っております。例えば、薩摩は「実際的な武断」という言い方で要約できる。長州はというと「武人的智謀」である。土佐は「理論的武断」であるし、肥前は「文弱的智謀」であるというような、一種の県人論、県人性をこんなふうな指摘から始めているのです。

そして、政党政治から立憲政治に話題を展開します。しかし今の政党を考えると、雄七郎は一応自由党に入るのですが、そのときの党首は板垣です。板垣は藩閥、あるいは大隈という人も藩閥、そうすると政府対反政府というのは藩閥対藩閥の話じゃないか。全然自由でも何でもないではないかとそれは見事にそこのところを突いてくるわけです。だからもっと文明的な――この「文明」という言葉も当時のキーワードですが――文明的な競争をするということは、そんなレベルの話ではないということから、彼は「政治は技術であって学術ではない」と言っている。ここのところは、福澤先生のものと突き合わすといいと思っているところなのです。「国家の幸福というのは」というように「国家」とか「国民」とかという言葉を、小林雄七郎はわりとよく使っています。その点でも雄七郎の所論は非常にユニークなものです。福澤先生が使われているものが本当に小林のところで生きてきています。

そういうなかにあって彼自身が失速していくわけですけれど、昔流の表現を許していただくなら、彼はやっぱり「志」を捨てない。例えば銀行。明治八年ぐらいにどうも金禄公債が出るらしいという話が出てくると、それをいち早く彼は長岡の友人に伝えます。三島億二郎という、この人も県の大参事で、五〇石ぐらいだったか、ちょっとはっきり覚えておりませんが、長岡の下士です。雄七郎から三島が聞く。

ハイマート長岡

三島はやっぱり銀行をつくらなければいけないと考えている。つまり士族は何も持っていないわけですから、何かやろうといっても資金がない。金禄公債を抵当にして、銀行をつくらなければ駄目だ。それを知らせてきたんで、三島とか岸宇吉とかが福澤先生のところに会いに行く。ここのところが非常に劇的でして、僕がもし小説家だったら、ここを一幅の絵にできるのですがね。この岸宇吉という人は長岡の商人なのですが、この人が福澤先生にこう言われたという話が、直接話法ではありませんが伝わっています。

「君の言の如く銀行は土地を発展せしめる最大機関に相違ない。且将来非常に発達することも明らかである。余は銀行設立には衷心より喜んで賛成する。勧めても邦家のためにやってもらいたい。しかし岸君、余は君に意思を翻せと勧告する。思い止まればというのだ。余は君が今日の資産、健康の方面よりみ、また将来の君を思うて思い止どまらんことを勧告する。それはほかでもないが、およそ銀行を設立しようとするには、己の家産を顧みてはならぬ。ある場合には資産も身命もこれが犠牲たらしめねばならぬ。且成功を百年の後に成すの覚悟がなければならぬ。岸君、泥濘も膝を没せぬうちに身を退ければ安全ではないか」

こういう表現です。これを読むと前後矛盾しているようにとれます。最初はやりなさいと言っていながら、申し出ているオリジネーターの岸宇吉には、君はやめろと。私は小説家ではありませんから、最初これはおかしいなと思ったのですが、よく読んでみればこれは逆説なのです。つまり福澤先生というのは、ときどきものすごい逆説を言う。先生の言説は非常に歯切れがいいですから、逆説だと気づかずに読んでしまうけれど、ものすごい逆説を使う人ですし、これがまさにその見本です。

それで岸宇吉という人は、もう自分の命から家産から全部捨てるぐらいのつもりでやるのだな、やるのだぞと言われたと思うのです。それで実際にやって成功するのです。

雄七郎が中心になって、こういうことがあったわけですが、そのほかには先ほどちょっと名前の出た、大参事の三島億二郎は、上京するたびに必ずと言っていいほど慶應に現れて福澤先生に会っている。三島億二郎の日記が断片的ながら残っているのですが、それで見ると大体そんな感じです。つまり上京すると慶應に行く。福澤先生にお目にかかれるときはお目にかかるということで、とにかく三田まで来ている。

それから二番目として、育英機関である「長岡社」を雄七郎が趣旨のオリジネーターになって始める。今まで雄七郎のものは、さっきの『自由鏡』だとか『薩長土肥』とかは残っているわけですが、新聞に書いたものなどはまったく残っていないだけに、長岡社の創立の趣意は重要です。これを読むと、この長岡社を創立するということについての彼の趣旨説明が、実は『薩長土肥』のエッセンスになっていることがわかります。

雄七郎の責務感

「天下の三藩」とは、これは薩長土のことですが、「天下の三藩と共に政務に参与することを得ざるのは」、つまり薩長土の政権に参加できないのは天下の罪なのであって三藩の罪なんじゃないのだと、小林は説いている。ここで、「人を養う」「人材をつくる」ということが唯一重要なキーになるのだ、と言っているわけです。ですから、ここで彼が言いたかったことは、結局藩閥非難をしても駄目だ、ただの批判では駄目だ、自分たち自身が何とかしてそれを打破していくことが必要なのだ、と言っているのだろうと思うのです。

そうだとすると長岡社で、今の薩長土について彼が言ったことと、それから自分たちがなんとか資金を集めて後進を養おうと言ったとき、彼は三つの義務を出しています。

一つに、われわれは旧長岡藩人だからということがあった。これははっきり言って自分のハイマートの問題、つまり故郷の問題です。二番目は、われわれは士族だ、士族の義務があるのだという問題。それから三番目が、日本人民としての義務であるということ。これはほかではほとんど出てこない台詞です。実はこの三つの責任、あるいは責務でもって彼は終始したわけです。つまり彼の人生というのは、恐らくこの三つの責務でもって貫通していたと私は思います。

そのほかにも彼はいくつかのことをやっています。ただ、銀行というのはやはり故郷を豊かにするための金融システムだということはわかっています。彼はブック・キーピング（簿記）の本なども訳していますし、福澤先生の『帳合之法』なども当然読んでいたはずです。ですから彼は経済ということについても比較的よく知ってました。彼は長岡で町の人たち、あるいは商工業者を集めて経済の講義をしたり、それを冊子にして配ったりもしています。「経世済民」という意味だけではなく、アダム・スミスとかミルとか、それがどこまで時代適合的だったかというのはちょっと別にして、彼はそんなことをやっていたわけです。

ですから彼は、日本という、それは必ずしも大日本帝国ではなく、つまりネーションとしての日本ということを考えていた。「帝国」という言葉を、私はこの人のものから見たことはありません。つまりステートとネーションの違いという問題が、小林にはものすごくよくわかっていたのではないか、という気が私にはいたします。福澤先生はネーションをつくろうとしています。ステートのほうは変な言い方だけど、憲法ができればそれでもいいや、みたいなところもあります。だけど、そのネーションができなかった。

私は、昭和二〇年八月十五日まで日本には、ネーションがなかったのだと思っています。ではそれ以後できたかと言われるとそれはわかりません。しかし、小林雄七郎が最後までこだわった「ネーション」創造の精神核が、前述しましたが、「故郷」・「士族」・「日本人民」の位相に根を下ろしていることを忘れたくありません。変な言い方ですけれど、長岡というのは賊軍だったからとか、要するにそういう視点だけでもって長岡を見ていきますと、話が全然違ってしまう。これはどうも長岡だけの話ではなく、例えば薩摩にしても長州にしても、つまり「勝てば官軍」だからというような視点で、人や人の行動を見ていくと、えらく間違ってしまうのではないかというのが、実は私の今の思いであります。

到底、ウェーランドの記念講演と言えるような立派な講演ではなかったと思いますが、大先輩の小林雄七郎と長岡藩士の足跡の一端をご紹介申し上げて、お話はこれで終わらせていただきます。ありがとうございました。

▼本稿は、二〇〇〇年五月十五日に行われた「福澤先生ウェーランド経済書講述記念講演」の記録に加筆修正したものである。若干の修正をして『福澤記念選書63』として同タイトルで所載されている（二〇〇〇年十一月刊）。

『三田評論』慶應義塾　二〇〇〇年七月

二十一世紀に読み通す

福澤諭吉における合理と非合理

アジア・太平洋戦争での帝国日本の敗戦・降伏に伴う憲法改正によって、福澤諭吉の「内は忍ぶべし、外は忍ぶ可らず」のテーゼは克服されたのだろうか。つまり、このテーゼを「内に立憲主義、外に帝国主義」と読みかえれば――この読みかえそのものが、実は福澤の苦悩を素通りする危険が大きいのだが――、「日本国民は、正義と秩序を基調とする国際平和を誠実に希求し、国権の発動たる戦争と、武力による威嚇又は武力の行使は、国際紛争を解決する手段としては、永久にこれを放棄する」との第九条の規定で、十九世紀帝国日本が直面し、解決するのに大失敗した課題が乗りこえられたのだろうか。私が福澤を学びはじめてからずっと脳裡を離れない問題はこの一事にあった。

福澤の国際社会観が『学問のすゝめ』を書いた頃までは、啓蒙的自然法によって貫徹されており、「自然法」としての《道理》の支配を前提とする国家平等観がその根底をなしている以上、人の平等によって立つ国内社会観と一致していたことは言うまでもない。しかも、個人と国家の自由独立が、「一身独立して一国独立す」によって、「両者の間に必然的な内面的連関」(丸山眞男)がきっぱりと成立していた。しかし、それは丸山眞男の表現をかりれば、「福澤のナショナリズム、いな日本のナショナリズムにとって美しくも薄命な古典的均衡の時代」であった。

ならば福澤が《道理》の支配する国際社会観を否定し、「名正しくして然る後によく勝つに非ずしてよく勝ちたるが故に名正しきを得るなり」として《権道》を主張した認識は何だったのか。丸山眞男は、その外部的契機として三重の環を指摘する。最も一般的にはヨーロッパ帝国主義時代の開幕である。第二の環は、「かくも激しい帝国主義の鋒先の対象となった東洋諸国の現実」、そして第三は、福澤が渡欧時に見た香港や印度各港での英国人の土民に対する使役の態度、そして維新後の開港場での在留外人の横暴に発した「日本のこのような国際的地位に対して彼が抱いた憂悶」である。これが「余輩の主義とする所は、戦を主張して戦を好まず、戦いを好まずして戦いを忘れざるのみ」との『通俗国権論』の主張につながってゆく。

この「国家理由《レーゾン・デタ》」の強調をもって、福澤の合理主義の破綻ととるのは容易である。私はむしろ、こうした容易な理解こそが、福澤に学ぶことができず、福澤の苦悩を血肉化できなかった、戦後民主主義革命の未完を証明する、と思い当てたい。丸山眞男が福澤の思考の複眼性を突き当てているのは、だからこそ、この福澤理解の安易さにあったのだ。丸山の指摘をここであえて書き抜いておきたい。

「福澤の長期的な、あるいは根底的な選択の基準は一貫して合理主義でした。けれども彼は同時に現実の世界において非合理なものの支配がいかに強大であるかということをいつも真正面から認識し、またそれを強調していたのです。つまりしばしば合理主義者の盲点として、理性の支配を信ずるあまり、非合理的なものが現実にもつ抵抗力を過小評価しがちになる。ところが彼はあれほど理性の進歩というものを信じながら、他方においては人間の世界というものが情が七分で理が三分、実際には七分は情によって動かされているのだということを、これまたくどいほど強調した。……この二つの契機の前の方だけに眼を奪われるとユートピアになる。あとの命題を絶対化すると、盲目的な国家至上主義になる。長期的な歴史的展望を見失わないで、同時に現実の緊急な議題を選択して行くというのが、福澤の両眼主義ということになるわけです。……つまり合理主義というものをあくまで信じながら、合理主義の現実的適用の限界を同時に見きわめようとする態度――逆にいえば非合理的なものを美化したり合理化したりせず、どこまでも非合理的なものを非合理的とみながら同時にその現実的意味と比重を見失うまいとする態度」(「福澤諭吉について」)を、私たちはしかと受けついできたのだろうか。

「〔福澤の〕前進的役割は、明治八、九年までの数年間の薄命でしかなく、あとの二十数年間は、挫折し後退する過程」(遠山茂樹)との指摘にはたしかなところがある。「然りと雖も」、「此情実は実に三十年来の宿弊にして根底より一掃するに非ざれば文明政治の真面目は到底見る可らず」との明識は依然として今日の私たちに迫るものがある。

福澤の根本とした合理主義が形式化し、ヨーロッパ文明もその普遍性を失ったかの如くである。しかし、今私たちが担わねばならぬ全地球的課題は、新しく構築される合理主義を根幹とする長期的視座によってしか解決の手がかりはない。《智と情》としての合理・非合理の識別とその歴史的意義の認識による人類の運命の決定への参加が、福澤の提出し続けた問題意識に通底していることを識らねばならない。

『三田評論』二〇〇一年一月、慶應義塾

せめて〝近代〟

福沢諭吉という人との接触は丸山眞男さんを通じていた。それは数えたり計ったりする学問としての経済学にいたたまれず、視界を確定できないままに茫然と日を送っていた私をとっつかまえて、有無を言わせず放り込む力業を示した石坂巌さんによる政治学強制に発端している。石坂さんは私に近代革命を要求したのであり、丸山さんは政治学は私を拒否しないと教えた。石坂さんにはまつわりついたけれど、丸山さんには接近することはなかった。しかし、丸山さんの福沢考は私に歴史上の人物の存在がもつ意味を想い考えさせた。そこから顔をあげて塾で触れる福沢論を手にとると、そのあまさに私は知的退廃をかぎつけていた。それに抗するように〝せめて近代〟とつぶやきながらわが身の昏冥と格闘していった。それは福沢がかつてみずからに課した啓蒙と同質の格闘であった。

この悪戦苦闘の過程で、安藤英治さんにつながる丸山系列の人たちと、政治学会を媒介とする日本政治思想史専攻の人たちとの厚い人脈をもつことができた。だが、こうした人たちとの連接は、あくまでも私の世代的体験（最終戦中派）が要求したものであり、私が専攻した戦後政治学を牽引していた比較政治学にはかかわりはなかった。だが、青年の反乱、少数者の異議申し立て、反戦運動、つまり、「ディスロイヤル」の意味が歴史の現在にクローズアップされてきた。私はそれを《未完の近代》ととっていた。それは、福沢における近代の挫折に通底していないはずはなかった。私のひとり作業としての福沢読解が始まるらしかった。

石坂さんから福沢研究センターの立ち上げの発起人の一人になって欲しいこと、そして設立後には石坂所長を補佐して副所長を担当して欲しいとの誘いを受けたのはいつのことだったか覚えていない。石坂さんの意向は今さらきくまでもなく分かっていたから、私の方向はセンターを開放することにあった。私はセンターの英文表記、Fukuzawa Memorial Center for Modern Japanese Studies にその方向を表わした。本来ならプリンストン大学のウッドロー・ウィルソン・センター（原文ママ）のように余計な表現を加えなくとも、国際関係研究所として理解されるのだが、日本の場合は、福沢研究センターは「福澤諭吉研究」センターに凝縮しやすい。その危うさを断ち切るために、福沢研究や慶應義塾史、塾員の事跡調査などをより大きく包摂する「近代日本研究」の〝中心〟たるべき志の結集が祈念されたのだった。

この結集の第一段を塾内結衆に見る限り、それはまことに寥々たるものであった。言うなれば、福沢研究はもちろん近代日本研究者の厚みは、塾に関する限り「貧弱」でしかなく、その現実認識こそが福沢研に結衆した人たちの危機感だったのである。その危機感には福沢先生という神輿をかついできた歳月についての虚妄感もあったはずである。

所長をはじめとする紳士的な方々の抱負の実現の裏方をやりながら、私はセンターの開放の段どりを考えていた。それは前述したセンターの開放なのだが、そのためにはセンターの存在を充実することではじめねばならなかった。私はこの存在充実―開放を、東大の明治文庫（「明治新聞雑誌文庫」）に重ねていたところがある。

もちろん明治文庫になぞらえようがないにしても、日本近代研究者で明治文庫の恩沢にあずからなかった者はないとすら言えるし、所蔵文献の利用サービスの懇篤は知る人ぞ知る。こうした資料提供としての開放に加えて、学外研究者のセンター関与を積極化していった。何よりだったのは、演説館での講演だった。原則的に講演をしない方でも、あの三田演説館ならば、と引受けて下さった。研究プロジェクトも業績はたとえ出版の形はとれなくとも、研究会活動を通じて塾内外の人脈ができれば、それはそれで以って瞑すべきだと思い切った。福沢と対極にあったが、それだけに負の知的遺産にはならなかった陸羯南を中心とする政教社の研究、明治から戦前昭和に通貫する自由と平等の交差をリベラリズムとデモクラシーの観点から際立たせようとした歴史的解析、こんなプロジェクトが行われていった。こうしたプロジェクト・チームは、センターの大きな資産になったはずだ。ただ問題なのは、こうした重厚な研究プロジェクトをまとめあげる能力が、私を含めて、センター内に育成されていったのか、という点である。

私が副所長・所長時代でも、センターは塾のイベント担当によってエネルギーをすりへらすことが多かった。そして今もそれに大きな変化はない。私と共にわいわいやりながらプロジェクトを楽しんでくれた連中に会うと、この頃のセンターの活動状況をたずねる方が結構多い。センターが怠けるどころかますます努力を重ねていて、その分内向きになっていることが気になっている。

慶應義塾福沢研究センター通信第5号　二〇〇六年九月

福澤研究センター所長に就任した

石坂　巌君

福澤研究センターが創立百二十五年記念事業の一環として設立されたことは、遅ればせとは言うものの塾が戦後の日本にあって、そしてまた二十一世紀の日本にたいして、みずから積極的に、その立脚点を創出しようとする姿勢を示したものにちがいない。それは、思想者福澤諭吉の偉大さを知悉した上で批判の対象とし、そこから日本人の思想と歴史とを読み解いていく知の中心たるべき課題を負っている。言いかえれば、塾における福澤ルネッサンスの光源にそれはならねばならない。

その課題を一身にになう石坂君の責務は限りなく重い。というのは、石坂君は、一面では福澤の破壊者たることを自任しなければならないし、他面では福澤に常に新しい歴史的意味を発見し、塾を媒介にしつつ、その「意味」を人間の歴史と世界に突きださねばならないからである。

石坂君は大正十年、高崎の産。菓子問屋の次男である。痩身短躯。大阪外語から塾経済学部を昭和十九年に卒業。肺結核で倒れたことがなんどかある。上京すれば死、との医師の宣告を覚悟にすえ、二十三年塾通信教育部インストラクターに就任。それは高崎の町人文化との別離であり、名望家の子弟としての彼自身の剝離でもあった。

この孤生への選択は、死との共生の過程にあって、戦争体験、ウェーバーとマルクス、自由主義を深化する一途の道を切りひらいた。強靱な生への意思と激烈なまでの知的廉直は、彼の格闘の結晶である。三十三年商学部移籍後、彼は経営社会学に視座を据えた。彼の著書『経営社会学の系譜』（木鐸社）は、塾が誇るべき業績である。いわゆる商学部入試問題漏洩事件に際して、彼が学部長代行として奮迅であったその過程には、彼が知への畏敬をゆるがせにしない姿勢が一貫していた。五十四年に商学部長を退任した彼が、この知の中心で、さらに竿頭一歩を進める。それに期待もし、自愛をも祈りたい。（極）

▼（極）とあるのは、極楽トンボの意味で、内山のペンネームの一つ

『塾』慶應義塾　一九八三年八月

橋川文三文庫によせて

新潟の私の部屋には橋川さんの本はない。単行書も著作集も何故か新潟では読み返せそうもない、と思ってしまったのでもってこなかった、のである。それが何故かは説明できるものではない。思い切りではない。何となく読めそうもない、と予感したのだった。

私は橋川さんとは正確には二回しかお目にかかる機会がなかった。古い手帖をくれば分かるのだが、それも手許にはないからいつだったかは探り当てられない。最初は慶應での私のゼミにおいでいただいた。学生たちと『日本浪曼派批判序説』を読んでいた時だった。電話でお願いした。きて下さる、というご返事で、私も学生も緊張した。おいでになった橋川さんはお疲れのご様子だった。ゼミで口をひらかれた橋川さんは、「日本浪曼派は」と少し間をあけられて三回言われた。固唾をのむようにして、私たちは次のことばを待った。無限に長い時間のように思われた。しかし、次のことばはなかった。「今日はお話しができません」と橋川さんは小さく頭を下げられた。ほっとする、そうした気配が教室に流れた。それは落膽のそれではなく、「話ができない」橋川さんが、本当の橋川さんなんだ、という安堵感であった、と今でも思っている。コンパにお誘いしてきていただいた。そこでもことばは少なかった。佐世保の文学伝習所からの帰り路なのです、たしかそんなことをぽつんと仰言って、少な目のお酒を飲まれてお帰りになった。

二度目は政治学会の時で、私は同志社の脇圭平さんにまさにくっついて、今井清一さん、橋川さんの酒席に紛れこんだ。何が話題だったかおぼえていない。にぎやかな席ではなかった。それでいて沈鬱では決してなかった。これだけである。私が橋川さんに会ったのは。

橋川さんは大正十一年一月一日、長崎県対馬に生まれた。一九二二年である。広島で育ったとある。旧制一高から東京帝大法学部卆。雑誌編集者を経て昭和四十五年明治大学教授。昭和五十八年十二月十七日脳梗塞でなくなった。一九八三年、六十一歳でいらした。

私はこの世代がいちばん苦手だ。それは戦争をまともに生きた人たちだからである。私のように軍国少年の惑いのない世代は、戦後になって、自分の「軍国」を一枚一枚はぎとる作業にとりかかったのだが、この人たちは戦争と死を対象化しなければならない痛苦を戦後も持ち続けたにちがいなかった。大久保典夫氏が、『日本近代文学大事典』で、『日本浪曼派批判序説』についてこのように書いている。「これは戦後が避けて通った橋川の世代の戦時下の原体験としての日本浪曼派を、思想史的に再検討したもので、日本浪曼派を血にぬられた民族主義としてでなく、『日本ロマン派、とくに保田与重郎は、ある一時期の一部の青春像にとって、トータルな意味をもった精神的存在であった』として、その浪曼的イロニイの思想構造にメスを加えた点が注目される」、さらに「日本的ラディカリズムの情緒の源泉に照明を当てたものとして画期的な意義をもつ」と。橋川さんのことばとして、「私たちにとって日本ロマン派とは保田与重郎以外のものではなかった」と付言されている。

この点に読み当たった時、私は自分の追体験ではどうにもならない大きく厚い壁にぶち当たった。「体の奥から一語一語を押しだすように語りつづける橋川さん特有の発言」（前田愛）を知らない。「後姿がふいに、頑是ないように見えるお方」（石牟礼道子）も分からない。「含羞」と橋川さんを評する文書にもいくつかぶつかった。少しだけだが分かる気がする。著作集の月報を読んでいて二か所気になる文章にであった。

一つは月報8の須崎勝弥氏の文章の中にある。「世界的な大事件が現に眼の前に展開されているのに、私は永遠にそこから邪魔者として疎外されたくずのような人間だという屈辱感と焦燥感だけが私をとらえていた」という橋川さんの述懐である。結核で学徒出陣に参加できなかったことへの想いである。もう一つは月報7の丸山眞男先生の次の指摘である。

「橋川君の文章のなかで本当に自分のものだ、と感じさせるのは、戦時中の体験です。だからそれは何回書いても非常に面白い。『八・一五紀行』その他その他。それも現実観察じゃないか、といわれるかもしれないけれど、戦中体験は観察体験としての『現実』じゃないんですね。いわば青春期の告白で、自己表現です。ですから戦争の生々しい現実とはやはり皮膜をへだてている。でも自己表現としては美事です。これは本物です」。

戦争不参加を屈辱と受けとった橋川さんの心根を私は推察していない。それは私たち後輩が学問を媒介にしなければ接近してはならない類いの質的なものにちがいない。私は保田与重郎に接してみようとした。だが、どうしてもなじめなかった。だから、白井健三郎さんが、「保田与重郎や三島由紀夫やにこだわり、必死にその思想を解明する橋川の生真面目さには敬意をもつが、私にはそういう橋川の姿勢はいつも一抹の危惧と不安をいだかせるのである。彼の精神の燃やし焦がしかた、彼のパトスのありかたには、或る種の土着性、或る種の日本的なものとの合体がありはしないかという危惧である」(月報5)との指摘は、私にも説得的である。

私には橋川研究によって「日本的なもの」を突きとめる時間がない、と思っていた。だが、いつか誰かが橋川研究をきちんとやらねばなるまい、とは思っていた。だから、石田雄さんから橋川さんの蔵書を引取れないか、と打診された時、むしろ何としてでも散逸を防ぎたい、という想いが先行した。

当時、慶應義塾福澤研究センターは創設日も浅かった。私はそこを昭和研究の中心にしたい、とする伏せた野望があった。橋川文庫はその一つの核になるにちがいなかった。慶應義塾大学図書館の渋川雅俊君の協力を得、橋川夫人のご了承をえて、今や橋川文庫はその相貌を明らかにする。西川俊作前センター所長、坂井達朗現所長のご努力に前任者であり、引取った当の責任者として篤く御礼を申しあげたい。そして、何よりも長らくお待たせしてしまった橋川文三夫人純子さんに、整理完了をご報告できることがうれしい。（一九九六年十一月七日）

『近代日本研究資料』7　慶應義塾福澤研究センター　一九九七年

第5章　沖縄、沖縄の人々、そして私たち

沖縄、沖縄人、そして日本国憲法

はじめに

最近の朝日新聞の世論調査で、沖縄県民の八七パーセントが「復帰してよかった」と答えている。だが同時に、五七パーセントが日米安保に賛成との意思を表明しているにもかかわらず、一四パーセントが基地の全面的撤去を、そして七二パーセントが段階的縮小を望んでもいる。この数字の蔭に私たちは何を読みとるのか。大田昌秀知事の「復帰して憲法の適用を受けることで、（米国統治下に比べ）基本的人権の保障や生活福祉面などでメリットは大きかった。一方で、敗戦後にあった『新しい沖縄をつくる』という自立心が、復帰後には希薄になってきたような印象がある」との談話は、メリット、デメリットの比較考量を意味するのではなく、むしろ復帰による沖縄人の人間喪失を言い当てようとしているのではないか。

私は沖縄が復帰した一九七二年五月十五日に、「返ってくる沖縄、帰ってこない沖縄人」（拙著『民族の基層』三嶺書房、一九八三年所収）と書いた。

「祈る気持があった。復帰が実現しないことを。そして復帰が実現することを。それを政権打倒に結びつける本土人を、私たちは恥じた。そんなことではなかった。それはもう日本といったところに据えかねる、人間そのものの質にかかわっていた。二進も三進もいかないところで、私たちは崩れ折れることだけはしない務めを果そうとしていた。

沖縄は返るが沖縄人は帰らない。沖縄人は私たち本土人と訣別して人間に連結する。帰らない沖縄人を私たちは、現代という歴史の、そのまた『歴史』的な存在と認識することでこの訣別に耐えるほかない。

この訣別した沖縄人にたいして、日本国の統治のルールが確実に適用され、沖縄は沖縄県として処分される。沖縄人は半主権人民の座を永久に失う。沖縄人が日本国民として内容のない主権者になることで、問題が終焉する。半主権人民が現代では、唯一正当な主権の請求者であることの意味が、地球上からまた一つ消える。それを人間の拡充といって喜べるのか。沖縄人は、日本国において、どうやって沖縄県人にならない意志を持続するのだろう。私たち人間の問題がまさしくここに発現しているのにちがいない」

私がここで探り当てた人間のことがらは、今年の五月が、日本国憲法施行五十周年であり、沖縄復帰二十五年であることと重ね合わされて、強烈に私たちに散乱したのだった。それはかつて、復帰を目前にして屋良《やら》朝苗《ちょうびょう》・琉球政府主席が語った、「自主的に自らを解決、生きていくことは人間の本質です」に重大にこめられた、「人間であるための条件」を指示するための散乱でなくて何だったのか。

一

「沖縄の教師たちの胸ポケットには、憲法の小冊子がおさめられていることが多い。あきらかにかれらはまたそれを熟読している。教師のみならず沖縄の中学生や高校生は、しばしば憲法をひいて語る。小学生もごく自然に基本的人権とか戦争放棄とかに敏感である。……おそらく沖縄は、日本のあらゆる場所のうち、もっともひんぱんに憲法が日常生活の会話にのぼるところであるだろう。しかしそれは《自分の国の憲法によって護られていない人間の無力さと惨めさを、いやというほど味わわされて》きた人々が、憲法について語る会話なのである」（傍点＝内山）

この文章を大江健三郎さんは昭和四十二年十二月に書いた。復帰五年まえである。そこに明らかにされているのは、沖縄人が思い当てていた「自分の国」としての《祖国》であり、現実具体的な国家日本ではなく、日本国憲法によって表象された「国」でなくてはならなかった。だからこそ、大江さんは、「憲法にまもられぬ沖縄に、武器として憲法を政治的想像力の根底にすえる態度が広くしみわたっている現実」（傍点＝内山）から、「中学教師は逆に沖縄を『平和』そのものの拠点として日本に『返してやる』ことを、かれのイメージのうちなる日本復帰と考えている」点に、自分をつなぎとめたにちがいない。

「そしてどのようにして正気でいることができよう／血の赤い糸がなおわれらを固く歴史に縛りつけているのに？」大江さんは古堅宗憲《ふるげんそうけん》さんの死を悼む文章を、ジュディス・ライトの詩で飾った。古堅さんの死はまさしく「血の赤い糸」でなくて何だったのか。

古堅宗憲。一九六九（昭和四十四）年一月九日未明、沖縄県人会事務局長だった古堅さんは、居所日本青年館の火災によってなくなった。一酸化炭素中毒死であった。享年三十八歳。大江さんの当時私たちを打ちのめし、今ではほとんど忘れられた一節をとりだしておく。「死者よ、怒りを込めてわれわれのうちに生きつづけてくださ い。怯儒《きょうだ》なる生者われわれのうちに怒りをかきたてつづけてください」

その古堅さん、「あの童児のようなかたちの奥から永年の疲労が暗くにじみでている、しかも善意と優しさがそれに拮抗している独特の顔と、あきらかに肥りすぎで丸っこい胴体に手も足もユーモラスに短かく感じられた躰のイメージ」を与えた古堅さんがなさったことは、本土における沖縄返還運動であった。「沖縄返還運動にすべての青春を投入し、それがついに全生涯ともなった」古堅さんは、十五歳で鉄血勤皇学徒隊の一員として沖縄戦に生き残った。兄宗淳氏の「犠牲にたった期待」をになって、沖縄開洋高校、辺土名《へんとな》高校の自然科学の教員となった古堅さんは、「焼土にわずかに芽ぶくもののうちに、しかも新種の植物を発見するまで持続的であった強靭な志」を秘めつつ、「新しい学問へ発心」することで、明治学院大と東京外大に学ぶために上京した。二十二歳であった。だが古堅さんは大学を去った。「プライス勧告反対・四原則貫徹国民大会を組織して、本土における沖縄返還運動の口火を切り、その実践を持続し、生涯をかけて前におしすすめる」ために去った。

古堅さんは、沖縄現地にむかって、「日本国憲法を印刷した文書を大量に送りこむ努力を、熱情をこめておこなった」。ただし大江さんはこう書いた。「現実には憲法にまもられぬ沖縄に、そこへ切りはなされ放置された同胞へ連帯の手をさしのべることを拒むことによってのみ、憲法の体裁をいちおうはととのえつづけることに成功しているかにみえる本土から、あえて憲法文書を送り出しつづける若い実践家の内部に燃えひろがっていたにちがいない、暗く孤独な怒りの火」（傍点＝内山）と。

古堅さんはその誠実で真摯な運動の故に、沖縄に帰る「旅券」（入域証）を発行されなかった。こうした人をまえにしたとき、――それは間違いなく石弁礼道子が熊本水俣病患者に見当てた、怒りが頂点に達すれば人にやさしくなる、そうした当の人であるにちがいない――「本土で生き延びている人間としての自分のいやらしさ」に顔を打ちつけずにはいられないはずだ。つまり、沖縄はそのままでモラリティの問題として、私たちに衝迫したのだった。だからこそ、大江さんは「沖縄に行くたびに、そこから僕を拒絶すべく吹きつけてくる圧力」、つまり「拒絶の圧力」――「絶対的な優しさとかさなりあった、したたかな拒絶」――を感受しなければならなかったのだ。

大江さんは、この「拒絶」をまえにして、「日本人とはなにか、このような日本人ではないところの日本人へ」に転回する点を突きとめようとする。「沖縄の現状がつづくかぎり、公的に本土の日本人が、沖縄とそこに住む人間にたいして免罪符をあがなうことはできないし、まっとうな懺悔をおこないうるということもない。沖縄からの拒絶の声とは、そのようなにせの免罪符はもとより、べったりとからみついてくる懺悔の意志もまた、潔癖に峻拒するところの声である」かぎり、その中での沖縄へのまなざしには、巷間にあふれた《恥知らずな歪曲と錯誤》を見逃すことしか残されない。

この認識は、おそらくは間違いなく、戦後日本におけるはじめての多様性に生命《いのち》をつなぐ起点であった。それは人と民主主義とを結ぶ《生命民主主義》の始発点でもあった。言いかえれば、「多様性を生きいきと維持する点において有能でない属性をそなえている」日本人、日本国民のありようを根源的に露出させる知的努力の開始であった。さらに言いかえれば、自分とは何か、を問いただす際に、個人を超えるものとしての民族や国家に価値をただちには、無媒介には断乎として認めないとする、おそらくは凜然と悄然とが対立矛盾しない形でなり立つことがらとして聳立《しょうりつ》するポイントであった。つまり、アイデンティティの獲得は、一意的な自己絶対化――結局は排他――ではなく、限りない自己相対化にあるのであって、その相対化の主体たる自已において自立・自律の人間を創造する形象がたち現われる、と言えるのではないか。

二

「アメリカ支配を否定する、つまり沖縄のアイデンティティを主張する論理は、本来沖縄そのものの文化の自立性を自覚し主張することから始めなければならなかったのに、そこをとびこして『われわれは日本人である』と日本のアイデンティティのなかへみずから好んで組みこまれていくことによって、組みたてられた」（傍点＝内山）。

大城立裕さんは、「私たちは、はたしてどの程度に日本人であるのか」と自問した。沖縄史の宿題として、

「『日本なしで生きたい』
　という願望と、
『日本なしで生きられるか』
　という疑問とが共存している」

とも書きあらわしている。

「戦後史をつよく彩っているものは、反日米国家権力闘争であったが、それにともなって民衆的な文化創造エネルギーがいよいよ育ってきたとは、私には考えられない。一部分の覚めた学者や芸術家がその可能性を待つようになったとはいえ、民衆的なひろがりにおいては、ほとんどが『脱オキナワ』と『反ヤマト』との矛盾地帯を低迷するばかりのように思える」

大城さんは、この「矛盾地帯の低迷」を、沖縄が守るべき中身の確認がないままに中身を失うおそれを確実に感受していた。それはつまり、沖縄問題が政治問題でも経済問題でもなく、文化問題だと突きとめる知的営為の炸烈でなくて何であろう。そしてその営為は、「文化的創造とは、さらに言えば、他へ影響を及ぼすほどの意欲を持つことから始まらねばなるまい」という起点に立つことを意味する。その意味からすると、祖国から遠ざかることで、つまり、《祖国》という幻想から身をひっぺがすことで、自分を〝はざま〟におきつくすことに接続する。その《祖国》は大城さんが、「青春の夢をたくした同文書院はつぶれ、大陸ではたらくという志もつぶ

れ」て、「私の世代にとって、やはり祖国というものは、生きる支柱であった」(傍点＝大城)にもかかわらず、「祖国に帰ってきたら、沖縄の人間として『祖国』はなくなっていた」(傍点＝内山)、そうした祖国であったのだ。

なくなってしまった祖国。大城さんにとっては、だから、「祖国に住んでいて祖国をもたない」という「不安定な精神」のたて直しには、「郷里沖縄へ帰って祖国からいよいよ遠ざかることによって可能だ」(傍点＝内山)という《逆説》の中で生きるしか方法がなくなる。逆説の中で生きるとは、漂泊に生きることをただちに意味する。漂泊にこそ〝自由〟がある。この〝自由〟感覚は、人間の生を規定する根源的な条件である。あまりにも苛酷な運命をみずからに課し、それに耐えることで生の充実を追求する営為である。それは、自分の存在を特定された意味で確定しないという、前述した相対化の意識に立ついとなみである。

それを大城さんは、《同化と異化のはざまで》と表現した。「私たちは、はたしてどの程度に日本人であるのか、その文化のそこばくの異質感を、どうしてもさけることができない」地点から、「日本とのあいだのこの同質感と異質感のなかで」沖縄問題を考えるもっとも困難な仕事をまえにしたのである。そこでの課題は、「われわれ自身の文化意識の持ちかたしだいで、自身を解放すればそれでよいのだ」に収斂する。

三

文化問題としての沖縄という定礎のし方は、しかしながら《政治》ということがらを抜きさってしまうにちがいない。つまり、クリスチャン・ベイが、「『政治的』ということの前提には、人間の生活という最高の価値へのかかわり方が含まれている」とした点で、沖縄という問題は、決定的に、政治問題だとする立ちかたがなければならないからだ。さらに、「《政治》とは、政治問題を解決することをめざす、思慮にとんだ共同行為をさす」とすれば、なおさらに《政治》に含まれる沖縄にならないわけはない。そして、その場合の「問題」とは、「何が存在するのか、あるいは（有効な行為が介入しなければ）何かおそらくは生ずるのかということと、何が存在すべきか、あるいは何が生ずるようにするべきかということとの間の、ありとあらゆる矛盾をさしている」とのC・ベイの思念を真向から受けとめれば、大城さんの文化問題はまさしく「政治」問題でなければならないはずである。

文化問題を地域問題あるいは地域的人間問題に限定しよう、というのでは決してない。「他へ影響を及ぼす」、「自身を解放する」という大城さんのことばの噴出は、C・ベイの言うかぎりで、政治的表出なのだ、と言いたいのである。大城さんがそこで「権力」を想定している、と言わんとするのではない。むしろ大城さんは、権力の機能を沖縄で知悉したがゆえに、非権力的（非暴力的）直接行動を思念したであろうことが見てとれる。それは、文化的多元の主張が、先進国家＝国民神話を衝いて、文化的アイデンティティを前提とする意志決定への道をひらいている現実に結びついているにちがいない。しかし、その多元性主張は、近代的国家の人為的構成原理としての民族性・国民性の現実的崩壊を招きよせた歴史的事実として成立したのである。

ここでひいた大城さんの言説が一九七〇年代初頭に発表されている限り、私の文化問題から政治問題への転回は、大城さんには失礼であろう。だが、文化的多元主義をアイデンティティ論の中から抽出する政治理論は、民主主義理論としてどのように展開しなければならなかったか、をここで一瞥しておきたい。

国民＝国家民主主義を突き崩したのが、黒人アメリカ人の公民権運動であり、また同時に先進諸国世界における青年運動であったことは、今更言うまでもない。そこで露呈したのは国益民主主義、つまり代議制民主主義における多数決原理の欺瞞であった。言いかえれば多数者による少数者の権利保護なんぞ実現することはありえない、とする政治的現実であった。国民投票がたとえ一人一票を理想的に実現したところで、少数者の生命＝生活にかかわる決定、すなわち、致命的決定は、運命の自己決定に連結するはずはなかった。少数者はその運命を他者に委任する以外に生きる方法がなかったのである。政治的犯罪者になる以外には方法がなかったのである。制度的に認承された《市民的不服従》は、この現代の現実をカバーできなかった。

したがって、政治理論は《異議申し立て》を少数者の実存的な主張として承認するべく参加民主主義の理論化に急進すると共に、多数決によらない《合意》形式の〝方法〟を求める過程で、小国民主主義における多極共存型民主主義の原理をクローズアップした。それは言語・宗教・民族等アイデンティティを共有する文化集団の自律性を前提とし、言いかえれば文化的差異を前提として、いわば異質の人間間に合意を築く方式であった。それは等質な市民という前提も、利益を共有し国家内でその実現をはかるとする国民という前提もはずしたところで、共住し共生する異質の人間が、それにもかかわらず、そして/あるいはそれだからこそ一国内に存在しうるための民主主義であった。だが、この文化的多元をもって民主主義的合意形成の基盤とするには、「規模」の問題をクリアーしなければならなかった。

政治的民主主義の最適規模は経験的には措定できなかった。しかし、差異の政治は確実に展開してゆく。この過程の中で民主主義の政治主体は自己イメージを発現してゆく。彼らは間違いなく、他者否定でもなく自己否定ではましてなかった。だが、多数者にたいしては《否定の精神》を発揮する人たちであった。それは大衆の中から出現したインフォームド・シティズン（ものごとを知った市民）でも、ミニ・プブリス（ミニ公衆）でもなかった。彼らは少数者として、少数者の権利の保証と実現のために自立した存在として自己を規定するがゆえに、新しい市民とでもしか言いようのない存在として発現しているのである。

こうした《権利》には、オーソドックスな市民権は当然含まれるし、さらにはそのオーソドキシィの構造変化の方向に動く可能性もあるにちがいない。この〝市民的なるもの〟に対応するのが《マルチ・カルチュラリズム》(多文化主義)を正当、当然とする新しい〝国民〟主義と言ってよかろう。つまり、ここでの〝国民〟は、その内実をマルチ・カルチュラルな市民によってのみ構成される。国民(民族)国家神話の解体である。

この《解体》は実は、国家が人間であるための現代的条件を人びとに提示できないままに、グローバリゼーションとローカリゼーションに引き裂かれつつある歴史的条件を示している。これは国家の存在を前提とした〝多元主義〟の枠組をいつ崩してもおかしくない事態と言えるだろう。沖縄・沖縄人の問題をこのコンテクストの中に位置づけたとき、それがただちに国家日本の解体を意味するのではなく、日本の国家民主主義のリストラへの契機を秘めるものと考えるのが、世界史的人間史の教えるところではないか。

おわりに

戦後日本史は、少なくとも講話条約以後の戦後史は、日米安保体制が日本国憲法を蚕食した歴史だ、と言いかえることができる。その歴史を、これ以上にない形で明確に証明しつづけたのが沖縄であった。国内植民地沖縄と言わざるをえないし、矢内原忠雄の表現をかりれば軍事植民地としての沖縄と言うべきであろう。

それを如実に示したのが、今年(一九九八年)四月三日の閣議決定からわずかに半月の間に決定された米軍用地特別措置法の改正であった。それは、使用期限が切れた米軍用地に関して、国が一方的に半永久的に使用できるとする内容だった。この改正は、従来、五年毎にいやでも私たちに明らかになってきたこの問題の「悪循環」(新崎盛暉沖縄大教授)を断ち切る企図にいろどられていた。新崎教授は、この改正の特徴を、「中立的第三者機関の判断を事実上一切排除して、暫定使用の名目で、永続的な土地の強制使用を図る法律」であり、「いかにすれば強制使用の手続きを、円滑化、簡略化できるかのみを追求した法改正」と見究めている。これはすでに「法の支配」から「法による支配」への強権的転換と言うべきであり、さらに昨年三月三十一日で使用期限が切れた楚辺《そべ》通信所用地の「使用」が違法行為であったことを重大に加えるべきことがらである。

日本国憲法に目をこらしたい。「わが国全土にわたって自由のもたらす恵沢を確保し、政府の行為によって再び戦争の惨禍が起ることのないやうにすることを決意」したのだった。憲法が明らかにした国家日本と、措置法改正に発現された「政府の行為」との乖離、それはいかなる弁証をもってしても埋めることのできない乖離にちがいない。さらに《人類普遍の原理》として明示された「そもそも国政は、国民の厳粛な信託によるものであって、その権威は国民に由来し、その権力は国民の代表者が行使し、その福利は国民が享受する」は、国政が国民にはじまって国民に回帰する順位を伴った過程を意味する。

故屋良朝苗沖縄県知事の前出のことば、「自主的に自らを解決、生きていくことは人間の本質です」が今まさに痛烈な意味を伴って鳴動する。屋良氏の県民葬（四月二日）で、橋本首相は「先生の目指された沖縄の実現に政府も全力を尽くすことを誓う」、とその挨拶をしめくくった。これもまた限りない乖離。この乖離は、中野好夫・新崎盛暉が、「沖縄戦後史と本土戦後史を統一的に把握する視点、いいかえれば沖縄戦後史の独自性を共有する視点からとらえられた日本戦後史」を強調しなければならなかった、そのことがらを抜きにした〝沖縄は沖縄〟と個別化する内なる意志をあぶりだしている。

「『祖国復帰』とは、いったい何だったのでしょうか。私たちがあれほど思いを込めて復帰を望んだ『祖国日本』は、沖縄にとっていったい何なのでしょうか。

幻だったのです。私たち沖縄人が悲痛な思い故に描いた、幻影だったのです。

日本は帰るべき『祖国』などではなかった――いま、もっと悲痛な思いで、私たちはそれに気づかされているのです」

「沖縄人があれほど『祖国復帰』を願ったのは、『平和憲法の日本へ復帰』することで、『核も基地もない平和で豊かな沖縄』を回復したいという切実な思いの故です」（大山朝常）

世界史的に「国家」が希薄になってきているのに比例して、「人間」の存在が重厚になってきている。その同時代的状景にあって、沖縄そして沖縄人は旧時代（冷戦体制期）と変わらぬ「惨禍」を「政府の行為」によって負荷されている。「戦後の沖縄に、戦後民主主義は存在しなかった」（中野・新崎）こと自体に、私たちの戦後の未熟さがある。その未熟は安保翼賛体制によって放逐されることで、国際化時代の国家日本像に収斂する可能性が強化されつつある。「憲法の心を沖縄の心にしよう」と言ったのは、故屋良朝苗さんだった。「憲法の心は日本人の心だ」と今、ここで、言い切る人びとであろうではないか。それをさえぎる人間たちと袂を分かつほどの勇気が今、ためされている。

参照書目

大江健三郎『沖縄体験』岩波書店、一九八一年
大城立裕『同化と異化のはざまで』潮出版社、一九七二年
C・ベイ、内山秀夫・丸山正次訳『解放の政治学』岩波書店、一九八七年
中野好夫・新崎盛暉『沖縄戦後史』岩波新書、一九七六年
大山朝常『沖縄独立宣言』現代書林、一九九七年

『私学公論』私学公論社　一九九八年二月

近代沖縄の青春像
県費第一回留学生物語

世界史的力学を体験――志半ばに死んだ明治沖縄人

沖縄は「近代」に苦しめられ、「近代」に苦しんだ。沖縄の人と土と海は、いつかは近代沖縄にならねばならなかったであろう。だが、それは帝国日本が沖縄を奪うようにして持ちこんだ「近代」である必然はどこにもない。近代日本に苦しめられた沖縄の人と土と海が、近代沖縄につくり直された。そこでの苦しみの作業と過程に発現した主体性のありようは、だからこそ、人であるための条件を私に示す炬火の明るみの中にあるのである。

その場合、明治日本政府に対する抵抗の主体としての沖縄人、あるいは、植民地的収奪に対抗する自立民族としての琉球民族の視点がかなり強かった時期があるように思われる。その視点が間違っているというのではないことはもちろんである。たとえば、伊波普猷《いはふゆう》が『古琉球』で「日本政府は即ち琉球王国を廃してその国家制度を滅却せしめ、風俗習慣制度等を滅却せしめようとした」と指摘し、〈国性剝奪〉と断定した時、彼はむしろ日本人との文化戦争を想い当てていたのではなかったか。しばしば非難される、琉球処分は沖縄の奴隷解放、とする彼の認識には、近代文明の中の地域文化を持続する担い手たるべき、覚醒した沖縄人の琉球処分による新生への期待がこめられていたのではなかったか。

私は、往々にして琉球処分に対して評せられる、琉球王府の因循姑息、あるいは事大主義を、そのようなものとして承認するつもりはない。むしろ、津波古政世《つはこせいせい》の如く、七年間に及ぶ清国留学によって儒学ばかりか、西洋事情にも通暁し、冷静に歴史的事実に処して、真の意味で沖縄の将来を見透し、本土における廃藩置県の実情を調査した上で、進んで版籍奉還を主張した人物がいたことに、めがさめる思いがする。

だが、琉球王国から沖縄県への歴史過程は、前述の如く、文化戦争の位相を持つにしても、それは〈文明〉という名の「世界」に直面し、その世界史的力学の何たるかを、身をもって体験し理解する中で、ぎりぎりのところで自恃の精神を鍛造する地点時点で、その意義が発現してくる苦悩のそれにちがいない。沖縄人が昭和二十年六月二十三日をもって、この自恃精神鍛造のキイポイントとし、それをもって第二の琉球処分の起点たらしめえたのは、私には、たんに日本帝国や日本国、あるいは大和人に対するルサンチマンの復元ではなく、むしろ〈内なる沖縄〉の栄光と悲惨のよって立つその基盤をみずから突きとめる、民族的自主であり独立への意志を内包したがゆえなのだ、と考えられる。

現代はふたたび民族の時代を迎えている。それは、国民国家に組みこまれ、国民に集約された一人ひとりの人間が、より自然でより歴史的で、だからこそより文化的なままに、生きるために、お互いに新しい質のつながりを求める心事のあらわれとみなすべき時代を言うのであろう。しかし、現実には、そうした民族は、「心事」に属することがらではなく、支配—被支配、あるいは差別—被差別の関係に属している。

米須興文《こめすおきふみ》さんがアイルランドとポリネシアに見たのは、異民族支配によって荒廃させられた民族文化であった。だからこそ米須さんは、その現実に沖縄を重ね合わして、「このような荒廃の中から未来へ向けての建設のための如何なるエネルギーを引き出すか」が何よりも大切なのであって、「民族文化の廃墟の中に新しい姿のフェニックスを現出せしめることも一つの道であろうし、また破壊された偶像の断片を拾いあつめて、民族を超えた新しい次元での文化の創造のための素材として役立てていくことも一つの道」と思い切ったのだろう。

支配民族が持ちこむのは常に文明である。それは歴史的普遍性によって飾られている。歴史的必然といってもよい。ここにはじめる沖縄県費第一回留学生物語は、文明を学び文明の虚偽を知り、その文明で支配民族たる日本に切り返しつつ、琉球文化を守ろうとして、志なかばに死んだ明治沖縄人の物語になるはずである。

旧支配層は反発——「しばしば反逆者扱いも」

明治十五（一八八二）年十一月十六日午前十一時に、那覇港を出帆した船があった。船の名は平安丸、約四〇〇トン。乗船者の中に、謝花昇《じゃはなのぼる》、大田朝敷《おおたちょうふ》、岸本賀昌《きしもとがしょう》、高嶺朝教《たかみねちょうきょう》、今帰仁朝蕃《なきじんちょうはん》の五人の青年が見られた。謝花と大田は十八歳、岸本、高嶺、今帰仁は十五歳。謝花と岸本は明治十三年に開設された師範学校の初等科、大田は予科、高嶺と今帰仁は、これも明治十三年に開学した中学の生徒であり、彼らは沖縄県費第一回留学生として、上京すべく来船したのであった。

教育の普及と旧弊打破に意を尽くした第2代県令・上杉茂憲　ウィキペディアより

この留学生派遣は、松田道之内務大丞を通じて明治八年に琉球藩庁にもたらされた政府命令九ケ条の中に「学事修業・時情通知のため、少壮の者一〇名ほどを上京させること」とある、その命令に対する七年後の実施であった。留学生派遣は政府命令であったがゆえに、積極的に実施されたものではないのは当然である。そして、琉球王国の消滅という驚天動地の事態にあって、これがスムーズに運ぶわけもない。そこに一人の人物がいた。第二代県令・伯爵上杉茂憲である。この英国二年留学経験を持った開明県令は、自分の足と目で沖縄をじかに調査し、民衆の生活向上に力をつくした。夫人を伴っての赴任は、彼の誠実さの証左ととれる。上杉県政の力点は、教育の普及と旧弊打破であり、それは唯一に沖縄人の自己覚醒と、それによる沖縄の自己救済であった。その理念が、人材養成の礎点としての留学生派遣となって発現したのは当然であっただろう。彼の志向には、旧慣温存による沖縄旧支配者の取り込み政策を一貫した明治政府の沖縄統治と明らかに背反していた。彼の調査に基づいた県政改革意見書は、したがって、政府に忌避され、二年後に解任されてしまう。離沖するに際して、三、〇〇〇円の奨学資金を残したことも特記すべきであろう。

このようにして留学生派遣が実現されたのだが、それは本土における明治青年が笈《きゅう》を負って上京し、文明開化の本質に迫り、あるいは明治開化の権力的実体に突き当たった状況とは異なっている。さらに郷土の期待を一身に背負う、といったものでもなかった。むしろ、旧支配層にとって、新教育制度は明治新政の一部であったのだから、彼らの反政府姿勢にはこれに反発する傾向が強かったにちがいない。

たとえば、師範学校開設時の入学について、謝花昇伝を書いた大里康永《おおざとこうえい》は次のように書いている。「特権階級の態度は、選ばれて師範学校に入学する者に対して、迫害となり妨害となった。したがって一般には好んで師範学校に入学しようとする者は少なかった。間切《まぎり》の義務として各間切から選んで仕方なしに入学せしめたのである。新政府の強制だから仕方がないというような態度であった」。留学生の一人、大田朝敷も後に、「特権者流は、謝花や彼と共に上京する人々に対して、憎悪と侮蔑に満ちた態度で、しばしば謀反人呼ばわりを行い、反逆者扱いをしたようである」と書いている。

しかし、そうした白い眼の中にも、たとえば当時の那覇区長・護得久朝常《ごえくちょうじょう》のような「珍しく協国精神」の持主がいてもふしぎではない。彼は首里・那覇・郡部・村字にとかく閉塞しがちな交際範囲を打破し、青年間の自由な交流の場として自宅を開放した。彼の子息朝惟《ちょうい》、岸本賀昌、大田朝敷などがそこでつながり、青年倶楽部をつくる。

時勢に対するしなやかな対応能力を持った人たちも確かにいたのである。大田朝敷によれば、王子家で伊江王子、按司《あじ》家で護得久《ごえく》、高嶺、金武《きん》、大宜見《おおぎみ》、勝連《かつれん》など、総地頭家《そうじとうけ》に宜湾、与那原《よなばる》、豊見城《とみぐすく》、伊是名《いぜな》の諸家があげられ、護得久朝常、豊見城盛綱、伊是名朝睦の名が特記されている。「こういう目醒めた人々があって青年の指導に努め、縣の教育方針と相呼応して革新の端緒を開いたのであるが、…何といってもその勢力は甚だ微々たるものであった」。こうした状況に重ね合わすと、留学生選抜の結果が了解できるのではないだろうか。

異彩放った謝花昇——貴族への強烈な対抗意識

五人の留学生の中で異彩を放っているのは謝花昇である。異彩といったのは、謝花だけが平民であり、他の四人が士族、それも上級士族であったからである。では、謝花はなぜ選ばれたのか。

彼が生まれ育ったのは、島尻郡東風平村《こちんだ》である。大里康永によれば、東風平が旧都首里と新都市那覇の中間にあり、しかも島尻役所の所在地でもあったために、時代の趨勢《すうせい》に住民は常に刺激を受けていた。さらに、東風平魂と称せられる精神的たたずまい、つまり「負けじ魂」、「やり徹す意志」を保持し続けた点で、東風平は特殊であった。おそらく、首里、那覇士族への対抗意識が村民を支えるテコになってもいたのだろう。その特殊性は、教育を軽視する農民の一般心理と教育による平民の自己開明をよろこばぬ政治家に対する反発として、その子弟に

五人の留学生の中で異彩を放った謝花昇
『謝花昇集』（みすず書房）より

対する教育熱のようなものをかもしだしていたのであろう。

「他の地方人がその子弟を田圃《たんぼ》や畑に追い立てて労働に従わせることのみ考えているとき、東風平の村民はまず子弟を上級の学校に出したり、他郷に遊学させることを考えた。……東風平村民はよくその子弟を教育したばかりでなく、これを官界に送り出して、大いに革新の気を吐いたものである。官界といえば薩摩人かその他の独占するものであり、『官人』といえば県民と何等か異なった人種ぐらいに心得ていた当時の人々の中にあって、自己の子弟を官界におどりこましめ……、教育界に政界に幾多の人物を出している」。

こうした風土ではあったが、中流の上程度の農民の長男であった謝花をして、守旧派の反政府、反新教育キャンペーンにたじろぐ父親を説得し、小学校に就学させ、「首席で通し、全校の華」とうたわしめたのは、母親の懸命な努力のたまものであった。昇は、当時、農民の出世のスタートラインであった、按司地頭義村御殿に奉公にあがった。廃藩処分によって、彼は東風平に帰るが、明治十四年に師範学校に入れられる。昇の秀才があずかって力はあったろうが、入学の形式としては、間切から選抜され、強制的に入学させられたのだ、と大里は指摘している。しかし、東風平の風土は、「俊才謝花を上級学校へ送るとき、東風平村民は郷党のほこりとしまた自己の幸福へののぞみとして送り出した」。謝花にしても心に決するものがあったであろう。

だが、「ことに首里那覇の人々は、彼らの入学に対して不愉快な感情を露骨に現わした。声を激しくして、彼を罵《ののし》ったものもあったと言はれる」と大里は書き続けている。

彼がどのようにして留学生として選抜されたかは、今にしては不明だが、おそらく間切の平民を一人ぐらいはいれておくべし、とするバランス感覚と上杉県令の存在があずかって力があったのだろうし、師範学校での謝花が目立った存在であるにちがいないことも大きかったであろう。八重山から師範に入った上江洲由恭《うえずゆうきょう》が語った。「我々田舎者と一所に勉強する首里からの人が、御殿や殿内の人でおまけにピカピカ光る金の簪《かんざし》をさした上に、お供を二三人引きつれて通学」していることに「驚いた」ほど、謝花は「田舎者」ではなかったにしても、そうした貴族たちに対する強烈な対抗意識は東風平謝花の身上でもあったにちがいない。上京後、学習院漢学科に入学し、助教をつとめ、さらに東京農林学校から帝国農科大学に進学し、日本近代農学の父と呼ばれた横井時敬の指導下で優秀な学生として嘱目されたこと、帰県して県庁に技師として沖縄人初の高等官になったことなどをつなぎあわすと、農平民謝花の志操が分かるような気がする。しかし、謝花が「階級打破の象徴」として栄光に包まれれば、その分だけ旧慣温存による外来本土勢力と旧支配層による沖縄の秩序が危機に瀕する。平民高等官謝花の破滅こそが、階級秩序としての沖縄県の平和でなければならなかった。この東風平魂の権化は、かくて狂死にいたらしめられる。

東京への旅程17日間――尚泰王《しょうたいおう》に面会　破格の待偶、天皇拝謁

「参勤交代の時に琉球王の使節が島津氏の行列に加わって、はるばる江戸に上った外、江戸―東京に上るということを全然聞かなかった島民にとって、五人の青年の上京は、全く驚異すべき出来事」（大里康永）として那覇港を出帆した平安丸の航海は、平安ではなかった。伊平屋《いへや》灘でまず風浪にさえぎられ、瀬底《せそこ》港に避難し、大島の

尚泰　『沖縄歴史地図』（柏書房）より

名瀬《なぜ》港に着いたのが二日後の十八日、名瀬で三日間避難し、二十一日鹿児島着、同地で四日ほど停泊し、二十六日出港、二十九日神戸着。「那覇港を発ってから一四日目の日であった。一二月一日に神戸を出発し、一二月三日目的地の東京へ着いた」（大里）。実に十七日間の旅程であった。

　入京と同時に、鍋島直彬（初代県令）の邸で饗応を受けた後、芝愛宕近傍の細井清吉方に下宿する。翌日、彼らは明治天皇に拝謁を仰せつけられ、金一封および吸物等が下賜されている。このことは、そこにどのような政府の意図が隠されているにしても、あるいは絶対天皇制確立以前であったとしても、破格の待遇であった。琉球国王より上位にある人物の実在性を、彼らは身体で了解したことであろう。その体験と、その後の天皇観念の形成、そして天皇制国家の成立とその沖縄県への権力的波及を、彼らがどう受けとめ、どうつなぎとめたのか。それはだれにも分らない。

　明治十五年十二月二十八日、彼らはそろって学習院漢学科に入学し寄宿舎に移転する。細井方寄宿生活は約一カ月で終っている。その時の本土の雲行きはどうだったか。まず、十一月には自由党の暴発事件（福島事件）がおきている。自由民権運動は、前年の国会開設詔勅の渙発《かんぱつ》によって政党結成、組織運動への展開過程として再編の起点に立っている。さらに、いわゆる明治十四年政変によって、大隈参議の下野、立憲改進党の結成、対抗的に福地源一郎の立憲帝政党も結成され、集会条令の改正、朝鮮との済物浦《さいもっぽ》条約の調印、時事新報、自由新聞、絵入自由新聞などの発刊、東京専門学校の開学がある。翌年一月には、馬場辰猪『天賦人権論』、植木枝盛『天賦人権弁』が公刊され、三月には高田事件が発覚する。いわば、時間があらあらしさを加えて急激に過ぎてゆく時期であり、いや応なく彼らもそれにまきこまれる。

この時、旧藩王尚泰は華族に列せられ、一等官待遇を与えられ、下賜された飯田町の邸宅に住んでいる。留学生たちが尚邸に伺候したことは想像にかたくない。すでに約四年を東京ですごしていた尚泰が、沖縄青年に何を語り何を期待したかは知るよしもない。たんなる懐旧の情の交換程度とは思われない。

学習院について私の調査は及んでいない。だが、当時の学習院は華族会館の管轄から宮内省直轄に移行した時期にあたり、その直後に院長に就任した谷干城が宮内大臣土方久元に提出した主旨書によって、その性格をうかがうことができる。それによれば、「文科ニ於テハ、普通ノ教育法ニ従ヒ、一般生徒ヲシテ後来何ノ専門科ヲ修ムルノ目的ナルニ論ナク、皆其素質ヲ茲ニ錬成スルニ十分ナラシムルヲ以て目的トシ、就中洋語学ノ如キハ、英仏独ノ三科ヲ並設ケ、生徒ノ目的ニ応シテ、其中ノ一若クハ二ヲ選修スルコトヲ得セシメ」とある。したがって、専門学への一般教育を施していたことがわかる。

彼らは明治十六年一月十日から学習院での授業を受け始めた。毎月末に小試験、七月に大試験があった。大里によると、謝花は試験毎に首席で大試験でも一番であったので、当時ようやく設けられた級別で別則中学の三級になったという。十一月二十一日に明治天皇の学習院行幸があり、謝花は得意の棒高飛を天覧にいれた。「他の四人の派遣生も勉強には熱心で……その成績はすこぶる優秀」であった。彼らが専門学校に進学すべく二年半をすごした学習院を中退したのは、明治十八年六月だった。

カタカシラを結って——郷里には秘密にされた断髪

ここに一枚の写真がある。五人の留学生がそこに写されている。県立図書館の東恩納《ひがしおんな》文庫に所蔵されているはずだが、大田、岸本、高嶺が前列に着席しており、山口全述、謝花が後列で起立している。高嶺は腕を組んで左斜めにかまえ、大田は右斜に着席している。岸本は真正面をむき、両手を軽く握ってひざにおいた。山口は少し左をむいており、謝花はほぼ正面をむいている。（今帰仁朝蕃と山口との交代については後述する。）

私はこの写真を今でもときどき眺めることがある。それはちょうど、幕末・明治初期に危険を冒してアメリカ、イギリスに、未知の国や人をたずねて留学した青年たちと確実に共通する気迫を伝えてくる。眉をあげ、それぞれが内面からこみあげてくる自恃のたたずまいに、私たちが今ではほとんど見受けることのできない、青年の客気を感じて私は見惚れる。

五人はともに和服を着し、羽織を着ている。頭髪は結髪、つまり、カタカシラであった、と思われる。大里康永はただ「チョンマゲ」としか書いていないが、少なくともサカヤキを剃っていないから琉球様式の結髪なのだろうと私は思っている。だが、王族、士族、平民の階級を表示するカンザシは見えない。私は、大城立裕さんの『世替りや世替りや』の方言芝居をみたとき、カタカシラに金、銀、銅のカンザシが、その実は厳然たる階級差を公示するシンボルであったにちがいなくとも、ただ美しいと思ってみた感じ残りがある。琉舞の舞台でつくづくと見たい思いがある。

このカタカシラと留学生についていくつかエピソードが残っている。本土で断髪廃刀許可がでたのは明治四年八月九日である。「半髪頭ヲタタイテミレバ、因循姑息ノ音がスル。惣髪頭ヲタタイテミレバ、王政復古ノ音ガスル。ジャンギリ頭ヲタタイテミレバ、文明開花ノ音ガスル」という歌が明治四年に流行したそうだから、青年留学生の結髪は、明治十五年にはかなり珍しかったのではないだろうか。

大里の叙述によると、留学生たちが困ったのは、体操の時などにホコリがつくことであったとか。そこで、今帰仁を除く四人は断髪してしまう。ところが、それまで時々招いて饗応してくれた尚泰が、断髪に機嫌を悪くして招待してくれなくなったとか。

「しかしこの断髪は非常に秘密に行なわれたものであって、もしこの事が郷里へ知られると大変だというので、誰にも知らさぬことを申し合わせて行なったようである」。これには、おまけがある。それは岸本賀昌がその後婚礼のために帰沖しなければならなくなった際、「いまさら結髪も出来ず、さりとて断髪では帰れぬので、思い余って、わずかばかり髪を伸しそれに簪《かんざし》をつけて郷里へ帰ったが今でも笑い語りにされている」（大里康永）という事態である。

第1回県費留学生として、東京にて、明治17年。 左より大田朝敷、山口全述、岸本賀昌、謝花昇、高嶺朝教　那覇市歴史博物館提供

　この断髪がいったいいつごろ断行されたのかは分からない。それは前述した結髪の写真が撮影された年月が、少なくとも、私には不明なので、少しばかりややこしくなる。というのは今帰仁が一年ほどで帰郷してしまい、彼にかわった山口全述が依然として結髪姿でいる事実があるからである。大里の記述は、今帰仁の帰郷は「入学した年の十二月」となっており、十二月十八日が入学だからこれはおかしい。おそらく、明治十六年の十二月なのだろう。比嘉《ひが》春潮《しゅんちょう》の『沖縄の歴史新稿』にしても、新里金福《しんざときんぷく》・大城立裕著『沖縄の百年』第二巻「近代沖縄の歩み」上巻も、「一年ばかりして帰郷」としているのは妥当である。

山口全述は、首里鳥小堀九十三番地士族全栄の弟、慶応三年十二月生、と慶応義塾入社帳に書き留められている。入学は明治十八年九月、証人は神田今川小路三丁目三番地長山信順である。長山信順は高嶺の証人にもなっているが、その次男長山次郎が慶応義塾に入社（明治二十四年）した記録によると、沖縄縣琉球郡久米村八十七番地士族とあるから、三十六姓の中国系の士族であったのだろう。

おう盛な批判精神――大田朝敷　福沢と同質の文明論

専門学校へ進学すべく学習院を中退したところで、より道をした。謝花が農民体験によって、沖縄の農業改革・近代化への意志を抱いて東京農林学校から帝国農科大学にその驥足《きそく》をのばしていったことはすでに述べた。大田朝敷が進んだのは、これまで高等師範と言われてきたが、それはどうやら違っている。私の調査はそこまで及んでいないので、正確は期しえないのだが、少なくとも、大田は明治十九年一月十一日から四月二十五日までの慶応義塾第一学期に正科予科二番に在籍し、出席度数一一六、毎期末大試業（験）を受けて、語学七五、数学七二、読方七五を得点しているし、高嶺の慶応入学が明治十八年九月（第三期）、岸本が大田と同一と読み合わせると、学習院からストレートに高等師範に進んだとは考えにくい。私の推定は、大田が明治十九年の第三期（九月十一日から十二月二十五日まで）医科予科一番にいて、普通ならば翌年には正科本科四等に進むはずのところが、第二期には、出席度数一三四、語学大試験九三、数学八〇、読方八三とわるくなかったのに、第三期になると、出席はいいのだが（一四六）、大試験はまったく受けず語学小試験も二〇と問題にならないから、その期間に何かがあったにちがいない、という点にしぼられる。

もちろん、留学生たちの精神の遍歴を短期間に結晶化してしまうには問題が大きすぎることは、私にも分かっている。しかし、出席はしている事実が私を困惑させる。当時の事件というと、八月に清国海軍が示威行動として訪日、長崎で水兵が乱暴をはたらいたこと、ノルマントン号事件、旧自由党員を中心にした全国有志大懇親会開催（星亭・中江兆民主導）を契機にした大同団結運動の発起、清仏戦争締結――安南通商条約調印などがあるが、きめ手に欠ける。

ともあれ、大田は慶応義塾から高等師範に何らかの理由で転学したのではなかったのだろうか。大田は帰沖後ほぼ一貫して新聞人をつらぬいた。その戦闘意欲と批判精神を在京中に育成したはずだから、私には、『文明論之概略』から『通俗国権論』、そして『時事小言』を通じて「東洋の政略果して如何せん」、そして「脱亜論」にいたる福沢諭吉の国際政治論の力点移行、あるいは民権と国権との比重転換、普通には「力は正義なり」への福沢の加担とされるところに、大田が失望したのか、とも思っていた。しかし、比屋根照夫教授の最近の指摘からすれば、大田の言論の根には、福沢と同質の文明論があって、むしろその史観に支えられたにえたぎるような現実主義と啓蒙意識がはっきりと読みとれる。

大田朝敷　那覇市歴史博物館提供

まして、十九年三月に現役陸軍大佐山川浩が東京師範学校の校長となり、師範教育の軍隊化はじまる、と年表に明記されるような画期点をむかえた、その当の学校に転進するのが大田の意志的行為とは考えにくい。したがって、謎は深まるばかりである。

大田については、もう一つ謎がある。それは、彼が慶応に入るときに提出した願書である。普通は入社帳とよんでいるもので、当時の形成は、本人姓名、府縣住所身分、誰何男カ弟或ハ当主及ヒ年齢、入社年月、証人ノ住所姓名の各欄があるのだが、大田の場合は、姓名しか記載がなく、私が指摘するまで、彼は出身不明者の範疇に入れられていたのだった。姓名以外不明という塾生は、おそらく、彼以外にはないはずである。

彼が学習院から転学したとすれば、「他の私学校ニテ学ヒタル者本塾ニ入学スルコトアラハ真既ニ読ミタル書籍ヲ精シク問糺シ或ハ試験ヲナシテ級ヲ定ム」という学則（『慶応義塾社中之約束』とよぶ）が適用された上で、本科を直前とする正科予科一番に編入学を許されたのだから、その入学の正式性からみて、前述した入社帳の記入空欄は何をもの語っているのだろう。高等師範（現筑波大学）の記録とつき合せれば、あるいは何かが分るかもしれない。

出世街道をばく進——岸本賀昌　地方制度改革で手腕

大田朝敷の行動が謎めいているのに反して、岸本賀昌のそれは歴然としている。彼は、謝花と同じく「卒業」しているからである。ただし、慶応卒業には学士号は与えられない。留学生中、学士号をえたのは謝花だけということになる。

前述した「写真」でみると、岸本は五人の中でも幼ない感じをうける。しかし、写真の中央に位置する彼のきかん気の風貌を、私は気に入っている。岸本は小柄な男だった、と『近代沖縄の人びと』（新里金福・大城立裕共著）は書いているが、「岸本賀昌……小柄だがウィットに富み、それにほどほどに権勢欲も旺盛な男だったように思える。権勢欲といって語弊があるならば、ファイトといいなおしてもよい。彼はファイトをウィットに包んで、その小柄というマイナスを逆に利用しながら、出世街道をのしあがっていった愉快な男だったように思える」と躍如たる岸本像を描いている。

岸本の慶応義塾入社が明治十九年だったことはすでに述べた。編入時に医科予科一番だから、高嶺、大田より高い評価を受けた、と言える。証人は堀忠喬（牛込区牛込中町十一番地）であり、年齢を「十七年五ケ月」と入社帳に記しているのが、彼のきちょうめんな性格をあらわしている。

彼の慶応での行跡は着実そのものである。つまり、三カ月の各期ごとに一級ずつ「進学」し、本科一等に二期在学したのが唯一の例外である。したがって、明治二十一年七月、約二年半で卒業してしまっている。当時の慶応の学制を紹介しておこう。医科は予科が一番から四番まで（番外というのが四番の下にある）、本科が一等から四等までで、およそ五年で「卒業」する仕組みになっている。勤惰表（成績表）でみると、予科一番期は語学大試験八五、範記八三、読方九〇で好成績である。とくに「登級」と記入されているのは、出席度数が一〇三と五〇パーセント弱であった点を考慮した「結果」だったのではないか。岸本のファイトをもってすれば、この出席度に普通には考えられない。あるいは、学期中途での編入ではなかったか、と思われる。卒業時は優等こそ逸したが、十五名中五番の成績であった（優等生は三名）。

出世街道をのしあがった岸本賀昌
ウィキペディアより

岸本は卒業後、明治二十四年沖縄県属になった。卒業から就職までの二年半ほどの彼の生活は歴史の闇にのまれている。『沖縄近代史辞典』の新川明さんの記述では、「奈良原知事のもとで沖縄縣地方制度改正案に取組むが、抜擢《ばってき》されて内務省地方局に栄転。これは奈良原に随行して内務省の会議に出席、沖縄の地方制度改正の必要を堂々と説明したところを井上（馨）内務大臣に認められたことによるという。一八九九年（明治三二）、石川縣参事官（高等官七等）となり、翌年沖縄縣参事官として故郷に錦をかざる」としてある。

井上馨が内相だったのは、第二次伊藤内閣期の明治二十五年八月から二十七年十月までだから、井上に「認められ」てから石川県に栄転するまでの時間が長すぎるような気がする。もっとも、地方制度の抜本的改革が沖縄ではじまったのは、明治二十九年だから、そのための準備、つまり基本構想定立のための調査や立案、そして改革実施方針の確定など、奈良原知事は、この有能な新知識官僚を手ばなさなかったのかもしれない。さらに、沖縄県地方制度が「特別制度」であり続け、他県なみになったのは、実に大正九〜十年であったから、高等官岸本が明治三十三年に帰沖し、県参事官として行政手腕をこの点でふたたびふるう余地は十分にあったのであり、その意味では、岸本が地方制度改革の起点と終点に立ち合っていることは間違いのないところである。

沖縄初の高等官謝花昇と岸本賀昌の生涯を私は比較することがよくあるが、それを突きとめるには材料がなさすぎる。それをなんとか埋めるには想像力が必要である。大城立裕さんの『恩讐の日本』におまかせしたい。

初の衆議院議員に——高嶺朝教　琉球新報の創刊に参加

昭和六十年は福沢諭吉生誕一五〇年であった。私たちはその記念展覧会を東京、大阪、横浜の三越で開催した。その準備過程で「忘れ得ぬ三田の先人たち」を第四部に設定した。田中館愛橘、血脇守之助など十一名を取りあげた中に、私は高嶺朝教を推し採用された。彼を説明した文章は以下の通りである。

「明治元（一八六八）年首里に生まれる。明治十五年第一回県費留学生として上京、明治十八年九月慶応義塾に入学。帰郷後『琉球新報』の創刊に参加、公同会の運動にも加わる。明治三十三年沖縄銀行を新設、初代頭取となり、明治四十二年第一回県会議員選挙に当選、初代県会議長となる。明治四十五年沖縄で初の衆議院議員選挙に出馬、当選、昭和十二（一九三七）年没。六九歳」。白髪でふちの色のうすい眼鏡をかけ、和服を着した、穏和な丸顔の、しかし口許に凜乎たるおもむきを示した高嶺の写真が飾られた。展示品は少なく、ご子孫に書いていただいた略年譜と、『近代沖縄の人びと』の高嶺の項をひらいただけであった。飾りつけをしながら、しかし、私は沖縄の先輩を顕彰できたことに満足していた。

高嶺の慶応義塾入社帳は間然するところがない。沖縄県首里山川町八十五番地士族、朝長長男、明治二年七月生、同十八年九月入社、証人は前述の長山信順である。ただ、生年が、一般には明治元年となっているのが二年と記されているのは、慶応の書記が誤記したのかもしれない。

琉球新報の創刊に参加した高嶺朝教
那覇市歴史博物館提供

七月入社した高嶺は九月十一日にはじまる第三期から授業を受ける。正科学科三番である。十九年一期に二番に進むが二期も同前、第三期および二十年一期と二期を一番ですごし、二十年二、三期は本科四等に在籍、二十一年一期、二期を別科三級に移り過したところで記録が切れてしまっている。ここで別科の説明をしておく。別科は一級から六級に分かれ、卒業年限を約四年、必須科目は各級で一ないし二、「別科固有ノ講義輪講ニ出席シテ尚余力アルモノガ随意ニ出席シ得ベキ正科中ノ講義」も明記されている。何よりも別科に「晩学者ノ為ニ設クル者」であり、「何様ノ事情アリトモ満十八年以下ノ者ハ此科ニ入ルヲ許サス」というところに特色があった。

高嶺は入学時に出席度もよく（一七八）、大試験も、語学九八、数学九五、読方八八で大試験に関する限りトップである。明治十九年第一期に留年したのは、出席やその他にはまったく問題がなかったが、語学大試験が六五だったためであろう。次期も出席はよく、大試験も、九五、九八、八三と悪くない。学科一番一期は大試験を全然受けていない。明治二十年一期も五二、一〇〇、八四だから普通なら留年のはずだが、本科四等に進級が認められている。だが、明治二十年五月から七月にかけて、高嶺に何かがおこっている。これ以後、高嶺の出席は極端に悪くなり、したがって成績も問題にならない。そして二十一年には別科に移ってしまう。別科でもこの傾向はかわらない。

この高嶺の行動傾向は、尚泰の婿であり、同時期に慶応に学んでいた護得久朝惟によくにている。護得久にこの傾向があらわれるのは、明治二十年第一期だから高嶺よりはやい。二十年第二期に別科に移り、二十一年第二期まで護得久の在籍はほとんど名目にすぎない。つまり、護得久の行動パターンが高嶺にシフトするのである。その理由を突きとめることは、私にはできない。だが前出の岸本賀昌と照合してみると、彼が唯一に二期同一級にとどまったのが、明治二十年の二、三期だ、というところに謎をとくカギがあるのかもしれない。まさか、明治二十年の保安条令は関係あるまい。

しかし、大田、岸本、そして高嶺あるいは護得久を加えると、どうも明治十九年から二十年という時期は、在京の上級士族や王族には重大な事態があったとしか考えられない。読者諸賢のご教示を乞いたいと願っている。

忽然と消えた山口 ―― 護得久、豊見城 対照的に近代史に登場

留学生で慶応義塾に入社した人たちを追ってきた。今回は、したがって山口全述にふれないわけにはゆかない。山口が上京した経緯はすでに述べた。山口の慶応入社は明治十八年九月だから高嶺朝教と同時である。前述した留学生たちの集合写真から考えて、彼は学習院から慶応に転学したことは、ほぼ間違いない。慶応入社時に編入

されたのは「科外」であった。

『社中之約束』明治十八年九月改正では「科外」はなくなっている。したがって、明治十七年一月改正による編入と考えた方が筋が通る。それによると、「科外ハ晩学者ノ為ニ設クル者ナレハ何様ノ事情アリトモ満二十年以下ノ者ハ此科ニ入ルヲ許サズ」が第一条になっている。これは高嶺の移籍した「別科」とほぼ同様である。ただし、年齢が後者では「満十八年」である点だけが違っている。

明治十八年第三期の科外生山口は、出席度数一五三、読方小試験八六、読方大試験七九で登級、十九年第一期は正科予科四番に在籍、出席度数二二〇、語学、数学、読方の大試験で、八七、四五、七三で留年、第二期は一〇〇、八〇、八七で登級したはずである。しかし、まさにここで山口は忽然と姿を消してしまう。その忽然の原因は、私がかなり読みあさった関係文書にまったくでてこない「いぶかしさ」に通じてくる。いちばん考えやすいのは死であるが、首里士族山口全述のその後はまったく闇の中にある。

忽然と姿を消した山口全述
那覇市歴史博物館提供

山口が沖縄の近代にからまなかったのと対照的に、その近代にさまざまにからんで生き、そして死んだ二人の人物がいる。県費留学生ではないが、後述する留学生たちの生きざまに直接かかわりがあるので、ここで紹介しておきたい。

一人は、前回に述べた護得久朝惟。護得久の慶応入社は明治十八年第二期に留学生よりもはやい。「番外」の入学だから予科の予科といったところであるが、正科コースの出発点であることに間違いない。入社帳には、沖縄縣首里山川村八十三番地士族、麹町区富士見町二丁目八番地百名朝信を証人にあげている。番外時の護得久は、出席度一〇〇でまずは勤勉だが、読方の小・大試験で四二、六五で原級にとどまる。そのためか第三期は「科外」に移り、試験で九五、九〇を得点、登級したところで、十九年第一期に正科予科四番とふたたび正科コースに復帰、その後各期ごとに登級、明治二十年第一期には予科一番に在籍する。この期間に何かがあったのではないか、という私の疑問は前回の高嶺の項で述べた通りである。出席は五〇パーセントにみたず、大試験も三課目中二課目を受けていない。その後の約二年間は別科三級に在籍したままである。念のために出席度だけをあげておくと、明治二十年第二期十一、第三期十三、二十一年第一期一〇、第二期二十三で一〇〜二〇パーセントであった。

もう一人は、沖縄縣首里寒水門村七番地士族豊見城盛綱長男盛和である。証人は芝区新桜田町十九番地東京府士族秋永桂蔵。明治十九年十月一日付で「科外」に入学し、二十年二期に予科四番に進むが、二十一年の第一、二期を通じて別科六級、ここで一度退社したらしい。というのは豊見城には、抹消（「第十九号入社帳と同じ」と書き込まれている）されているが、明治二十二年一月入社のものが残っていて（証人は芝琴平町三番地宮崎熊郎）、勤惰表からすると第一期別科五級在籍がはっきりしているからである。そして、これを最後に豊見城の東京での足跡は消える。

彼らが顔をそろえて（山口、岸本を除いて）歴史に登場するのは、明治二十六年九月十五日に創刊される『琉球新報』の準備期である。発刊計画の経緯は後述するつもりであるが、それまで彼らが何をしていたのかは、あまり明らかではない。だいたい、いつ帰沖したのかもよく分からない。琉球新報創刊に努力した豊見城盛和が首里区会議員だとされているが、区制施行は明治二十九年だから、おかしいのではなかろうか。

丸暗記では通らず――英書訳語の大試業　岸本に「学業の甲」

留学生たちが慶応義塾でどんな勉強をし、どんな生活をしていたのか。明治二十年前後の学校と教育なるものをここでのぞいてみることにしよう。その典拠としてあげてよいと思えるのは、明治十九年十月改正『社中之約束』である。

正科は、与科を一番から四番、そして科外に分け、本科は一等から四等に分かれている。卒業年限は「凡そ五ケ年」。カリキュラムは左にあげておいた。各期二度小試験をし、期末に大試験を行い、勤惰表が編成される。「生徒ハ稽古時間ノ五分前講堂ヘ出席スベシ稽古ノ間ハ其席ヲ離ル可ラス」と約束し、「病気等止ムヲ得サルノ事故アリテ闕席スル時ハ其旨塾監局エ届出ヘシ若シ届ケナクシテ屡々欠席スルモノアラハ其事故ヲ糺シタル上退学セシムルコトアルベシ」ときめられている。面白いのは英書訳語の大試業で「未読ノ書ヲ用フ」とあるから、いわゆる丸暗記では通らない。実力がためされているのである。

岸本賀昌は「卒業」した。その意味は実はかなりたいしたことなのである。すなわち、「期末ニ到リ生徒ノ卒業スル者アレハ別段ニ教員三名以上臨席シテ未読ノ書ヲ以テ試業シ又修業中学ヒ得タル數学簿記学和文作文及ヒ英語学ノ総試業ヲナシ学業ノ甲乙ニ準シ甲ニ卒業証書乙ニ脩業証書ヲ与ヘ」とあり、岸本が「学業ノ甲」であったことを明らかにしているからである。

たびたびでてくる「別科」が晩学者だけの学習コースであったこと、しかし「卒業」は規定されており、卒業年限は約四年を前提とし、その課程は左記の表に示されている。

「文法書輪講」など第三欄の課目は、第一欄の「別科固有ノ講義輪講ニ出席シテ尚余力アルモノガ随意ニ出席シ得ベキ正科中ノ講義」である。さらに、希望者には毎日一、二時間英語学の講義をするとの明記があり、「毎期ノ末ニ訳語翻訳ノ大試業ヲナシ卒業スルモノアレハ別科卒業ノ証書ヲ渡スベシ」とあり、正科の卒業、修業の区別はない。ただ、別科生の学習しうる正科教科目と正科の英書訳読科目が少々異なった表現になっているのにお気づきの読者もおられると思うが、ここでは、これ以上、立ち入らないことにする。

納付金について参考までに述べておこう。まず「入社金」は三円、「受教料」は毎月一円七十五銭、「塾舎修復等、一部ニ充ル」「塾費」は毎月「内塾生ハ二十五銭通学生ハ十銭」、「課業書ヲ借用スルモノハ其損料トシ毎月金拾銭ヲ納ムベシ又他ノ書籍ヲ借用スルモノハ其大小部数ニ従ヒ相当ノ損料ヲ納ムベシ」ともある。「内塾生」とは寄宿舎生のことである。この寄宿舎費は「月俸」とよばれ、「物価ノ高低ニ従ヒ定リナシ大凡二円五十銭乃至三円ヲ通例トス其金ハ前月ノ末ニ納ムベシ但シ月央ヨリ入塾スルモノハ日割勘定ヲ以テ入塾ノ時前納スベシ」と規定されている。今で言えば一種の物価スライド制なのが面白い。

	科外	豫科 四番	豫科 三番	豫科 二番	豫科 一番	本科 四等	本科 三等	本科 二等	本科 一等
英書		地質學 動物學 口授	植物學 物理學 口授	物理學 化學 口授	化學 性理學 口授	經濟學講義	法律學講義	萬國公法 論理學講義	心理學 哲學講義
譯讀	雜書素讀	パーレー氏 萬國史輪講	カッケンボス氏 米國史輪講	マルカム氏 英國史輪講	チトレル氏 萬國史輪講	ギゾー氏 文明史輪講	マッカウレー氏ヘスチング傳スペンサー氏ヲーハレジスレーション輪講	ミル氏 自由之理輪講	ミル氏 代議政體輪講
英語	スペルリング ペンマンシップ	スペルリング リージング ジクテーション	リージング ジクテーション グラムマー	リージングジクテーション グラムマーエキセルサイセス	リージングジクテーション グラムマーコンペルセイション エキセルサ・セス	リージング、ジクテーション、ジオグラヒー、グラムマー、コンペルセーション、コムポジション	リージング、ジオグラヒー、コックグリムプセス パートホースト、コンペルセーション、コンポジーション	リージング、ヒストリー、コックスグリムプセス パートセカンド、コンペルセーション、コムポジーション、ペーソンスエーセー	ヒストリー、コムポジーション、コックスグリムプセス ハートサルド、レトリックシエキスピヤー
數學		ロビンソン 算術	ロビンソン 算術	簿記學 トッドハンター 代數學	トッドハンター 代數學	トッドハンター 代數學 トッドハンター 平面幾何學	トッドハンター 平面幾何學 ウヰルソン 立體幾何學	ウヰルソン コニックセクション トッドハンター 平面三角術	トッドハンター 平面三角術 トッドハンター 球面三角術
漢書		漢書講義	漢書講義	漢書講義	和文作文	和文作文	和文作文	和文作文	

慶應義塾図書館提供

	英書譯讀			飜譯
六級	萬國史講義	豫科二三四番講義	文法書輪講	講義本ヲ用フ
五級	地文學講義 近世史講義	豫科一二三番講義	合衆國史輪講	右同斷
四級	スペンサー氏教育論講義	豫科一二番 本科四等講義	佛國史輪講	右同斷
三級	ボーエン氏經濟論講義	豫科一番 本科三四等講義	マツコウレー氏クライブ傳 ジョンソン氏ラツセラフ傳 輪講	右同斷
二級	ベンサム氏道法原理講義	本科二三四等講義	バセウ氏ヒシツクエンドポリチツク スペンサー氏代議政體 輪講	右同斷
一級	スペンサー氏社會學講義	本科一二三等講義	マツコウレー氏ハラム憲法史評 ミル氏利學論 輪講	右同斷

『明治十九年十月改正　慶應義塾社中之約束』より

　こうした学生生活を送った県費留学生はいったいどのくらいの給費を受けていたのだろう。伊波晋猷が明治二十八年頃に「東京遊学生の一カ月の学資が五六円であった」と書いていることがヒントにはなるにはちがいないのだが。

民権運動に活路
——階級打破の象徴だった謝花

謝花は沖縄に帰った。明治二十四年七月、二十七歳であった。平民出身で東京農科大学卒業の沖縄初の学士とあれば、郷党の心をかなりゆさぶったにちがいない。大里康永によれば、東風平の人たちは、親戚、有志を中心に「蓆旗を立てて那覇三重城の埠頭に出迎えた」とある。当時県立中学生であった伊波普猷は、「中学時代の想出」に謝花とのめぐりあいを次のように書いている。「沖縄で最初の学士だといふので、その名声が全縣下を風靡した。そして東風平《こちんだ》謝花《じゃはなあ》の名はやがて階級打破の象徴になった。婦人社会では、彼をミーヌシンヌニツアン（重瞳）だなどいって騒いだ。或時私の宅に中学生が四五名集って、さわいでゐると、年の頃二十六七歳の紳士が二人連れで這入って来た。能く見ると、その中の一人は、所謂哀瞳の謝花農学士であった。学士は私たちに東京の学校の話などをして聞かせた後で、大に一同を鼓舞して、たうとう私たちの仲間に這入って、『君ベルリンを出ずる時、駒に打乗り言ひけらく、成ると成らぬのふた道ぞ、そのひと道は死ぬるのみ云々』と福島少佐歓迎の歌をうたった」

謝花が沖縄縣技師に任命されたのは九月二十六日とされている。大里の記述だとストレートに帰郷したように思えるが、大城立裕さんによると、はじめから沖縄に帰ってくるつもりはなく、千葉縣庁に就職していたが、大田朝敷、高嶺朝教が尚順《しょうじゅん》にはかり、丸岡知事に推薦して招かせた、とされている。（これで大田、高嶺が謝花よりまえに帰郷していたことが分かる。）とまれ、高等官技師謝花農業士は二七一名の縣庁職員中、知事を含めた七名のエリートに属している。（高等官とは、帝国官僚制にあって、判任官の上位に位置づけられ、一等から八等に分かれている。一、二等を勅任官、三～八等を奏任官とした。謝花は在任中に五等にまで昇進している。）

謝花の評価はむずかしい。それは彼が仕え、そして対立し、ついには対決する対象になった奈良原繁知事の「専制」十六年の評価とからんでいるからである。謝花が縣技師として良吏ならんと努力した期間は、「いわば資本主義的収奪の対象としての基盤」が奈良原知事によって確立される時期であり、「そのような沖縄施策は、沖縄の官界その他における進出を圧迫しながらすすめられ」たのであり、「そこではその人（沖縄人）が有能であればあるほど圧迫が加えられた」と新川明さんは書いている。

謝花が県庁内で沖縄人差別の人事行政に苦しめられ、他方で旧支配層による階級的特権維持のための支配権奪回の障碍として対象化され、いわゆる板ばさみ状況の中で民権運動に活路をみいだそうとした事実については言うまでもなかろう。

だが、新川明さんが次のように指摘したポイントは、私は「ひいきのひいき倒れ」にならない、現在の沖縄人の冷静な知のたたずまいをかい間みたのだった。「『階級打破』という伊波普猷の言葉は、のちに謝花昇が県庁を免官になって反奈良原の運動を実践したことと関連させて、階級打破をめざす民衆運動の実践者としての『象徴』というように解釈されがちであるが、そうではあるまい。旧藩以来、なお根強い身分社会にあって、平民の出身でも士族や王族と同等、ないしはそれ以上の地位に昇進することができるのだという意味のシンボルであり、それ以外の意味ではない。この点を明確に押え得ないところに、従来のすべての『謝花論』が落ちこむ陥穽があるのである。

留学中に中江兆氏、木下尚江、幸徳秋水らと接触を持ち、自由民権運動の洗礼を受けた謝花、おそらくは本土の状況に関心を接続したであろう謝花が、明治二十年代から三十年代にかけて、民権運動の変質、体制化のプロセスを知らないわけはない。あえてそれに脱出しなければならなかった彼の心情は、ある意味で「自然のいきおい」（新川明）だったのかもしれない。狂死した謝花、それは明治沖縄から一つの星が消えたことを意味した。

困難時に新聞発刊――沖縄の情報革命に先べん

琉球新報の創刊という沖縄の情報革命が発動した際に、留学生が顔をそろえた事実は前述した。言いかえれば、彼らが公然と沖縄近代史に登場するのはこの時期である。

明治二十六年九月十五日創刊。むずかしい時代である。日清戦争の発端は翌年六月だからである。だが、尚順は明治二十三、四年ごろから「新聞の必要を痛切に感じていた」と語っている。だが、奈良原繁という大物知事の任命には、明治政府の日清開戦準備政策の一環とみられる側面もあり、奈良原は新聞が支配にいかに厄介な存在であるかを知っていたはずだから、新聞発行の武器である県庁所有の印刷機を払下げてほしいという、尚順を中心にした首里青年派、大田、高嶺の請願に難色を示していた。むしろ警戒していた、と言うべきであろう。大田昌秀教授は、その間の事情を以下のごとく的確に指摘している。

「過去の経緯からも、支配層の慰撫を方針とする縣治のたてまえからも、すでに出願しているものを無下に拒絶はできまい。奈良原知事の打った手は、巧妙なものであった。すなわち知事は、首里の青年派に印刷機を払い下げてやる代りに、彼が推す二人の他縣人記者の入社を条件づけ、しかも、その一人を主筆にすることを彼らに承諾せしめた。言葉をかえていえば、知事は腹心の者を二人、初めて世に出る新聞の『目付』役として送りこむのに成功したわけである」

社屋は旧那覇区字西、城間某家の一部で、十畳の二部屋が工場、二間半に三間くらいの別棟の建物（約二八平方メートル）を編集局にあて、ほかに印刷関係工員の休息所が一部屋、物置一部屋（二階）があった、と『琉球新報八十年史』は書いている。

紙面は、タテ三五・六センチ、横二八・五センチで、実際の活字面は三二・五×二六・五センチ、現在のタブロイド版より横は一センチ長く、縦は五センチ短い。購読料は、一部一銭五厘、隔日発行で月ぎめ二十銭、郵送料は七銭、発行部数五〇〇部前後とされている。

印刷機払下げ資金を調達したのが、豊見城盛和《とみぐすくせいわ》である。払下げ代金は、『八十年史』に収録されている。『朝野新聞』記事によると七万円であり、維持費は「同県庁の公布式（官報）を引きうけし年額二千円余をあてるはず」だった。その記事は、発起人として代表尚順《しょうじゅん》、島按司《あじ》護得久朝惟、商人芝原佐一、按司高嶺某、同親方豊見城某、宮井悦之輔、野間伍造、発行兼印刷人は伊原訓、編集人大田朝敷、校正諸見里朝鴻と記している。

大城立裕さんは、尚順、大田朝敷、高嶺朝教、護得久朝惟、豊見城盛和を創刊同人とし、豊見城殿内《とみぐすくどんち》の財産をもって最大の投資者であった、と盛和を特記している。尚順の読話では護得久は営業を主として担当したらしい。知事の目付役であり腹心であった二人とは、野間伍造と宮井悦之輔である。彼らは、知事から推薦依頼を受けた西郷従道内相にあっせんされて来沖した人物で、野間は主筆であったが、同人たち新思想のにない手開化党人には、頑固党と重複しかねない「支那臭い」と抵抗を感ずる「琉球」を社名に冠するのに頓着せず、大田昌秀教授は、「大らかな性格の持主で『目付』らしからぬ振舞いが多かったよう」だと書いている。諸見里朝鴻については私には分らない。大城さんは『恩讐の日本』で、『郵便報知新聞』に「沖縄縣宮古群島の惨状」を明治二十六年十一月二十二日に投稿掲載した中村十作宅を訪問した二六新報記者の諸見里を登場させている。東京で学んだ首里人である。

大城さんは考証に立ったすぐれた歴史家だし、その後、彼が謝花たちの民権運動の機関紙『沖縄時論』で琉球新報批判の論陣をはり、沖縄倶楽部で謝花に同行し、その後、明治四十一年に『沖縄毎日新聞』が創刊された際、主筆として参加したことを考え合わせると、この『朝野新聞』記事にうなずけない。個人関係を別とすれば、諸見里は一貫して大田朝敷と対立関係に立ったからである。

主体化の契機を模索――一貫した人生歩んだ大田

『琉球新報』をもう少し続けたい。大田昌秀教授によると、一般には、その創刊の趣旨は、「旧支配階級の勢力を温存するため」とされているが、たしかに奈良原知事と緊密な関係はあったにしても、「これは、いわゆる『官僚と閥族の要協』の結果であって、首里の青年派が、知事もしくは県当局の機関紙を目指して、『琉球新報』を創刊したとは思われない」のであり、もっと積極的な狙いとして、「尚《しょう》を中心とする青年派は、首里の支配階級の勢力を温存するというより、廃藩置県以来、外来者の手に移った沖縄の支配権力を、『奪い返す』目的をもって『琉球新報』を創刊したとみるのが妥当であろう」と正しく指摘されている。

創刊号の社説を書いたのは、前出の野間伍造と言われているが、その中で次のように述べているのは、外からみた沖縄の「現在」として興味をひく。「琉球あるを知りて、琉球は如何なる所なる乎を質さず、全く之を不問に附し、寧ろ比れを度外視し、嘗て外売上の意味によりて現れたる琉球問題なる者を除いて、他に社会上、経済上の問題として講究するの徒を見ず、百有余方里の皇土が五十有余万の王民（大島群島を含む）南溟雲漂々の裡に隠れ、旧陋習の中に呻吟し、宇内の活気を観ず、文明の妙味を覚らず、原始社会の模様にあり……而して其漂々裡、其の闇々地の時代に於て静かに雲を排し、徐ろに暗みをかすめて顕出したるもの、之れ即ち琉球新報なり」

新報がかかげた創刊の趣旨は次の二点である。㈠世界の大勢に着眼して其趨く所を察し世界文明の歴史的潮流に伴ひこの軌道に拠と以て我沖縄の進歩発達を促かさんとするものなり、㈡偏狭の陋習を打破して国民的特質を発揮し地方的島根性を去りて国民的同化を計るものなり。この趣旨による編集方針として、大田教授は、「先づ沖縄人に向て県外の事情を知らしめ兼ねて外に於ける其地位を自覚せしめざるべからず、県外の人に向けては沖縄の真相を紹介し以て其誤解を解くと同時に沖縄人の国民的存在を知らしめざるべからず」をあげておられる。

さらに、大田朝敷が明治三十三年七月四、五日にかけて執筆した「女子教育と本県」、つまり、比屋根照夫教授の表現をかりれば、「近代沖縄においてはじめて被治者の側から日本への『同化』を説いた注目すべき」発言から、大田昌秀教授は次のように引用して、新報の編集方針として指摘する。「我県民をして同化せしむるといふことは有形無形を問わず善悪良否を論せす一から十まで内地各府県に化すること類似せしむることなり極端に云へはクシャメすることまでも他府県人の通りにすると云ふにあり」

したがって、発刊の趣旨の「国民的同化」が編集方針に強調増幅されねばならなかった、と指摘され、他府県人からの差別の認識、中央政府からの忘却への焦燥感から、「他府県への『同化』は必要最小限の条件」と確認できる。この同化強調を経緯に考えれば、琉球新報の青年派が、親清派の頑固党攻撃に集中砲火をあびせ、頑固派から「紙ハブ」の異名を与えられたことも了解できる。

私はここで立ちどまってしまう。前述した大田朝敷の「クシャメすることまでも他府県人の通りにする」という表現が、そのまま当時の沖縄人の劣等意識の表現だとは思えないからである。誇り高く、その後の言論を検討しても、大田の言説は沖縄人の主体化の契機を模索する点できわだっている。大田は言論人でほぼ一貫した人生を歩む。つまり、「在野の精神」を体現する。ここで私は、当時の沖縄での「在野」ということがらに突き当たる。本土の新聞が旧幕臣のたとえば沼間守一、島田三郎、成島柳北などによって、反藩閥政府批判をもって画期した事実と、沖縄の在野とが直ちに重なるとは言えない。だが、この位相のちがいがはっきり認識されない限り、琉球新報と大田朝敷の存在理由は正当に評価されないのではないだろうか。

公同会運動——中心となった留学生
自治体制構想——大日本帝国のミニ版

留学生たちの足跡をたどると、どうしても明治二九〜三〇年の「公同会」運動にぶつからざるをえない。この奇妙な現象を理解するのはきわめてむずかしい。なぜなら、一般には復藩運動とよばれるこれに、開化進歩論を体現しているはずの留学生たちが、中心的存在となっているからである。

この運動が日清戦争の勝利を契機としていることは間違いない。すなわち、真境名安興《まじきなあんこう》が、「我等の連戦連勝の事、屡々伝へられしより、民心滔滔静穏に帰し、遂に平和の局結ぶに至りては、極端なる支那崇拝者も其迷夢を一掃するに至りしなり」と指摘しているように、守旧頑固派の発言力はここで急速に衰弱する。さらに、戦後論功行賞によって、尚寅《しょういん》、尚順が男爵に列せられ、ただちに断髪、県民もそれにならう事態が生じている。「皇民化が一きょに進んだといわれるようになった」のであり、「置県後十七年目に至ってようやく民心に全県一致の気運が醸成されつつあった」（大田昌秀教授）のである。

真境名が「戦後の始めは人心恟々《きょう》を極め、殊に清国艦隊の琉球より九州を襲撃するの報、中央の新聞に現はれしより、上下大に狼狽を極め、俄に自衛の策を講ずる等、倍々動揺を為し来れり」と指摘した状況にあって、琉球新報が一貫して戦争目的を支持しぬき、「日清戦争は帝国の一大勝利たりし如く而して旧き琉球思想の一大洗礼たりし如く吾人琉球新報同人にとりては言論及び報道説明上の一大勝利」と胸をはった。その自信が大きくこの運動にかかわっている。

しかも、明治二十九年には、郡編成と沖縄県区制の施行があり、県治制度改革がようやくその緒につき、開化派には将来への展望が少し見えはじめた時期でもあったことを忘れたくない。「日清戦役に方り、全県一致し、憲法の範囲内に於て、特別制度を布かれんことを政府に要求すれば、其目的を達するに難からざるべし」（真境名）と想定した沖縄新知識人の胸中には何が去来したであろう。

その趣意書によれば、当時の沖縄を一新し皇民化皇土化を進めるためには、現在の制度では不能である。だから「其人情風俗を参酌して一種の特別制度を設置し精神の統帥者たり社交の中心点たる尚泰を其長司に任ぜられ、先づ人心を尚家に統一せしめ、尚家をして相率ゐて以て皇化に浴せしむるにあり」という現状認識とその脱却が明らかにされる。そのために、「沖縄県人民の共同一致を謀り、公利公益を振興するの手段方法を研究するを以て目的とす」（規則第二条）の公同会が必要とされるのである。

この問題提起は当然政治運動の側面を強く持っている。つまり、「沖縄人の、沖縄人による」自治自律への意志表明だからである。だが、「沖縄人のための」の点でかなりの歪みはあるだろう。「旧藩吏のみは、廃藩置県の当時、自己の不明失策より、累を主家に及ぼしたる責任感よりして、之に熱中し」と真境名安興が指摘したように、尚家に対する思い入れの強さがめだつ一面であるからである。ただ、「中央政界に於ても、亦一問題となり、或は其原因を以て県の秕政に基くものとするあり、或は旧時の夢を繰返へして、時勢の変に伴はさる封建復活の迂論とする者もありき」（真境名）とあるように、県政の非を指摘するという評価が中央にあったことを捨てたくない。だが多くの論者が、時代錯誤の旧支配層による特権確保への焦慮から、復藩的封建的な自治制度要求運動ときめつけているのはそのままでよいのだろうか。

中央政府にしても県当局にしても、その政策が徹底的に差別に根ざしていた以上、その差別排除に下からの民衆エネルギーを活性化できないとする認識に立てば、新知識人たちが沖縄天皇制を想定したこと、それに新官僚を配するシステムを思い立ったとしても不思議ではない。それは大日本帝国のミニチュア版であったのではなかったのか。この自治体制構想を私はどうも笑いとばすことができない。

状況判断を誤る——大田ら公同会運動で反省

大田朝敷は後に、「立憲政治も既に十年近く経て来た時代であるから、こんな請願が採用されない位いはわかり切った話しで、吾々は人心を転換させる適宜の一策として援助したわけだが、この問題については留学生の連中からも手厳しく攻撃された。この運動は有耶無耶のうちに消滅して仕舞ったが、当時新知識の所有者と許された吾々までがこの運動に参加したのは、却って県人に対する信用を傷つける外、何等の効果も持ち来てなかったのである。適宜の一策などと理由はつけても、少くとも思慮の足りなかった責は免かれない」と自省している。

彼らが状況判断を誤ったことは確かである。だが、県治制度の改革がはじまる気運にあったときに、そして開化派が、日清戦争の勝利によって県民が日本への帰属を明瞭にしはじめたときに、廃藩置県をやり直し立て替えすることで、新しい沖縄史を構築しようと意図したのは、彼らが共有していた文明史観からすれば当然ではなかったのか。ただ、大日本帝国という国家システムには、そうした自由の余地空間はすでにない、という認識が不足していたのだろう。私は大田が述べたむしろ自嘲気味にすらひびく「適宜の一策」ということばをにらんでいる。

「有耶無耶のうちに消滅」した公同会運動だったが、上京請願している過程で、彼らは県政改革の方向をかなり確実な中央政府の方針として確認しえたのではなかったか。それに明治二十九年の郡編成・県区制施行が官治臭の強いものではあったにしても、たとえば都市部としての首里、那覇を区とし、区会をもって議決機関とさだめた「沖縄県最初の自治制らしい」（田港朝和）ものの延長線上に、県会、衆議院、貴族院といった参政権が望みえたからこそこの運動は「有耶無耶」になりえたのではないだろうか。

『沖縄の百年』の第二巻「近代沖縄の歩み」上巻は、「公同会の事件を最後に、旧支配層の復藩工作は終息を告げ、それに代わって農村を背景とする革新的な運動が台頭し始める。すなわち、謝花昇らによって指導された自由民権運動がそれである」と指摘している。私はこの順序づけがどうも本土の維新以後の政治過程・歴史過程にひきつけすぎてはいないか、という疑問を持っている。東恩納寛惇が公同会運動について、清末の変法自強運動に類比し、大田朝敷をもって「沖縄の康有為」になぞらえた着眼点に強い関心を私は抱いているが、その運動が、本土の廃藩置県後に、旧藩主をもって知藩事に任じた「故智を襲うたものだろう」ということになると、琉球国王から藩王に地位変更し、琉球を外務省から内務省管轄に移し、県令を任命配属し、明治十二年尚泰の上京、六月十日に政府から交付されていた「琉球藩印」の還納、尚泰は従三位侯爵に列せられ、とくに一割の利付公債で二十万円が下附（本土の華族の場合は五分利公債だから、実質的には四十万円の下附であり特別の優遇）という一連の事実からすると、この「故智」の踏襲とは思えない。

むしろ、大田らが制度機構上の本土なみ化によって、沖縄県の文明開化の次なる目標に転換してゆく、そしてその目的実現に確実な歩を進めることこそが、彼ら新知識人のあり方ではなかったか。そこには、必要性をテコにして駆動する政治と、可能性をタテにして政治を防ぎつつ必要性をなしくずしに取りこんでゆく政治と行政の裂け目が意識されていてもおかしくはない。この醒めた知と、沖縄の行末にたいする懸念、不安、期待、希望がないまぜになって彼らの心情ができ上がってはいなかったのか。

謝花昇が主導した民権運動を支えた心事が、私にはルサンチマンにいろどられた使命感と映ずるだけに、この留学生間の断裂の質もみえてくる。謝花の直接行動は、大田らにはむしろ文明開化への途に立ちふさがる一大障碍とみえたはずであった。ここでも福沢諭吉と自由民権運動との関係が思いだされる。

指導権の奪回目指す——留学生らに残された唯一の道

歴史に切れ目はない。だが、少し書きすぎているので、留学生たちが歴史に浮んでくる時点をクローズアップすることにしたい。

新川明さんは、公同会運動によって、「旧支配層の進むべき道はこれによって最終的にはっきりした。旧来の特権的地位や蓄積された財力を背景に、明治政府＝県当局と密着しつつ殖産興業につとめて、沖縄における政界、商業界の指導権を奪回することが、唯一のこされた道であることを知った」と指摘されている。「もう一つの道」はまったくなかった。

「唯一のこされた道」を留学生たちは歩む。まず、沖縄農工銀行の設立（明治三十一年）がある。これは日本全国の各府県に設立が認められた。本来的には、農村と農村工業の発展をはかる目的の銀行であったが、実際には、融資された資金を大地主が企業に投資することで利益をうる仕組みになってしまった。高嶺朝教は三〇株（一株二〇円）以上の資本家として監査役に就任しているが、この役員選挙で三人の取締役の一人に選ばれた謝花昇の頭取就任への意志に対抗し、互選の過程で、旧支配層を代表した那覇の嘉敷詠顕の頭取就任に大きく貢献する。さらに明治三十二年、尚家の財力を背景にした沖縄銀行の創設時に、高嶺は頭取になっている。明治四十二年、本土に遅れること実に三〇年、沖縄に府県制が導入されると、（ただし「特例」であって、一般の府県に比べると官治的性格が強く、自治権は強く制限されている）、五月十七日選挙で首里区から立候補した高嶺は当選をはたす。この場合、県会議員は「郡島嶼に於ては町村会議員の選挙権、区に於ては区公民にして区会議員の選挙権を有し且つ県内に於て一年以来直接国税五円以上を納むる者より選挙す」と特例規定されている。高嶺が立った首里区は定数二、有権者二十五、得票十二で首位当選をはたしている。二位は九票を得た伊是名朝睦、豊見城盛和は得票三で落選している。高嶺は初代県会議長に選出された（副議長は玉那《たまな》覇重善《はじゅうぜん》）。その情景を琉球新報は次のように報じている。

「高嶺氏即ち颯爽たる英気を以て闊歩壇上に上る満場の喝采鳴りも止まず一同眼を灑《そそ》いて其議長振り如何を窺ふ氏は朗々たる音吐を以て一場の挨拶を述べたる後副議長の選挙投票に移る旨を告げ書記をして用紙を

配布せしむ」

明治四十五年衆議院議員選挙法施行、本土におくれること二十二年である。首里から高嶺、那覇から岸本賀昌が、政友会の推薦を受けて立候補当選する。ここで二人の留学生コンビが大正三年まで継続する出発点が生まれたのだった。だが、この衆院選で政友会一党制ができあがり、第十一代県知事大味久五郎によって打倒されるまで続くのだが、これにたいした政治的意味はなかったようである。ただ、「現内閣の直系党派にして院内院外に多数の勢力を有し其政党としての実力権勢党勢の熾盛なること東西古今政党史中未だ曽て其例を見ざる程の盛運」に政党会が立っていたからであろう。

だが、この衆院選は、県会の闘将といわれた新垣盛善、謝花とともに民権運動で活躍した神村吉郎が、首里那覇連合としての高嶺、岸本に対決した場であったことは注目に価する。得票数からすれば、高嶺（二、二一四）、岸本（一、八〇一）、新垣（八〇九）、神村（七七二）であった。したがって、「沖縄におけるこの初の衆議院選挙が、実は民権運動の延長線上に位置づけられるものであったというより、むしろ民権運動の敗北の上に実現されたものだった」（『沖縄の百年』）との指摘は正しい。

元来、首里（同志派）に対抗した那覇・郡部の機関紙沖縄毎日新聞（民友派）が琉球新報と提携した事実が、「民権運動の敗北」を明らかにしているのだが、謝花の参政権獲得要求運動を時期尚早として反対した同志派（松山派）の勝利は、やはり私に暗然たる想いをかきたてる。

高嶺、代議士を辞任――背景に政治思想上の対立

大正元年十一月三〇日、高嶺、岸本が中心になって、沖縄政友会支部創立発起人会が、十二月二十五日には大

会が開かれるが、二十九名の幹事の中に、島尻郡幹事としての大田朝敷の名がみえる（だが、豊見城盛和の名は見当たらない）。先回に政友会一党制と私は表記したが、それは、この支部結党が挙島的であって、謝花一党に属した人たちや初期県政にあって反首里派に属していた人たちも、これに加わっていたからである。

大正三年七月に高嶺は次のことばを残して衆議院議員を辞任する。「近来政界の波瀾重畳して召集頻繁なるがため一年のうちほとんど半歳以上を東京に送り、自然余の従事しつつある沖縄銀行、沖縄広運株式会社、および石炭業などに種々支障を来すものあるが故に、今般衆議院議員を辞職し政治圏外に立って専心業務に従事する決心を固め、衆議院議員（原文ママ）宛に辞表を郵送したるによりこの事情を諒とせられんことを乞う」

しかし、この辞任は不自然にすぎる。というのは、次の選挙である大正四年三月二十五日のそれは、任期満了によるものであり、この時期にとくに高嶺が事業に「専心」しなければならない事情もうかがえないからである。とすれば、大田昌秀教授が指摘したように、『琉球新報』での幹部間の分裂がそのきめ手になろう。すなわち、尚順、渡久地政瑚《とぐちせいこ》社長、護得久と高嶺、仲吉朝助《なかよしちょうじょ》との政治思想上の対立であり、後者は『沖縄朝日新聞』の出資者、後援者に転じたのだった。

『大阪朝日新聞』はこう伝えている。「物膨るれば破れるたとえ、膨脹につぐ膨脹をもってした吏党（同志派）は、縣会の圧倒的勢力を把握するやたちまち内部に勢力争いが生じ、幹部間に暗闘さえ持ち上りはては同派の頭目たる尚順男（爵）の高嶺を圧迫して無理強いに代議士を辞職させ、その補欠には義兄に当る護得久朝惟を候補者に推してひたすら自己の勢力扶植に努めるなど全く暴君的振舞であった」

だいたい護得久は第一回選挙時にすでに「色気」があったのを、「君はその頃まで多くは東京の尚侯爵家にいたので、県内では広くは知られていなかったから、神村、新垣の二君を向うに廻わしての角力に甚だ危いという友人達の意見で、最後に岸本賀昌君が推された」(大田朝敷)事実が介在していた。

八月三十一日の補欠選挙で護得久は三、九九四得票(無競争)で当選する。高嶺はふたたび政界に顔をださない。翌年三月に政友会沖縄支部が解散した時にも、その決議に名をつらねていない。よほど腹にすえかねるものがあったのだろう。ただ、高嶺・岸本時代に、「那覇—嘉手納間、那覇—糸満間の鉄道新設資金全額を政府に支出せしめ、経営を県一手に収め県の経済発展の一翼とした。さらに県費で沖縄産砂糖の本土における人気、用途その他を調査せしむべく調査員を派遣し、糖業政策立て直しの一助とした」(『琉球新報八十年史』)ことはあげておかねばならない。

第二回衆院選挙(三月二十五日)では、護得久と岸本が当選、いずれも政友会所属であるが、この選挙では全国的に大浦兼武内相の悪質な干渉によって政友会切り崩しが行われ、与党の立憲同志会が安定勢力を握った。同志会所属の大味知事が沖縄政友会に圧力をかけたことは当然であった。選挙後の三月三十一日、護得久、岸本両代議士は政友会脱党を本部に打電、同日「立憲政友会沖縄支部は其実質を失い単に形式に留むるに過ぎず政党として存続するの必要なきものと認む仍て之を解散す」と決議、解散してしまう。

『縣史』によると、「護得久代議士は、もともと東京在住のころから憲政会幹部と縁故があり、当然憲政会所属になるべきはずだった。しかし友人等の勧告により曲げて政友会に入党していたが、これまた大味知事に一喝され、さしもの全県一党の政友会も、もろくも破壊されるにいたった。したがって当然憲政会に席を移すことになり、その後の総選挙には、憲政会の公認が有利ということになった」。この憲政会系とされる護得久の東京在住期の機微は分らない。

沖縄の地位向上に力——開明性身につけた護得久

大正六年第三回選挙では、護得久は当選するが岸本は落選する。だが、二位当選の我如古楽一郎《がねこらくいちろう》（県医会推薦）が選挙違反で大正九年二月に失格したことをうけて、補欠当選となる。これ以後、護得久の名は政界にはでてこない。岸本の方は、第五回（大正十三年）に返りざきを果たしている。（この時、岸本は政友本党所属）ここで、政界三つどもえの観を呈した。護得久、岸本、高嶺のイメージを『近代沖縄の人びと』（新里金福、大城立裕著）に語ってもらおう。

「最初になくなったのは護得久である。大正十二年だった。彼は王家から分れた名家の子弟であるが、明治初年には家運が傾き、王家の外戚としての家格を維持できなかった。だが琉球処分期の頑固・開明対立状況の中で、尚泰王の長女と結婚する破目になった。この結婚には尚泰の強い意志がはたらいた。この尚泰の意志に彼は忠誠心をもってむくいた。彼の半生は、尚家の威信と財政維持のために捧げられたような半生であった」

と評されている。

彼が貧しい生活を体験したことが、計数にあかるい人間をつくった。世事にうとい王家を支える忠臣的家老的存在としての護得久は、徹底的な合理主義者として世人に接しなければならなかった。彼にとってムダは所詮ムダでしかなかった。これが、功利的で冷淡な護得久像をつくる。だが、彼は拝金主義者ではない。「沖縄の人材を養成して、中央と地方で他府県人に主導権をにぎられた沖縄の地位を少しでも高めようと骨を折った」。それがたとえ尚家の威信保持という計算に支えられていたにしても、事業によってえた利潤の社会還元姿勢は評価するべきである。たとえば、「本土に遊学する沖縄の学生のために自ら経営する海運会社の船賃を無料にしたし、また尚家に進言して貸費制度を設けさせもした」。こうした努力によって、護得久は、尚家と沖縄の絆を創り維持することで、旧王家の威信保持に成功したのだった。

彼が本土で培った開明性は、尚昌《しょうしょう》の英国留学に結実したと言われている。つまり、王家の近代化を彼は考えたのであろう。さらに、王家の人たちと本土の名家との婚姻政策も、尚家の位置を安泰にさせたはずである。「護得久はあらゆる意味で冷徹な合理主義者だった。しかし、それは王家のためにそうしたのであって単なる自らの利益のためではなかった。そこに、彼の古さと新しさがあった」。

岸本賀昌についてはすでに語ってしまった。その彼は昭和三年に那覇市長として上京中に六十一歳でなくなった。口腔癌であった。衆議院議員当選四回、沖縄毎日新報社長、沖縄県立銀行頭取、沖縄電気株式会社取締役を歴任。勲四等瑞宝章を胸間に飾った、あの小柄でウィットにとんだファイトのかたまりは、琉球王と呼ばれた奈良原知事にも尻尾をつかませず、土地整理や糖業改良をやってのけた。

「出世街道を進みながら、岸本はほとんど敵をつくっていない。そこに彼の天性のウィットが幸いしていたように思える。彼は自分の小柄という劣勢を補うのに、決して反抗的なポーズをとらなかった。それを笑いにまぎらわせながら、まんまと自分の思うつぼにまわりをはめこんでいった趣がある」

新川明さんは、「小柄ながら豪放で機智に富み、県庁時代は斗酒なお辞さぬ酒豪として知られた。入院の日に『六十年来無病躯、身体髪膚恐毀損、利刄一閃断癌腫、大死一番身心安』の詩を詠んだ。不治の病に天命を知りつつもなお強く生きようと願う岸本の心情を偲ばせる」と記しておられる。

高嶺朝教は昭和十四年七十一歳でなくなった。「高嶺は見識ぶらない、くだけた人だったという。若い学生を相手に口角泡を飛ばして論議するといった、率直なところもあったらしい。……ここいらに、まだ安泰だった旧支配層の権威を背景に、思いのままに振舞った人間の自信もうかがえる」。

〃無臭の人〃大田朝敷――掘り下げられていない思想

大田朝敷はこの連載中、いつも気になっていた人物である。「首里山川の士族の家に生まれたが、幼くして沖縄県庁につとめていた伯父の養嗣子となり那覇で少年時代をすごす」と大田昌秀教授は、その出自を明らかにされた。さらに「伊波普猷が当時の沖縄における最高の新知識と評価しているように、産業経済面に明るく、文学芸術面でも博識な上、政治問題についても現実を重視した非凡な知見の持主であった。新聞編集に当たるかたわら、県会議員となり県会副議長をつとめたり後年に首里市長に就任するなど現実の政治にもかかわる」のである。だが、私がまず興味を持ったのは、彼が第二代の社長をつとめた琉球新報で、第三代社長渡久知政瑚の死亡に伴う社長人事（嵩原安佐）に際して、社主尚順に反発退社し、大正八年『沖縄時事新報』を創刊した事実である。これは一年ほどで廃刊の運命をたどるが、それ以後の大田は歴史の水面に出没はするものの、その行動には曖昧な点が多い。

彼がくっきりとその輪郭を歴史にきぎみこむのは、昭和四年の新報譲渡問題に際してである。もちろん、第一次大戦後の不況ならびに昭和四年の大恐慌に見舞われて、社主尚順が新聞経営にいちじるしく消極的になっていたことは事実であろう。しかし、創刊時に、奈良原知事や社主の「二人を堂々と『琉球新報』で批判することは、かなり勇気のいること」を「大田はやった」ところに、「新旧支配者の結節点から生まれたような『琉球新報』を、社会の公益に切り替えるために、わが利をかえりみずとった行動」が大田に成立しているにちがいない。それが、新報を「新聞人の手に取り戻し、それまでの尚順の個人的機関紙の色彩のあった新聞を本来の姿にかえそう」と決意させたのであった。

高嶺と大田について、次の的確な評価がある。「高嶺が旧支配者層という当時にあってはまだ沖縄で有利な地盤を踏み台に、ヒエラルヒーの上層部へのし上げていった人物だったとすれば、大田はその地盤を背景にしながら、そこから民衆の広場へ降り立って、民衆から愛された人物だったように思える」。

留学生中でものを書いた人物は大田にとどめをさす。もちろん謝花もいる。だが、謝花については資料集も編集されているようだし、研究もかなりある。にもかかわらず、大田は日本同化主義の先兵として、「極端に云へばクシャメすることでも他府県人の通りにする」という表現によって、その真意は思想的に掘り下げられていない。

しかし、大田昌秀教授はすでに、朝敷の思想的限界を指摘しつつも、「県政や産業、経済問題に鋭い批判を加えて自治の拡大に寄与したり、地元特権者の横暴を論難するなど、かれの筆鋒は他の追随をゆるさぬほど適切なのも少なくない」と指摘されている。そのポイント、つまり、時代に制約されつつ、朝敷が思考をのばしていった軌跡は、なお十分な検討を要するのではないか。

昭和十三年十二月十日に七十四歳で彼は死去するが、その際に東恩納寛惇《ひがしおんなかんじゅん》が書いた「無臭の人大田湖東」（琉球新報）と題する次の追悼文に、私は朝敷の格闘の人生を偲んでいる。

「大田さんは首里の生れであるが首里臭い処がなかった。といって那覇臭い処もなかった。その語調から云っても風貌から云っても、趣味好尚の上から云っても地方色が全然なかったばかりか沖縄臭いところすらなかった。大田さんは物識りであった。……けれども物識り臭い所は微塵もなかった。年から云ふと、七〇の坂をとっくに越して、老境に入っておる人であるが、老人臭い所は毫も見られなかった。飄々として鶴の如き痺躯ではあったが、端然颯爽たる風骨に稜々の覇気を蔵して青壮年を凌ぐものがあった。……無臭併しながら有味の大田湖東、彼れは新聞記者として生れ、新聞記者として育ち、新聞記者として終った。而してその生涯の歩道は誤ってゐなかった」

解析ない近代沖縄——留学生たちの追跡も不足

人が生きた跡を追うということは、いったい何を意味するのだろう。私は別に歴史家を業としているわけではないから、人を恋うことや人を拒絶する自分の心事を書く必要はないはずである。もちろん、このことは、私が自分勝手に好きで、人のことを読み追うのを否定するわけではない。それは誰とも同じように、私のひとりのことがらに属している、という意味である。それなのに、私は沖縄の、それも明治、大正を生き抜いた人びとを書く破目になった。

私がはじめて沖縄島に着いたのは昭和四十四年であった。琉球大学での政治学原論の集中講義を受け持ったのである。約一カ月那覇の旅館にいた。仕掛人は琉大の宮里政玄君。入域証を持ち、米ドルを使った。

私はある意味で体験派である。つまり、どこか他の人たちの住むところにゆく時、ほとんど手ぶらででかける。そこでの人との出会い、山河のたたずまいに私は敏感になる。首里城址の琉大の裏側から那覇の宿に歩いて帰るさまざまに辿りうる道が、私にはこよないものであった。私は少年兵であった自分が沖縄の人と土と海に拒否されることを覚悟していたから、たつまえに「英語で講義をするのか」ときいた先輩教授の無知を軽蔑したことを、「土と人と海」に抱擁されるむしろ「辛さ」に似た気持ちで恥じていた。

琉大の先生たち、学生諸君、まちの人たち、その人たちに私はぼーっとつき合っていた。もちろん、刺すような目もあったし、うさん臭そうな面持ちもあった。その方が私にはせめて安心できたのだった。

大城立裕さんにお目にかかれた。私の僥倖であった。やっと「沖縄の人」に少し近寄ってもいいらしかった。帰ってから二つの文章を書いた。それは「返ってくる沖縄、返ってこない沖縄人」という私の想いでしかなかった。大城さんから沖縄三部作を送っていただいた。『小説　琉球処分』、『恩讐の日本』、『まぼろしの祖国』である。大城さんが、私に第一回県費留学生に引きあわせてくれたのである。

近代日本が語られるとき、たとえば大久保や伊藤が、あるいは福沢諭吉や中江兆民、そして徳富蘇峰といった人たちが必ずといってよいほど、その思考や行動のひだにまで入りこんだり沈みこんだりして、浮かびあげられる。沖縄についてはまだそうした解析はゆき届いていない。私にしても、高嶺や岸本、護得久、さては豊見城に目がいきすぎて、謝花昇に辿りつかなかったのは、大里康永の『義人謝花昇伝』などに接しえたからかもしれない。

ところが、謝花以外の留学生たちについての追跡、とくに『沖縄県政五十年』の著書がある言論人大田朝敷の論説集すら編まれていない事実に私は当惑した。(注) 私が慶応義塾にあることの身びいきではないはずである。前出の『恩讐の日本』では、彼らの心事があれほどいきいきと描き抜かれていることを思い合わせると、私の疑念は消えなかった。しかし、それは私の中にわだかまった状態で生き続けるしかなかった。私はこれでも政治理論の研究者ということになっていたし、日本と日本人は世界の中でますます怪しい存在になってゆく、その《現実》に、私は口惜しがっていたからである。

「日本にかえる」。へんなことがらである。私は研究者というよりも、ただの五十八歳の人間として「日本にかえる」べしと思った。そこにナルシズムはないつもりではある。そうきめた時に、沖縄がこみあげてきた。かつて読んだつもりになっていたものの読みなおしは、辛いことである。だが、その中で大田朝敷が高嶺朝教が岸本賀昌が凝然と私のまえに立はだかるのが分かった。琉大の我部政男君や比屋根照夫君、そして大城立裕さんとの再会、三会が私をいじけさせなかった。新川明、川満信一両氏の論考は私を鞭撻した。沖縄の「民衆」を私は故意にはずした。大田昌秀先生に叱られるのは覚悟している。私なぞが何かを言えるような存在では、それはないからである。

▼（注）　大田朝敷については、その後、比屋根照夫、伊佐眞一編集、琉球新報監修『大田朝敷選集』全三冊、第一書房、［一九九三―一九九六年］が刊行されている。

『琉琉新報』一九八八年九月十四～一〇月四日（全二〇回連載）「沖縄縣費第一回留学生」（『近代日本研究4』一九八八年、慶應義塾福澤研究センター）は、『増補　民族の基層』（二〇〇六年、日本経済評論社）に所収

第6章　追悼　同学の師友を偲んで

丸山眞男氏死去

「普遍的なるもの」を学んだ

「福澤は単に個人主義者でもなければ単に国家主義者でもなかった。また、一面個人主義であるが他面国家主義といふ如きものでもなかった。彼は言ひうべくんば、個人主義者たることに於てまさに国家主義者だったのである。／国家を個人の内面的自由に媒介せしめたこと――福澤諭吉といふ一個の人間が日本思想史に出現したことの意味はかかって此処にあるとすらいへる」

これは昭和十八（一九四三）年十一月二十五日号の『三田新聞』に、求めに応じて寄稿された「福澤における秩序と人間」の一節である。丸山先生の「後記」には、中学の同期生だった林基氏から、「次号の『三田新聞』は学徒出陣の記念ということで、福澤の国権論とか、大陸への軍事的発展にたいする肯定の側面がもっぱら強調されるような紙面になるので、福澤にたいする、やや異った見方がほしいという話であった。私にも林君の意図はよく理解されたので、その場で承諾したように憶えている」（傍点＝内山）とある。

慶應義塾の専任教員として、このエッセーを読んだのは、丸山先生の『戦中と戦後の間』がみすず書房から出版された一九七六年であった。「国民一人々々が国家をまさに己れのものとして身近に感触し、国家の動向をば自己自身の運命として意識する如き国家に非ずんば、如何にして苛烈なる国際場裡に確固たる独立性を保持しえようか」

出陣した学徒たちがこれをどう読んだのか、私は知らない。吉田満の『戦艦大和』の有名な一節、海兵出身士官と学徒出身士官との「死」観の対立、そして臼淵大尉の「負けて目覚める」との《進歩》論で決着、を追体験しようとすれば、「秩序を単に外的所与として受取る人間から、秩序に能動的に参与する人間への転換は個人の主体的自由を契機としてのみ成就される。『独立自尊』がなにより個人的自主性を意味するのは当然である」（傍点＝内山）に引っかからねばならなかった。

丸山先生に直接教えていただく機会は、私の生涯に二日だけあった。私の研究会に二度もおいでいただけたからである。その二度を含めて、私は「普遍的なるもの」を丸山先生から学んだ。いや「普遍的なるもの」の人間に対する意味と意義を学んだ、と言うべきだろう。私は「せめて近代」と思い続けているから、先生の最初は政治学の、次には日本政治史の業績の中で、それを懸命に読み当てる格闘をした。まことに、そして紛れようもなく先生の作品は、私に格闘のアリーナのありかを指示してやまない。有名になりすぎたかもしれない「戦後民主主義の『虚妄』に賭ける」との先生の寸言は、そこからの私たちの人類にむけての「普遍」への探索決意の表明だったはずだ。

言挙げに似て気恥ずかしいのを無理におさえこめば、福澤の学統をになうことと、丸山先生の後に続くことは、私に二重の「学問」による責務を思わせる。まだしなければならないことがあります。丸山先生。

▼政治思想史家で東京大学名誉教授の丸山眞男氏は、一九九六年八月十五日、肝臓がんのため死去した。八十二歳だった。

『エコノミスト』毎日新聞社　一九九六年九月

高畠通敏さんを悼む

人間を根拠にした政治学／かなわなかった集大成

君ががん再発で倒れた、おそらく再起不能と知らされたのが、この四月七日だった。それからちょうど三カ月後に君の死を知ることになる。「早いなあ」と友人がいった。七十歳という年齢をいったのか、この三カ月をいおうとしたのかは分からないけれども、「早いよね」と私もつぶやいた。

君に知己をえたのがいつだったかはっきりしない。まだ私は四十歳になっていなかったと思う。どこか地方での政治学会で、研究報告会場の外になぜかひとりぽつんとしていた君に、はじめてあいさつしたのが始まりだった。来年から非常勤で立教にきてくれませんか、と切り出されて仰天した記憶は今も鮮烈だ。

尾形典男、神島二郎、野村浩一、栗原彬と個性豊かな面々がそろっていた。それは紛れもなく慶應と異なる、知的であるが故に信頼に裏付けられた人間たちの集群であった。学生もまた、それに連動する性能を持つ者が多かった。私はその居場所に沈湎した。

この立教政治学の文化風土をつくったのは、スタッフのそれぞれが身に着けた〝私学振り〟だったと思う。前記した諸氏はすべて官学出身だが、どんなに間違っても「教官」とのたまうひとはいなかった。明示的に「教員」だった。この「私」性はとりわけ高畠さんの学問に発現した。〝市民政治学〟である。高畠さんは、著書『政治の発見』でこんな風に語っている。

「私は市民参加という問題は、究極のところ、現代社会における一つの新しい、しかし主要な矛盾に転化しつつある組織化と管理社会化、管理者や組織幹部、専門家や官僚層への権力集中に対する民衆の抵抗のひとつの様式として考える。その意味でこの市民参加の問題を本格的に推し進めていけば、究極的には現在の社会構造の基本的な変革というものと結び付かざるを得ない。そしてそれは、資本主義も社会主義をもまきこんだ新しい変革の次元の展開のはじまりなのである」

この文節に「究極」という言葉が二回もでてくる。私はそれを、私たちが創ろうとしてきた〈戦後社会〉の高畠像だったと見ている。その根拠としたのが〈人間〉だった。だから高畠さんは人に厚かった。誤解してもらいたくないが、高畠さんは義理の男だった。私は身にしみるように、何度も彼の厚かった義理の行為を反芻している。そこに彼の人間への信頼があった。

君が立教を定年で去ったとき、私は君の市民政治理論の大成を期待した。それは、しかし、かなわなかった。よく考えてみると、それは君にとって当然のことだったのではないか。それは政治学の、日本の政治学の永遠のテーマだからだ。むしろ、その永遠性が持続されることこそが、政治学の社会的有意を証明する、その後継を託す君の素志だろう。

君の死のなり行きをのみこめないままに、君をおくらねばならないのがいやだ。

▼高畠通敏さんは二〇〇四年七月七日、七十歳で死去。

共同通信配信／『沖縄タイムス』朝刊　二〇〇四年七月九日

ある手紙のいきさつ
石川真澄さんへの追悼

古書店の目録でみつけて注文した黒井千次の作品が三冊手に入って、冬の雲が低く暗く垂れ込めた空の下で、その日も午後早くから点けたスタンドの光の中で、その一冊を読み出すことができた。私は今、あるイギリス人が書いた日中戦争時代史を訳していて、別に締切日があって、それに合わせねばならないということはないけれども、毎日少しずつ進めている作業には、それなりのリズムがあるので、それを途切らせないぐらいの分量を片づけておかないといけないのだ。そうしてこの仕来り《しきた》とまではゆかないまでも、ある程度まで老後の日常を律する半ルールにしているそれを、その日も破らずにすんだこと、その後の解放そして自由を私は黒井千次を読み出すことで始めたのだった。

「どこか酔ったような気分で家を出て手紙をポストに入れた。早く行けよ、と指先を離れて落ちる封筒にそっと声をかけた」。この文章にぶつかったとき、私はほとんど邪険なまでに黒井の文脈から離れていった。手紙を書くこと、封筒に入れ宛名を書き切手をはる、手にもっていってポストに投函する、(時には手紙がポストの底に達したコトンといったくぐもった音を立てることもある)、この三つのことが「手紙」を創り出している。黒井はそれに「早く行けよ」と声をかけた。それがおそらく私のなにかをゆさぶったにちがいなかった。

「何をおいてもかけつけるところなんですがね、まえから検査入院が予定されておりまして。本当に残念です。」私は七〇歳になっていた。ゼミの卒業生たちが古希の祝をするので、招《よ》びたいひとを教えて欲しいとの申し出に、私が石川真澄さんをあげた、その返事がこれだった。

私が石川さんを新潟に新設する大学に誘ったのが一九九〇年。私に委託されたのは四年制二学部大学だった。大学新設認可の現実を無視した、ひどく能天気なこの構想に苦しめられることになるのだが、二人の学部長予定者の一人に石川さんをあげた。石川さんが学部長なんていう肩書きなんぞ全然意に介しておられないことは百も承知だったが、石川さんの承諾を得て、私はひどくほっとした。石川さんは何よりも私がやりやすいようにとの配慮に立っていたのだ。

私は悪い癖でひとりでものごとを背負い込む傾きがあるので、大切な友人には殊更に厄介な相談はしないことにしている。だが、傍目《はため》からすると、二人で仲よくサケを飲んでいるのは、二人で論議を重ねていると見えたらしい。大学の教師には、こうした角度からしか物事を見られないのが結構多いのを二人とも知っているから、ほったらかしにしていた。私なぞはそいつらを軽蔑する風を隠さなかったが、石川さんも大同小異だったようだ。もっとも彼は、私が大学を去った後に学部長をつとめたときには、かなり細やかに気を配ったらしかった。

大学をやめて帰京すると、とにも角にも、からだの芯からの疲れが日増しににじみ出てくる有様がほとんど一年も続いた。できれば布団を敷きっ放しにし、寝巻も着放しにしてごろごろしていたかったし、実際にそれに近かった。そこから何とか抜け出して、後輩なんかに「死に方用意」だよ、なんて悪態をつき始めたのが古希の頃だったと思う。私のこの回復とちょうど逆に、石川さんの胸腺に悪性腫瘍が見つかった。

石川さんの電話での口調は、それが指先ぐらいの大きさで、見つけにくいところにあったのが運良く見つかったので、ちょいと手術をするといった具合だった。私にはほとんど不安はよぎらなかった。

不安がなかったのは、石川夫人を中心とした事情が好転していたからだった。石川夫人の病篤しと聞いたのはいつだったか憶えがない。反射的に思ったのは、石川さんを東京の、奥さんの許に帰さねば、との直感だった。新潟にきてもらっていることで、石川さんに心ゆくまで奥さんの側にいてもらえない、もしかすると万一の際、奥さんを看取れないじゃないか、との身がすくむような感受だったのはよくおぼえている。

私は人事がまことに下手で、成功したためしがない。その私が石川さんを奥さんのところに返すのにむきになった。新潟で知己を得たAさんを介して桜美林大学の学長にお願いした。石川さんは欲しがられる条件を備えていた。大学院教授が実現した。私はこれで石川さんにいささかなりとも助っ人ができたことでほっとしていた、安心したのだった。そこに好事魔が癌を伴って侵入したのだった。私にはその事態にたいして正確な対応ができなかった。手術をして療養すれば、そんなに長期にわたらずに、職場復帰するものと勝手にきめこんでいた。だから腫瘍が拳大《こぶしだい》ときかされても、少しはどきっとしたけれども、私の安心は揺がなかった。それは安心し切ってしまいたい私の希望的観測に終始したのだけれども。

石川さんは時たまに電話をくれた。あの石川さんの艶のある声は美しい。変な表現だが、使い込んだ声とでも言えるのではないか。ちょっと脱線だが、家人と二人っきりのわが家で、最近はできるだけ対話を試みているが、それは、発声する努力をしないでいると、声が妙に上ずって、いがらっぽさをまとっている実感に茫然とすることが間々あるからだ。つまり、自分に馴染《なじ》んだ声がなくなって、およそ希代《けったい》な代物がのどをついて出てくるのである。これはひとに悟られる程度の異和であって、風邪ですか?と電話口できかれるくらいだから、エイリアンをのど奥に飼っている人間のSFになりかねない。しかし、石川さんの空をかけて伝わってくる声には、この種の異和はまったくなかった。その日その日にも使い込んでいった声だった。それに私はだまされた。石川さんはよくなっていってるんだ。私は疑わなかった。石川さんの朝日新聞紙上や『世界』誌上の連載も私の安心を強めた。それが一挙にひっくり返ったのが奥さんからの電話だった。

死は人間としての大事業だと考えてきた。どうすれば満足すべき死を遂げられるのか。こうした問いは、戦争によって国家に強制された死を、ほとんど偶然に免れた私たち世代に共通するのかも知れない。これにどう答えるかは別として、友人知人に死なれるのは辛い。みんな老衰の末に枯れて死ぬのではなく、ピンと張った緊張の生の綱を渡っていて、ある日ある時、すーっと落ちてゆく、そんな情景を私は想っている。石川さんの奥さんが、病状は決して楽観できるほどのものではないのです、と電話で教えて下さった、その夜の夢で私は石川さんが綱の上でよろめいたのを見て、思わず大きな声を出した。マスミー、ガンバレ。私はそう怒鳴った。石川さんは私のすぐ近くの綱の上を、私より少し遅れて渡っているのだった。いつもなら顔見合わせてニヤリと笑うか、ちょいと手をふる程度のはずだった。

私は病気見舞や通夜席での挨拶が徹底的に下手くそだ、昔も今も。折り目けじ目の言葉をきちんと揃え、正しく辞儀をして申し述べる、それは大切なことだ。だがこのお喋べりが、不幸の席では、言葉が口をついて出てこない。それを知っているから、石川さんの見舞にはゆかないことにした。

では何をおまえはするんだ。おまえなんぞ、何もすることなんぞないよ、と言われたら、そりぁそうだと言わざるをえない。だけれど、新潟で薄雪が散り舞う湖沼で白鳥をあくことなく見続けたり、そばをたぐりながら熱燗酒をくんで丸山眞男先生の話をした、同じご町内の若者ぶりを共有した以上、何とかして石川さんの生の成就《じょうじゅ》に手を貸したかった。それは成就としての死ではなく、あくまでも石川さんの「より人間的たらんとする」生の成就としての「政治」の完成でなければならなかった。そして私は石川さんに手紙を書き出した。

一か月に一本は書きたいと思った。そして黒井千次が「早く行けよ」と言葉を添えてポストに落し込む気持の揺れを私はその度に感じていた。この手紙がいつ迄も書き続けられたら、と不途思うこともあったが、突然手紙が宙に浮いた。それは石川さんに読まれることは、ついになかった。

（二〇〇六年一・二八）

▼石川真澄さんは二〇〇四年七月十七日、七十一歳で死去。

「政治探求・9」『ロゴスドン』ヌース出版　二〇〇六年三月

石坂巌先生追悼文（弔辞）

石坂さん、あなたは「近代」人でしたね。近代主義者ではなかった。それが多くの門下生をつくり、私を含めて人生を誤らせなかった、と私は思うのです。たとえば、私が石坂さんにとっつかまった時は、私は大学院をとび出して、何をする宛《あて》もなく、少しく無頼《ぶらい》を気取っていた頃《ころ》です。梶山さんの訳した『プロ倫』や岩波文庫の『職業』を穴があくように読まされました。もっとも、私の読み方は小説を読むようで、早くになくなった小島三郎は論理展開を丹念に読む、と仰言《おっしゃ》ったそうですが。どちらにしても、石坂さんは近代のもつ反人間的《アンチ・ヒューマン》な深淵に堕ちない強固な知性を私たちに形成させたのでした。それは理と情に分解できる生活スタイルではありませんよね。どちらであっても、きちんと人間の高貴につながる近代でした。私が学者になれるかもしれないと淡《あわ》い希望をもったのは、この〈近代〉に辛《かろ》うじて指がかかった時であったでしょうか。今はもうはっきり致しません。

石坂さんがこうした近代への格闘を何時、なぜ、どのようにして始められたのか、私は存じません。誰かとのめぐり合いもあったにちがいないのですが、そうした思い出を石坂さんは語らなかった。石坂さんは当時ご自分でも近代への熾烈《しれつ》な格闘を続けておられたのではなかったか、と思うのです。その中で石坂さん、あなたは福沢に出会っておられた。

石坂さんが見た福澤は近代人だった、と思います。概念や理念のなりたちを人間のいとなみの中から、つまり歴史からつむぎ出し理解する作業に耐えた福澤が近代主義に陥るはずはなかった。その手順は石坂さんと同じでしたね。今でいう手づくりによる理解とも言えます。福澤理解にこうした位相が慶応から失われた時、福沢の神格化がはじまるのでした。創立一二五年記念事業として福澤研究センター創立があり、その初代所長に任じられた時、石坂さん、あなたが珍しく意気込まれたのを私は目をみはる思いで拝見しました。大学の荒廃は福沢の手抜きのない啓蒙《けいもう》そして学問によって回復できねばなりませんでした。そして、少なくとも石坂門下生にとって、それは間違いなく達成されたと私は信じております。石坂さんは、福澤研究センターによって、慶應義塾に福澤の学統を打ち立てられました。繰り返しになりますが、慶應義塾に《近代》を打ち込む作業がそれでした。福澤→石坂とつながる《近代》学統は、石坂さんと共に水戸につながりました。常盤大学の理事長が石坂さんを深く信頼したことは、定年を無視して石坂さんを常磐大学に留めたことに明らかでした。私は石坂さんの健康を心配しましたけれど、考えればその持続こそ石坂―近代にふさわしい、と思ってそっとしておきました。

今ここに石坂さんの門下生が中心になって一つの近代人集団が存在します。それは明日にも日本中に、いえ世界中に散ってゆく近代人の集群です。石坂さん、眠ってはいけません。石坂さんの眼差《まなざ》しは今生きている後続の門下生には何よりも必要なエネルギー源なのです。私は近々お傍に参りますから、その時の話題に多くのことを取っておきましょう。とりあえず今日のところは、これで失礼します。とりあえずですよ、石坂さん。

内山秀夫

二〇〇七年二月二十五日

石坂巖先生

▼二〇〇六年十二月二十八日、八十五歳で死去。

第7章　社会を凝視する《時評》

憲法、戦争、教育

靖国〝公式化〟への政治底流

強制された秩序で死者を悼むことはできない

個別の火山と火山帯と

そのことがら自体が特定の政治的意味を持たないかのようであっても、それらのことがらを連ねて見ると、特定の政治的意図が明らかになる、それがまさに「政治」なのである。いわば、個別の火山が火山帯をつくっているのと、それは同じなのである。

中曽根康弘氏が自民党の総裁に「選出」されたこと、そのことがらが一政党の党首決定の問題ではすまされない、と凝視されたのは、一つには私たちの《戦後》をとにもかくにも規定し規制してきた、自民党保守本流体制の崩壊であったことを意味したからにほかならない。それは軽武装国家を一つの原理とし、それによって生じうる私たちの生活営為の余分を、私たちの生活領域に全投入する形で「社会」を維持しようとする、もう一つの原理に対する新たな挑戦であった。

この《五五年体制》は、自民党が私たちに与えた恩恵であり、自民党指導者たちの卓越した選択であった、とする〝意味づけ〟が横行しているが、それはすでに「権力の狡智」でしかない。つまり、吉田茂氏を起点とする保守本流がそうしなければならなかった方向が、私たちの存在と営為に何よりも発端していたのだったことを忘れるべきではない。そこには、ぎりぎりのところでミニマムに《国家》を押えこんでおいて、逆に生活空間としての《社会》をマキシマムに拡充することで、私たちは私たちの戦後を創り維持し充実してきたものがあったのだった。だからこそ、「戦後史の転換点」と中曽根氏が現在を規定したことは、どう考えても、この私たちの戦後を解消し、政治権力側が構想し構築する国家に社会を従属させる起点を宣言したものとしか思えないのである。

「私たちの体制」ということ

私にしても、《五五年体制》が崩壊しなければならないことを知っている。だがその際、私が指摘しておかなければならないのは、あるいは前述したように、五五年体制が私たちの体制だったのであって、彼らの体制ではないのだ、ということである。私たちが五五年体制の改変にみずから着手しなければならなかったのは、それが経済成長主義によって貫通する、いわば高度産業社会そのものだったからである。そこでの問題は、私がこれまで発言する機会に必ずといってよいほど明らかにしてきた、テクノロジー優先主義、言いかえれば、テクノロジーの可能性が人間の可能性に等しいといつのまにか思い込んだ、そしてそれがまちがいなく私たちの社会規範の決定者であったことが見破れず、その反人間性をようやく、公害・環境破壊の現実を突きつけられて了解しなければならなかった、その〝事態〟にあった。したがって、五五年体制の転換は「脱」高度産業社会として、私たちが構想し構築する課題として、私たちの戦後努力の継続的責務として設定されているのである。

この私たちの戦後性は、大西洋憲章によって構想された《新しい世界》としての戦後世界の唯一に正当な継承者として人間の歴史への参加意思を〝世界〟に宣明する高貴な志である。というのは、たとえ大西洋憲章が、それぞれの〝国益〟のエゴイズムを黙示するところがあったにしても、そこでうたわれた国家の平等、平和の確立、武力使用の放棄、反膨張主義の哲学は、まさに私たちが生きてきたそのことをまるまる保障するものであったからである。アメリカもイギリスも、みずからその哲学にそむいた。私たちはそむかない。

この生き方に依って構想さるべき社会形成への道としての《戦後》は、〝転換〟できるはずのないものなのだ。このことを前提として、私はすべてを判定し、選択する。しかし、〝転換〟を意図する人びとには、この選択はない。というのは、国家アメリカが権力的に捨て去った通りに生きることが選択だと思い抜いているからである。そこでの権力的思考は、〝強い〟こと、つまり「力」に依って生きること以外にはない。

その場合、「力」とは物理的強制力である。つまり、外に向けては人間とその生活空間を物理的に破壊する力であり、内に向けては、政治権力にとって有利な秩序を維持し、そして不利な条件を排除する実力である。言いかえれば、人間のもつ創造可能性を、この力によって閉じ込める意図がそこに歴然としてあらわれる。この力の誇示は、疲れた人間に希望と期待を与えうる。ちょうどヒトラーがかつて、危うく人間に与えた、あの事態のように。今、眼前で世界に進行しようとしているのは、特定の人物による社会の収縮・国家の聳立ではなく、〝体制〟としてのそれなのである。

この〝体制〟はすでに示唆したように、国際化への傾性を強く内在化している。そこには、現代の不幸としての米ソ対立を、不幸として軽減し除去しようとする懸命の努力の対象とするのではなく、体制確立のために利用しつくそうとする権力意思が強く作動していると言わねばならぬ。

この〝体制〟の国内化と国際化は、〝国家〟の聳立《しょうりつ》を前提としている、とはすでに指摘した。国家が国家として安泰であるためには、そこに住む人びとが〝国家〟に安住し、国民を人間の存在の唯一のありうべき形態と思い信じなければならない。つまり、人びとを「国民統合」することが不可欠なのである。

この課題としての国民統合は、人間の存在の多元化傾向に対するアンチテーゼとして提出されたものである。いわば、多元的な質的（文化的）存在としての人間たちのゆるい連合としての生活空間である国家を模索することで、そこから高度産業社会を脱しようとしている私たち人間の歴史創造性を遮断しようとする権力的作業課題がその国民統合なのである。

根底から問われる存在の質

先進高度産業国家が、戦争・公害・環境などの人間の生命・生活の保全の問題をバネにして、その存在の質を根底から問い直され、あるいは、国家はその存在を無限に人間のために奉仕し、国家の存在はいやしくも人間の生命・生活を脅かすものであってはならない、とするところにまで追い詰められたことは記憶に新しいし、エスニシティ（人種＝民族性）理念による国家再編への胎動が分離主義の運動・現象をつくりだしていることも確実な歴史的現実である。これは、私には歴史創造の原点としての現在を想定することのできる事態である。これをまさに〝国家の危機〟とする国際権力が発動しているのである。

フォークランド紛争、アフガン紛争、ポーランド問題、中米紛争、イラン・イラク戦争などすべて、そこに〝国家への反逆〟の芽を認識した権力——それはほとんど米ソを中心とする世界権力と呼べる——が、かたい国家連合形成への意思を表明したことがらであった。中曽根政権は、この世界権力への参加意思をもって、国家日本の位置づけを志向しているのである。それはしたがって〝日本国〟、つまりやわらかい日本国憲法体制の否定的再編をともなわないわけにはゆかない。

この再編——国家改造——は、中曽根氏には、〝第三の維新〟の対象として定礎されている。それを私たちは、昨年九月二十五日に彼が主宰する青雲塾『三十五周年教書』に次のように見てとることができる。

「歴史の本流を開拓し、昭和革新の人柱となることを誓おう。昭和憲法下の日本は第一憲政の時代である。マッカーサー憲法下の日本は第二憲政の時代である。来るべき昭和革新下の日本は第三憲政の時代である。我等は今や風雪の嵐の中に第三憲政の黎明に立つ。嵐よ来たれ」

彼のいう〝維新〟は、明治・敗戦をそれぞれ第一、第二とし、そして現在を第三とするものである。八・一五敗戦を維新とするレトリックにはどんなにしても無理があるところから、私には、明治・大正・昭和の維新史観を彼の素地に見出すことの方が容易である。つまり、彼にとっては、元号維新論があって、昭和を敗戦をもって途切れることのない、つまり皇国史として一貫性を樹立する〝時代〟観が何より自己の存在確認源になっているにちがいない。

言うまでもなく、維新史観は天皇親政史観である。彼とても、天皇親政の神権政治体制を直接主張することはできない。しかし、象徴天皇制を天皇への忠誠体制に組み替えることは可能である。彼が「昭和革新下の第三憲政」と指摘した意味を、このように考えると納得しやすい。しかしながら、そのためには、天皇個人と天皇制を接着しなおす作業が、しかも、国民に納得される形で実現しなければならない。それは間違いなく《天皇主義》のエートスの形式に照準されるものなのである。

このエートス、つまり日本国民の心情構造、さらに言いかえれば、理性も知性も及ばぬところでわだかまっている、不定形の情感に回路を設定し、それを国家に吸いあげ動員する意識的作業が開始されているのである。私には、靖国問題がこれまでとまったく質を異にした位相をもちはじめた、その歴史的文脈を思わぬわけにはゆかなくなっている。

自民党の体制維持原理の根にあるもの

〝第三憲政〟の始発権力者としての中曽根氏は、自民党の体制維持原理である「解釈」に依りつくしている。それは、内閣法制局見解の〝違憲の疑いあり〟に対して、「歴代内閣は法制局の見解に従っているが、あいまいな点があるので相当の権威者を集め、政府自民党も互いに勉強しよう」と提言し「内閣としては、さらに検討してゆきたい」（傍点＝内山）と態度を明らかにしたところに見てとれる。

しかし、この勉強、検討は、昭和五五年十一月の政府統一見解である「内閣総理大臣その他の国務大臣が、国務大臣としての資格で、靖国神社に参拝することは、違憲ではないかとの疑いを否定できず、政府としては国務大臣としての資格で靖国神社に参拝することは差し控えることを一貫した方針としてきた」原則に対する異議の申し立ての性格をもっている。あるいはまた、昭和四二年十一月、参議院法制局長が「靖国神社に対する国家補助についての見解」の結論部分で、次のように明らかにしている点を無視している。「以上のように眺めてくると、現在の靖国神社のままでこれに国から補助金を出すことは、憲法上許されないと考えるのが、その精神に合致するもののように思われる。これに対する種々の反対論については、もともよりその意の存するところを充分に尊重してきたのであるけれども、現在までのところでは、以上のように解するほかないように考えている次第である」（傍点＝内山）。

恣意的な権力の正当化

だいたい「宗教」の問題は、本質的に法規範の領域に属さない。それは、歴史としての近代が、なお人間一人ひとりの生き方の自由の問題次元として〝信仰〟を〝良心〟と確認した位相の問題なのである。それは、言いかえれば、現世権力に対抗し、その悪に対抗する人間の最重要のもう一つの世界に属している。つまり、宗教は、人間の個性を確立する信仰の領域として、政治権力・国家権力に利用されえぬ人間の尊厳部分なのである。

この「人間」の尊厳部分に直接、政治権力が介入しようとするとき、「憲政」という名によって権力の恣意性が正当化されるのだろうか。私は、神道の宗教性を論ずることは差し控えたいし、「靖国神社は、戦没者及び国事に殉じた人人の英霊に対する国民の尊崇の念を表わすため、その遺徳をしのび、これを慰さめ、その事蹟をたたえる儀式行事等を行ない、もってその偉業を永遠に伝えることを目的とする」(「靖国神社法案」第一条)、その意味を批判することも、ここでは断念する。

しかし、その「英霊」の多くが、国家によって強制された死を死なねばならなかった事実と、ふたたび死を強制しないものに国家が完全につくり直されていないこと、つまり、戦後はなお継続中であること、さらにその戦後を創造的にこの世界に突き出しうる人間としての私たちの課題とを抜きにしては、国立・国営墓地としての〝靖国神社〟は、私たちすべての聖地にはならないことだけは言っておきたい。

〝慰霊〟は、私たちすべてが「自由死」としての生き方を保証したときに、はじめて死に方とのかかわりで考えられるのである。ましてや、私が述べてきた「底流」のために、つまりは強制されている権力秩序に加担する形で、なくなった人たちを悼むことは、絶対にできないし、してはならないのである。

『公明』No. 261　一九八三年一〇月号、『日本の政治環境』(三嶺書房)所収　一九八八年

金鵄勲章の復権

〝錯覚〟からさめぬ証拠／未送達遺族の声聞きたい

六月二日付M紙で「金鵄《きんし》勲章復権へ」が報じられた。その報道の内容はほぼ以下の通りである。金鵄勲章は、明治二十三年、明治天皇の詔勅で創設され、生死の区別なく「武功抜群」の者に授賜された。昭和二十二年にGHQの「平和憲法になじまない」との意向によって政令が制定され、法的根拠がなくなった。

四十年代に入って、名誉回復運動がおこり、日本金鵄連合会を中心にして復権が推進された。「生存受賞者の平均年齢は七十歳を超え余命いくばくもない。しかも九八パーセントが赤紙一枚で召集された下士官と兵だ」というのがその根拠である。五十六年六月「本人の一代限り有効」とする請願が衆院内閣委員会で、自民・公明・民社・新自クの賛成により採択された。だが、当時の鈴木内閣は、戦時中に授与を伝達されたが、実際に伝達されなかった約四十万人の戦死者に勲章を贈らねばならない、年金、一時金の復活要求がでる可能性があるとして、復権には応じなかった。

だが中曽根首相は鈴木内閣時代から理解を示し、五月二十日推進派と面談、前記採択を再確認し、事務当局に政令で決定するよう指示した。この政令は、新たな財政措置は伴わないという内容で、七月にも閣議決定される見通しである。

私は五十五歳。金鵄勲章なるものを知っている。「勲章さげて剣さげて、お馬に乗ってはいどうどう」という歌もよどみなくでてくる世代である。私たちの世代は、しかし、軍服を着て戦死することを例外とする世代である。だが、もっとも戦争に忠実な世代でもあった。だからこそ、大人になるまでは生きていない、生きてはいられない、と思い信じていた、そのことがどんなにか間違っていたかを、私はこの四十年間、歯をぎりぎりかむ想いで生きてきた。そこには、無知をむしろ罪悪とする価値観が意識的にきわだっている。

中曽根氏が首相になった時、私はさまざまなところで、同氏の海軍士官姿の写真を見た。それは少なくとも、同氏から提供されたものであるに相違ない。私は同氏を疑った。軍服姿の写真をもっていてはいけない、というのではない。それは個人的には大切な青春のかたみであろう。しかし、それを提供する神経を私はいまでも、そしておそらく一生疑問とする。戦争参加を、すでに知識も知性ももっていたはずの同氏は、状況追随の参加としてみずからに許しておられるのだろうか。それは、私が無知であった十五歳という年齢と同じ程度に無知であることの証明なのか。軍服にはいちばん金鵄勲章が似合うのだった。

「武功抜群」を胸につけたり、首に下げたりしたい「平均年齢七〇歳」の方がたは、どうぞ、人間の血を流した名誉を誇られるがよい。それは、「何も学ばず、何も忘れず」の証明になる。そのようにして、どうぞ誇りやかに生を終えていただきたい。

私はこの勲章について、いろいろな想いを含めて、次の提案をしたい。それは約四十万人の勲章未送達の戦死者の遺族の方がたに、「武功抜群」の勲記とともに、もれなく送達することである。それを受け取られる遺族の方がたの声、少なくとも四十万通りの声をきかせていただきたい。いや、死者よ目覚めて語れ、とこそ言いたい。

かつて、福岡日日新聞主筆菊竹六鼓は、「非常時とは、日本国民が、自己を他に強要する合い言葉であって、国運の一大進展を意味し、国勢急回転のその姿をこそ指すのであるが、決して国運、民命の安危の分かるるとこの塊は、何時とはなしに錯覚してきたように思われる」（昭和十二年）と指摘した。

少なくともこの四十万の未送達者は、この国民的錯覚の中で往って還らなかった方がたである。その方がたの霊を安んずるのは、私たちがいま現在、錯覚に陥らぬ生き方をつらぬくことしかあるまい。胸間を飾るブリキの塊は、無念ながら、この錯覚から醒めない証拠なのではあるまいか。

信濃毎日新聞「潮流'85」一九八五年六月二十九日

国家は秘密をもてない——スパイ防止法は憲法政治への挑戦

一

タガが壊れはじめた証拠

大衆が牙をむいた。自民党に三〇四議席を与え、従順な羊の群れと為政者の目に映ったにちがいない大衆が、売上税を前にして、狂ったかのように牙をむいた。もちろん、この牙が戦後保守党政権にたいして恒常的な批判勢力となる、と断定してはならない。にもかかわらず、この大衆の反逆は、政府・自民党にとって、民主主義のルール違反にたいする痛烈な批判であることにかわりはない。

だが、こうした事態にもかかわらず、政府には反省の気配がない。たとえば、三月二十四日に政府首脳のことばとして、売上税は、「本来国政の場で論議すべき問題なのに国会審議はほとんどしないまま、野党側が事実無根の言説をふりまいている」と批判し、現在の売上税論議は、「国益に反する大衆民主主義の危険の一歩手前」だと論難した、と報ぜられている（『毎日新聞』一九八七年三月二十五日）。この論脈は、野党が「国民にたいする背信行為」を行なっている、というところにのびてゆく。

政府の危機感は、前述した批判に結んではいない。むしろそれは、同日選挙という二院制の制度の精神を無視した政権党――一党優位政党――が、その結果を、自党にたいする有権者の良識および期待として自賛したことと背中あわせになっている。つまり、野党の「背信行為」に扇動されたとする大衆が、まさに自民党を大勝させたことが忘れ去られている。そこに一党優位に鎮座してきた政府・自民党の愚民意識がある。

この《衆愚》観こそが、実は、一党優位政党の陥る罠である。というのは、自党に追従し、自党が設定した政治のルールの枠組み内に、民衆が囲い込まれている限りで、民衆を守護するとする護民官思想が党内に蔓延するからである。それは同時に、「国を愛し国を支えるのはわれわれなのだ」とする愛国心の独占意識をつくりだす。この「気概」は当然、一種の前衛意識を強化する。

「民衆の囲い込み」と私は言った。しかし、その鞭ともなり号笛ともなったのが、「物質的利益」であった。つまり、〈利益誘導〉と〈政治〉とを等置することで、政府・自民党は一党優位性を確定した、いや完成した、と思い上がったにちがいない。だが、売上税は、あえていえば民衆各層の利益に反する、と思われてしまった。絶対少数派の野党各党が、国会内外で懸命の反税キャンペーンを展開するのは、むしろ政党政治としての立憲体制にあっては当然のことである。減税のための増税、それが間接税という目に見えなくなりやすい増税であればこそ、この民衆側の意識化は、政府・自民党の利益誘導型政治にありうべき結果であった。言いかえれば、これは「納税者の反乱」であるにちがいない。それが「衆愚」なのか。自党の設定したルールに順応せず、それが規定したルートに民衆が適応しないとき、それをみずからがまいたたねとして自責しない、その倨傲《きょごう》のよってきたるところを、保守本流の白川勝彦の次のことばに見ることができるのではないか。

「私は、自民党は気分ではなくて、何といわれようがこれは譲れないというタガを守ってきたからこそ、政権を維持し続けてきたのだと思っています。吉田、池田、佐藤、田中、大平と……。このタガというのは何かというと、一つは役所のタガです。もう一つは自民党の中にはウルトラ・コンサバティブもいていいけれど、同時に私のような相当のリベラリストもいるよ、この調和の上にしか自民党というのはありえない、というタガです。このタガが壊れ始めてからもう数年になるのです」（『保守政治家は憂える』岩波書店、一九八六年、傍点＝内山）。

ここには、「保守本流」から「保守源流」への転換と自称するなかでの、自民党の自主規制力の崩壊感覚が認められる。自民党の危機は、まさに自民党内に発していたのである。とすれば、われわれの自民党は内部危機を深め再生の転機を党を挙げてつかむべく必死懸命でなければならなかったはずである。それは、故古井喜実が「収入と財産のために政治をやっているんでは、いい政治が生まれるはずがない」と言ったところに収斂しないわけはない。

はずれはじめ、壊れはじめたこのタガをみずから証明したのが、軍事費ＧＮＰ一パーセント枠突破であり、国家秘密法の立法化意図の表明ではなかったか。

外交を欠落させた国家防衛

国家秘密法が反共産主義による国民動員の国家体制樹立を目途としていることは言うまでもない。そしてそれが、思想レベルの問題はいっさい含まず、反ソという形での国民統合への意図であることも、またたしかである。それはタガがはずれた分だけ、別のタガの設定に通じないはずはない。しかし、この新しいタガは、それによってまとめあげた民衆全体をもって、ソ連国民と対決する実践性をはっきり持っている点で、平和への意思にも対決を迫っていることを忘れてはなるまい。

だいたい、中曽根政権の危うさは、あらゆる発想の根に《冷戦》を埋め込んでいるところにある。そこには、アメリカに加担することを通じての冷戦下における国家防衛という単純な図式しかない。その単純さには、「日本が米国に対して独立しているのかどうか、このことを問題にしなければならない」（赤城宗徳）という、真の意味での国家論は存在しないし、「世界の平和に対する一番危険な勢力は、見方によればアメリカとソ連」（古井喜実、傍点＝内山）という見方もない。あるのは、自党の、（あるいは自己の）政権維持に好都合な国家主義でしかない。そこにまるごと欠落しているのは《外交》であった。故木村俊夫が「もともと日本の外交はいままで主体的に外交政策を変えていく場合は少なかった」と評し、「戦後日本には外交というべきものはなかった。あったのは日米関係であった」と言ったのは、まさに、この外交欠落を言い当てていたのである。

では外交とは何か。外交は、諸主権国家からなる社会が備えねばならない平和維持の手段だ、とH・モーゲンソーは言う。だが、この国際政治のリアリストをもって名高いアメリカの政治学者は、それに続けて次のように言うのである。

「しかし、現代の世界政治と戦争の諸条件の下では、とくに、外交が十分頼りになる手段であるということにはならない。現代テクノロジーによって国家に手渡された破壊手段を国家が自己よりも高い権威に引き渡して初めて、つまり国家が自己の主権を放棄して初めて、国際平和は国内平和と同様に確かなものになる。外交は、平和というものを今日以上に確固たるものにすることができる」（『国際政治』福村出版、一九八六年）。

つまり、現在の国家間戦争を前提とする限り、言いかえれば国家対立とその暴力的解決をありうる事態として容認する限り、《外交》は平和維持手段としては不足なのである。木村俊夫は、その外交すらなかった、と言ったのである。われわれの日本国、つまり日本の国土に住み生きる人たちの生活空間を規定するのは日本国憲法である。その国──「恒久の平和を念願し、人間相互の関係を支配する崇高な理想を深く自覚するのであって、平和を愛する諸国民の公正と信義に信頼して、われらの安全と生存を保持しようと決意した」人間が住み暮らしている場所──は、この「決意」がかわらない限り、あるいは「決意」を否定する憲法を採択しない限り、それを侵すものを「平和の敵」と見なす。そして、われわれの外交は、われわれの国そのものが、モーゲンソーの言う「より高い権威」の一端をなすがゆえに、平和をより確固たらしめるものであるにちがいなかった。それが欠落しているのである。

したがって、われわれの戦後をこのような〝外交欠落〟と認識する限り、より高い権威としてのわが日本国の確立によりさらなる努力の結集点があるのであり、それは戦後日本の再出発・再生とでもいうべき事態としての〝今〟の認識にほかならない。

ところが、事態はちょうどその逆である。「都合の悪いものに対しては内政干渉だといって、逆に非難し、自分たちの考え方に合うものについては何もいわない、むしろ外圧として利用しようとさえする場合が多いのですね。われわれは意識しないままに、冷戦体質を温存してずうっときてしまったのではないかという感じは、率直にいっていいたします」と河野洋平が述懐しているところを、われわれは新しい立脚点として踏み固める必要がある。

中曽根首相が八六年体制を称した新体制は、行政部の万能政府体制ではなかったか。その原理は、能率革新主義であり、小さな政府と称する少数者支配体制の確立ではなかったか。「世界を離れて、わが国の政治はあり得ない」と言ったのは福田赳夫だったが、そこには「今日の政治家に必要なのは第一に、世界の情勢について透徹した認識をもつこと、高い世界的見識をもつことです」（傍点＝内山）との志があった。だが、現首相にとって世界は日米関係（＝ロン・ヤス関係）でしかない。「西側の一員」という強調は、ロン・ヤス関係の別称でなければならない。そしてそれには、「西側軍事ブロックの一員」（安江良介）の意味がこめられている。

赤城宗徳に言わせれば、講和条約にともなって結んだ安保条約にしても、またその改正にしても、日本は独立国として対等になろうとする意思をもってそうしたのであり、それは本質的に軍事同盟ではなく、経済同盟なのである。というのは、「軍備をもたない日本であることを承知して結ばれたもの」だからである。したがって、中曽根首相の「運命共同体」発言にこめられた軍事同盟論には、冷戦体制の論理がしのびこんでいるのである。

二

選択の強制、自由からの逃走

顧みれば、冷戦体制とは、米ソ対決を判断基準にし、その軍事力バランスによって政治（支配）を実践してゆく方式をさしている。しかしそれには、韓国の朴正熙政権がになった体質である「国内の冷戦的枠組みをかえることが自己の政権の崩壊に結びつくという恐れになり、結局は強圧策で切り抜けようとする」特性が共有され、「日本の利益のためというよりは、激しく対立し合っている米ソ関係のあいだに日本が割って入って、そして、アメリカの側にとってプラスなことは何か、ソ連にとってマイナスなことは何かを、日本が一生懸命探してやっている」（安江良介）現実がきわだってくる。

この「日本の選択」がどんなに危険か、というポイントは、中曽根首相の自信――権力的自信――からは見透くことはない。彼の「大統領的首相」意識は、自分のみが国家・国民の運命をになうに十分な資質と才能の持ち主とする自負に支えられ、米国大統領と日本国首相との対等関係の虚像にもとづいている。それは逆説的に言えば、日米関係摩擦における日本の優位性によっても、裏打ちされているのではないか。首相の意識には、安江良介が指摘した次の構図は浮かんでこないはずである。

「政治的には米国の国際政治における指導力の低下、経済的には日本経済の向上、これによって日米関係は相対化する。だからこそ摩擦もおこるのですが、軍事カードを出されると、たちまち力関係は上下の絶対的関係になる。日本がレーガン政権の『力の政策』『冷戦』の考えと同調するからなのです。核超大国である米国の政権が軍事カードを出せば、日本に対してもそうですし、イギリス、フランス、西ドイツ、それらの同盟諸国に対する発言力を強めることができる。これがレーガン政権の計算でもあろうと思うんです。最近の日本の政府はまんまとそれに乗っている」

この軍事という暴力システムのバランスゲームは、徹底的に「力」の論理に立っている。それは恐怖のバランスという、国民の心理につけ入った権力の論理である。権力は自己維持の力学として肥大化の論理を内在していることはいうまでもない。だからこそ、民主政治は、権力の自己肥大化をチェックする仕組みを多元多様にはりめぐらしているのである。だが、権力者の任務という歯止めしか、この権力肥大化の論理を阻止できない事態こそが大衆民主主義の問題であった。

中曽根首相が自己の政権以後をどのように構想しているかは、ここでは論じたくない。だが、政権以後も自民党の後見権力を維持しようとする意欲をもっていることは、容易にうかがえるところである。それは結局、首相として設置した権力装置の恒久性を強固化すること以外にはあるまい。そこに発現するのが、国民をしてその権力装置に接着させ、その接着をもって国家たらしめる構造である。

この国民と国家の接着に権力装置――中曽根首相に所有された権力装置――が機能を発揮する隙間がありうる。まず第一は、あらゆるものが余っている過剰社会としての日本における人間の問題があり、第二に、そうした人間のたたずまいから生ずる空虚感・非実体感を埋めようとして埋めることができない大衆の焦燥感の権力的利用の問題がある。

過剰状態は選択を困難にする。つまり選択の対象が多様でありすぎることによって、その選択には多大の努力が要求される。この多様化としての過剰性は、逆に、単純さへのあこがれをつくりだす。しかし、よく考えてみると、この多様性は人為的につくられていて、それほどの選択の困難をもたらすものではない。多様だと思わせられ、そこで自由のイメージが設定されているにすぎない。自由のファッション化が、無限な自由を錯覚させているのだ。

しかし、この人為的自由は意外に社会にたいして浸透力をもっていて、価値観の多元化に対応しているかのごとき形象を提出しているのである。自由が不安と接続する契機がここに胚胎している。原子化された個人による砂のような大衆ではなく、相互に同一化《アイデンティファイ》しあった小集合としての分衆が指摘されたのは、それが広告主体側からのものであったがゆえにこそ、価値観の多元化に対応する仕組みの創出であったのだろう。

というのは、この分衆は生き方の基礎としての自と他の差異を前提とする。人間の結合原理の創造ではなく、人生や歴史に意味も意義ももたない、負の仮定的つながりにすぎないことが明らかだからである。その意味では、分衆それぞれの文化の屹立はありえない。あくまでも、それはその時々の風俗でありファッション性が強い。それは、人生における人間関係の暫定性とは質を異にしている。

たしかに、新しい人間の結合原理への模索が持続していて、それが歴史の新しい出口になりうることを私は信じている。そうである以上、あるいはそうだからこそ、人間はそれぞれ耐えねばならない現代の宿命を負っているのである。だが、選択は常に強制されている。それはみずから耐久することで選択を内発的に実践するのとは異なる選択強制である。この強制を無視したり、排除する意思は、この多様化・過剰社会からは生じない。選択が強制され、結果的に選択不能の状態が自分に見え透いてくるとき、それは人間に「自由の代償」の支払いを強制する。

そこではすべてが柔化してしまう。言いかえれば、抵抗するための核がなくなり、あらゆることがらにたいして、やわらかく対応し、したがって反発は消える。そして、その分だけ存在感は希薄になる。これが豊かで過剰で多様な社会環境における「自由からの逃走」の構図であろう。

中曽根流国家主義の内への発動

だが、社会構成のたてまえ原理は、堅く強固な自主・自律的個体を要求している。このたてまえ原理が民主主義のそれであることは言うまでもない。そこに、負の価値として植えつけられた「たてまえ」の自己否定を正当とする心理がしのびこんでくる。ほんねで生きる。既成の、あるいは制度化された民主主義を再生し活性化するための「ほんね」は、そこには発現しにくい。新しい「たてまえ」を創造する「ほんね」ではなく、たてまえとほんねの乖離を前提として、たてまえは媚び、それによってしつらえられた自由を全面的に享受しながらも、そのたてまえを奉ずる意思は育てられない。この心情は、一方では、この事態の恒久化を「自然」としながらも、他方では、それなくしては自己の存在を実感できないような、切迫した緊張を求める、両義的なものである。言いかえれば、それは何かを待つ情緒である。

「どんな社会になっても、不幸の総量は変わらない」と言った人がいるが、この過剰社会にあって聳立するのは、その不幸な人たちの集団である。その集団にたいして、しからば「社会」人はどのように反応するのか。それは決定的に当事者主義である。たとえ、その集団が、構造化された差別をもって成立しているにしても、その差別は自分のこととしては沈着せず、常に他人事として傍観しうることがらなのである。言いかえれば、当事者主義―傍観主義は、救済者として政府を予定する。これはサー・シンドローム（お上《かみ》シンドロームとでも呼ぶべきか）と名づけることができる態度であろう。

こうした〈お上〉としての政府への姿勢は、「よらしむべし、知らしむべからず」の封建的支配に直結はしていない。しかし、政府担当者に使命感を抱かせる理由にはなる。そして、この使命感は、公職者にほぼ権威主義的感覚をもたせる。それは下からの期待と委託への反応として形成される。それは必ずしも白紙委任ではないにしても、使命感と責任感が合体したときに、対外的な主張と対内的な保護への意識を生みだす。だがそこに自己の権力意識がからんでくると、対外主張が他国との同盟による発展に、対内保護が国民の支払うべき代償としての支持要求になるのである。

前述したように、中曽根首相の場合の対外主張は、日米同盟関係の強調によって支えられており、しかもアメリカの対ソ戦略に組み込まれたアメリカ補助的な形での「国家」主義でしかない。それはいかにロン・ヤス関係を強調するにしても、経済優位が軍事的劣位によって簡単に凌駕されるものでしかない。したがって、中曽根首相の抱懐する国家主義・民族主義は、彼が国内向けに時折放射するほど強力な形で対外的には発現されることはない。いやむしろ、できないと言うべきであろう。その国内外の乖離は、彼のもっとも無念なところであり、井出一太郎に「この人は世論調査に出てくるように、なかなか素人受けはいい。ただ政治家仲間でこの人を見るときには、一種危ないなというものを感じないわけにはいかないですね」と見破られてしまう。「外交姿勢」に素人の好感を得ていた彼が、売上税で壊滅的に支持を失った現在、彼の国家主義はいよいよ内に向けて発動されるものと考えねばならない。それは同日選挙での大勝を根底から突き崩すものだからである。彼がことさらに民族の一元性を主張したり、靖国を国家行事化したりするのは、彼が本来的に内なる国家主義を想定していたからにほかならない。

三

多数決民主主義の破綻と秘密法

ここまで私は「国家主義」と書いて、ナショナリズムという表現を使わなかった。それは、民主主義を創造するナショナリズムはありうるかも知れないが、少なくとも、日米関係だけしかない戦後の国際関係にあって、そのようなものとしてのナショナリズムを前提にした論議はできそうにないからである。中曽根首相の国家主義は、丸山眞男が一九五一年に指摘した、「過去のナショナリズムの精神構造は消滅したり、質的に変化したというより、量的に分子化《アトマイズ》され、底辺にちりばめられて政治的表面から姿を没したという方がヨリ正確であろう」との、分散的に潜在化した伝統的ナショナリズム感情が表出したもの、と考えるべきである。

そして彼の国家主義は、「伝統的ナショナリズムが非政治的な日常現象のなかに微分化されて棲息しうるということ自体、戦後日本の民主化が高々、国家機構の制度的＝法的な変革にとどまっていて、社会構造や国民の生活様式にまで浸透せず、いわんや国民の精神構造の内面的変革には到っていない」ところをすくい取って、国民に投げ返したものなのである。「戦後政治の総決算」とは、まさにこのことを意味している。いわば、中曽根首相の言動は、われわれの「民主主義」がいかに理論であり、題目にすぎなかったかを映しだす鏡としての役割を果たしている、と言わねばならない。

しかし、彼は民主主義者たることを明示しなければならない。そのために彼が提出するのは、一つには、戦後われわれがどうしても成功しえなかった、ナショナリズムをもって民主主義の支柱にする、という課題を、彼一身においてありうべき成功例として呈示することである。その第二は、多数決をもって至上の民主主義ルールとして確定することである。前者について、彼が努力しているのは、伝統的ナショナリズムをもってして民主主義に接合が可能だ、とする主張である。それは、民主主義国家日本をたてまえとするものである。かつて尾崎行雄は桂内閣不信任案理由説明に際して、「玉座を胸壁とし詔勅を弾丸にかえて政敵を狙撃する」と迫ったが、中曽根首相にとって、民主主義国家日本はすべての攻撃から身を守る胸壁であった。したがって、彼が日本国の首相でありさえすれば、彼は民主主義者でありうることになる。

一方、彼にとって民主主義とは数のそれでしかない。たしかに、民主主義的決定の方式に多数決があることは間違いない。だが、それは多数者支配が常に正しいことを意味していない。中曽根首相の権力行使の方式は、党内派閥を掌握する人事と根まわしによるものであり、国会にたいしても保革接近時には慎重さと、支持世論を背景とした果断さとの折衷であったが、本質的に合意《コンセンサス》を形成する方式はとっていない。それが売上税政策に一挙に噴出した、と言うべきである。

多数決民主主義者にとって、絶対多数派を議会に擁した場合、自分の責任において積年の課題を解決する使命感は増幅される。それは間違いなくエクスタシーに近い責任感の発露であろう。党内異論は選挙に大勝した総裁の威令をもってすれば、抑えることのできるものである。とすれば、立法部などは数で決することができる。戦後税制の改革は歴史に残る。

だが、彼の解決するはずの課題は暗礁に乗り上げた。彼の民主主義は、多数決民主主義者としての破綻であった。そこに国家秘密法が、これまでとは異なった性質をもって再登場する機縁があるのである。

自国民を敵と発想する〝政権益〟

多数決民主主義が破綻したときに、もう一つの民主主義の橋頭堡である民主主義国家日本の護持しか中曽根首相の「民主主義」を支えるものはない。売上税については、冒頭に述べたように、地方レベルでの野党の言動、ならびに大衆の草の根反対運動を「大衆民主主義の危険」として警告した。しかし、国家秘密法制定促進運動が、自治体で五二パーセントの議決率に達している点については、何のコメントもない。もちろん、この促進決議はかなり曖昧なものであり、法案の内容が明らかになるにつれて、かえって危機感が横溢して反対の輪が拡大し、反対に転ずる議会もふえている。だが、私には、この草の根方式による促進運動が、多数決主義者・中曽根首相の本質に合致するとは思えない。

もう一つのありうるシナリオを、原寿雄は、次のように描いている。中曽根首相の最終目標は憲法改正である。だが、当面実現できないこの悲願は、実質的に現憲法原理を修正する方途を講ずることで、なし崩し改憲を進めるほかはない。一パーセント枠突破もスパイ防止法も、そのグランドデザインの中に位置づけられる。というのは、「防衛費の事実上の歯止め撤廃は日本国憲法の平和原理への挑戦だが、スパイ防止法もまた、仮想敵国を持つことを理念として認めていない憲法前文の精神から離脱しようとするもの」(「秘密保護法の情勢とプレスの特権」

『世界』一九八七年四月)だからである。

この論脈は正当である。だが、私は前述した中曽根首相の「民主主義国家日本」の存在の重さを、それに加えたい。この「国家」は中曽根首相のものであって、われわれのものではない。したがって、首相はその国家を自分流に仕立て上げねばならない。そして、それは誰によっても手を触れることのできるものであってはならない。とすれば、手を触れられぬような形にしなおさねばなるまい。そこに「秘密をもった国家」像が聳立するのである。

「この法律は、防衛秘密の保護に関する措置を定めるとともに、外国に通報する目的をもって防衛秘密を探知し、若しくは収集し、又は防衛秘密を外国に通報する行為等を処罰することにより、これらのスパイ行為等を防止し、もって我が国の安全に資することを目的とする」(第一条「目的」)

ここでいう防衛秘密は、旧法案の「国家秘密」を言い直したものにすぎない。そして防衛秘密を特記する別表として一二項目が並記されている。その中の八項目が明らかに自衛隊を対象とし、他の四項目は「外交」関連である。罰則は無期または三年以上の懲役を含む(旧法案では死刑または無期懲役を含む)。

国家秘密法に合意されているナショナル・インタレストとは何だったのか。そこから抽出される国の安全、反国家的行為とは何か、したがってスパイとは何か、と原寿雄は問題を立てている。「時の政府のガバメンタル・インタレストをナショナル・インタレストのように思いたい誘惑は、どんな民主的政府にもつきまとう。単に時の政府を困らせるだけの情報を『国の安全に危険だ』と主張して、秘密扱いにしてしまうことは大いにあり得る。報道人が常に真の国益と政権益とを厳しく峻別することを理念としているのもそのためである」。

政権益、これは首相が隠そうとして隠し切れないものであることは、まぎれようもない事実である。これあるがために、たとえば元防衛庁官房長竹岡勝美が、「五年間の防衛庁在勤を経た今日、口が裂けても口外できないとする重大な防衛機密は何一つ持ち合わせていない」と明言しているにもかかわらず、首相は「日本はスパイ天国」と口ぐせのように発している。この差はいったい何から生ずるのか。

国家秘密法が仮想敵国の存在を前提とする点で違憲性の強い法案であることは間違いないが、もう一つ忘れてはならないのが、「スパイ罪が敵と想定しているのは、他国ではなく自国の国民だ」（サンギネッチ仏海軍中将）という点である。この点に関して、ベトナム戦争についてのアメリカ国防総省秘密報告書のニューヨーク・タイムズおよびワシントン・ポストによる報道をめぐって争われた事件での最高裁判決、「国家の安全に直接かつ重大な損害を及ぼすことが政府によって立証されない限り、憲法修正一条による言論・報道の自由はすべてに優先する」は重大である。だが、これを「言論・報道の自由」に限定してしまうと、原寿雄がみごとに指摘したように、修正案第一三条2の「出版又は報道の業務に従事する者が、専ら公益を図る目的で、防衛秘密を公表し、又はそのために正当な方法により業務上行った行為は、これを罰しない」と規定されたプレスの特権の問題に、ことがらの重要性が縮減されてしまう。

自国民を敵とする発想と正当な取材を承認する発想とは、どこでつながるのか。これは絶対につながらない性質のものである。だいたいスパイ防止法をもつ先進諸国は、交戦権を承認している国家である。そうした諸国ですら、国家秘密（＝防衛秘密）の保護から情報公開への方向に歩みだしている、と言うべきなのである。それは国家防衛とは、国民にたいして国家秘密を秘匿することよりも、国家を公開して、それを国民が共有することの方が、はるかに国家防衛にとって意味がある、との認識の転換があるからである。ましてや、日本国憲法を奉ずるわれわれにあっては、国家は秘密をもつことはできないものである。

国家は秘密をもつがゆえに、政府はそれを防衛しなければならない、とするのが中曽根首相であり、その意を受けた自民党スパイ防止法制定特別委員会である。それは、国家と国民を分断し、国家を自民党政府が独占する方向をめざしている、と言うべきであろう。

これは確実に立憲政治への挑戦である。それは自民党が培ってきた、政治を利益に還元するインタレスト・ポリティクスのいきつく先に予定され、約束された地点である。そこに持続的に使われているのが冷戦の論理であることを忘れてはなるまい。

福田歓一が、「利益分配の体系の中で満足している部分もあれば、無力感の中で生活保守主義になっている部分もあると申しましたが、その生活保守主義の欲求を開発する、その争点をつくるのが政党の存在理由じゃないですか。それが日本の議会政治を再生するロイヤル・ロードだと思う」（「日本の議会政を見直す」『世界』一九八六年一〇月）と指摘しているところは、中曽根首相を先頭にした、国家秘密法をテコの一つとする国家独占、立憲政治への挑戦勢力にたいする反攻への道を示唆しているのである。

『月刊社会党』一九八七年五月号、『日本の政治環境』三嶺書房　一九八八年に所収

憲法は国家目的

平和運動は日本こそ——被爆ふまえ世界に明言

ＩＮＦ（中距離核戦力）全廃条約が調印されて、多くの論調がそのことに、少しは明るい人類の未来をみた。もちろん、そこに「少しは」といれたのは、たとえば本紙での鴨武彦教授の指摘（一九八七年十二月九日）に明らかなように米ソの戦略外交における「軍縮と軍拡の同時進行の状況」が明らかだからである。

この明暗を分けることのない現実は、しからば、私たち日本に住み暮らす人間たちには、まるで手の届かないことがらなのだろうか。被爆民としての私たち、日本国憲法をもつ私たちには、何もできないことがらだったのだろうか。そして「私たちの」政府とはいったい何だったのだろうか、と立ち止まって考えなくてもよいことがらなのだろうか。

だいたい私たちには、私たちが憲法によって他の国の人たちとつき合いをしている、という単純明快な事実が分かっていないのではないか。デモクラシー、民主主義ということばが、あるいは、その単純さ、明快さをあいまいにしているのかもしれない。私たちは、民主主義者であるまえに、立憲主義者なのです、と言ったら誤解されるかもしれないけれど、まずはそこに立っていることを思いつくした方がよい。というのは、津田塾大学のダグラス・ラミスさんが、「憲法は買ったり使い切ったりする商品ではない」とずばりと言ったことに、「同時にそれはお題目ではない」と私はつけたしておいて、「民主主義国では、憲法は市民ひとりひとりの終生の誓約なのだ」とラミスさんに続けていただくことにする。

そうすると、私たちがたとえ改憲論者であっても、現行日本国憲法が存続する限り、そこで誓約したことは、単に日本国内にとどめられることができない「世界」形成への意志の日常的な発動であった。では「日本国民は、正義と秩序を基調とする国際平和を誠実に希求し」てきたのか。私たちが「国権の発動たる戦争と、武力による威嚇又は武力の行使は、国際紛争を解決する手段としては、永久にこれを放棄する」とした誓約は、他の国の人たちに要求すべきでない「ひとりぎめ」だったのか。

「核の悪夢を脱する出口を全世界の国民に示しえたはずの原理から、一片の安っぽい偽善に変えてしまったことは、この国の最大の悲劇のひとつになるかもしれない」とラミスさんは示す。前述した「単純明快」を故意に複雑あいまいにしたのは私たちだった、というところにかえろう。そうすれば第九条は、ラミスさんが語った通り、「日本国民が世界の平和運動の指導権を行使しうる原理」だということが、もう一度分かるはずだし、「多くの人たちがこの国に欠けているという国家目的を提供しうる」ことで、私たちは、このへんにねじくれた現実世界にあって、顔をあげて、それこそ中曽根君が言った「颪にさからって」も生きてゆけるのではないか。

国際政治にあっては、安全を保障する絶対的手段なぞは何一つあろうはずはない。国際国家だとか、日米安全保障条約体制などというしかけが、何と私たちの生活を脅かしていることか。日米関係だけがあって外交がない、とは私がしばしば言ってきたことだ。だが、前述したように「国家目的」がなければ、その「関係」だって「外交」だって、出たとこ勝負で、勝っても負けても、私たちはその分だけますます危険にさらされねばならない。

宮沢賢治の「雨ニモマケズ」は素直に読んでゆけば、私たちが憲法で別の表現をしたものかもしれない。「北ニケンクヮヤソショウガアレバ／ツマラナイカラヤメロトイヒ」、私たちや私たちの政府は、そう、アメリカとソ連に「ツマラナイカラヤメロ」とだけ言えばよい。イランとイラクの人たちにもそう言うのだ。今を現在を悪くし、私たちの存在が他の人たちの脅威になる、そのことだけはしてはならないのではないか。そうした想いを夢だ、と言うのなら、私たちは日本国民をやめねばなるまい。

信濃毎日新聞「潮流'87」一九八七年十二月二〇日

北方領土で共生を

国境は本来交流の場――平和日本を実証する好機

ゴルバチョフ大統領が、ソ連の元首として初めて来日した。これによって、日ソ両国が地理的隣国から政治・経済的隣国になる、あるいはならねばならぬ新しい地平がひらかれたことはたしかだ。しかし、連日にわたったマスコミ報道は、注意深くそれを見聞きしなければ、北方領土の解決がこれによって実現し、また環日本海圏の新たな可能性がただちにきり開かれるかのような期待あるいは幻想を生みだしたのではないだろうか。

たしかに、北方領土問題は田中角栄元首相が言ったように、日ソ関係修復に当たってノドにささった骨のようにひっかかる問題である。だが、それを感情的な問題に引き込まない冷静さが必要だと思う。なぜなら、この問題は太平洋戦争で日本を敗戦に追いこむための米ソの取り引きに発端し、戦後の冷戦体制にあって日本が日米関係を基軸とし、ソ連を常に仮想敵国視してきたことにも重大な関係があるからである。

このように考えてくると、領土返還による問題解決だけにこだわってはならない、とする対応姿勢が重要になる。

日本は島国だから国境は常に海である。海で隔てられているという事実が、すべてか無か、という思考様式をつくりやすい。だが、国境という〝ことがら〟は、実は、他国人が入りまじって生活するという事実を意味しているのである。

ベルリンの壁がこの事実を否定する象徴であった。国境によって〝交際〟し〝交流〟する人びとの生活が遮断されていたのだから、この壁が崩壊するのは自然だったのである。〝時間〟が〝自然〟をつくりだす。そのことを信じたい。

私が言いたいのは、北方領土を日本における唯一の〝自然な国境〟にするように日ソ両国政府が努力することで、日本人とソ連人の共住・共生の場にできないか、という点にある。返還させることですべてを日本化しようなどと考えずに、両方で持ち合って人びとが生活しあう、自然の実験場にできないのだろうか。そこに〝時間〟が意味を持ってくるにちがいない。

こうした共生・自治区的な発想を実現するには、ゴルバチョフ氏の国内的地位を強化することが必要だろう。その意味でゴルバチョフ氏が帰国した時、彼が来日したことで国内での発言力・指導力を強化できるように日本政府は配慮すべきであった。にもかかわらず政府は、領土問題で前進がない限り経済協力など約束すべきでない、との狭量な対応に終始し、アジア・太平洋に新しい平和と繁栄の秩序を作ろうとする姿勢をみせなかった。

私はむしろ領土問題を自然と時間にゆだねながら、経済協力を推進すべきだ、と主張しているのである。

日本のハイテクと資本、韓国の中間技術と資本、極東シベリアの天然資源、中国の農産物と労働力、朝鮮民主主義人民共和国の鉱産物と労働力。これらを持ち寄った形でのありうべき新しい経済圏が環日本海圏である。この「持ち寄り」は、決して特定の国家の指導的地位を前提とするものではない。そこにあるのはまさに互恵的な経済協力の発想でなければならない。さらにこの構想は、香港や台湾、そして東南アジアからオーストラリア、ニュージーランド、ひいてはアメリカ、カナダにも通じあえるところにまで展開できるのである。

こうした大構想はゴルバチョフ氏の新思考外交あればこそ、新しい可能性として世界に提示されるのである。

この構想が環太平洋圏と異なるのは、近代以降の日本が常に太平洋を中心としてきた、その事態をくつがえし、日本人全体が世界構築に直接参加できる契機を予定しうる点にある。

さらに、日ソの新しい信頼関係、協力関係の確立を、アジア・太平洋の新しい世界秩序への意志を確立することにつなげることで、軍縮と協調が実現できる。そこから防衛費の削減による資金を経済協力に投入できれば、世界にまた一つ平和のとりでが築けることになる。

私たちは湾岸戦争に対して、最も軽率で拙劣な参加をした。だが、北東アジアを中心とするアジア・太平洋国際秩序は、とりわけ日ソ両国・両国民の「新思考」によって構想することができ、またつくりあげることができるのである。これは戦後日本の国と民が、いかに平和的な存在であるかを、世界に立証するまたとないチャンスなのだ。

だからこそ、ゴルバチョフ氏の来日は、緊張緩和から平和への起点を画すという決意によって、北方領土を平和の島に転換する相互の努力が歩みよるチャンスとして大切にしたいのである。人はひとりでは生きられない、という真実は、国際関係にあってもまた真実なのだ、と銘記したい。

信濃毎日新聞「潮流'91」一九九一年五月一日

噴出する民族紛争

力が招く破壊と荒廃／耐える気高さの政治を

「人類に貴重な教訓を与えてくれる歴史の道程がやっと始まったばかりなのだ。この動きが順調に進むよう、あらゆる勇気と協力を与えねばならない」とは、九二年ノーベル平和賞を受賞したグアテマラの先住民族キチェのリゴベルタ・メンチュ女史のことばである。

だが、世界各地での民族紛争は陰惨の度合いを高めている。もちろん、パレスチナ暫定自治協定の締結は「歴史の道程」を示す戦後世界人類史の燭光《しょっこう》であった。しかし、民族の陰惨はこの歴史の燭光を吹き消すまでにいたっている。それは確かに、冷戦下において押さえこまれていたテーマであった。そのおもしがとれた時、民族問題はやり場のない怨恨《えんこん》の噴出としての殺しあいをつくりだした。「民族浄化」という名の下での憎悪だけが人間をかり立てている。残念ながら、そこには人間の魂をうち、人間の尊厳に思いいたる高貴はない。

メンチュ女史が言う「武器を持たずに立ち上がることだ。いったん武器を持ったら解決は簡単ではなくなり、大きな危険がある」とは、私たちが人間であるための条件として、戦後に唯一に学んだ真実だったはずだ。

この真実をふまえずに力の発動による「平和強制」手段をとったのが、ガリ国連事務総長だった。ボスニアはもちろん、ソマリアやハイチのＰＫＯがゆき詰まってしまっている。力の行使がただ破壊と荒廃しか招かないことを、いったい私たちは何度体験したら信念にまで高めることができるのだろう。

かつてアメリカ黒人の公民権運動の先頭に立った故マーチン・ルーサー・キング牧師は非暴力直接行動を説いた。「道義的な目的を達成するために、非道義的な手段に訴えることは誤りである。しかし、非道義的な目的を維持するために、道義的な手段に訴えることは、同じく誤りであるというより、さらに悪いことだと断言しなければならない」。この一点に立ちつくした時、黒人運動は民族運動として、自己浄化・自己尊厳の意味を私たちに打ちつけたのだった。

肌の色と貧困という二重の差別同心円の中で、彼ら黒人は「今こそ」と言った。それは、「彼がいかなる人間といえども、半ば隷属、半ば自由であるといった状態で、真に生存することはできない」ことを黒人が知りつくしたからであった。

「かくもながく」と抑圧された民族はことばをつくすだろう。だが、権力の作用が政治だとしたら、「情熱と判断力の二つを駆使しながら、堅い板に力をこめてじわっじわっと穴をくりぬいていく作業」（M・ウェーバー）もまた政治にちがいないのだ。

耐えることはただちに屈従を意味しない。中・東欧の民主化革命は、この耐える人間の気高さの政治を、私たちの眼前に突きだして、人間の信頼がなお歴史創造に躍動しうることを教えた。耐えに耐えていながら、そこから人間であるための英知と熱情が湧《わ》き立ってくる人間のドラマが現代のもう一つの特徴でもあるのだ。

私たちのそばにもこのドラマがある。在日朝鮮・韓国人のドラマが、世界の底が抜けた今日は、反共・安保などのかけ声で糊塗《こと》してきた私たちの仲間としての在日人との共生のあり方も考え直す好機ではないのか。その共生とは、キングが「いかにののしられ、軽蔑《けいべつ》されようとも、われわれの運命は、アメリカの運命と結ばれています」と言った、それと類似の質のことがらに突きとめられると確信している。

信濃毎日新聞「潮流'93」一九九三年十一月十四日

沖縄と憲法

「祖国」そのものを意味／選択裏切った特措法改正

　五十年まえの五月三日、日本国憲法が施行された。二十五年まえの五月十五日に沖縄の施政権が米国から返還された。両者の二十五年のへだたりが、詰めようもない厳然とした事実として私たちのまえにある。そして、半世紀と四半世紀の両者の歴史的区切りの五月は静かにすぎていった。

　静かにすぎるべきことがらではなかった。四月三日の閣議決定から半月で、米軍用地特別措置法が改正されたことが、五月の意味を消してしまった。そのことを私は見据えなくてはならなかった。

　二十五年まえ、沖縄の人たちは「復帰」と表現し、本土は「返還」とよんだ。この表現の違いの意味は、この二十五年間に深まることはなかった。「祖国復帰」、それを私たち本土人は、あたかも沖縄人の回復すべきアイデンティティー核・日本と単純に思ったのではなかったのか。そうではなかった。「祖国」とは日本国憲法そのものを意味していた。日本国憲法、それは沖縄人がそれによって「生」を保持されるべきものとして「選択」した、方法だったのである。それを私はなくなった古堅宗憲《ふるげんそうけん》さんを思いかえしながら、ふたたび思い当てねばならなかった。「死者よ、怒りをこめてわれわれのうちに生きつづけてください。怯懦《きょうだ》なる生者われわれのうちに怒りをかきたてつづけてください」と大江健三郎さんが、その死にむけて書きつづった、あの古堅さんである。

古堅さんは一九六九（昭和四十四）年一月九日未明、居所日本青年館の火災事故でなくなった。一酸化炭素中毒死であった。当時、沖縄県人会事務局長、享年三十八でいらした。沖縄戦では十五歳、鉄血勤皇学徒隊員であり、辛くも生きのびられた。沖縄開洋高校、辺土名高校の教師を経て、明治学院、東京外語などで勉学するが、本土における沖縄返還運動にかかわる学生運動にすべての青春を投入。沖縄への復帰は許可されないままになくなったのである。

古堅さんは、沖縄の現地にむけて、日本国憲法を印刷した大量の小冊子を送りつづけた。当時の状況を大江さんは次のように書いている。「沖縄の教師たちの胸ポケットには、憲法の小冊子がおさめられていることが多い。あきらかにかれらはまたそれを熟読している。教師のみならず沖縄の中学生や高校生は、しばしば憲法をひいて語る。小学生もごく自然に基本的人権とか戦争放棄とかに敏感である」

これを次のように続けたい。「おそらく沖縄は、日本のあらゆる場所のうち、もっともひんぱんに憲法が日常生活にのぼるところであるだろう。しかしそれは《自分の国の憲法によって護《まも》られていない人間の無力さと惨めさを、いやというほど味わわされて》きた人々が、憲法について語る会話なのである」

それを大江さんは、「武器として憲法を政治的想像力の根底にすえる態度」と表現した。残念ながら、この憲法選択の意志は、復帰以前に「憲法の形骸《けいがい》化」を沖縄人が身にしみる体験のなかで萎《な》えてしまったかも知れない。

「核抜き、本土なみ」を一貫して踏みにじった日本国政府と日本国憲法との埋めようのないギャップ。憲法施行五十年と沖縄復帰二十五年の今年五月は、かつての沖縄人の選択への裏切りを私たちが確認する重大な機会だった。特措法改正は、法の支配ではなく法による支配を、国会は政府に加担することで明らかにした。私たちの立憲主義に明日はないかのように。

信濃毎日新聞「潮流'97」一九九七年六月二十五日

小海の学級編成問題

教育は「地域」主義で――県は規制でなく支持を

　小海町の町立北牧小学校と小海小学校の学級編成についての県教育委員会と町教育委員会の応酬、そして決着のつけ方は、地方分権のあり方、分権社会のつくり方について考えさせられる点が多かった。それは、国の標準、都道府県の基準があって、基礎自治体としての市町村は、この標準・基準を遵奉《じゅんぽう》すべしとする教育規制に対して、「教育」というもっとも重大な地域課題を自主的に担当しようとした姿勢を県教委がおさえ、裁量権を発動することで一時的にしのいだ、その経緯にかかわっている。

　学級編成は、「公立義務教育諸学校の学級編制及び教職員定数の標準に関する法律」によって「四十人が標準」ときめられている。つまり、四十人までは一学級、四十一人以上ならば二学級にすることができるし、教員も一名増員できるのである。

　小海町の考え方はこうだ。北牧小二年生三十八人、小海小一年生三十六人。小海町教委は「三十五人学級」制を提起した。PTA代表は「一クラスが三十五人以上では多すぎる。時代の流れにあった判断だ」と賛成している。北牧小、小海小ともに二学級が認定される。それに応じた二名の教員はどうするのか。だいたい教職員の給与は国が半分を負担する。それを予定できない小海町では、町費で教員二人分の人件費約八百六十万円を予算に盛り込み、二人の女性教員を町職員として採用、少人数学級を発足させた。

だが、県教委は「教育の機会均等、公平性の観点から」、この「三十五人学級」を、したがって学級分割を認めず、一学級として統合するように求めた。つまり、「財政に余裕のある市町村が勝手に先生をふやし少人数学級をつくったのでは、教育水準の公平さの問題が生ずる」というのである。しかし、その本音は、国の標準にもとづいて、県の学級編成基準を定めるのは県教委であって、町が学級編成をきめるのは越権だ、とするものだろう。

とどのつまり、学級を一つに統合し、科目に応じて授業を二つに分けるチームティーチング（複数指導方式）を県教委は妥協案として提示、町教委も「実質的に子どもたちが二人の先生に見てもらえるなら目的は達成できると判断」（黒沢教育長）して決着した。

ここで文部省財務課の談として報道されたところをあげておきたい。「財政措置ができるなら、自治体独自の判断は認められる。当省はコメントする立場にない。しかし一般論だが、教育の機会均等からいって問題がないわけではない。それに本来、教員を採用するのは県。町採用では法律上、先生みたいな人という身分になってしまう」（朝日新聞四月十一日）。さらに県教委の担当課長は「今後どう運営するかは、町教委の判断に任せる」と述べている。

子供が病んでいる、学校も病んでいる。その病を「一般」論で通分してはならぬ。つまり、その病に立ちむかうには、大人と地域の人間回復努力のみが有効なのだ。それには、生命を発現し、いのちをつむぐ場としての「地域」主義の文教政策が基礎自治体の特色をふまえて形成されねばならぬ。

都道府県が、二階建て地方自治にあって、国の規制の担当者として、この「地域」に立ちはだかってはならないのだ。それぞれの県は基礎自治体と国の間に立って、基礎自治体の実験を支持、推進する役割を懸命に果たすことで、その存在理由をみずから証明する責務を負うべきものと考える。それが明日の「地方」に希望を与えるにちがいない。

信濃毎日新聞「潮流'98」一九九八年四月十六日

国名の法制化を求める

統治形態の表示が必要

国旗・国歌法案、憲法調査会設置法案、教育基本法改正論議とつなげてみると、政府自民党の意志が見え透けてくる。それはかつて中曽根内閣当時に中曽根康弘首相が「戦後政治の総決算」を主張した際に明らかになった。敗戦に伴う占領政策としての戦後改革の原理である、普遍的民主主義の否定への意志である。その意志の発動のバネになったのが、自自公連合（連立の可能性を交換条件にした）という巨大与党の成立であることはいうまでもない。

国旗・国歌の法制化は政府自民党の想定する国家日本の実体化への露払いにすぎない。したがって、それが定着しているのかいないのか、あるいは「君」の解釈をめぐる論議、国旗掲揚・国歌斉唱の義務化の是非が争点になっている限り、それはむしろ政府側の思うつぼだったにちがいない。

戦後改革の原理としての普遍的民主主義と私は述べた。それは日本国憲法の〈精神〉として説述されているものだ。その内実をここでくり返す必要はあるまい。むしろ、「政府の行為によって再び戦争の惨禍が起こることのないようにすることを決意し、ここに主権が国民にあることを宣言し、この憲法を確定する」（傍点＝内山）とする行文をじっと見つめてほしい。

戦争を起こすのは「政府」なのだ、とする認識を私たちはこの五十年間、一日一日と深めてきたのか。政府が戦争を起こすはずがない、とする思いがまん延しただけではないか。それこそ平和ぼけでなくて何か。国旗・国歌は、政府が国を独占し主権者たる国民に、「国」民であるならばその国（＝政府）にしたがえ、と命ずるプロセスの第一歩だったのである。

政府自民党は近い将来に自民党一党体制が再現することは考えていないだろう。だからこそ、政府には国家独占が最も重要になるのである。「国の政府」として、国家—政府—国民の連鎖の完成が緊急なのである。その政府は連立でいっこう差しつかえない。自民党はその経緯から、政権内にとり込んでいる限り、そこでの意見の対立は権力ゲームでの妥協を前提とする小異にすぎないことを知りつくしている。政府の中核が自民党であれば、それで十分なのである。

さて、今度の国旗・国歌問題で「法制化」ということばが横行した。法制化とは、制定された法を根拠にして支配を行う、という声明を意味する。つまり、「法の支配」である。ところが、法の支配は、支配する側もその法に支配される、という意味を重大に含んでいる。(注)教育改革を含む戦後政治の総決算に、政府の支配の手を縛るものはまずない。すべてが日本に特殊な問題だからである。したがって、そこに浮きだしてくるのは「法による支配」である。

政府および自民党中心の巨大与党が、法による支配を充実しようとして「法制化」を進めるのであれば、以下の問題に彼らはどうしても答えねばならない。

それは改憲必然論の論拠にしているマッカーサーの「押しつけ憲法」論に発する。押しつけを排する以上、日本国という名称を改正する意志を明らかにすべきである。というのは、国家とは統治機構なのだから、国家名称は統治形態を表示しなければならないからである。連合王国というイギリス、合衆国（共和制）としてのアメリカなどなど、先進国の政治は国名にはじまる、と言ってもよい。ならばその綱領に「自主独立の完成」をうたいあげている自民党は、国名改正の法制化にまっ先に着手し、国民の啓もう指導に当たる責任をもつべきではないか。

▼（注）を付した箇所（三行）は、掲載紙コピーに内山自身が追記したもの。

信濃毎日新聞「潮流'99」一九九九年八月十四日

教育基本法・憲法の改正論議

非暴力　心に刻むチャンス

森首相が、私的諮問機関「教育改革国民会議」に教育基本法の見直し論議を正式に要請したことで、教育基本法改正への一歩が踏み出された。これが政府・自民党の憲法改正の議論と連動していることは言うまでもない。それは、自民党の「教育改革推進の提言」に明らかである。

提言は言う。「国を愛する心、日本の歴史・伝統の尊重、国民としての義務、道徳等については、教育基本法には明確に規定されていないので、その見直しも含め検討する」と。

教育基本法を読んでみよう。「われらは、さきに、日本国憲法を確定し、民主的で文化的な国家を建設して、世界の平和と人類の福祉に貢献しようとする決意を示した。この理想の実現は、根本において教育の力にまつべきものである」。この《理想》は、「政府の行為によって再び戦争の惨禍が起きることのないようにする」決意と、「平和を愛する諸国民の公正と信義に信頼して、われらの安全と生存を保持しよう」（憲法）との決意によって支えられている。

この理想と決意を実質的になし崩しにしてきた歴史がある。いわゆる解釈改憲である。そして、その欺瞞行為を正当化する作業に政府が着手したのだ。だが、教育改革が直接、教育基本法改正には結びつかないはずだ。教育改革は、学校教育の崩壊という現実、そして少年犯罪の凶悪化の事実を背景にしているはずだが、自民党の提言に一挙に飛躍するべきことがらではあるまい。

しかし、この少年問題は、「しからない大人」にその原因がある、そうした「大人」は戦後民主主義が生んだ無責任主義によってつくられたのだ、とする指摘が何やら説得力を持つかのようである。その無責任主義とは、「人権や民主主義というお題目に身を任せて、現実を考えない思考方法」であり、「『大人と子供は人間として対等だ』という戦後民主主義の発想」がおかしいのだ、と指摘される(日垣隆、毎日新聞二〇〇〇年四月六日夕刊)。

確かにわれわれは、前述した日本国民の理想と決意を深化し具体化する努力に欠けるものがあった。平和の内容をもっとがっちりと分かりやすく教える努力にかまけたところもあった。平和の内容とは、われわれは平和的な目的を平和的な手段によって達成する、という《非暴力》の信念である。

二十世紀は戦争の世紀だ、と言い当てたひとがいた。戦争とは暴力行為の最たるものだ。手段としての戦争放棄とは、暴力による紛争解決はしません、という選択的決意表明にほかならない。これは別段、民主主義の問題ではないはずだ。つまり、あらゆる対立・紛争に対して、われわれは非暴力を貫く、ということだけを教え伝えることで、この国は人類史上の栄誉をかちとることができる。

民族とか国民は、いかに普遍的な思想を創りだし、それを現実化したか、の点で評価されてきた。われわれの国には、その実績は皆無と言わねばならない。非暴力国家という流儀は、人類史上で比類のない普遍性を持ちうる。

憲法論議が起きている今はまさに、憲法が掲げた平和主義の意味をもう一度見つめ直し、《非暴力》という道義を国民の精神にしっかりと刻みつけるチャンスであり、先に生まれた者が、それを後から生きる者への最大遺産として残す好機ではないか。

《非暴力》という思想、理念を力として、今こそ「われわれは、世界をもう一度はじめるだけの力をもっている」（T・ペイン）と世界に叫ぼうではないか。二十一世紀の夜明けに向かって。

信濃毎日新聞「潮流2000」二〇〇〇年五月二日

戦後民主主義の出発点

戦争は惨禍でしかない

「今度戦争が起きたら、先生はどうしますか」。十回ほどの「戦後史」の生涯学習講座を終えて受けた質問である。発言者は私より少し若い高齢者だった。「死ぬよりほかしょうがありませんね」と私。一拍置いてその人は「潔いことで」と言った。言葉に「あざけり」の気味が含まれているように思えた。

戦争を起こすのは政府である——このことを出発点として、私たちは戦後、民主主義を学び始めたのだった。「政府の行為によって再び戦争の惨禍が起こることのないようにすることを決意し」と憲法前文に敬けんに誓った文言は、大日本帝国によって鋳造された私たちの無知を射抜いていた。

政府によって起こされた戦争はただちに惨禍である、と言い直しておく。その戦争に区別はない。「聖戦」も、「正義の戦争」も、自衛戦争もない。民にとって戦争はすなわち惨禍としか経験されないからである。

この戦争論をごまかしてきたのが《専守防衛》論である。攻める戦争は認めないが、攻められる戦争はありうる、とするのがその論拠である。「ありうる」のではない。必ずあるとの思考にそれは立っている。しかし、どんな理由があろうと、それが戦争というむごたらしい行為であることは変わらない。

国民を総動員し、国家を兵営国家にして大日本帝国を守れなかったことを私たちは知っているのではなかったか。東京大空襲で死に一メートルまで這い寄られて死にそこなった十五歳の少年の私が、今ここに生きているのは運にすぎない。だから、戦争が起きたらどうするかという問いに、「死ぬしかない」と私は答えた。

繰り返そう。戦争が招くのは惨禍であって、それによって人が守られるのではない。国連が承認しようとしまいと、戦争は戦争であり、それを許してはならないのである。

イラクに対するこの戦争のために、日本政府が使った言葉に国益があった。最初から戦争支持・加担を毅然として米国の「政府」に伝えたわが「政府」は、苦渋の選択として、国益の観点から全面的に米国と連合を組んだ。これが、日本国民の利益にならない「戦争連合」であることは言うまでもない。民主主義国家においては、国家が実体ではなく、機能として政府によって担われる。だから、国益とは「政府の利益」を言うにすぎない。

そして、日本政府が国益として掲げたのは、日米同盟体制の堅持であった。しかし、自らよしとすれば惨禍を無視して戦争に訴える米国は今や、イラクよりも危険な国家ではないのか。その危険な米国との同盟関係の堅持は、より大きな危険を日本に持ち込むことにならないか。国益の強調は、この危険をぼかす表現としか思えない。

イラク攻撃で私を慄然とさせたもう一つは、先制自衛という戦争の「発明」である。すなわち、攻撃されてから反撃するのは自衛ではなく自殺だ、という戦争の論理が明確に正当化されたのである。ある米国高官の表現を借りれば、「もし待つことでリスクが増すならば、待つな」ということだ。「やられたらやり返せ」だった自衛が、「やられる前にやっつけろ」に拡大されたのである。これは〝攻めない自衛戦争〟に閉じこめられていた「愛国主義者たち」を、〝攻める自衛戦争〟へと解放したことになる。

政府に戦争を起こさせてはならない――半世紀以上前、私たちはそれを憲法の文言としてだけではなく、自らの胸にしっかりと刻みつけたはずだ。その原点に立ち戻らなくてはいけない。それがイラク攻撃から得た、つらい教訓である。

信濃毎日新聞「潮流　イラク・北朝鮮　有事を考える」二〇〇三年三月二十六日

憲法の「真意」と改正の動き

日本人の意志の弱さ映す

六十年前、私たちが確信したことは、軍隊では私たち国民は絶対に守れないという真実だった。いや、軍隊を国民を守るために使ってはならない、といった方が妥当かもしれない。そして、戦争は死と破壊しかもたらさない、という事実がそれに加わる。戦争末期の私たちの生活は常に死を引きずっていた。その意味でだけ戦争は命がけだった。

「宣戦の詔書」にいう「東亜ノ安定ヲ確保シ、以テ世界ノ平和ニ寄与スル」戦争が約四年にわたって行われ、「万世ノ為ニ太平ヲ開カムト欲」した「終戦の詔勅」で不意に戦争が終わった。それはしかし具体的には「帝国政府ヲシテ共同宣言ニ応セシムル」としかいっていない。

この国民むけに公表された文書には、敗北とか降伏という表現は一切ない。もちろん国民は敗戦を知ったが、それが具体的に何を意味するかは一切不明だった。詔勅を読む限り、ポツダム宣言受諾をもって敗北・降伏が開始される。敗戦当時二十歳すぎだった先輩たちに尋ねても、ポツダム宣言を当時敗戦の起点として読んだ方はいなかった。つまり、敗北を共有するものはなかったのだ。

友人が主宰する文章教室の文集が送られてきて、何気なく読んでいた私の目に焼きついた一文があった。「この前文（日本国憲法）の真意は自分の命を代償にしても国際社会の平和を守ること（戦争放棄）を宣言したものと敗戦直後の中学で私らは学んだ」（傍点は筆者）。ここからは、敗戦から命がけで自分を回復する若き魂の脈動が強くきこえてくる。言いかえれば、それまで命がけを強制された、たとえば大東亜共栄圏といった空虚なスローガンではなく、「人類が達成した社会および道徳の進歩を永遠に保障すべしとする理想」（日本国憲法の成立に尽力した連合国軍総司令部のK・ロウスト）としての新憲法にこそ命がけになることの歴史的意味がはじめて分かったのである。それは人類史における普遍的な概念の肉体化そして実現への「より人間的であるための意志のいとなみ」の主体として自分を位置づける自己規律でもあった。

この自己規律化は明治維新後一貫した課題として、私たち日本人が担ったものであり、帝国日本の権力が常に警戒し、あるいは弾圧した知的潮流であった。それは敗戦後も変わらない。つまり、自己規律と普遍的概念の結びつきが社会にたいして意味をもった存在であればあるほど、日本の特殊性に依拠することで統治のしやすさを追求する日本の「新保守主義者」には、それは打破すべき明確な目標になる。

普遍的な理念に命がけになる、ということは言葉の真の意味で強い人間の生き方である。その立場からすれば、昨年十一月、陸上自衛隊の観閲式で「国民の生命・財産を守る自衛隊」と言った野党党首はもっとも弱い人間である。政治家や外務官僚に、戦力を持たず、戦争に加担せず、あらゆる武力行使に敢然として反対し、命がけで国際紛争を解決する姿勢を示した強い人たちがいただろうか。

「弱虫たち」がよってたかって憲法改正をとなえる。ずるずると戦争に加担し、戦死者が出るのが当りまえになるのが見える。それが敗戦後六十年間の私たち日本人の臆病で意志の弱さの表れの歴史だとしたら、私たちは歴史の捏造《ねつぞう》に力をかしたことにならないか。

信濃毎日新聞「潮流　戦後60年に考える」二〇〇五年一月十二日

歴史が教える平和への道筋

軍事は安全調達させない

「締約国は、国際紛争解決のため、戦争に訴えることを非とし、かつその相互関係において、国家の政策の手段としての戦争を放棄することを、その各自の人民の名において厳粛に宣言す」（第一条）。「締約国は、相互間に起こる一切の紛争または紛議は、その性質または起因の如何を問わず平和的手段による以外、これが処理または解決を求めないことを約す」（第二条）。

昭和四（一九二九）年、つまり、七十六年まえ、右の二カ条を主たる内容とするある条約が成立し、日本も署名した。私たちはそれを「不戦条約」とよび、あるいはそれを提案し、それを提唱した二人の人物をとらえて「ケロッグ＝ブリアン協定」とよんだ。前者は米国国務長官、後者はフランスの首相・外相経験者である。

先日、衆院のそれに続いて、参院憲法調査会の最終報告書が提出され、それぞれの内容について報道された。参院の報告書によると、五党が一致した意見としての「共通認識」は三十三項目だが、その多くは現行憲法の維持、または改憲の必要性のないものだった。もっとも注目されていた九条について、集団的自衛権の行使は、「認める立場でも、憲法明記か、憲法解釈により可能かの意見対立があった」とした。

憲法を勝手に解釈して強大な軍隊をつくり、外国とくに米国の要求のままにそれを動かし、非核三原則や武器禁輸もたてまえ化している状況を、国民がぎりぎりのところで危ないと思っている結果、改憲無用とでたのだろう。だが、決して安心はできない。

安心できないのは、「戦争は避けられない」とする考え方がはびこっているからである。前防衛庁長官の石破茂氏は、「安全保障に携わる人間（政治家）というのは、心配して、心配して、心配して、それで何事もなかった、そういうことでいいのです。楽観して、楽観して、楽観して、何かあった時には責任をとらない。そういう人もいると思います」（『国防』新潮社刊）と、きっぱり書いている。武力抗争に際して、私たちは責任のとりようもなく、その上、大量殺戮兵器によって殺される可能性もあるのにである。

政治家ですらどう責任をとってよいか分からなかったのが第一次世界大戦だった。だから、第一次世界大戦での戦禍に脅えた人間たちは懸命に国際協調に走ったのだ。国際連盟、ワシントン海軍軍縮条約、中国をめぐる紛争防止のための九カ国条約、太平洋地域における各国の領土・権益をめぐる四カ国条約、ヨーロッパの安全保障を目的としたロカルノ条約等をつないでゆけば、政治が戦争から安全保障へ、そして平和へと大きく転換してゆく道筋が明らかになる。

この道筋に太く強く打ち込まれた道標が、冒頭に書き出した不戦条約だった。この条約の前文は、「人類の福祉を増進すべきその厳粛なる責務を深く感銘し」で始まる。その締約国は六十三カ国に及んだ。

私が言いたいのは、私たちの憲法上の立場、あるいは日本は、世界史上に明記され、人類史的に確認された居場所なのだ、ということである。ある人は「軍事はリアリズムだ」と言いつのる。だが、軍事はついに人間に安全・幸福を調達させなかったのが現実だった。私たち日本人は、この世界史・人類史を脈々と受け継いでゆく使命を、今こそ自らに刻印すべきではないのか。

信濃毎日新聞「潮流」二〇〇五年五月三日

新憲法草案の主権在民

君主国か共和国か選択を

小泉内閣の改造人事にマスコミが大きな関心を向けていたその陰で、自民党は十月二十八日、新憲法草案を決定、公表した。その全文が報道され、型の如く解説され、この件はすぐに静かになってしまった。テレビの方は十一月に入っても、内閣改造ドラマを流し続け、国民の憲法改正問題への関心はどうなってしまったのか、と思わざるを得ない状況になっている。

だが新憲法草案の前文だけでも読んでみてほしい。「日本国民は、自らの意思と決意に基づき、主権者として、ここに新しい憲法を制定する」でそれは始められている。主権在民の宣言である。しかし、今私たちが失おうとしている現行憲法のそれに比べると、その意義はずっと狭く制約されている。現行憲法は、国民主権に基づく国政は「人類普遍」の原理にかなうことがらでなければならない、と明言している。この普遍の原理と結びついた「崇高な理想」が自他の関係を律するのである。現行憲法をまえにするとき、粛然と襟を正すのは、私たちが生きることはすなわち、人類普遍の世界に進む歴史に参加することを意味する、と教えられるからである。

私が敗戦時に知ったのは、終戦の詔勅に盛り込まれた文言、たとえば「茲《ここ》に国体を護持し得て…誓て国体の精華を発揚し…」であった。さらにこの詔勅は、「天皇の国家統治の大権を変更するの要求を包含し居らざることの了解の下に」（ポツダム宣言受諾の閣議決定）つくられた文章であって、それで大日本帝国は同宣言を受諾し、降伏するとしていた。

あとになって自分で確かめてみると、ポツダム宣言は「日本国国民の自由に表明せる意思に従い平和的傾向を有し且《かつ》責任ある政府が樹立せらるるに於《おい》て」占領は完了すると明記し、前述した「国体護持」への言及はない。日本側の「了解」にたいしては「最終的の日本国の政府の形態は『ポツダム宣言』に遵《したが》い日本国国民の自由に表明する意思により決定せらるべきものとす」と回答し、宣言を繰り返したにすぎなかった。

「日本国国民の自由に表明する意思」によって決定されねばならぬ「最終的の日本国の政府の形態」を、私たち国民は決定したのか。「政府の形態」とは、しからば何か。それはすなわち、国家名称である。「日本国」は国の名前ではあっても、国家名称ではない。通称のアメリカやイギリスが国の名であって、国家名称でないのと同様である。

政府形態としての国家名称は現在、君主制と共和制の二つに分類される。アメリカは共和制（合衆国）、イギリスは君主制（連合王国）であり、政府形態が国家名称の中に入っている。したがって、私たちが最終的に政府形態を選択し、決定するということは、君主国か共和国を名乗ることにほかならない。占領軍の押しつけ憲法を自主的に廃して、自主的に新憲法を制定しても、この政府形態としての国家名称を決定しなければ、独立国家として不完全なのである。

日本の「戦後」が、「すでに戦後ではない」とされたり、「総決算」されたとはやし立てられたことがあっても、国家名称の確定と、それに伴う制度的編成が完了しなければ、敗戦による戦後処理の第一ハードルを越えたことにはならないのである。こう考えてくると、現在進行中の憲法改正はいったい何なのか、そして何のためなのかがはっきり見えてくるのではないだろうか。

信濃毎日新聞「潮流」二〇〇五年十一月十二日

「愛国心」教育のねらい

「国民に強要する権限」危険

五月二十五日付の東京新聞は、埼玉県教育局が、今国会で審議中の教育基本法改正に関連し、県内四十五の公立小学校で、いわゆる「愛国心」を通知表の三段階評価対象にしている、と報じた。

こういった通知表での「愛国心」評価は、二〇〇二年十二月十七日付の本紙夕刊によれば、かつて福岡県柳川市で市立小学校の半数、福岡市でも約半数が採用していた。

この背景には、二〇〇二年度から「国を愛する心情」の育成を目標に掲げた新学習指導要領が施行されたことがある。通知表に「愛国心」を盛り込む小学校が出ているのは、教育現場での「愛国心」の先取りであり、文科省の教育改革のねらいの過剰なまでの露払いである。

松山大学の大内裕和助教授は、教育現場に対する国家主義的圧力の典型を、本紙（二〇〇六年五月三日付）で、東京都教委の二〇〇三年十月の通達、いわゆる日の丸・君が代指針のなかに見ている。

「愛国心」の学校教育について、問題の根源は、多くの政治家が、戦争を政治の延長線上に考えている点にある、と私は考える。「戦争放棄」をうたう日本国憲法改正と連動している。もし、政治家がそれぞれの選挙区で、国際紛争解決の手段として戦争を起こさないために、政治家自らが自身の命を捧げる、それが「日本の政治」なのだということを日常的に選挙民に伝えていたら、「愛国心」は問題にはならないのではないか。うがった見方をすれば、国会議員は政治に命をかけることがないから、憲法、教育基本法を変えようとしているのかもしれない。

では「愛国心」の対象は何か。おそらくそれは「日本国」だろう。しかしそれは、君主制や共和制など政府の形態を示す国家名称ではなく、極めてあいまいな呼称である。だからこそ、求める「愛国心」を、「伝統と文化を尊重し、それらをはぐくんできた我が国と郷土を愛する」という茫漠《ぼうばく》たる表現で、教育基本法に入れようとするのではないか。

私は「愛国心」強調の学校教育のねらいは統治しやすい人間の養成と、にらんでいる。「愛国心」評価Aの児童は良い子にちがいない。深読みをすれば、「愛国心」教育は子供たちに共通の部分を内蔵させ、そこに不動の確信を与える。個性というのはその不動の部分を基礎にして形成される。だから、評価Aの子が仮に挫折することがあるにしても不動のものが揺らぐことはない。国のありよう、政治のありように根本的な異議をとなえようはずもない。国民も為政者も安全でいられ、万事は円満なのである。

ここで、大宮法科大学院大学のローレンス・レペタ教授の説述（四月二十七日付毎日新聞）を取り上げておきたい。それは第二次大戦中のアメリカでの話である。全米の州議会や学校当局が、国家への忠誠心を涵養《かんよう》するために国旗掲揚式を義務付けるべしと主張した。最高裁は、たとえ「世界大戦で国家が緊急事態にあるにしても、個人の意思に反する意思表示を強要する権限は国家にはない」と宣告し、彼らは自由を救った。

こうした「強要する権限」を国家に与えようとする政治家の何と多いことか。戦後六十年、政治家は常に「強要する権限」を求め続け、国民は従ってきた。私たちは「自由からの逃走」の六十年を目撃してきたのである。そして今できることは、歴史の目撃者たることしかないのか。

信濃毎日新聞「潮流」二〇〇六年五月三十一日

第8章　エッセー

わが衝撃の書

『現代政治の思想と行動』『日本政治思想史研究』

夏休みが近づくと、何をしようかな、と思うのが普通であった。殊勝にもそうした思いの中に〈本を読む〉ことも入っていたはずだった。だが、これといって何かを確実に読みあげた、という記憶はない。

友人の葉山や軽井沢の別荘にほとんど毎年入りびたって、駄べっていたような気がする。それほど私の学生時代はぐうたらであったようだ。

だいたい経済学部にはどう考えても間違って入った、としか思っていなかったから、点が辛いと評判の講義を毎年一つだけ狙いをつけてAをとる主義でしかなく、いわば入ったから経済学に寄り添うたぐいの助平根性をもち合わせなかった私だった。

だから、たしか大塚久雄教授だったと思うが、信州にこもってM・ウェーバーと原書で格闘するなどという偉大な体験は毛ほどにもない。

政治学科に入りなおした二十六歳の私には、しかし、丸山眞男（当時東大教授）の著書は、これはもうのっぴきならぬほど私が人の世にあることを思い知らざるをえない衝撃だった。あまりにも有名かも知れぬが、『現代政治の思想と行動』が未来社から上下で出てすぐにまともにぶつかり、『日本政治思想史研究』（東京大学出版会）によって私はまぎれもなく粉砕された。

この二冊の本を私はいろいろな読み方をした記憶がある。最初はごく普通の線のひき方であり、次は分かるところの線引きであり、第三は分からぬところに線をひいた。このやり方は、最初に通読して二度、三度と読むつもりのものに、その後かなりの期間続けた方法であった。つまり、新しく読みだす都度に本を新しくしてそうするのである。「分かった」と思っていたところが、次には「分からなくなっていた」り、最初にハッと思ったところが、次には何となく読み過ぎていたり、後でつき合わしてみると、いろいろ面白いものであった。

学生時代には本を読め、と言う人が多い。そうじゃないので、一生本を読むつもりならばという条件をつけた上で、読みたいものを読んでみればよい、と私は思っている。読まねばならない、と言うつもりもない。昔の学生はよく読んだという神話がある。そこに現われているキザッタラシイ明治大正の教養主義など吹きとばしてもらいたいものだ。

ただし、吹きとばすには、まったく新しい知的条件の創造力をもたねばならないことも間違いのないところである。ほどほどに本を読んで、就職したらスポーツ紙と『文藝春秋』、せいぜいのところ『エコノミスト』なんていうのじゃ本なんぞ読んでも〈学生時代と共に去りぬ〉の〝教養〟にすぎない。「昔はよく読んだものでしたがねえ」だとか、「二年の夏休みに『資本論』を読み終えました」なんてのは、酒の肴にもなりゃしないのである。

私には一時本がほとんど読み通せなくなった経験がある。読みだすのだが、その途端に別の本が気になって進められなくなる、そしてそれに手をつけると別のものが……という工合であった。その奇習がふっ切れたのは、読みだしたら止められなくなるたぐいのもの、人にもよるだろうが眠狂四郎だとか、木枯し紋次郎だとかを、それこそ明けても暮れても読んでいたら、ある日もう少し面白くなさそうなものに自然と手がのびていた、そうしたことだった。

古典を読みなさい、としたり顔もしたくない。私はこのごろになってホッブズやルソーを読む気になった。読む気がなくて読むバカはしないことだ、と私は信じている。読書は強制によっては成立しないからだ。だが、強制されてはじめて知った本が、読んだら面白くて止められなくなった、という経験を私は最近した。ある原稿を書くので仕方なく読みだした孫文の『三民主義』（岩波文庫 上・下）がそれである。ものすごく拾い物をしたものだ、という感が強く残るのは良い気持だった。

中野好夫『蘆花徳富健次郎』（筑摩書房、全三冊）、住井すゑ『橋のない川』（新潮社、全六冊）。こんなのは大きくても読み易い。大きくなくてもよい。夏休みは関係ない。学生には非学生よりずっと多くの時間を支配する自由がある。だからその支配権を学生諸君が絶対的に使い切ればそれでよい。体験に頼るのは弱い心だ、ということを識っている学生なら〈書〉との格闘は必然になる運命にあることを識った上で使い切ればよい。

『塾』慶應義塾　一九八一年八月

新潟から

新潟は四季がはっきりしていると教えられて、まる三年がたった。だが大学が開学した平成六年の一年間は、そうした季節感覚をたしかめる余裕はまったくなかった。十一月から二月いっぱい、もよりのＪＲの駅から大学までの普通ならば歩いて一〇分程度の道に難渋した記憶だけが残っている。

大学は新潟市の市街化区域として造成した一角を占めている。大学はできたが、周囲は造成工事の最中であった。ロープを張った細い道を歩いてゆくのだが、舗装されているわけもなく、粘土質の土に細かい砕石がいっぱい頭をだしていて、ころんだら間違いなくざっくりと割れる傷を負ってしまう。「ころぶ」ことなどあるはずがない。いや、あるのである。

「ここは冬場は西北風の強いところですよ」と、平成二年に現地を案内してくれた市の職員が話してくれた。その西北風は体験してみなければ分かるはずのない、そう自然の猛威としか言いようのないすさまじさなのである。言ってしまえば、傘の骨が折れてしまう強風なのだ。それに雪が加わり、みぞれが加わる。レインコートなんぞはまず役にたたない。完全防水の七分コートに、これもまた完全防水のズボンを重ね着し、ゴム長をはいての登校、それが教員の普通のいでたちである。

駅から学生や教員が一列に並んで、一様に傘を傾け、黙々と歩いてゆくさまを何と形容したらよいか分からない。こうなれば無理を承知の痩我慢で、今でも裏のついたレインコートと雪靴で通してはいる。それでもこうした自然との格闘では風邪はひかない。女子学生なぞは、そんな冬でもスカート姿でしゃきしゃき歩いてゆくのだから瞠目するほかはない。「しゃれ」とか「いき」なんていうものは、やはり落語のテーマなんだよな、などと自嘲気味である。

しかし今は、市街化工事は終わって、駅からまっすぐにのびた二車線の完全舗装道路の歩道を歩くだけだから、随分と楽になった。それでも風が変化するはずはない。売出し価格が高い（上下水道、都市ガスなどが完備しているのだから当然なのだが）せいもあって、家の建ち方は緩慢である。遮蔽するものがないのだから、今年もまた冬の風と私たちの格闘は続くに違いない。

大学への道での自然の猛威にもかかわらず、新潟駅周辺はまことに穏やかな気配にみちている。雪は間違いなく上から降り落ちてくる。大学周辺では時には下から舞いあがってくるのに。上から落ちてこない雪。ふと上杉謙信の軍勢や柴田勝家の軍団が雪を漕ぐようにして出戦していった状景すら思い浮かぶ。

こうした冬に翻弄されつくしたのが、次第に新潟の四季を感受するようになったのは、慣れなのだろう。それに恐らく時間の進行による余裕も少しではあるが加わっているにちがいない。完成年度を迎え、文部省の視察も大過なく終えて、いささか周囲を見回すことができるようになったのかもしれない。

大学へのＪＲは越後線といって単線である。だから、途中の二三か所の駅で上り下りを待ち合わせることになる。この「待ち合わせ」を私は気に入っている。何とものんびりした心持ちに人をさせるようで、はなはだ結構な「たゆとう」風情である。とくに夏の待ち合わせを私は好いている。冷房のきいた電車ではあるが、この待ち合わせの時間はドアがあいたままになる。すると時にトンボが入ってくることがある。「トンボが乗り込んでくる」、そんな趣なのである。すいっと乗り込んできて、すーっと車内を通りすぎて、すいっと降りてゆく。降りそこなったのを私は見たことがない。新潟のトンボは越後線に乗りつけているのだ、と私は思っている。

小型の胴が鮮やかだけれど濃厚に黄色で、ふしが漆黒のトンボである。東京でよくみかける麦わらトンボの野暮ったらしさではなく、まことにすっきりした、ちょいといなせですらある。夏のはじめ頃か、大学近くの田に農薬が空中散布される。早朝のことで、もちろん通知がくる。そんな時に大学にゆくと、管理棟の入口のところに、このトンボがかなり落ちている。今はもう動かなくなったトンボの黄と黒の色調が、思いなしか妙になまなましくて悲しい。

とてもいい話を聞いた。同僚のアメリカ文学者のその人は、飄飄とした趣をおもちなのだが、浮世ばなれではなく、芯に強いものがあって、その強さがもろにでない形で言い含める、そういった音調、語調の方で、まことに好ましいお方なのである。ましてや、ひとをかついで面白がる、といったことなど毛筋ほどにもない。その人が歩きながら、つまりトンボを見ながら、「このトンボは夏の終わりに山に帰って、赤トンボになって里に帰ってくるのだそうです」と話された。私はその話を本当のことと聞いた。

他の同僚にこの話をした。彼もまた文学や詩にかなりの深みを持っているのだが、なぜか「そんなことあるはずがない」とにべもなかった。「だって、いい話じゃないか」、私は未練がましかった。トンボが帰る山は、夕焼けの美しさを背景に黒く浮きだした、大学からその山肌がよく見える弥彦山であり角田山でなければいけないのだ。その夕焼けの紅《べに》に山で染まって、黄色いトンボが赤くなる、そして里に帰る。秋はそうやって新潟にくる。アメリカ文学の先生は、大学の殺伐とした管理の日常に、とかく埋没しかねない私を、あるいは慰労してくださったのかもしれない。私の住んでいるマンション近くで見かけるトンボはどこの山に帰るのかなあ、と立ちどまって目で追ったりするのだから、この話は私のなかに新潟の状景としてやきついたのだろう。

新潟の秋は短く美しい。短いから美しいのではない。短いことと美しいことは別々でいて、それが相乗するのだ。桜前線北上が一般には春の定番情報である。これは日本列島情報だが、新潟の紅葉情報は新潟と私を結ぶ特殊の情報である。上越・中越・下越、それはそれでよい。それよりも紅葉は山の高みからおりてくる、そのところが桜なんぞよりもずっと美しい。言いかえれば、紅葉がゆっくり山を下りてくる、それをこそ秋という、それが美しい。この紅葉の山の下りを毎日のように眺めている。日によって、つまり見る私の情態によって、美しかったり、わびしかったり、時には淋しかったりする。気持ちが躍動することはない。

癌をやんでなくなった先輩の中沢精次郎さんに、朝日が好きですか、夕陽が好きですか、ときかれたことがあった。それはたしか、六本木から麻布に抜けてゆく細い土の道の夕方だったと思う。あるいは私たちの先生、伊藤政寛先生のお宅に伺う道だったかもしれない。先生とその道をごいっしょに何度か歩いたことがあったような薄れた記憶がある。それはかなり窪んだ土地の中ごろをたどる道だった。私は夕陽と言ったおぼえがある。

私は戦死するのは夕方とかってに思っていた。朝には死ねない。一日の生活は目覚めによってはじまる、そのはじまりに死はあってはいけない。おてんとさまが輝いている昼間もいやだ。夜は淋しい。とすると、夕方のそれも残照が次第に夜になずむ時がいいな、と何となく思っていたし、ミレーの『晩鐘』を戦後になってつくづくと見て、やはり死は夕方に限ると思った。中沢さんが何と仰言ったかはおぼえていない。

中沢さんは慶応の定年後は、新発田市の敬和学園大学にゆかれる予定と伺っていた。私はまだ新潟とご縁を結んでいないときだったので、随分と遠方においでになるのだな、と思っていた。今はこれも故人になられた池田弥三郎さんが富山の魚津に移られて、それでも始終三田にこられて、ときには酒席をご一緒したこともあって、池田さんの一中節は魚津にあうのかな、と思ったりした。池田さんは、少なくとも私には、富山の、魚津の話をなさった記憶はない。三田の小料理屋で機嫌よく軽く渋く盃をきゅっとほされて、にこにこなさっていた。中沢さんと新発田や新潟で酌み交すことができていたら……、それは言うまい。

赤トンボがいなくなって、紅葉も平地にまで下りてしまい、秋も終わる。赤トンボはどこに帰ったのか、それは知らない。冬のはじめの新潟では、弁当は忘れても傘は忘れるな、という言い伝えがあるようだ。青空がのぞいていても、雨も降れば雪もまじる。つまり、晴・曇・雨・雪が一日の中に交互するのである。徳田秋声の金沢はどうもそうではないらしい。野坂昭如の新潟を読んでも、この一日の躁うつは読みとれない。とすれば、この「何でもあり」の冬の新潟なんていうのは、結構面白いんじゃないか。

何でも面白がっちゃう性癖がどうやら私にはあるらしい。しかし、この夏、面白がるどころか面くらう経験を新潟でした。新潟駅を通り抜けようとした時、「あにさま」とうしろから呼びかけられたのである。私のはずはありえないから、すたすた歩き続けた。そのところへ背中を軽く叩いてまた「あにさま」ときた。振りかえると短躯の、そのからだにぴったりの丸顔の初老の男がにこやかに立ちどまっていた。あわてて帽子をとる。誰だか見当もつかないが良い人と見えた。あにさまはいくつ、と良い人はこれもまたにこやかにたずねた。六十七ですが、姿勢がとてもいいですよ、恐れいります。にこやかな良い人に私は一礼して別れた。ちょっと素気なかった。人になじんできた私だったが、面くらっていたのだ。いささか浮ついた軽やかな気持ちが、ひたいの汗にまじったようだった。ビールを二三杯飲んで、「あにさま、ねえ」。口にだしてみた。どうにも自分にはなじまなかった。

『私学公論』私学公論社　一九九八年二月

風邪

天井《てんじょう》からさがった電燈のひかりが、やけに濃いダイダイ色をにじませている。白いすりガラスのかさが、竹だか籐だかの飾り編みで包まれているのだが、それは黒い布で覆われていて、部屋の隅ずみまでにひかりがとどいていない。陶の大きな火鉢に湯をはった大きなかなだらいがかかっていて、そこからさかんに湯気があがって、咳をやわらげている。夜の部屋には、母がかたわらで寝《やす》んでいるはずなのだが、私にはおぼえがない。なぜか深沈とした気配がみちていて、私の熱でうるんだ目は天井をさまよっている。眠るでもなく覚《さ》めるでもなく、からだの芯からでてくる熱に私はたゆたいに近く浮遊している。

私は虚弱だった。冬になると必ずといっていいほど風邪《かぜ》をひいた。ひいたら最後すぐ三九度、四〇度の熱がでた。いま書いてみたのは、私の風邪の情景である。かかりつけのお医者さんが往診してくれる。お名前は失念してしまったが、年配の落着いた方だった記憶がある。どこに先生の医院があったのか私は知らない。薬は母あるいは姉か兄が受取りにいってくれたのだろうから、私はとうとう診療所を知らずじまいだった。その薬はたしかあまい水薬とにがい散薬の二種類だった。あの先生は注射をうたない、という話は、先生にたいする信頼の表現だったように思う。

アルコールランプで発生させる湯気の吸入器には、随分と世話になった。勢いよく湯気のでる吸入口が時どき詰って、細い針金で母がそれを通してゆく手許を見ていたこともあった。ちゃんと通っていないと、ものすごく熱い湯気がプチュプチュという音をたてて四散するから、へまをすれば口許をやいてしまう。だから、湯気が正常にでてくるのを確かめて、首にタオルを巻いて吸入する。何か薬を入れてあったのかどうかはおぼえがない。

こうした風邪は、ある日の昼間のこともあれば夜のこともあったが、からだ中から汗がだらだら出て、ねまきを二度も三度も取りかえることで急速に回復にむかう。それが寝込んで何日目になるかは一定していない。熱にうるんだ目が、電燈の輪郭を明瞭にとらえられ、それを覆っていた黒い布が取り除かれ、朝と昼と夜がきちんと分かれて一日をつくりだせば、熱で口がにがくなってしまって、すったリンゴ汁しか受けつけなかったのが、重湯に似たうすいかゆから次第にかた目の飯になってゆく。ある日の午後、毎日きて下さっていたお医者さんが、もういいですね、と仰言ってみえなくなる。もっとも床をはらうのはまだ先のこと。冬の弱いけれども、人に決してつっけんどんでない陽にふとんを当てる日がやってくる。その日は朝から少し厚着をして、炭火であたたまった部屋で、やや大儀なからだをごろごろともてあましている。午後三時にほし上がったふとんに身を横たえた時の爽快感は、今でもこの肌がおぼえているようだ。

この風邪のサイクルは小学生だった私がなじんだものだった。小学校の一年から六年まで担任をもち上げて下さった故中村八郎先生の温顔を私は忘れないのだが——戦災ですべてが失われて、先生のお写真とてない——、ほぼ半月ぶりぐらいで登校すると、よくなってよかったな、と先生が声をかけて下さった。どのようにお答えしたかは忘れた。

ある年の風邪はほんものだった。あのお医者さんの先生が、とうとう注射をなさったのだった。四二度の熱が引かなかった。電燈のにじみも、部屋のたたずまいも、いっかな変るとは思えなかった。私は熱には慣れているから、常に意識的であった。父と母がなぜそろって傍にいるのだろう、と不思議がった。何日目だったか、母が馬肉を買ってきた。それでシップをすると熱がさがる、との説明だった。子供の記憶だから怪しいものだが、それはステーキ肉のようで、たしか胸の左右に二枚はったように思う。

枕もとでお医者さんの先生に母がこの馬肉のシップの許可を求めていたように思う。先生はたしか、どうぞどうぞ、だったか、どうかどうか、だったかの賛意をゆっくりと落着いて仰言って、私は完璧に信じたのだった。朝になって熱がひいた。一晩中うとうとしていたのだが、朝の気配と共にあの電燈のひかりが元に戻ってゆくのが分かった。真白になった馬肉を私に見せながら、お馬が秀夫の熱を持っていってくれたのよ、と母が大事そうにそれをタオルに包んで部屋をでていった。私はたぶん肺炎にかかって、かなり重かったのだろう、と今にして思う。ウマ年の私がお馬に助けてもらった、などとは言ってはなるまい。三月十日の大空襲で死んだ馬が、焼けこげ一つない姿でいつまでも放置されていた。そのそばを通るとき、私の熱で白くなったお馬を思いだしていて、ご免なさい、とつぶやいたことがあった。

ある年の二月、私は例によって風邪におかされていた。雪の朝だったが、窓から少しのぞけた外の風には雪がまじっていた。なぜか母は部屋に見あたらなかった。炭火で熱せられたかなだらいから立つ湯気はいつもの通りだった。だが、家は無人のそれであるかのようだったが、普段とはまるで違った緊迫した空気が家中にみなぎっていた。時どき玄関があき、軍人口調ではあったが低い声で父に何かを報告するようだった。なになにさんかな、と思ったりしたが、大酒飲みでわめき泣きあばれ、そして倒れてしまう、あの軍人さんたちとは思えなかった。やたらに森閑とした世界だが、それでも何かが切迫してくる、そんな空気の重みをおぼえている。昭和十一年二月二十六日。小学校一年になる直前の風邪は二・二六事件にぶち当っていたのだった。

小学校の高学年になるにしたがって、私は丈夫になっていった。小学校が国民学校に改称されたのが昭和十六年四月だから、私は最上級生で、それまでに強化されていった少国民教育で、朝礼時の乾布まさつ、剣道の初歩、隊伍行進などの鍛練が少年のかたまらない骨をやがてきたるべき皇国青年のそれに変える地点にさしかかっていたのだろう。中学は兵営に近かった。落伍しそうでいて何とかしのいだのも、戦時訓練のおかげかと後めたい。

中学三年で工場に動員された。向島にあったその工場で、ガス・電気の溶接棒を私たちはつくった。私が配属されたのは断切工場。細いのは一ミリ、太いのは五ミリの針金の四〇キロ巻きを機械にかけ、自動的に一定の長さに断切されたのを二〇キロ（だったか）別に細い針金で束ねて積みあげてゆく。本職は指導担当工員が一人いるだけ。一個分隊十数名の中学生が工程の最後の部分を全部引受けた。最初は二人でようやくセットしていた四〇キロ巻きの針金を何の苦もなく一人でやってのけるようになる。訓練そして慣れ。私が戦後のある時期からどうしてもいやになったのは、こうした種類の訓練に慣れる習熟だった。だが、そうして私は強健になっていった。もっとも働きすぎで一週間ほどぶっ倒れはしたが。

戦後は風邪をひくゆとり（?）もなかった。粗食というには程遠い食生活だったと思うが、言いかえれば、からだを維持するだけのものは口に入っていたのだろう。その完全さがからだを強壮にした。むしろ、身長が急速にのびた。敗戦まではクラスで低い方だったのが、いつの間にか大きい方になっていたのだから、妙な話だ。

大学に入り、卒業する頃から無茶がはじまった。大学院を飛びだし、無為無惨だった二年間をすごし、学士入学をし、また大学院へ。そしてアメリカに約一年。その間に風邪の記憶はない。ただ、やたらに痩せた。身長一七一、体重四六キロ。げっそりした顔の当時の写真がある。常に胃袋がキーキーいっていた。頭の天辺に胃袋が居すわっている、といった有様が何年も続いた。慶応の教員になってからは、突っ張った生き方を支えるだけのからだの強さはあった。
四十、つまり不惑の年になって、逆に私は惑いはじめた。惑って書きに書いた。学生たちや同僚と飲みに飲んで、読みに読んで、書いて書き抜いた。〝惑う〟年限は二〇年間だった。六十になって大学新設に打込んだ。今度は相手がある、国家権力という相手が。おもねらず、しかし、権力をなだめすかす。こんなことがいったいできるのか、と思った。自分の本音を「教育」について書きなぐる。そう、それは格闘だった。少なくとも、私にとってはそうだった。だから、風邪なんかひいていられなかった。それが、とうとうやられた。平成八年の暮れだった。
流感の季節だった。十月に慶応病院で受けた定期診断で肺に所見がある、といわれていた。胃の内視鏡検査は無事だった。年末の忘年会にはでないつもりだった。ちょっと調子がよくない、そんな自覚があった。当日学校で、学長はでないんですか、と何人もの同僚にいわれた。でないよ、と軽く返しておいたのだが、これででたら面白いかな、といたずら心がわいた。でて飲んで騒いだ。気分は悪くなかった、そして翌日帰京した。

一日おいて次の日の朝に起きられなかった。完璧に発熱していた。もうかかりつけの医院は年末休診に入っていた。娘が運転して診療当番の医院に連れてゆかれた。患者であふれかえっていた。みんな流感だった。午前中にいったのだが、午後三時頃にこい、との話だった。みてもらったのは五時すぎ。処方箋をもらい薬局で調合してもらった薬をもって帰ったのは七時すぎだった。ふとんに倒れこんだ。久しぶりの風邪。だが、あのリズムは戻りようもない。からだと意識が分離しない。混濁状態に吸い込まれ、奈落に無限におちてゆく妙な浮遊感がある。その中、寝ていられないほど苦しくなってきた。枕にしがみつき突っ伏して、身もだえする。口を金魚のようにパクパクするのだが、酸素が入ってこない。深く息をしようとするのだが、空気が入ってこない。意識が混濁してゆくのが分かる。急に私のまわりに本が立ちならんで、じりじり四方から締めつけてくる。死ぬのかな、とちらりと思ったか思わなかったか。声はまったくでない。自分ではそう思っていた。ただひたすら足りない空気をパクパク吸ってはぜいぜいしていたらしい。時にはギャーとわめいたとか。（そんな余裕は絶対になかったはずだが。）とに角、本におしつぶされる、それが奇妙になまなましい意識だった。どれくらい続いたのかおぼえていない。家人が懸命に背をさすってくれていた、薄ぼんやりした記憶がある。

いつの間にか眠った。眠ったのではなかったんじゃないか、おそらく混濁が深まって気を失ったんだ、と今では思っている。気がついてはまた気を失う。本の締めつけがその度にはじまる。何日そうしていたのだろう。海の底からもがきながら水面に浮かびあがったように気をとり戻した。熱はひいていたが、からだは自分のものとしては帰ってきていない。正月やすみが終わるのを待ちかねるようにして慶応病院へ。何しろ一〇〇メートル歩くと、しばらくは息をととのえなければならない為体《ていたらく》。恥も外聞もあったものか。家人に支えられてとぼとぼ歩く。完璧に老病人。医師いわく、老人性の肺機能低下。このまま進行すれば肺気腫。タバコをやめなさい。気分よく生きるか、苦しんで生きるかはあなたの勝手。降参。ごめんなさい。悪うございました。もうしません。天を仰ぎ地に伏して更生を誓う。その後は検査ぜめ。しおらしく病院がよい。一週間から二週間そして一カ月と診療日が間遠になる。随分よくなりましたよ、ハイ。ハイは余計だろ、とその頃になると腹の中に毒舌がでてくる。

電動ベルトに乗って歩く検査がある。オウム真理教信者が洗脳されたのと同じようなヘッドギアをかぶって歩かされる。だんだんはやくなる。平気の平左でガンガン歩き小走りに走る。どうだ完全だろう。おそれ入ったか。こっちの反抗なんぞ全然相手にする気配もない。ひとりで口惜しがる。肺活量検査。戦争時以来やったことがない。まあ、おおむねよろしい（軍隊ことば）。大学復帰。そして三ヵ月。タバコ復活。それ以来、胸のゼーゼーはなくならない。時には息苦しくなって立ちどまって、あたりかまわずハーハー。愚かなり我が心。

押し寄せ締めつけた本は、慶応にいた時の研究室にあった奴だ。ある時、不意っと思いついて引出しをガタガタひっくり返したら、ある雑誌の取材に応じて、趣味は古本あつめ、と言ったものだから、並べたてられ積み重ねられた本の中のわずかな空間に立った(すわれなかった)私の写真がでてきた。これだなあ、と眺めていたら、慶応をやめ研究室を引払うときにそれらを処分したのを思いだした。たしか『古書通信』だったと思うが、誰かが古本を集めるのは隠し女がいるのと同じ、と書いていた。奥方にはないしょで、妙にそわそわしていて、そのくせ変に思い出し笑いなんぞをするのだから、これはもう紛れることのない隠し女だ、という内容だった。ご説ごもっとも。その通り。狙いすましたのが手に入ったときなんぞは、頬ずりしたくなる。そうした本たちを突如として思い切りよく売り払ってしまったのだから、それはまさに自分の女を、あっしにはあっしの都合がござんして、と女衒《ぜげん》に売り飛ばす渡世人のやることだ。本のたたり、私はいささか本気になって、私をとりかこんでいる本の写真を見入ったのだった。新しい持主のところで幸せにしているのかな、とその背にはっきりと読みとれる書題を見入っていた。

『私学公論』私学公論社　一九九八年十二月

生きざま

三年前のことになるが、ゼミの卒業生N君から便りをもらった。内容は仙台から秋田への転勤がその第一であり、会社員としての生活の一端がすんなりと書かれていて、さわやかに読んでいけた。ところが途中で突然のように『壬生義士伝』がとびだしてきた。仙台出張の車中で読んだらしい。「不覚にも涙がでました」と書かれたところで、私は立ちどまった。

この本は、読まれた方も多いと思うが、文芸春秋から上下二冊で発行されたものである。あえてプロットをなぞってみると、南部藩の二駄二人扶持（こめ十四俵）足軽・吉村貫一郎の生きざまが緻密に物語られた作品である。吉村は脱藩して江戸にのぼり、貧苦のくらしを送るが、慶応元年新選組に応募し、剣をかわれて諸士取調役兼監察として幹部に採用される。いくたの修羅場をまさに切り抜けた吉村は、鳥羽伏見戦で重傷を負うが、這うようにして大阪北浜の南部藩蔵屋敷にたどりつく。しかし、蔵屋敷で差配役・大野次郎右衛門は、「奥の一間を貸すゆえ、腹ば切れ」と命ずる。こうした出だしからはじまって、吉村のフラッシュバックで、封建の世の武士の生きざまが、四六判約七五〇頁に犀利に書きのべられ、読む者に息をのませる衝迫を与える。

吉村貫一郎の藩士としての属性を語らねばならない。吉村は足軽の貧苦を脱けるための必死懸命の努力をする。文は藩校助教、剣は江戸詰の際に千葉道場で北辰一刀流の免許皆伝、藩道場の師範代をつとめた。にもかかわらず、役料すらない。藩校・藩道場では「先生」、そこを出れば二駄二人扶持の足軽。この絶対的な矛盾、乖離を作者は吉村にこう語らしている。「同心長屋の侍（足軽をさす）は、みなそんたなこと（内職にはげんで生計をたてること）何とかやりくりするだども、わしは藩校では先生と呼ばれ、道場じゃ御指南役の代稽古をば務める立場でござんすから、いつでも背筋ばぴんと伸ばして、間違《まちが》っても銭このために頭下げることはできねがった」と。

地位と役割の関係を社会学の近代理論で論ずることはたやすい。そして封建の世にあっても、最下級武士が見すぎ世すぎの生活を送る工夫はあるだろう。だが、前述したように身分と役割の絶対的乖離を充塡する方法は職能給としての役料がつかなければ、絶対にありえないのだ。封建のこの真実は、たとえば、中津藩についての福沢諭吉の指摘によっても明らかにされている。すなわち、「下等士族は、何等の功績あるも、何等の才力を抱くも、決して上等の席に昇進するを許さず。……故に下等士族は、其《その》下等中の黜陟《ちゅっちょく》に心を関して昇進を求れども、上等に入るの念は、固《もと》より之を断絶して、其趣《おもむき》は、走獣敢《あえ》て飛鳥の便利を企望せざる者の如し。……又、足軽は一般に上等士族に対して、下座《げざ》とて、雨中、往来に行逢ふとき、下駄を脱いで路傍に平伏《へいふく》するの法あり」福沢はこうした真実を細密に叙述し、「独り上等と下等との大分界に至ては、殆ど人為のものとは思はれず、天然の定則の如くにして、之を怪しむ者あることなし」（『旧藩情』、傍点＝内山）と剔抉している。

この「天然の定則」を前述の「先生と足軽」を重ね合わし、さらに幕末天保年間のほぼ毎年の飢饉を加えてみたら、吉村がその父の死に際して、母に侍として生きるか百姓になるかの選択を迫られて、武士を選んだときの誓約、「ひとつ、文武に精進して、身をば立て、子にひもじい思いはさせぬ、ひとつ、たとい病であれ戦であれ、幼子ば残して死ぬるような無体はせぬ」ことへの誠実の道はどのようにありえたであろう。これが小説であることをここでことわっておくけれども、《責任》ということがらを考え残すために書き留めておきたい。

私はこの本を読むまでは、不作、凶作、飢饉ということばが、実はたいへんな中味のある農業用語だということを知らなかった。不作とは平年作の四分の一減、半減が凶作、四分の三減以下が飢饉。『広辞苑』にもこうした定義は出ていない。例年に近い飢饉にあった吉村が、妻子にひもじい思いをさせぬためには《天然の定則》を脱すること、つまり、脱藩して「天則」の及ばぬ都市江戸での自由労働しかなかった。

脱藩は犯罪である。吉村の脱藩は公用手形を持参し、立派な衣服を身にまとった形で行われた。それをアレンジしたのが、前出の大野次郎右衛門であった。二人は〝心友〟だった。大野は「御脇腹」つまり妾腹の子だったのが、嫡男の死によって四百名の「御高知」にされる。よくあることといってしまえばそれまでだが、日蔭者であった十三歳までは、同じ塾に学び心を通わした友人だったのである。むしろ大野は二駄二人扶持の吉村の天稟と努力を尊敬し、彼を登用できぬ藩構造に重大な疑問を抱いていたのではなかったか。

吉村が江戸で何をしていたかは曖昧にされている。ただ極貧の中から懸命に妻子に送金する姿が描かれている。新選組の幹部になってからも、懸命の送金にかわりはない。守銭奴、出稼ぎ浪人、恥知らず、と隊員の笑いぐさにされたという。

「妙なやつなんだよ、吉村ってのは。剣術はたいしたものなんだが武張ったところがねえ。学問はあっても鼻にかけるわけじゃねえ。かと言って、立派なやつかというと、そうでもねえんだ。ほら、どこにだっているだろう。何だって一通りはできて、考えてみりゃてえしたものなんだが、どうもさほどてえしたものにゃ見えねってやつ」。こう語られた吉村貫一郎は、鳥羽伏見の戦いで後退する幕軍からひとりとどまって官軍に対し、雪の中で仁王立ちに立った。彼は大音声《だいおんじょう》でよばわった。「新選組隊士吉村貫一郎、徳川の殿軍《でんぐん》ばお務め申っす。一天万乗の天皇様に弓引くつもりはござらねど、拙者は義のために戦ばせねばなり申さん。お相手いたす」

瀕死に近い重傷を負った吉村が南部藩蔵屋敷で、心友大野次郎右衛門の冷酷とも見える扱いで、もはや折れ曲った差料で無理な切腹をする、そこでの舞台まわしは読んでいただかねばならない。最後に掲げられている大野の書簡が素晴らしい。点綴してみたい。

　此者之父吉村輩　身命不惜妻子息女ノ為ニ戦ヒ候　此行ヒ軽輩ノ賎挙ト言下ニ申及ビ候者　多々御座候ト雖　拙者熟々《つらつら》思料仕リ候処　此一挙　正ニ男子ノ本懐　士道之精華ト思ヒ至リ候……万一　一兵ノ妻子息女ヲ扱置《さておい》テ滅死奉国之儀　以テ義ト為ス世ニ至リ候ハバ　必至《かならずや》　国破レ異国之奴隷ト相成果テ候ヤト拙者熟々信ジ奉候……本邦日本者《は》　古来以義《ぎをもって》至上之徳目ト為シ候也　乍併《しかしながら》　先人以意趣《いしゅをもって》　義之一字ヲ剽盗改変セシメ義道即忠義ト相定メ候　愚也哉《ぐなるかな》　如斯詭弁《かくのごときききべん》　天下之謬《あやまり》ニテ御座候　義之本領ハ正義ノ他無之《これなく》　人道正義之謂ニテ御座候……日本男子　身命不惜妻子息女ニ給尽御事《つくしたまえるおんこと》　断《だんじ》テ非賤卑《せんぴにあらず》　断テ義挙ト存ジ候……　一死ニ臨ミテ五体悉《ことごと》ク妻子ニ捧ゲ尽シ其亡骸　血一滴スラ不残《のこらず》　僅ニ死顔　涙一垂《いっすい》ヲ留メ居候

N君が盛岡出身だからこその涙とは思いたくない。だが二代まえまでは私の出自もまた南部だから、つむがれてでてくる文中のたとえば「おしょしい」（恥ずかしい）ということばに違和感はない。くにからくる客人たちのそれはことばだったからである。「年じゅう着たきりの麻の単衣物《ひとえもの》は、寒くなると古水綿の裏地を縫いつけて袷《あわせ》にする」ことは、吉村には「おしょし」くはなかった。妻子を飢えさせる、そのことが「おしょしい」ことだった。そこには「天下の定則」が割り込むスキはすでにない。妻子に会いたい、その一念が大阪で新選組に合流するのを吉村に禁じた。そして南部藩蔵屋敷に辿りついていのち乞いまでさせるのだ。それは「おしょしい」ことでは絶対になかった。

　妻子を飢えさせない、とのために五体をことごとく妻子に捧げつくす、そのことを義とよぶところで私たちの生き方は定位するのではないか。私はこれを言挙げするのではなく、むしろそっと胸奥に一生秘めおくことで、一度の人生を思いたい。男というものは、と言いだした途端にこの想いは消しとんでしまうだろう。女や子どもは弱い者だ、ということでもまったくない。ましてや家長なぞと言うはずもない。この作品はそんなことは一言もいっていないのだ。立身出世で閉ざされた封建の世の悲劇を語っているのでもない。妻や子どもを守るために武器を持って戦う、ということでも決してない。

「天下の定則」から脱けでるための武士としてよりも、吉村貫一郎が、妻子にひもじい思いをさせない、寒いときには少しでも暖かく、暑いときには少しでもすごしやすくしてやりたいとする、ぎりぎりの夫の、親の生き方、つまりもっとも純粋な人と人とのつながりの形としての生きざまが、そこにたたずんでいるのだ。

「純粋な」と私が言ったことの意味は、現実の中では色あせてしまうかもしれない。資本主義だとか貨幣経済、福祉国家だとか介護保険、そういったことばの意味が人に何の感動も希望も与えないままに、うつろな空間をつくりだし、そこからの離脱を私たちに許さないからだ。N君の涙は、もしかすると、この小説に書かれた、そのようなものとしての妻子と、自分の妻子との絶対的な差異への悲しみによるものかもしれない。

いいんだよ、N君。妻子は吉村貫一郎の妻子と同じなんだよ。それはね、君が死を迎えるときに、君の胸奥にだけ残されて、誰も奪うことのできない想いとしてある人たちなんだ。だから、そっとしておいた方がいいと思うよ。誰にも言うことはないし、また言えることでもないんだ。そっと大事に大切に想い続けることで、間違いなくN君、君は人の歴史につらなっていけるのだよ。そして私もね。

『私学公論』私学公論社　二〇〇三年三月

今こそ與謝野晶子を

〝主義者〟ではない《自奮自発》の思想者

與謝野晶子は〝主義者〟ではなかった。実感の《燃焦》と《跳躍》を作成過程にたたき込む「敬虔な態度で私自身の純一無雑な実感を表現することに専ら」な歌人であった。いやこのような作歌を生きる「方法」とする歌人だった、と言うべきか。そこに屹立した「文筆による労働」者としての晶子の《自奮自発》があった。

この晶子の起点は、独立自尊や自助として出発した近代啓蒙のそれよりも、〝生活〟を基盤とする生への意志の発動において、一段と《精神の肉体化》に直接しなくてはならなかった。生活＝労働に踏み込むかぎり、そこから社会が見え、国家が透け、世界に心が通い、そして人間に相渉らないわけにゆかなくなる。晶子の《社会の発見》があった。

この社会・国家・世界・人間との交渉の跡を、大正時代――それは明治末から昭和初年にいたる――の一女人に見てとりたいとした私たちの博捜《はくそう》がこの二二巻の與謝野晶子評論著作集に結実したのである。とくにこれまでの全集（講談社版）に収録されていなかった晶子の文章までを含んだ六冊に及ぶ論説集を香内先生が編集された功績は偉大というほかかない。

「晶子は〝主義者〟ではなかった」と私はこの稿を始めた。つまり、晶子は普遍概念や一般理論を抱いて自分を創出しようとしたのではなかったのだ、と言いたかったのである。社会主義者になることは、おそらくは間違いなく、自分の方向づけの点で踏み迷う隙をつくらなくてすんだはずである。《自奮自発》であればこそ、生活に足を据えつければこそ、そして〝実感〟を純粋化すればこそ、晶子は時に迷い、時にうろたえ、時に〝隙〟を見せた。私にはそれが思想者與謝野晶子のしたわしさであり、信じられる女人のありようなのである。普遍理論の鎧で身構えた先人たちの靭々は敬服の対象だが、時にはよろめきながらも、〝にもかかわらず〟と自恃しないわけにゆかない人のいきざまをこそ、戦後の今もなお民主主義を学びつつある私の照合点としたかったのである。

近年、この国には、「大言」とは言わないまでも、「壮語」が乱れ飛んでいる。それは私たち人に擦ることもなく飛び去っていって痕跡を残すことはない。それでも壮語は発せられる地点に大衆として人を釘づける。そこに生きてある人のやさしくも悲しく、そして美しささえある生のいとなみを剝奪する。晶子は「剝奪」されにくい女人であった。その意味で「本物」の人間であった。

『週刊読書人』二〇〇三年一〇月三十一日

悲しむ人ふえるのは政治が悪いから

「別れの挙手」復活を憂う

このところ部隊としての自衛隊の行動が報道されることが多くなった。中東に派遣されるのだから、当然といえば当然だろう。そしてテレビの画面に映し出された隊員が挙手の礼をしているシーンが目立つようになった。午前に予定している仕事を終えて昼食をすますと、だいたい二時になる。それから五時まで私は自分を解放する。つまり、きまったことはしない時間なのだ。いつの頃からか、その時間にテレビドラマをみることが多くなった。サスペンス・ドラマとでもいうのか、いろんな男や女の俳優が刑事に扮《ふん》して事件の謎をといてゆく趣向である。後輩が十分もみてれば犯人は分かってしまうのに、といささか軽蔑《けいべつ》的にのたまったことがある。だから安心してみてられるのさ、と私はうそぶいた。

ところが、気のせいだろうか、このドラマでも刑事たちが挙手礼をする場面がふえたように思えてならない。その場面はだいたいはドラマの感動的な場面だ。時にはみている者の胸が熱くなるシーンである。それに触発されたかのように、ある日突然、思い出したことがあった。

私が小学校（当時は国民学校）を出て旧制中学に進学したのは、昭和十七年四月、つまり、太平洋戦争が始まって四カ月たった時である。そこには、半ズボンの小学生から長ズボンの制服を着た中学生への変身があった。もう一つそれまでと決定的に違ったのは、先生方には立ち止まって、上級生には歩きながら挙手礼をする義務であった。校内では上級生には礼をする必要がないが、先生方への礼は学校の内外を問わなかった。言いかえれば、中学は模擬軍隊だったのである。私たち軍国少年はそれを不条理とは思わなかったし、むしろ大人社会への参入を許されたあかしと納得していたらしかったし、そのかっこよさを誇っていたのかもしれなかった。

私たちは学徒報国隊に編成されて、中学三年から工場に配置された。三月十日の東京大空襲で家も工場も焼けた。まさに丸焼けだったが、家族から死傷者が出なかった希有《けう》な幸運があった。焼け残った一画にもぐり込んだ家族に、音もなく敗戦が訪れた。外地に送られた男がいなかったから、早い時期での家族の復活があった。それから六十年たった。友人たちと戦時中の思い出ばなしに興ずることがないとは言わないが、一人ひとりが戦後にたどった軌跡がかなり運命的に異なっているにちがいないことをお互いに察知しているだけに、突っ込んだ話としては戦中戦後を語らない黙契があるかのようにしている。

だが戦後にその真面目さ故に共産党運動に走ってずたずたになった友、キリスト教につんのめっていった友、そして私のようにあてどもなくさすらっていって、学問になかば韜晦《とうかい》しつつ、踏み込めなかった領野に目をやらずにはいられないでいた者が、それぞれにやるせなさをかかえこんだまま、発散できずに、一人また一人と眼前から去って再び会うことができなくなった今、あのつらさ、あの悲しみが勃然《ぼうぜん》と立ち戻ったのだった。

「あの」というのは、そのほとんどが先輩たちとの別れだった、戦時の別れを意味している。それは挙手礼の別れだった。二度とは絶対に会えない別れだった。食い入るように相手を見詰める目が涙でかすみ、悲しみをその先にこめた力で表現するしかない指がふるえる別れだった。それが、挙手礼を別れにふさわしくない作法に思わせるのだ。私は、このような別れだけはしないで終わる人生への期待を、「戦後」にもち続けてきた。

昨年十一月十三日、大野功統《よしのり》防衛庁長官は隊旗授与式に出席し、自衛隊サマワ派遣部隊に「元気で頑張って下さい」と訓示した。彼は文民だから挙手はしないだろうが、この訓示は軽く手をあげる挙手でしかない。家族は「夫は命を懸けてイラクに行こうとしている。そんなに軽いことなのでしょうか」（毎日新聞昨年十二月九日）と問う。「二カ月で一〇キロ近くやせた母は、泣きながら日の丸をちぎれるほど振った」（毎日新聞八月十一日）。この夫や息子はあの挙手で妻や母にこたえねばならなかったのではないか。別れの挙手が復活しているのではないか。

悲しむ人、心配する人がふえるのは政治が悪いからだ。この単純なことがらが強い意味をもつようにするのが、われわれ庶民の政治なのだ。誰が何と言いくるめようと、悪いものは悪いと言いつくし、思いつくし、立ちつくす、そうした人たちがふえるのが、今ここでの唯一の希望と言えないだろうか。

北海道新聞夕刊二〇〇五年一月四日

あとがき

二〇〇六年六月二十四日土曜日、慶應義塾創立百五十年記念事業の一環として、内山秀夫先生は三田キャンパス第一校舎一〇九番教室にて「敗戦から戦後へ」―本書第3章二五四頁―を講義された。雨模様の日であったが、一般の参加者も多く聴衆は教室から溢れた。翌二〇〇七年、内山ゼミの卒業生たちが先生の喜寿をお祝いしようとした会では先生は残念ながら体調を崩されて出席されず、後日、「人を嫌いにならないで生き続けて下さいますように」との長い手紙が参加者に届いた。そして、先生は二〇〇八年四月六日に七十八歳で亡くなられた。

先生は、十三冊の著書と二十三冊の翻訳書、十三冊の編著・共編著書と十九冊の共訳書、そして雑誌、新聞に掲載された多数の論文、書評、取材記事等の文章を遺された。その執筆目録をわれわれの手で作成したところ、現在までに九〇〇点を超え、いまも発見により増え続けている。沖縄、憲法、民族、そして人間が生きるということについて、どの論考、記事も鋭く社会、国家と切り結び、現在もなお、今を生きる私たちに問いを発信し続けている。

これらの先生の文章を改めて世に問い、若い人々にも届けたいという思いから、二〇〇九年にゼミ生を中心に有志が集い遺稿集の刊行を目指した。当時で六〇〇点以上の記事を図書館で探し、学部学生に依頼しコピーすることから作業が始まった。この論文等の収集と読み込みに時間がかかり、内山秀夫遺稿集刊行委員会のもとに分類選定小委員会がスタートしたのは二〇一三年四月であった。編集・制作作業は、同小委員会の他に制作出版小委員会、募金小委員会といった小委員会が分担して行なった。

本書は第1章「自画像あるいは私の精神史」から第8章「エッセー」までの全八章の構成だが、先生が四十歳代からかかわりを持たれた『朝日ジャーナル』をはじめ『エコノミスト』、『世界』、『思想の科学』、『信濃毎日新聞』、『朝日新聞』、『北海道新聞』など、雑誌、新聞への執筆が多いことに、本書の読者はお気づきのことだろう。なかでも『信濃毎日新聞』時評欄《潮流》への執筆はほとんど終生の寄稿となった。そのすべてを掲載することはできず、本書は先生が雑誌、新聞に発表されて単行本には未収載の論文、記事等の文章を中心に収載・編集した遺稿集である。これらの文章の本書収載に当たり、初出掲載紙誌を、文末に記載した。

年譜作成にあたり『新潟国際情報大学10年史』を寄贈いただいた新潟国際情報大学、保存倉庫の中から内山ゼミ関係書類を抜き出し複写下さった慶應義塾大学学生部篠田一輝様、御好意を賜りました大石裕法学部長に心から御礼を申し上げます。

最後に、本書の刊行をお引き受けいただいた影書房の松本昌次代表に御礼申し上げます。

ありがとうございました。

二〇一五年一月末日

内山秀夫遺稿集刊行委員会（五十音順）

市川太一　出石直　梅垣理郎　大塚譲　小野修三　菊池真由子　小池吉明

佐藤武男　佐藤瑠威　柴田平三郎　関口尚之　中道寿一　長谷川りゑ子

肥田健　藤塚正道　堀雅裕　山口晃

内山秀夫・年譜

【年譜作成にあたって】

1. 公刊された編著書、講演、座談会は著作目録に収録されているが、若干の例外がある。例えば色川大吉編『水俣の啓示（下）』所収の座談会における内山の発言の一部は年譜の注に掲載した。その他石牟礼道子との往復書簡についてまた編集した叢書、講座等についても記載した。

2. 本年譜には記載にかなりの濃淡があることをあらかじめお断りしなければならない。その要因としてわれわれ作成者の非力はいうまでもないが、内山と交流のあられた方ですでに物故された方がおられること（例えば故内田満氏など）、またかなりご高齢になられておられるので接触をご遠慮した方々（例えば石田雄、松下圭一、篠原一並びに有賀弘の諸氏）、加えて接触させていただく術がわからなかった方々もある。これらの方々には失礼致しましたが、何卒ご寛恕のほどお願い致します。

3. 内山の日本政治学会における活動については『年報政治学』の各年度に掲載された学会の活動記録に拠ったが、学会の活動記録一般は『年報政治学1990』に記載されたものが最後になっており、その後については『年報政治学』には記載されておらず、また調べることができなかったため記載していない。[敬称略]

年　月	事　項	備　考
1930. 2.13	東京市に生まれる	
1953. 3	慶應義塾大学経済学部卒業	・経済学部の同期生に白井厚、寺尾誠、野地洋行、1年前に大島通義が卒業している
4	同大学院経済学研究科入学 国際金融論を学ぶ その後中退	
1956. 4	同法学部政治学科学士入学	

1958. 3 4	同卒業 同大学院法学研究科修士課程入学	・この頃石坂巖（当時商学部助教授）から安藤英治を紹介される
1959〜1960	American Political Association 主催の Congressional Fellowship Program に研究員（連邦議会研究員）として派遣される	
1961. 4	同法学部副手	・この頃安藤英治から藤田省三ら丸山眞男門下の研究者たちを紹介される
1964. 3 4	同博士課程修了 同法学部助手	
1967. 4	同法学部の講座『現代政治制度』をはじめて担当し、ゼミナール（研究会）も持つ。これ以降『比較政治論』、『現代民主主義論』、『現代政治学史』等の講座を担当する	
1968 4〜 1969. 3	『週刊読書人』の論壇時評を担当する（1回／月）	・この頃石田雄らと研究会を持つ ・11月学部ゼミに石田雄を招く ・68に学部ゼミに宮里政玄、石坂巖を講師として招く
1969 6 11〜12	鶴見和子と市井三郎が主宰する「近代化論再検討研究会」に参加（1973年まで続く） 日本政治学会企画委員 琉球大学で『政治学原論』の集中講義を行う 全学の教員有志による「大学管理法案反対」に署名	・研究会の参加者は次の通り 鶴見和子、市井三郎、宗像巖、山田慶児、桜井徳太郎、色川大吉、三輪公忠、宇野重昭、菊池昌典 ・共同研究の成果は1974.8月に鶴見・市井編『思想の冒険』（筑摩書房）として刊行される ・委員長は秋永肇 ・沖縄滞在時に宮里政玄、我部政男らと交流する。その後沖縄を訪れた際にも宮里政玄、我部政男に加えて大城立裕、新崎盛暉らとも交流が始まる ・我部政男は、内山は「不思議なことに人の輪をつくる天才的な能力を持つ」と回想している ・法学部では内山正熊教授との二人のみ ・この頃、日本政治学会で高畠通敏と初めて会い、その後高畠の逝去まで深い交流が続く

1970.10	日本政治学会第32回研究会にて共通論題(B)「政治学における方法の諸問題」において「政治発展論から政治変動論へ」を発表	・単独編集による『現代政治理論叢書』（勁草書房）全16冊の刊行が共訳I・デ・ソラ・プール編『現代政治学の思想と方法』をもって始まる。共訳者は大森弥、石川一雄、長田研一 ・『年報政治学1971』に要約が所収されている ・70～76に学部ゼミに菊池昌典、内田満、神島二郎、中山茂を講師として招く
1971. 3 4 10	日本政治学会企画委員 同　　年報委員 立教大学で非常勤講師を務める（90年まで） ・1971～1987　「比較政治」 ・1979　ゼミナールも担当する ・1983、1988は「現代政治理論」とゼミナールも担当する ・1988～1990　「比較政治理論」 日本政治学会にて共通論題(B)「比較政治学の方法上の諸問題」を司会する	・委員長は福島徳寿郎 ・委員長は篠原一 ・高畠通敏のサバティカルにともなう措置と推定する ・報告者は阪野亘、小平修、田中靖政
1973. 3 4 4～ 5	日本政治学会企画委員 同法学部教授 アメリカ国務省の招聘による比較政治学分析の方法および参加民主主義論の現状視察のためアメリカ合衆国に出張する	・委員長は飯坂良明 ・学部ゼミに橋川文三を講師として招く
1974. 4～ 5 10 11 11 12.7	ＮＨＫ大学講座政治学『現代民主主義と政治参加』において「歴史と理論」を担当する（あわせて19回分のラジオ放送） 日本政治学会・共通論題「政党におけるオポジションの機能」を司会する 「『政治発展と変動の理論』に関する研究」で「慶應義塾賞」を受賞する	・『現代民主主義と政治参加』（日本放送出版協会、1974.4）に講義要綱が収められている ・報告者は北西允、高橋彦博 ・討論者は岩永健吉郎、田口富久治 ・「三田祭」本部企画にて『社会科学の転回と再生』の主題で高畠通敏が講演しそのコメンテイターを務める ・学部ゼミに橋川文三を講師として招く
1975. 3	日本政治学会年報委員 同　　企画委員 同　　文献委員	・委員長は神島二郎 ・委員長は勝田吉太郎 ・委員長は内田満

1976. 1 3 10	日本政治学会理事（1983年まで） 『不知火海学術総合調査団』が発足し参加する（76～80の５年間にわたり水俣現地の調査をした） 政治・行政班に属し「公害関係法や国、県、市町村などの各級の行政機関の水俣病問題にたいする政策や対応の変化を調べはじめた」（色川大吉による；**注１**参照） 高麗大学主催の『日韓関係の将来』セミナー（パネルディスカッション）出席のため訪韓 創価大学に非常勤講師として出講 日本政治学会企画委員長	・理事長は福田歓一 ・学部ゼミに安藤英治を講師として招く
1977. 4 6 10	 共同研究「平和創造における制度化の比較研究」で朝日学術奨励金を受賞した。共同研究者は川田侃、関寛治、高畠通敏、岡本三夫、栗原彬 日本政治学会・共通論題「政治学の新段階と新展望―戦後日本の政治学をめぐって」を司会する	・我部政明の慶大大学院法学研究科修士課程入学に伴い、兄の政男の紹介で内山の研究室で初めて会う ・報告者は松下圭一 ・学部ゼミに福田歓一、松下圭一を講師として招く
1978. 6 12	日本政治学会・共通論題「隣接科学の問題状況から」を司会する 石牟礼道子との往復書簡「水俣へ、水俣から」が『思想の科学』６月号に掲載される	・報告者は中村雄二郎 ・学部ゼミに丸山眞男を講師として招く（12.02）
1979. 6 10 1979. 12. 16	日本平和学会理事（途中中断はあるが1992まで継続する） 日本政治学会年報委員長（1982年９月まで） 「慶應国際シンポジウム」の第４セッション「国際政治と法的秩序」のコーディネーターを栗林忠男とともに務める	 ・学部ゼミに丸山眞男を講師として招く（6.02） ・学部ゼミに藤田省三を講師として招く（6.30） ・理事長は横越英一 ・学部ゼミに藤田省三を講師として招く（11.17） ・学部ゼミに高畠通敏を講師として招く ・報告者はルイス・コーンと坂本義和
		・この頃坂野潤治著『明治・思想の実像』を読み強烈な読後感をもち坂野潤治と初めて面談する。以後「慶應義塾福澤研究センター」を中心として研究会その他で深い交流が続く

	日本政治学会企画委員	・委員長は升味準之輔
1980. 3	日本政治学会・共通論題「現代民主主義の諸相」にて「現代民主主義の理論的位相」を報告する	・司会者は有賀弘、他の報告者は薮野祐三、曽根泰教
10		・学部ゼミに講師として関寛治、松本健一を講師として招く ・この頃後に創設される「慶應義塾福澤研究センター」において長く協力関係を築いた坂井達朗と初めて会う ・この頃学部ゼミに栗原彬を講師として招く
1982. 3	国際ラウンドテーブル政治研究集会「アジア・太平洋における政治発展と新国際秩序」にて3日間の討論総括の司会をアッシャー・アーリアン（テルアビブ大学）と行う（日本政治学会と世界政治学会の共催による）	
7		・単独編集による『現代政治理論叢書』（全16巻）が内山訳のG. A. アーモンド『現代政治学と歴史意識』の刊行で完結した
7. 1	福澤門下生の活動調査のため山形を訪れる	
7. 30	福岡ユネスコ協会主催「第5回九州国際会議」にて『日本における国家と民主主義の現在』を発表	・『80年代の国際社会と日本』というテーマのもとで『80年代の政治上の選択』と題する発表とディスカッションが行われた議長は石田雄が務めた。　同協会の第5回九州国際会議特集号『FUKUOKA UNESCO』第18号に所収
8／1～4	福澤門下生の活動調査のため福岡を訪れる。高鳥正夫、小野修三が同行する	
12	日本政治学会会報委員会委員	・内田満、田中浩とともに務める
1983. 3		・色川大吉編『水俣の啓示　不知火海総合調査報告（上）』（筑摩書房）が刊行される 同書の色川執筆の「参加した人々とその問題点」において内山の仕事は「11　公害行政のネガ像—内山秀夫」として次のように述べられている（以下**注1**参照）
3. 29～31	福澤門下生の活動調査のため静岡を訪れる。小野修三が同行する	
4	「慶應義塾福澤研究センター」創設とともに同センター副所長に就任する（所長は石坂巌）	・「塾外に開かれた研究機関にしたいと考えた」内山の「魔王のような実行力」（坂井達朗の言）をもって「センター連続講演会」がこれ以降主要スタッフとともに開催された
	日本平和学会1983年度春季研究大会「日本の現状と課題」で山口定、田中直毅の発表にたいするコメントを行う	
1983. 5. 16	慶應義塾大学創立125年記念シンポジウム「国際人の条件」の司会を務める（**注2**）	・パネリストは筑紫哲也、鶴見和子、武者小路公秀、島田晴雄

	日本政治学会企画委員 座談会「水俣調査の課題をめぐって」色川大吉編『水俣の啓示 不知火海総合調査団報告（下）』に収録（注３） 　出席者　内山のほか色川大吉、桜井徳太郎、土本典昭、鶴見和子、日高六郎、宗像巌、綿貫礼子	・委員長は有賀弘 ・内山は色川編の調査報告書に執筆していない。それについて座談会で次のように語っている（注３） ・この頃学部ゼミに石田雄を講師として招く
1984 この頃（夏期休暇中？）	日本平和学会1984年度秋季研究会「日米安保を回顧して」の司会を袖井林二郎と行う 同「"総合安保" の政治的・軍事的側面」の総括討議「日本の "平和保障" を求めて」のパネラーを務める ３度目の沖縄旅行をする。目的は明治初期の沖縄縣費留学生に関する調査である この頃福沢門下生の奥愛次郎と彼が中心となって創設した日彰館（広島県）の調査のため現地を訪れる 坂井達朗が同行する	・５月から「福澤研究センター」で神山四郎、坂野潤治、杉山忠平、鹿野政直、神島二郎、坂本多加雄、松本三之介が講演する ・この年から刊行された「福澤研究センター」の機関誌『近代日本研究』の編集委員を中村勝己とともに担当する 報告者は関寛治、原彬久 ・討論者は福田歓一、山極晃、藤村舜一 パネラーは太田一男、木村修三、増田祐司 ・総合司会は川田侃 ・現地における調査にあたっては比屋根照夫らの支援を受ける ・この頃沖縄で渡名喜明と会う
1985 1985. 6 9 9. 9 10	日本政治学会企画委員 国連大学グローバルセミナー '85『国際組織論』に講師として参加 講演「日本の内と外」（慶應義塾大学横浜市民講座） 日本政治学会研究会分科会「政治と『教育』」の司会を務める	・この年の初め頃「福澤研究センター」に協力できる研究者について丸山眞男に相談したところ丸山から飯田泰三を推薦され飯田に協力を要請する ・委員長は山川雄巳 ・報告者は前山隆、永井道雄 ・日本政治学会理事長に松下圭一が就任する ・５月から「福澤研究センター」で中村隆英、坂野潤治、中村勝己、栄沢幸二、飯田鼎が講演する ・学部ゼミに坂野潤治を講師として招く
1986. 9	『講座政治学』全５巻の刊行が始まる（1986. 9～2002. 10） 内田満編著の同講座第Ⅲ巻『政治過程』に「『講座政治学』の刊行にあたって」を執筆する	

10	日本政治学会理事（1992年まで） 日本政治学会研究会分科会「政治文化　比較政治文化の諸問題」の司会を務める 日本政治学会年報委員 日本政治学会名簿作成臨時委員長 この頃右記「大懇」の活動として福澤の出身地である中津を訪れる 坂井達朗が同行する	・報告者は河田潤一、真鍋一史 ・委員長は山口定 ・５月から「福澤研究センター」で松本健一、柄谷行人、岡庭昇、栗原彬、佐藤忠男、野村浩一が講演する ・86～88頃に学内の学生部に属する『大学生活懇談会』の委員長を務める（以下「大懇」と略す）。講演会、映画会を催し映画会は白井佳夫らが講演し、『わが青春に悔いなし』、『戦ふ兵隊』、『雲流るる果てに』、『人情紙風船』『5人の斥候兵』などを上映する ・学部ゼミに『時代としての戦前・昭和』を主題として松本健一、柄谷行人、岡庭昇、栗原彬を講師として招く ・84～86の間に中央大学で講演したが（１回）、時期を特定できなかった
1987. 2.1	「日本平和学会」主催のシンポジウム「国家秘密法を考える」に報告・討論者として参加。反対声明に署名	同報告・討論者として清水英夫、石川真澄、林茂夫、雨宮昭一、北沢洋子、山内敏弘 ・３、４月頃に飯田泰三はイギリスでの在外研究を終え帰国し、内山の要請で同センターの研究会（１回／月）に出席するようになる。研究会には我部政男、比屋根照夫、坂井達朗、小野修三らが出席していた なお飯田の同センターへのかかわりが本格的になるのは2000年に刊行が始まる『福澤諭吉書簡集』の編纂に参画してからという
6.22		・「大懇」に『復帰15年、いまなお沖縄を思う』を主題として大江健三郎を講師として招く
7月中旬	４度目の沖縄旅行をする。目的は明治初期の沖縄縣費留学生に関する調査で１週間滞在する 昼は「県立図書館史料編集室」で収録の資料にあたり、夜は大城立裕ら沖縄の人々と交流する	
11	「大懇」で「北関東に『歴史の光と影』を追跡する」とのタイトルで足尾銅山、安中市内などを見学する 内山以外に教員では小松隆二、坂井達朗が参加する	・学部ゼミに『後向きの人種・民族間』を主題として鈴木二郎を講師として招く ・５月から「福澤研究センター」で「日本近代思想史研究の方

		法」という共通テーマのもとに関口尚志、山下幸夫、田中豊治、杉原四郎、小林昇が連続講演をする（**注４**）
1988. 4 4	慶應義塾福澤研究センター所長 独協大学で非常勤講師を務める（～1992. 3月） 各年度の講義内容は次の通り ・88　「政治学特殊講義」（大学院法学研究科） ・89　「政治学原論」 ・90　「政治学」、「政治学原論」 ・91　「政治学原論」（法学部）、「政治学特殊講義」（大学院法学研究科） 88～92頃に別府大学で講演する	・６月から「福澤研究センター」で「続・日本近代思想史研究の方法」という共通テーマのもとに柳父圀近、住谷一彦、永岡薫、石坂巖、水沼知一が連続講演をする（**注５**） ・同大学に勤務している佐藤瑠威の依頼による
1989. 10	日本政治学会企画委員 日本政治学会年報問題に関する臨時委員会委員	・委員長は田中治男 ・委員長は有賀弘 ・この年「福澤研究センター」で綱沢満昭、和田守、水野公寿が講演する
1990. 4	日本政治学会理事（92年３月まで）	・４月から「福澤研究センター」で坂野潤治、松尾尊兊、西田毅、三谷太一郎、松沢弘陽が連続講演する ・この頃内山は定年前に慶大を退職する意思を固め退職記念の論文集を本人の論文も入った共同研究の２冊本で刊行することとし「近代日本の政治と思想」というテーマで門下生以外の研究者を中心に坂野潤治、飯田泰三とプランを作成し研究会をもった。研究会には前記の３人に加えて伊藤彌彦、岡利郎、宮村治雄らが参加したが、内山の新潟国際情報大学学長への赴任によって立ち消えとなった。しかし坂野潤治によれば内山の逝去後も刊行の準備が続けられた ・この頃から新潟国際情報大学の設立準備にかかわる ・この年に石田雄から橋川文三の死去（1983年12月）後に残された蔵書の引き受けを依頼され、「福澤研究センター」に引き取るために奔走し、秋には引き受けが決定し坂井達朗らとともに

		作業が開始される
1991 10.15	岐阜経済大学にて講演（『現代民主主義と人間の可能性』）する	・この年「福澤研究センター」で杉山忠平がセミナーをもつ ・同大学に当時勤務していた中道寿一の依頼による
1992.10.03	政治学者による小田急沿線高架工事の環境アセスメントに対する意見書に署名する この頃福澤門下生の活動調査のため津軽を訪れる。坂井達朗が同行する	・神島二郎、斎藤真、坂本義和、高畠通敏、福島新吾らが署名する ・11月に「福澤研究センター」で飯田泰三が講演する ・この年「福澤研究センター」で歐建英がセミナーをもつ
1993. 7	93年以前にお茶の水女子大（1年のみ）、明治学院大、早稲田大、山形大で非常勤講師を務めたが時期は特定できなかった	・新潟市教育委員会から「にいがた市民大学」の企画を依頼され「市民カレッジ検討委員会」が発足しこれに参加する ・この年「福澤研究センター」で武田清子、長幸男、和田守、樋口陽一が講演する ・学部ゼミに93年以前に坂本義和を招いているが、時期の特定ができなかった
1994. 3 4 6 8.5〜8 10	慶應義塾を選択定年で退職する 慶應義塾大学名誉教授 新潟国際情報大学初代学長就任（**注6**） 『情報文化』の講座を担当し講義を行う（〜'98.3月まで） 北九州市立大学法学部にて『政治学特講』の集中講義を行う 「にいがた市民大学」が開講し第1期の『都市としての新潟を考える』の講座コーディネーターを池田弘（新潟総合学院）とともに務める（95.7月まで）	・「福澤研究センター」で石田雄が講演する ・新潟国際情報大学開学記念講演会が6月4日と11日に開催された ・多田富雄と高畠通敏がそれぞれ講演した. ・4日の挨拶で「地域に学校をどう開放するかが課題。一緒に大学をつくりましょう」と呼びかける
1995. 9	「にいがた市民大学」の第2期で『戦後50年を迎えて』の講座コーディネーターを務める（96.7月まで）	

1996. 9	「にいがた市民大学」の第３期で『人間の条件を求めて』の講座のコーディネーターを小林裕子（人権擁護委員）とともに務める(97.7月まで)	
1997. 1	新潟国際情報大学主催の「研究シンポジウム」において『政治は蘇るか』に出席する	・他の出席者は石川真澄（同大学教授）、田中秀征、山口二郎 ・橋川文三の蔵書の「福澤研究センター」における整理が終了し『橋川文三文庫目録』が「近代日本研究資料７」として刊行される
1998. 3	新潟国際情報大学退職 「にいがた市民大学」の第５期で『私たちのくらしと時代』の講座コーディネーターを小池泰子［㈶エイ・エフ・エス日本協会理事］とともに務める（99年７月まで）	
1999. 9	『比較政治の方法に関する研究』で慶應義塾大学法学博士号を授与される	
2000. 1～3 12. 31	「都民カレッジ」のセミナー『政治を見る眼を養う―政治学への招待』全11回の講師を務めた 「慶應義塾第２回世紀歓送会」にて『いのちの民主主義を求めて』のタイトルで講演を行う	・本講演会にて柴田平三郎の紹介によって初めて古関彰一に会う古関は「同時代を生きている人」と親しく感じたという
2001. 3	慶應義塾編『福澤諭吉書簡集』全９巻の刊行に伴い第２巻の『月報』に「私記・慶應義塾福澤研究センター」を執筆する	
2003		・10月から『福澤諭吉書簡集』完成記念連続講演会で坂野潤治、金原左門、佐藤能丸が講演する
2006. 6	講演「慶應義塾大学創立150周年記念事業講演会」にて『敗戦から戦後へ』をタイトルとして行う	
2008. 4.6	日野市立病院にて死去	・比屋根照夫は「内山さんは生き急いだのではないか」とその早い死を悼んで後年語った

注１　「内山秀夫は水俣病問題における行政の対応を考察したが、その際設定した視角は『市・県・国のすべてのレベルでの政策形成が患者やその運動によって促され、その後追いをするように、したがって弥縫的に行われた』（内山レポート）というものであった。そのため、従来のような『中央』が立案計画し、『末端』が施行するという形での国家的政策主導型の政治が水俣病問題では完全に破綻をきたしたということが紹介される。高度成長期の既成の工業化政策を根底から震撼した水俣病闘争の意義を内山は公害関係諸法の立案・実施過程や県行政の試行錯誤の対応過程を通じて浮かびあがらせた。内山秀夫による県庁行政資料や議会議事録の分析、末端の行政の担い手たる現場職員からの聞き取りは重要である。特に内山に衝撃を与えた反『行政』的な水俣市役所職員松本勉・赤崎覚氏ら（水俣病対策市民会議の創設者たち）との出会いは、内山自身も述懐している通り、彼の水俣のポジ像をいっきょにネガ像に反転させたものであったという。こうした原点からの公害法や公害行政の研究こそが期待されるのだ」

注２　同シンポジウムにおける報告を基礎とした『国際人の条件』が内山、武者小路公秀、鶴見和子、筑紫哲也、島田晴雄、金沢正雄、矢野暢、前山豊の共著で三嶺書房から1984年９月に刊行された

注３　当初内山は担当領域に関する報告を執筆する計画であったが、「わたしはとても書けないと思った」として執筆していない。この座談会で内山は「土本（典昭）さんがご指摘になった川本（輝夫）闘争のポイントがこの調査団の報告の中で抜けていることがはっきり目につくことになります。実はそれは私がやらなきゃいけなかったのです」「日本の想定された同質性を打ち抜く多元性の原基として『水俣』民族を考えてよいのではないか、と私は考えているのです。川本闘争は、この民族文化創造の過程ではなかったのではないでしょうか」と述べている

注４　連続講演並びに講演のあとの２回分の質疑応答がそれぞれ修正加筆・整理され中村勝己編『受容と変容』（みすず書房、1989）として出版されている

注５　連続講演並びに講演のあとの質疑応答がそれぞれ修正加筆・整理され中村勝己編『マックス・ヴェーバーと日本』（みすず書房、1990）として出版されている

注６　初代学長の話として「開学のおよそ４年前から大学作りにかかわってきた。（中略）私が最初につくった『建学の精神』は私立学校法第１条の『自主性を重んじ、公共性を高める』の１点が凝視される。私の頭の中には教育基本法の前文が刻み込まれていた」（後略）（『新潟国際情報大学10年史』による）

【感謝の言葉】

年譜の作成にあたっては多くの方々のお世話になりましたことを感謝致します。

内山先生と交流のあられた様々の方々のなかでごく一部の方々からお聞きしたのみですが、それらの方々に深く感謝申し上げます。また『10年史』をご寄贈いただきました新潟国際情報大学にも感謝申し上げます。

内山秀夫・著作目録

この目録は、内山秀夫の著作（著書、論文、翻訳、座談、対談、講演、談話、編書）のうち、2014年11月1日までに調べることができたものについて、その刊行日および掲載書・誌・紙に表示された発行年月日順に並べて編制したものである。[敬称略]

「目録」出版社名の略記一覧

慶應義塾大学法学研究会	→慶應法研	慶應義塾大学教務部総務課	→慶應教務部
アジア経済研究所	→アジア経研	広島大学平和科学研究センター	→広大平科研
日本国際問題研究所	→日本国際研	日本社会党中央本部機関紙局	→社会党機関紙局
慶應義塾大学通信教育部	→慶應通信教	慶應義塾福澤研究センター	→慶應福澤研
世界政治経済研究所	→世界政経研	慶應義塾大学出版会	→慶應出版会

発行年月日	タイトル／サブタイトル	シリーズ名等	掲載媒体・巻・号・通号	出版社	備考
1957 1 30	ナチズムにかんする覚書Ⅰ		三田政治学会誌42	慶應義塾三田政治学会	政治学科３年Ⅰ組 三浦秀夫
1959 5 12	エリート理論序説		三田政治学会誌44	慶應義塾三田政治学会	大学院 三浦秀夫
1960 7	アメリカ政治學にかんする一考察 特に比較政治學を中心として		(法学修士論文)		昭和35年３月第181号
1962 2 15	R・C・マクリディス「比較分析における利益集団」	紹介と批評	法學研究 35 2	慶應法研	
1962 7 15	R・C・マクリディス、B・E・ブラウン共編『比較政治学論文集』1961	紹介と批評	法學研究 35 7	慶應法研	
1962 9 15	現代政治の利益集団(1)―その理論的考察―		法學研究 35 9	慶應法研	改題のうえ『政治発展の理論と構造』所収
1962 10 15	現代政治の利益集団（2、完）―その理論的考察―		法學研究 35 10	慶應法研	改題のうえ『政治発展の理論と構造』所収
1963 2 15	N・リーマー著『民主主義理論の復活』	紹介と批評	法學研究 36 2	慶應法研	
1963 5 15	B・E・ブラウン著『比較政治学の新方向』	紹介と批評	法學研究 36 5	慶應法研	
1963 6 5	W・W・クルスキー著『平和共存－ソビエト外交の研究－』		【翻訳】	論争社	加藤寛他共訳
1963 9 15	H・エクシュタイン著『安定したデモクラシーの一理論』	紹介と批評	法學研究 36 9	慶應法研	
1963 10 30	S・M・リプセット著『政治のなかの人間－ポリティカル・マン－』	現代社会科学叢書	【翻訳】	東京創元新社	
1964 2 15	政治の行動的研究―その展開と問題―		法學研究 37 2	慶應法研	改題のうえ『政治発展の理論と構造』所収
1964 5 15	C・ギァツ編『古い社会と新しい国家』	紹介と批評	法學研究 37 5	慶應法研	
1964 8 1	叱られるたのしみ		三色旗 197	慶應通信	
1964 11 15	政治的近代化の理論と問題		法學研究 37 11	慶應法研	『政治発展の理論と構造』、『比較政治考』所収
1965 2 15	カール・W・ドイッチュ、ウィリアム・J・ウォルツ共編『国家建設』	紹介と批評	法學研究 38 2	慶應法研	
1965 4 1	比較政治学と近代化 日本の近代化を考える指標	特集・日本の近代	三色旗 205	慶應通信	

		化への隘路			
1965 6 15	篠原一、永井陽之助編『現代政治学入門』	紹介と批評	法學研究　38　6	慶應法研	
1965 11 15	J・R・ベノック編『近代化しつつある諸国における自治』1964	紹介と批評	法學研究　38　11	慶應法研	
1966 1 1	政治学の課題		三色旗　214	慶應通信	
1966 1 15	『政治体制』論の展開—G・A・アーモンドの論文をめぐって	資料	法學研究　39　1	慶應法研	改題のうえ『政治発展の理論と構造』所収
1966 4 15	政治発展の概念とその分析方法		法學研究　39　4	慶應法研	『政治発展の理論と構造』、『比較政治考』所収
1966 5 15	I・スワードロウ編『開発行政』	紹介と批評	法學研究　39　5	慶應法研	
1966 8 15	K・フォン・ボリス編『新興諸国』1965	紹介と批評	法學研究　39　8	慶應法研	
1967 2 15	新興諸国における官僚制の研究		法學研究　40　2	慶應法研	『政治発展の理論と構造』所収
1967 4 15	B・E・ブラウン著『比較政治学の新動向』		【翻訳】	慶應通信	
1967 4 15	M・ジャノヴィッツ著『新興諸国の政治発展における軍隊』1964	紹介と批評	法學研究　40　4	慶應法研	
1967 7 15	H・V・ワイズマン著『政治体系』［連名］	紹介と批評	法學研究　40　7	慶應法研	石川一雄と
1968 3 25	新興諸国における政治と軍部		『変動期における軍部と軍隊』慶應義塾大学地域研究グループ著	慶應通信	『政治発展の理論と構造』所収
1968 4 8	70年代問題への姿勢　政治状況の一つの収斂点	論壇4月の気流［政治］	週刊読書人　720	読書人	前任は上林良一
1968 4 15	R・E・ジョーンズ著『政治の機能分析』	紹介と批評	法學研究　41　4	慶應法研	
1968 5 6	常識論的状況の変革　「核抑止」という世界大の難問めぐり	論壇5月の気流［政治］	週刊読書人　724	読書人	
1968 5 15	D・E・アプター著『近代化の政治学』上		【翻訳】	未来社	
1968 5 15	D・E・アプター著『近代化の政治学』下		【翻訳】	未来社	
1968 6 10	二つの事件と問題状況　ジョンソン声明とキング暗殺めぐり	論壇6月の気流［政治］	週刊読書人　729	読書人	
1968 7 1	現代アメリカの市民たち	海外展望	未来　22	未来社	
1968 7 8	問われる現代民主主義　すでにその積極的意味転換の要求が	論壇7月の気流［政治］	週刊読書人　733	読書人	
1968 8 5	デモクラシーのあえぎ　混迷の時代を生きるための諸論	論壇8月の気流［政治］	週刊読書人　737	読書人	
1968 9 9	〈国家〉の原理との対決　竹内論文の提出した注目すべき試み	論壇9月の気流［政治］	週刊読書人　741	読書人	
1968 9 10	デービッド・E・アプター「イデオロギーと不満」	（翻訳）	『イデオロギーと現代政治』デービッド・E・アプター編	慶應通信	序論
1968 9 15	山川雄巳著『政治体系理論』	紹介と批評	法學研究　41　9	慶應法研	
1968 10 7	チェコをめぐる〈絶望〉　群をぬいて興味ひく「中公」の特集	論壇10月の気流［政治］	週刊読書人　745	読書人	
1968 10 15	C・E・ブラック著『近代化のダイナミックス—歴史の比較研究—』（共訳）		【翻訳】	慶應通信	
1968 11 11	クロス・ナショナルな次元での〈自由〉マルクス主義の思想とチェコ問題	論壇11月の気流［政治］	週刊読書人　750	読書人	
1968 12 9	“過激派学生”を見る眼“歴史を生きる人間の差”を明確に	論壇12月の気流［政治］	週刊読書人　754	読書人	
1968 12 21	S・N・アイゼンシュタット著・萩原宣之他訳『近代化の政治社会学』	はがき書評	出版ニュース　784	出版ニュース社	
1968 12 23	1968年回顧—政治—　現代を規定する平和		週刊読書人　756	読書人	
1969 1 13	危険な“狂気”と“非理性”　パワーとしての自由理念の主張	論壇1月の気流［政治］	週刊読書人　758	読書人	
1969 1 15	白鳥令著『政治発展論』	紹介と批評	法學研究　42　1	慶應法研	
1969 1 31	S・M・リプセット編『学生と政治』（共訳）		【翻訳】	未来社	
1969 2 3	現在を生きる意思作業　「市民」の発生とマイ・ホーム主義	論壇2月の気流［政治］	週刊読書人　761	読書人	
1969 3 3	渦中からの論理と倫理　大学教授の知的荒廃の姿も示す	論壇3月の気流［政治］	週刊読書人　765	読書人	
1969 3 10	S・N・アイゼンシュタット著『近代化の挫折』（共訳）	「伝統社会の近代化」シリーズ1	【翻訳】	慶應通信	

1969 4 1	ヨーロッパの学生運動（上）／エーレンライヒ夫妻	（翻訳）	未来 31	未来社	
1969 5 1	ヨーロッパの学生運動（下）／エーレンライヒ夫妻	（翻訳）	未来 32	未来社	
1969 7 15	国際政治および発展途上諸国研究における可能性 日本におけるアジア、アフリカ、ラテン・アメリカ研究		アジア経済 10 6 100	アジア経研	6・7合併号
1969 7 15	谷川栄彦著『東南アジア民族解放運動史』	紹介と批評	法學研究 42 7	慶應法研	
1969 9 15	新興諸国における軍部の政治的意義と限界	新興諸国における軍部と軍隊（焦点）	国際問題 114	日本国際研	
1969 10 15	C・エイク著『政治統合の一理論』	（書評）	アジア経済 10 10 103	アジア経研	
1969 10 15	都市のデモクラシーと革新の論理 都市が革新の核化してこそ人間の蘇生が可能	日本の将来	別冊潮 15	潮出版社	改題のうえ『第三世界と現代政治学』所収
1970 1 1	伝統、変動および近代性(1)／アイゼンシュタット	（翻訳）	未来 40	未来社	
1970 1 15	政治文化概念の成立と展開		法學研究 43 1	慶應法研	『第三世界と現代政治学』、『政治学における現代』、『比較政治考』所収
1970 2 1	現代における政治変動の意義について		三色旗 263	慶應通信	
1970 2 1	伝統、変動および近代性(2)／アイゼンシュタット	（翻訳）	未来 41	未来社	
1970 2 9	「沖縄」を考える		週刊読書人 812	読書人	『民族の基層』、『増補民族の基層』所収
1970 3 2	新崎盛暉編『ドキュメント沖縄闘争』 支配の本質に迫る	（書評）	週刊読書人 815	読書人	
1970 5 10	現代政治学における比較研究の方法論史序説		『現代社会と政治体系』共編著	時潮社	『政治発展の理論と構造』所収
1970 5 10	政治文化と政治変動		『現代社会と政治体系』共編著	時潮社	
1970 5 10	『現代社会と政治体系』（共編著）		【編著書】	時潮社	
1970 6 1	講義の内容 政治学(2) スクーリング講義要綱		慶應通信 267	慶應通信教	
1970 6 15	現代政治における変動の意義について		琉大法學 11	琉球大学法文学部	『政治発展の理論と構造』所収
1970 6 15	京極純一著『文明の作法―ことわざ心景―』 行間にのっそりたたずむシニシズム	（書評）	週刊読書人 830	読書人	
1970 7 1	政治学における新しい革命（一）／ディビッド・イーストン	（翻訳）	未来 46	未来社	
1970 7 15	L・W・パイ、S・ヴァーバ共編『政治文化と政治発展』	紹介と批評	法學研究 43 7	慶應法研	
1970 9 1	政治学における新しい革命(2)／イーストン	（翻訳）	未来 48	未来社	
1970 9 10	R・A・ダール著『民主主義理論の基礎』		【翻訳】	未来社	
1970 10 30	I・デ・ソラ・プール編『現代政治学の思想と方法』（共訳）	現代政治理論叢書1	【翻訳】	勁草書房	
1970 10 30	現代政治学の成立と展開 あとがきにかえて		『現代政治学の思想と方法』I・デ・ソラ・プール編	勁草書房	『第三世界と現代政治学』、『比較政治考』所収
1970 11 1	新興諸国における近代化とナショナリズムの構造（上） UNCTADにおける諸問題の理解のために		海事産業研究所報53	海事産業研究所	
1970 11 10	内山秀夫 政治学者 教師という私を前提に	人・ひと・ヒト 現代学者気質(2)	慶應塾生新聞 19	慶應塾生新聞会	
1970 11 30	渡辺昭夫著『戦後日本の政治と外交―沖縄問題をめぐる政治過程―』「歴史的」事実を浮彫り	（書評）	週刊読書人 853	読書人	
1970 12 1	新興諸国における近代化とナショナリズムの構造（下） UNCTADにおける諸問題の理解のために		海事産業研究所報54	海事産業研究所	
1970 12 28	1970年回顧―政治― 「情況」的閉塞のなかで		週刊読書人 857	読書人	1969年は白鳥令が担当
1971 1 30	文化と文明の論理 デモクラシーはただあるもので、それがあるからといって何も生みだしはしない日本の将来		別冊潮 20	潮出版社	改題のうえ『第三世界と現代政治学』所収

1971 2 15	W・B・クアント著『革命と政治的リーダーシップ―アルジェリア、1954年～1968年』	（書評）	アジア経済 12 2 119	アジア経済研究所	
1971 3 1	自由主義の歴史的位置／G・H・セイバイン	（翻訳）	未来 54	未来社	
1971 3 15	政治における発展と統合		法學研究 44 3	慶應法研	『政治発展の理論と構造』、『政治学における現代』、『比較政治考』所収
1971 4 1	アメリカ社会学は状況の現象化が得意 慶大助教授内山秀夫氏とリプセット『政治の中の人間』を語る	翻訳者と語る〈1〉	月刊対話 3 1 18	対話社	大谷松雄と対話
1971 4 15	政治体系分類論の発展弁証法―F・W・リッグス論文をめぐって―	資料	法學研究 44 4	慶應法研	『比較政治考』所収
1971 5 31	S・M・リプセット著『国民形成の歴史社会学―最初の新興国家―』（共訳）		【翻訳】	未来社	
1971 6 10	日本人から国際人を描く 「現代に生きる⑴国際活動」鶴見俊輔責任編集	書評	慶應塾生新聞 25	慶應塾生新聞会	
1971 6 15	秋元律郎著『現代都市の権力構造』	紹介と批評	法學研究 44 6	慶應法研	
1971 7 20	F・ノイマン他著『政治権力と人間の自由』（共訳）	ＳＴ叢書	【翻訳】	河出書房新社	
1971 8 1	大学における休暇の意義について	法学部	慶應義塾大学報 33	慶應義塾大学	
1971 8 9	J・C・チャールスワース編『現代政治分析』を読んで 現代政治学の理論と方法の集大成	（書評）	週刊読書人 888	読書人	全３冊
1971 8 15	曹瑛煥「分断国家と再統一問題―政策形成に対する理論的有意性をもとめて―」	翻訳	法學研究 44 8	慶應法研	
1971 9 1	軍事政権は生きのびられるか	特集 アジア学のすすめ 第二部その3	アジア 6 9 60	アジア評論社	
1971 9 1	人間の可能性としての民主主義		経済論壇 17 9 174	経済論壇社	『第三世界と現代政治学』所収
1971 9 1	三権分立の神話と可能性		三色旗 282	慶應通信教	『第三世界と現代政治学』所収
1971 10 1	読書あれこれ	（座談会）学習シリーズ6	三色旗 283	慶應通信教	遠藤善之、安東伸介、速水融、琴野孝と
1971 10 11	ポール・グッドマン著『新しい宗教改革』、ルイス・マンフォード著『機械の神話―技術と人間の発達―』 文明の論理と人間の倫理	（書評）	週刊読書人 896	読書人	
1971 11 15	中村義知著『現代の政治―その論理と構造―』	紹介と批評	法學研究 44 11	慶應法研	
1971 12 1	政治学の学び方		三色旗 285	慶應通信教	『第三世界と現代政治学』所収
1971 12 5	W・W・ロストウ著『政治と成長の諸段階』	書評	學鐙 68 12	丸善	
1972 1 1	今年の執筆予定―私の書きたいもの― 政治学	（アンケート）	出版ニュース 889	出版ニュース社	
1972 1 10	『政治発展の理論と構造』		【編著書】	未来社	
1972 1	社会過程における記号と象徴の意義（ハロルド・D・ラスウェル著、内山秀夫・小野修三共訳）	（翻訳）	『講座情報社会科学』（北川敏男）1	学習研究社	
1972 3 1	現代市民の政治理論を求めて		市民 7	勁草書房	『第三世界と現代政治学』所収
1972 3 20	現代政治学における比較研究の展開	比較政治分析とその方法	年報政治学 1971	岩波書店	『第三世界と現代政治学』、『政治学における現代』、『比較政治考』所収
1972 3 20	政治発展論から政治変動論へ 共通課題（B）政治学における方法の問題	比較政治分析とその方法	年報政治学 1971	岩波書店	
1972 4 1	〈私的人間〉・〈公的人間〉		三色旗 289	慶應通信教	
1972 4 10	政治文化 国家と国民と政治の絆	新版学問のすゝめ〉10〈	慶應塾生新聞 34	慶應塾生新聞会	個人の価値体系を追求
1972 4 15	政治学 人間・歴史・理想		慶應義塾新聞 161	慶應義塾大学新聞会	
1972 4 17	S・ハンチントン著『変革期社会の政治秩序』上		【翻訳】	サイマル出版会	
1972 5 1	S・ハンチントン著『変革期社会の政治秩序』下		【翻訳】	サイマル出版会	
1972 5 1	講義内容【H】政治学⑵	スクーリング講義	慶應通信 290	慶應通信教	

		要綱			
1972 5 15	返ってくる沖縄、返ってこない沖縄人		週刊読書人 926	読書人	『民族の基層』、『増補民族の基層』所収
1972 6 1	法学部あれこれ	（座談会）学習シリーズ14	三色旗 291	慶應通信教	内池慶四郎、栗林忠男、根岸毅、松信八十男、山田直と
1972 6 30	E・E・シャットシュナイダー著『半主権人民』		【翻訳】	而立書房	
1972 8 15	参加民主主義論序説		法學研究 45 8	慶應法研	『第三世界と現代政治学』、改題のうえ『政治学における現代』、『比較政治考』所収
1972 9 1	スクーリングを省みて	（座談会）	慶應通信 294	慶應通信教	加藤寛、大谷愛人、清水周裕、中島悠記夫、栗林忠男と
1972 9 1	動員と参加の政治力学		三色旗 294	慶應通信教	『第三世界と現代政治学』所収
1972 9 1	民主主義の神話と参加民主主義　プランジャー〔橋・肥田他訳〕『現代政治における権力と参加』		市民 10	勁草書房	
1972 11 15	R・J・プランジャー著『現代政治における権力と参加』	紹介と批評	法學研究 45 11	慶應法研	
1972 11 15	G・シャープ著『武器なき市民の抵抗』	紹介と批評	法學研究 45 11	慶應法研	
1972 12 1	専門課程への道	（座談会）学習シリーズ20	三色旗 297	慶應通信教	石坂巌、大島通義、新田敏、若林真と
1972 12 25	1972年回顧—政治—　人間への絶望と楽観		週刊読書人 958	読書人	1971年は田口富久治が担当
1973 1 1	私とはじめての翻訳		慶應通信 298	慶應通信教	
1973 1 15	政治的自由	（シンポジュウム）	法學研究 46 1	慶應法研	石井良博、多田真鋤、曽根泰教、遠藤正弘、柴田平三郎、市川太一、滝田薫、中道寿一、山口晃、小野修三
1973 1 29	S・M・リプセット著『革命と反革命—歴史の断絶と連続性を考察した《国際比較研究》—』　“価値と歴史”への関心	（書評）	週刊読書人 962	読書人	
1973 2 1	座談会始末記	法学部	慶應義塾大学報 43	慶應義塾大学	（座談会　専門課程への道）
1973 7 23	S・M・リプセット著『現代政治学の基礎』　学際的統合への試み	（書評）	週刊読書人 987	読書人	
1973 8 1	政治組織と市民運動　政治主体として平和を開いた現代市民像とは		月刊世界政経 28	世界政経研	『第三世界と現代政治学』所収
1973 8 31	変転する政治学理論の行くえ　D・E・アプター『選択と配分の政治学』ほか	思想と潮流	朝日ジャーナル 15 34 756	朝日新聞社	改題のうえ『第三世界と現代政治学』所収
1973 11 1	軍事独裁政権成立のメカニズム	特集アジア独裁体制の構造	アジア 8 12 83	アジア評論社	改題のうえ『第三世界と現代政治学』所収
1973 11 1	「革新」とは「思想」「政策原理」に支えられるもの　革新連合政権構想への提言		公明 135	公明党機関紙局	
1973 11 20	B・クリック著『現代政治学の系譜－アメリカの政治科学－』（共訳）		【翻訳】	時潮社	
1973 12 1	『議会制の構造と動態』樋口陽一著　危機の共有と解決への意思	書評	公明 136	公明党機関紙局	
1973 12 31	1973年回顧—政治—　人間の営みの再構成		週刊読書人 1010	読書人	
1974 1 1	革新政治の思想と構造　転換迫られる人間生存への根元的な考察		公明 137	公明党機関紙局	『政治文化と政治変動』所収

1974 2 1	卒業への道	（座談会）学習シリーズ34	三色旗 311	慶應通信教	塚田敬雄、堀田健、村川正人、合田英代、彦久保勝良、三島寿永美と
1974 4 1	通信教育のすすむ道	（座談会）学習シリーズ36	三色旗 313	慶應通信教	黒川俊雄、三浦和男、須藤次郎と
1974 4 15	『第三世界と現代政治学』		【編著書】	れんが書房	
1974 4 21	第三世界と現代政治学	わが著書を語る	出版ニュース 969	出版ニュース社	
1974 5 1	講義内容【E】政治学史(2)	夏期スクーリング講義要綱	慶應通信 314	慶應通信教	
1974 5 13	ピーター・M・ブラウ著『交換と権力－社会過程の弁証法社会学－』 権力の見取図からありうべき構図へ	（書評）	週刊読書人 1028	読書人	
1974 5 15	行動論以後の政治学 ラディカルな転生を求めて	新社会科学入門＝ラディカルな転生を求めて	思想の科学・第6次 31 239	思想の科学社	『政治と政治学のあいだ』所収
1974 6 1	政治学の革命	研究余滴	三田評論 738	慶應義塾	
1974 6 1	政策の革新と住民運動の可能性	自治体行政と住民運動（主集）	都市問題 65 6	東京市政調査会	『政治文化と政治変動』所収
1974 7 15	稲上毅著『現代社会学と歴史意識』	紹介と批評	法學研究 47 7	慶應法研	
1974 8 1	民主主義と市民運動	特集・亀裂日本への警鐘	新日本 9 8	日世企画出版局	『政治文化と政治変動』所収
1974 8 5	近代社会の展開 序論 総合的理解のために		『近代社会の展開』	日本短波放送	昭和49年度放送大学（仮称）実験番組
1974 8 26	参加と動員の政治動学		『思想の冒険—社会と変化の新しいパラダイム—』市井三郎、鶴見和子編	筑摩書房	『政治文化と政治変動』、『政治学における現代』、『比較政治考』所収
1974 9 1	「公開質問状」は政党の何たるかを深めるためにある 「日本共産党への公開質問状」（その1、その2）を読んで		公明 147	公明党機関紙局	
1974 10 1	原理としての民主主義の再生と創造 創造をともなった再生こそ現代政治に唯一に想定された可能性		公明 149	公明党機関紙局	『政治文化と政治変動』所収
1974 10 15	秋元律郎著『政治社会学－現代社会における権力と参加』	紹介と批評	法學研究 47 10	慶應法研	
1974 11 1	政治学の基本文献	塾生書架	三色旗 320	慶應通信教	
1974 12 14	社会主義体制の比較研究 方法論的序説	アジア経済調査研究双書224	『中ソ社会主義の政治動態』徳田教之、辻村明編	アジア経済研究所	『比較政治考』所収
1974 12 30	1974年回顧—政治— 人間の生様を映す〈時〉		週刊読書人 1061	読書人	
1975 1 1	通信教育における学問	（座談会）学習シリーズ45	三色旗 322	慶應通信教	黒川俊雄、三浦和男と
1975 3 29	政治参加と現代政治学	政治参加の理論と実際	年報政治学 1974	岩波書店	『政治文化と政治変動』、『政治学における現代』、『比較政治考』所収
1975 4 1	政治参加の基本構造 反体制的発想を超えた普遍的原理が必要だ		月刊世界政経 4 4	世界政経研	『政治文化と政治変動』所収
1975 4 10	「近代の政治思想」福田歓一著 新入生に奨める私のこの一冊		慶應塾生新聞 67	慶應塾生新聞会	
1975 4 14	混迷する情況と社会科学の課題—政治学— 人間大の政治の構想を		週刊読書人 1075	読書人	
1975 4 15	戦後三〇年と大学		慶應義塾新聞 196	慶應義塾大学新聞会	
1975 4 20	『現代政治学の基礎知識』（共編著） 概念の整理・検証・理解		【編著書】	有斐閣	

1975 5 19	G・R・テイラー著『幸福の実験—擬似原始社会へ向かって—』 社会の進む方向と問題を追求	（書評）	週刊読書人 1080	読書人	
1975 6 1	『光の国とやみの国』岡野加穂留著	書評	月刊世界政経 4 6	世界政経研	
1975 6 30	宮里政玄編『戦後沖縄の政治と法－1945～72年－』 沖縄学の意義と意味を共有	（書評）	週刊読書人 1086	読書人	
1975 8 1	雑読の中から	随想	三色旗 329	慶應通信教	
1975 8 11	講座とつきあう法 「論文の書き方」学ぶ		週刊読書人 1092	読書人	
1975 9 1	戦後デモクラシーの持続と変質 「平和」思想を充実させる政治の可能性を追求		月刊世界政経 4 9	世界政経研	『政治文化と政治変動』所収
1975 9 15	安丸良夫著『日本の近代化と民衆思想』	紹介と批評	法學研究 48 9	慶應法研	
1975 9 15	政治学と現代 私の学問と現在 創刊200号記念特別企画Ⅲ		慶應義塾新聞 201	慶應義塾大学新聞会	
1975 9 20	H・ユーロー著『行動政治学の基礎』		【翻訳】	東海大学出版会	
1975 10 13	加茂利男著『現代政治の思想像—現代政治学批判序説—』 現在を歴史に結節	（書評）	週刊読書人 1101	読書人	
1975 11 1	〈政治神話〉は崩壊した	特集2 甘えの社会構造	月刊エコノミスト 6 11 68	毎日新聞社	改題して『政治文化と政治変動』所収
1975 11 1	『政治的市民の復権』久野収著 国家を“人間化”する方途探る	書評	公明 164	公明党機関紙局	
1975 12 1	大学にあることの意味	風声	三色旗 333	慶應通信教	
1975 12 29	1975年回顧—政治— 権利の政治理論が必須		週刊読書人 1112	読書人	
1976 1 1	今年の執筆予定—私の書きたいもの— 政治学	（アンケート）	出版ニュース 1029	出版ニュース社	
1976 1 20	『デモクラシーの構造』（共編著） 政治参加と政治学	NHK 市民大学叢書35	【編著書】	日本放送出版協会	
1976 1 20	まえがき		『デモクラシーの構造—政治参加と政治学—』共編著	日本放送出版協会	
1976 1 20	政治参加の思想史		『デモクラシーの構造—政治参加と政治学—』共編著	日本放送出版協会	
1976 1 20	政治参加の今日的視点 参加デモクラシーを求めて		『デモクラシーの構造—政治参加と政治学—』共編著	日本放送出版協会	『政治における理想と現実』収録時に「視点」は「基点」に改める。
1976 2 1	ミニマム文化の役割 福祉は権利として主体的に要求されるべきだ		月刊世界政経 5 2	世界政経研	『政治文化と政治変動』所収
1976 2 1	山田慶児著『混沌の海へ—中国的思考の構造—』	読書室	潮 200	潮出版社	
1976 2 10	R・T・ホルト著『比較政治の方法』（共訳）	現代政治理論叢書14	【翻訳】	勁草書房	
1976 4 12	「人間」の存続のための「人間」の協同—セミナー「日韓関係の将来」に参加して—	国家と人間の識別から	週刊読書人 1126	読書人	高麗大学で
1976 4 15	現代の価値理念としての民主主義 地方公務員のための現代民主主義研究		地方自治職員研修 9 4 100	公務職員研修協会	
1976 4 30	J・オールマン著『創造の政治学』（共訳）		【翻訳】	而立書房	
1976 5 1	議会制民主主義を生かすもの 政党が守らねばならぬものは何か	ロッキード疑獄事件〈追跡特集〉	公明 170	公明党機関紙局	『政治文化と政治変動』所収
1976 5 10	『政治学を学ぶ』〔共編著）	有斐閣選書	【編著書】	有斐閣	
1976 5 10	近代市民の可能性		『政治学を学ぶ』内田満、内山秀夫編	有斐閣	
1976 5 10	政治学の転生を求めて		『政治学を学ぶ』内田満、内山秀夫編	有斐閣	
1976 5 10	アーモンド	現代の政治学者⑫	『政治学を学ぶ』内田満、内山秀夫編	有斐閣	
1976 5 25	L・W・ミルブレイス著『政治参加の心理と行動』		【翻訳】	早稲田大学出版部	

1976 6 1	創造性と想像力	卒業論文のために	塾 1976 3 77	慶應義塾	
1976 6 7	イエヘッケル・ドロア著『政策科学のデザイン』 科学再生への道を示唆	(書評)	週刊読書人 1134	読書人	
1976 6 15	H・D・ダンカン著『シンボルと社会』	紹介と批評	法學研究 49 6	慶應法研	
1976 6 28	アメリカと私―二元性を色濃く持つ― 出会いは〈期待の革命〉期		週刊読書人 1137	読書人	
1976 7 1	政治学における方法・理論・科学（1）／M・W・ジャクソン	(翻訳)	未来 118	未来社	
1976 8 1	政治学における方法・理論・科学（2）／M・W・ジャクソン	(翻訳)	未来 119	未来社	
1976 9 1	政治学における方法・理論・科学（3）完／M・W・ジャクソン	(翻訳)	未来 120	未来社	
1976 9 15	政治科学批判への一視角		法學研究 49 9	慶應法研	『政治学における現代』所収
1976 9 15	現代政治における〈公〉と〈私〉 哲学なき民主主義を奉ずる公務員たち		地方自治職員研修 9 9 105	公務職員研修協会	
1976 10 2	日常性の政治学と水俣（上）人間と社会の再生へ	文化	公明新聞 4157	公明党機関紙局	『民族の基層』、『増補民族の基層』所収
1976 10 5	日常性の政治学と水俣（下）栄光と悲惨の行方	文化	公明新聞 4160	公明党機関紙局	同上
1976 10 20	市民的自由と政治権力		月刊労働問題増刊『市民社会と社会主義』	日本評論社	
1976 11 1	「平和構造」の新しい担い手 現代史をになう非同盟諸国民のダイナミズム		月刊世界政経 5 11 56	世界政経研	
1976 11 19	『犠牲のピラミッド』ピーター・L・バーガー	批評と紹介	朝日ジャーナル 18 48 929	朝日新聞社	
1976 12 15	アメリカ政治学会年次大会提出論文目録 1956―1968 〔連名〕	資料	法學研究 49 12	慶應法研	原田達雄
1976 12 27	1976年回顧―政治― 「顕在化」した政治的意思		週刊読書人 1162	読書人	
1977 1 1	等身大の社会科学を構築 高畠通敏著『自由とポリティーク』		潮 212	潮出版社	
1977 1 1	人間を重視した変革構想に感銘		公明 179	公明党機関紙局	
1977 1 2	政治学とわが回心 発心の記		第三文明 91	第三文明社	
1977 1 5	W・J・M・マッケンジー著『政治と社会科学』(共訳)		【翻訳】	未来社	
1977 1 10	丸山政治学が私に与えた影響 「私のルネッサンス」に必要な武器としての丸山政治学	文化	慶應塾生新聞 87	慶應塾生新聞会	
1977 1 11	今年の執筆予定―私の書きたいもの― 政治学	(アンケート)	出版ニュース 1064	出版ニュース社	
1977 2 21	水俣と私		西日本新聞	西日本新聞社	『民族の基層』、『増補民族の基層』所収
1977 3 1	『民主主義の統治能力』サミュエル・P・ハンチントン、ミッシェル・クロジェ、綿貫譲治共著 現実直視と自戒の提言	書評	公明 181	公明党機関紙局	
1977 4 1	恵まれた塾内外の先達 比較政治学の仲間たち	COMRADE	塾 1977 2 82	慶應義塾	
1977 4 30	クレスピー、マイノウグ編『現代の政治哲学者』(共訳)		【翻訳】	南窓社	
1977 4	石坂さんの黄ばんだノート		れんが 3	れんが書房新社	『ウェーバー社会科学の方法論』(A・シュルティング著、石坂巌訳、れんが書房新社、1977年4月15日刊)の折り込み
1977 5 1	講義内容【A】政治学特殊(2)	夏期スクーリング講義要綱	慶應通信 350	慶應通信教	
1977 5 30	『政治思想史の基礎知識』(共編著) 西欧政治思想の源流を探る		【編著書】	有斐閣	
1977 6 1	創造的政治学の起点		書斎の窓 264	有斐閣	
1977 6 13	篠原一著『市民参加』(現代都市政策叢書) 現代における人間の栄光	(書評)	週刊読書人 1185	読書人	
1977 7 25	文庫の思い出―行列しながら買う― 青春を取り戻すため文字の世界に没入		週刊読書人 1191	読書人	
1977 8 1	篠原一著『市民参加』	読書欄	経済往来 29 8	経済往来社	
1977 8 15	篠原一著『市民参加』	紹介と批評	法學研究 50 8	慶應法研	

1977 8 15	自治体批判のパトスとロゴス　自治体批判の底流		地方自治職員研修 10 8 116	公務職員研修協会	
1977 9 1	連合政権時代の政治　現代の市民政治を捉える視点	現代日本の革新政権〈特集〉	季刊世界政経 63	世界政経研	
1977 9 1	成熟社会での国民の政治選択	対談	経済往来 29 9	経済往来社	岡野加穂留、片岡寛光と
1977 9 30	F・ノイマン他著『民主主義と権威主義国家』（共訳）	ST 叢書	【翻訳】	河出書房新社	『政治権力と人間の自由』の改題版
1977 10 1	『政治文化と政治変動』	政治理論叢書	【編著書】	早稲田大学出版部	
1977 10 15	都市における市民運動		『保守体制』下巻 白鳥令編	東洋経済新報社	『政治における理想と現実』所収
1977 10 21	政治文化と政治変動	わが著書を語る	出版ニュース 1092	出版ニュース社	
1977 11 1	丸山眞男『政治の世界』　忘れられない本	創業100周年記念特集号	書斎の窓 269	有斐閣	
1977 11 10	政治学の現在　日本政治学界と松下圭一		慶應塾生新聞 96	慶應塾生新聞会	
1977 12 1	私の平和研究	法学部	慶應義塾大学報 86	慶應義塾大学	
1977 12 1	政治的想像力をどうつちかうか	政治をみる眼〈主題〉	思想の科学・第6次 84 292	思想の科学社	『政治における理想と現実』所収
1977 12 15	政治学における行動論以後		法學研究 50 12	慶應法研	『政治学における現代』所収
1977 12 26	1977年回顧―政治―　民主主義の新しい局面		週刊読書人 1212	読書人	
1978 1 1	「政治文化と政治変動」	新著余瀝	三田評論 777	慶應義塾	
1978 1 11	今年の執筆予定―私の書きたいもの―　政治学	（アンケート）	出版ニュース 1099	出版ニュース社	
1978 3 15	政治学　70年代日本における発展途上地域研究	『アジア経済』200号記念特集	アジア経済 19 3 201	アジア経済研究所	
1978 4 1	日本型革新に可能性はあるか	革新思想に可能性はあるか〈主題〉	思想の科学・第6次 89 297	思想の科学社	
1978 4 15	“人種のるつぼ”での思い出	私の留学時代〉1〈	慶應義塾新聞 229	慶應義塾大学新聞会	
1978 5 20	『政治学』（共編著）	有斐閣新書	【編著書】	有斐閣	
1978 5 20	政治と構造　国家と権力	有斐閣新書	『政治学』	有斐閣	第二章
1978 5 20	政治の変動　運動とイデオロギー	有斐閣新書	『政治学』	有斐閣	第六章
1978 5 31	バーリン、ヒューズ、ピレンヌ著『歴史における科学とは何か』		【翻訳】	三一書房	
1978 5 31	歴史と政治の現在	Ⅳ　解説	『歴史における科学とは何か』内山秀夫編訳	三一書房	
1978 6 1	往復書簡　水俣へ、水俣から	運動にとって文学とは何か	思想の科学・第6次 92 300	思想の科学社	石牟礼道子との往復書簡、『民族の基層』所収
1978 8 1	政治における理想と現実　その統合こそが善い社会を保障する人間の条件だ！	革新のルネサンスをめざして〈特集〉	公明 198	公明党機関紙局	『政治における理想と現実』所収
1978 8 1	現代における新聞の条件	新聞へ〈特集〉	世界 393	岩波書店	
1978 8 15	J・R・ラベッツ著『批判的科学―産業化科学の批判のために』	紹介と批評	法學研究 51 8	慶應法研	
1978 8 15	随想「自由」の意味		地方自治職員研修 11 8 128	公務職員研修協会	
1978 8 30	（事項・用語解説）		『現代政治学小辞典』	有斐閣	（執筆項目に署名なし）
1978 9 1	現在をいかに生きるか　色川大吉著『明治人―その青春群像』		潮 232	潮出版社	
1978 10 7	われわれの戦後を創造するために―石田雄著『現代政治の組織と象徴』―	伝統は創造に結びつくかの問い	図書新聞 124 1441	図書新聞	
1978 12 2	『ヴェルテル』　第一巻のない『戦争と平和』	書架紀行	図書新聞 132 1449	図書新聞	

1978 12 25	1978年回顧―政治―　石田雄と宮田光雄が双璧		週刊読書人　1262	読書人	
1979 1 1	自民党政府論への疑問　戦後民主主義に逆行する金権力学	〈総括〉自民党総裁選挙の構図	公明　203	公明党機関紙局	
1979 1 1	戦後史における進歩と反動	反動化に抗する〈特集〉	世界　398	岩波書店	
1979 2 15	石田雄著『現代政治の組織と象徴―戦後史への政治学的接近―』	紹介と批評	法學研究　52　2	慶應法研	
1979 3 5	松本健一著『共同体の論理』　共同生活を執拗に追求	（書評）	週刊読書人　1271	読書人	
1979 3 23	『民主主義論』C・B・マクファーソン　自由民主主義の呪縛からの自己解放をめざす	批評と紹介	朝日ジャーナル　21　11　1049	朝日新聞社	
1979 3 30	ダール、タフティ著『規模とデモクラシー』		【翻訳】	慶應通信	
1979 4 2	わが語学学習の軌跡　苦にならない翻訳		週刊読書人　1275	読書人	
1979 4 8	石橋恒喜著『昭和の反乱―三月クーデターから二・二六事件まで―』“一場の悪夢”をぎりぎりの筆致で	（書評）	サンデー毎日 58 16 3178	毎日新聞社	
1979 4 15	私は新聞をこう読む	新聞をどう読むか	地方自治ジャーナル　1　1	公人の友社	
1979 5 1	私がえらんだ10冊の本　日本人とは何かをつめてみる。それもぼんやりのんびり閑と、面白く入ってとっつかまえるために。		思想の科学・第6次　105　313	思想の科学社	
1979 5 1	元号法制化は臣民国家への一里塚	寄稿	慶應義塾新聞　240	慶應義塾大学新聞会	
1979 5 1	講義内容　現代政治学②	夏期スクーリング講義要綱	慶應通信　374	慶應通信教	
1979 5 15	A・レイプハルト著『多元社会のデモクラシー』		【翻訳】	三一書房	
1979 6 1	殷寅永「ASEANに関する数量的分析―1967年～1976年―」	（副査）	昭和53年度　博士学位論文　内容の要旨及び審査の結果の要旨	慶應教務部	
1979 6 15	現代国家の位相　生活空間としての国家と地方その変質と意義		地方自治職員研修　12　6　138	公務職員研修協会	
1979 7 2	クリスチャン・ベイ著『自由の構造』　「人間自体が唯一の目的である」	（書評）	週刊読書人　1288	読書人	
1979 7 20	『安重根と日韓関係史』市川正明、『わが映画発見の旅』土本典昭	批評と紹介	朝日ジャーナル　21　28　1066	朝日新聞社	
1979 8 10	人それぞれ５冊の本		朝日ジャーナル　21　31　1069	朝日新聞社	
1979 8 15	今永清二著『福沢諭吉の思想形成』	紹介と批評	法學研究　52　8	慶應法研	
1979 9 3	永井萠二著『キムチの匂う街―名もない人びとのさまざまな歳月―』　絶句するばかりのもどかしさ	（書評）	週刊読書人　1296	読書人	
1979 9 15	文化政治論への構想		法學研究　52　9	慶應法研	『比較政治考』所収
1979 10 1	国際政治と法的秩序　慶應義塾大学慶應国際シンポジュウム（開催予告）		慶應義塾大学報　105	慶應義塾大学	ルイス・ソーン、坂本義和、栗林忠男と
1979 10 1	国民分断のなかでの政治の回生　国家論のすすめ	日本ナショナリズムの現在〈特集〉	世界　407	岩波書店	『政治における理想と現実』、『民族の基層』、『増補 民族の基層』所収
1979 10 12	『アメリカ南部危機の政治論―J・C・カルフーンの理論』中谷義和	批評と紹介	朝日ジャーナル　21　40　1078	朝日新聞社	
1979 10 15	内山秀夫研究会特別ゼミナール　丸山眞男先生をお招きして	（討論）	『日本思想史における「古層」の問題―丸山眞男先生を	内山秀夫研究会	

			お招きして―』		
1979 11 3	ジョン・ロールズ著『正義論』 70年代の学問情況の暗合	（書評）	図書新聞 178 1495	図書新聞	
1979 11 30	『政治学における現代』		【編著書】	三一書房	
1979 11 30	政治変動の現代理論を求めて	（未発表 1973）	『政治学における現代』	三一書房	
1979 12 1	〝国家〟が浮上した年代 政治	特集70年代とは何だったのか	慶應義塾新聞 247	慶應義塾大学新聞会	
1979 12 24	1979年回顧―政治― 〈意味のある学問〉求めて		週刊読書人 1312	読書人	
1980 1 1	本塾大学法学部教授《栗林忠男君》 国際法学会安達峰一郎記念賞受賞を喜ぶ		三田評論 799	慶應義塾	
1980 2 1	第三世界における独裁体制の変貌 朴大統領の射殺をめぐって	特集 韓国で何が起きているか	アジア 15 2 146	アジア評論社	
1980 2 9	時評１・２月―思想― ファシズムの確かな足音		図書新聞 191 1508	図書新聞	
1980 2 22	『三代の系譜』阪谷芳直	批評と紹介	朝日ジャーナル 22 7 1096	朝日新聞社	
1980 3 1	『政治学における現代』	新著余瀝	三田評論 801	慶應義塾	
1980 3 8	時評３月―思想― 悲壮な政治の混迷の中で		図書新聞 195 1512	図書新聞	
1980 3 15	坂田稔著『ユースカルチュア史―若者文化と若者意識―』	紹介と批評	法學研究 53 3	慶應法研	
1980 3 15	『シンポジウム・地方自治の新段階をめざして』神奈川県公務研修所	資料紹介	地方自治職員研修 13 3 150	公務職員研修協会	
1980 3 22	現代民主主義と軍事化	（研究会報告）	平和と開発：近代化と軍事化	広大平科研	
1980 3 25	“ひっぺがし人間”のすすめ これからの時代をどう生きるか	ブックガイド80	朝日ジャーナル 22 12 1101	朝日新聞社	臨時増刊号
1980 3 25	批判的精神をどうつちかうか		朝日ジャーナル 22 12 1101	朝日新聞社	臨時増刊号
1980 4 5	時評４月―思想― 転形期における〈知〉		図書新聞 199 1516	図書新聞	
1980 5 9	『キーワード辞典』 語彙の探求から人間の政治の歴史追跡に及ぶ	批評と紹介	朝日ジャーナル 22 19 1108	朝日新聞社	
1980 5 10	D・R・シーガル著『デモクラシーの政治社会学』（監訳）		【翻訳】	早稲田大学出版部	
1980 5 10	時評５月―思想― いま問われる《国家》		図書新聞 204 1521	図書新聞	
1980 5 10	原発を考える	将来の行方は不確か（PARTⅡ）	慶應塾生新聞 124	慶應塾生新聞会	
1980 5 15	A・レイプハルト「南アフリカ多元社会にたいする選択肢としての連邦・連合・多極共存」	翻訳	法學研究 53 5	慶應法研	
1980 5 16	国家の時代と戦後民主主義の転生 いま「ナショナル」とは		朝日ジャーナル 22 20 1109	朝日新聞社	『政治における理想と現実』、『民族の基層』、『増補 民族の基層』所収
1980 5 25	専門家集団へ真の確立 参議院への期待	私の直言	読売新聞 東京朝刊	読売新聞社	
1980 6 1	未完の革命としての戦後民主主義	軍拡時代を憂う〈特集〉	世界 415	岩波書店	『政治における理想と現実』、『民族の基層』、『増補 民族の基層』所収
1980 6 7	時評６月―思想― 拝外と排外の構造変革を		図書新聞 208 1525	図書新聞	
1980 6 10	内閣不信任の原景		慶應塾生新聞 125	慶應塾生新聞会	
1980 6 20	世界に革新的変化の予兆 東京大学社会科学研究所編『運動と抵抗』上・中・下	思想と潮流	朝日ジャーナル 22 25 1114	朝日新聞社	
1980 6 27	アンシャン・レジームは倒れるか大平政権の終焉と波紋（権力の真空－首相の死）	（座談会）	朝日ジャーナル	朝日新聞社	田中豊蔵、国正武重と

			22　26　1115		
1980　6 30	『政治学への発想』（共著）		【編著書】	三一書房	
1980　6 30	政治的現実と政治学		『政治学への発想』共著	三一書房	
1980　7　1	知識人の現在　特集＝サルトル　ある時代の終焉		現代思想　8　8	青土社	
1980　7 12	時評７月―思想―　ナショナルなものの多層性		図書新聞 213　1530	図書新聞	
1980　8　9	時評８月―思想―　先進諸国の自己変革を		図書新聞 217 1534	図書新聞	
1980　9　6	“ひと”でありつづけるために　金大中その民主主義を明証する思想		図書新聞 220 1537	図書新聞	『民族の基層』、『増補民族の基層』所収
1980　9　6	時評９月―思想―　『断固拒否』としての光州		図書新聞 220 1537	図書新聞	
1980　9 26	『国民国家の形成と政治文化』日本政治学会　多元的文化の中で生き暮らす《私たちの現在》	批評と紹介	朝日ジャーナル　22　38　1127	朝日新聞社	
1980 10 11	時評10月―思想―　守る＝戦うの短絡を拒否		図書新聞 225 1542	図書新聞	
1980 11　1	反人間的体制としての軍政	特集　軍政下の第三世界	アジア　15　9　153	アジア評論社	
1980 11　1	人間はついに数を拒否する	TEA TIME	数学セミナー 19 11	日本評論社	
1980 11　8	時評11月―思想―　左翼軍隊観と防衛論議		図書新聞 229 1546	図書新聞	
1980 11 28	『日本コミューン主義の系譜』渡辺京二　地底に流れる凝縮された孤絶の思想的営為	批評と紹介	朝日ジャーナル　22　48　1137	朝日新聞社	
1980 12 13	時評12月―思想―　教育荒廃と教師の現在		図書新聞 233 1550	図書新聞	
1980 12 15	『政治における理想と現実』		【編著書】	三一書房	
1980 12 22	1980年回顧―政治―　〈耐久する強靭〉をこそ		週刊読書人　1362	読書人	
1980 12 30	「企業の社会的責任」の政治学的意味	現代の企業	法学セミナー増刊　総合特集シリーズ 14	日本評論社	
1981　1　1	状況追従の危険性喚起　内田満編『政治の変動』を読んで	批評と紹介	公明　228	公明党機関紙局	
1981　1　1	危機に対応する民主の論脈	危機の時代〈特集〉	世界　422	岩波書店	『民族の基層』、『増補民族の基層』所収
1981　1 16	強権支配・ナショナリズム・近代化・民主主義　韓国・軍事独裁の研究	（シンポジュウム）	朝日ジャーナル　23　2　1143	朝日新聞社	有賀弘、中川信夫と
1981　1 17	「下下戦記」水俣病		図書新聞 237 1554	図書新聞	『民族の基層』、『増補民族の基層』所収
1981　2　7	池田浩士著『闇の文化史―モンタージュ1920年代―、平井正著『ベルリン1918～1922―悲劇と幻影の時代―』　ワイマールの閃光を映す	（書評）	図書新聞 240 1557	図書新聞	
1981　2 15	渡辺京二著『日本コミューン主義の系譜』	紹介と批評	法學研究　54　2	慶應法研	
1981　2 19	世俗化の中で出て来たウミ　良識は「創価学会問題」をこう見る		週刊文春　23　7	文藝春秋社	
1981　3　2	戦後民主主義と野党の生死	特集＝いま、野党の生死を問う	第三文明　239	第三文明社	
1981　3　3	国を守ることとは　竹田発言に見る危険な使命感		エコノミスト 59 8	毎日新聞社	
1981　3 13	一九二〇年代と日本の現在　池田浩士『闇の文化史―モンタージュ一九二〇年代』ほか	思想と潮流	朝日ジャーナル　23　10　1151	朝日新聞社	
1981　3 30	秋元律郎著『権力の構造－現代を支配するもの―』　“権力”のメカニズム解明	（書評）	週刊読書人　1375	読書人	
1981　5　1	子育てから解放された母親たちのために　書をもて街をめざせ		朝日ジャーナル　23　18　1159	朝日新聞社	
1981　5　1	わたしひとりのベストセラー　亭主には厄介な妻となるために		朝日ジャーナル　23　18　1159	朝日新聞社	
1981　6 19	歴史と人生の創造としての自己発見　馬場伸也『アイデンティティの国際政治学』	思想と潮流	朝日ジャーナル	朝日新聞社	

			23　25　1166		
1981　6 19	歴史と人生の創造としての自己発見　前山隆『非相続者の精神史』	思想と潮流	朝日ジャーナル 23　25　1166	朝日新聞社	
1981　7　1	第三世界としてのアジアへ　第三世界の『人間の明日』への思想	特集　アジア現代思想の軌跡 その1	アジア　16　6 160	アジア評論社	『民族の基層』、『増補民族の基層』所収
1981　7 24	『開発と自由―発展途上国の立場から』スジャトモコ　第三世界における経済開発のもう一つの選択肢	批評と紹介	朝日ジャーナル 23　30　1171	朝日新聞社	
1981　7 24	『開発と農民社会―ラテンアメリカ社会の構造と変動』R・スタベンハーゲン　第三世界における経済開発のもう一つの選択肢	批評と紹介	朝日ジャーナル 23　30　1171	朝日新聞社	
1981　8　1	わが衝撃の書　『現代政治の思想と行動』・『日本政治思想史研究』	本との邂逅	塾　1981　4　108	慶應義塾	
1981　8 28	『国民国家と市民的権利』Ⅰ・Ⅱ　R・ベンディックス　過去と現在のずれを包括する西欧社会転換の比較研究	批評と紹介	朝日ジャーナル 23　34　1175	朝日新聞社	
1981　9 15	〈小さな政府〉の考え方		地方自治職員研修 14　9　172	公務職員研修協会	『日本の政治環境』所収
1981　9 30	文化　Ⅱ構造	政治学の基礎概念	年報政治学　1979	岩波書店	『政治と政治学のあいだ』所収
1981 10　6	新たなる「戦前」を考える　軍拡と軍縮のはざまに揺れる既成政党	(鼎談)	エコノミスト 59 41	毎日新聞社	内田健三、赤松大麓と
1981 12　7	石田雄著『「周辺から」の思考―多様な文化との対話を求めて―』　「周辺」から「中央」文化の問題性の問い直し	(書評)	週刊読書人　1410	読書人	
1981 12 15	野村浩一著『近代日本の中国認識』	紹介と批評	法學研究　54　12	慶應法研	
1981 12 28	1981年回顧―政治―　焦慮と無力感の狭間で		週刊読書人　1413	読書人	
1982　1　1	民族の基層　多元性の政治的意味	逆流に代わるもの〈特集〉	世界　434	岩波書店	『民族の基層』、『増補民族の基層』所収
1982　1 29	金沢大学　移転に揺れるお城の大学の民主主義	三〇〇万人の大学―140	朝日ジャーナル 24　4　1198	朝日新聞社	
1982　2 15	石田雄著『「周辺から」の思考』	紹介と批評	法學研究　55　2	慶應法研	
1982　3 15	ヤニス・キナス「多元主義と《南北》体制」	翻訳	法學研究　55　3	慶應法研	
1982　4 22	J・リンス著『民主体制の崩壊―危機・崩壊・均衡回復―』	岩波現代選書69	【翻訳】	岩波書店	
1982　6　5	開発と民主主義は両立可能か		『現代民主主義の諸問題―秋永肇教授古稀記念論集―』(田口富久治ほか編)	御茶の水書房	『比較政治考』所収
1982　7　1	講義内容　政治学特殊②	夜間スクーリング講義要綱	慶應通信　412	慶應通信教	
1982　7 20	G・A・アーモンド著『現代政治学と歴史意識』(共訳)	現代政治理論叢書10	【翻訳】	勁草書房	
1982　8　1	しのびよる危機の淵に立って　ダブル選挙で始った"新たな戦前"への警鐘	(鼎談)戦争と平和―37年目の現実―反核・軍縮運動が高まるなかで〈特集〉	公明　247	公明党機関紙局	和田教美、矢野絢也と
1982　8 10	新たな政治学を探る	Welcome' 82紙上サマースクーリング	慶應塾生新聞 149	慶應塾生新聞会	第二時限　法学部
1982　8 16	栗原彬著『管理社会と民衆理性―日常意識の政治社会学―』《人間であること》への想いが充溢する	(書評)	週刊読書人　1445	読書人	
1982　8 27	『移民の日本回帰運動』前山隆　移民が移民として生きて行けぬ体験から読み取る"戦後"の深化	批評と紹介	朝日ジャーナル 24　35　1229	朝日新聞社	
1982　9　3	今こそ"しみじみ憲法"への転回点―「護憲」からの発想　(自民党「改憲」論の	(討論)	朝日ジャーナル	朝日新聞社	中山千夏、安井吉典と

	研究		24　36　1230		
1982　9 28	H・J・ウィーアルダ「非自国中心主義の発展理論を求めて—第三世界からのもう一つの構想—」	翻訳	法學研究　55　9	慶應法研	
1982 10　1	『みなまた　海のこえ』石牟礼道子　人と自然との本来的な混沌を再生する	批評と紹介	朝日ジャーナル　24　40　1234	朝日新聞社	
1982 10　8	はしがき	現代国家の位相と理論	年報政治学　1981	岩波書店	
1982 10　8	国家と民主主義の現在	現代国家の位相と理論	年報政治学　1981	岩波書店	『比較政治学』所収
1982 10　8	『現代国家の位相と理論に関する研究』	文部省科学研究費補助金研究成果報告書(総合研究Ａ)	【編著書】	慶應義塾大学	研究者代表、『年報政治学』1981年度の別装本
1982 11　2	自民党政治に問うべきもの　大衆にツケを回すご都合主義はやめよ！	(座談会)	エコノミスト 60 46	毎日新聞社	岩見隆夫、高畠通敏と
1982 12　6	栗原彬著『歴史とアイデンティティ—近代日本の心理—歴史研究—』　〈弱さの共同性〉の質感	(書評)	週刊読書人　1460	読書人	
1982 12 27	1982年回顧—政治—　人間管理の時代に突入		週刊読書人　1463	読書人	
1983　1　1	政治の「質」をどう変えるか　中曽根政治の徹底解剖と野党の対応を探る	(座談会) 83決戦と政治・経済転換〈特集〉	公明　252	公明党機関紙局	岩見隆夫、矢野絢也、正木良明と
1983　1　1	成長政治からの脱却	閉塞と危機の現状分析—政界と日本〈特集〉	世界　446	岩波書店	『民族の基層』、『増補 民族の基層』所収
1983　3　1	現状打破の政治論　政治の行方と政治の条件		世界　448	岩波書店	『民族の基層』、『増補 民族の基層』所収
1983　3　8	中曽根政権の“囲い込み構造”　必要な産業社会と政治をみる目		エコノミスト 61 9	毎日新聞社	『日本の政治環境』所収
1983　3 15	戦後世界の組み替え		横越英一教授退官記念論集『政治学と現代世界』	御茶の水書房	『比較政治考』所収→「戦後政治の組み替え」に改題
1983　4　1	政治学の基本文献	塾生書架	三色旗　421	慶應通信教	
1983　4　1	大学生活懇談会に思うこと	塾と塾生の現在(1)	塾 1983 2 118	慶應義塾	
1983　4　1	日本国憲法は普遍社会を要求する	改憲論議に向けて	書斎の窓　323	有斐閣	改題のうえ『民族の基層』、『増補 民族の基層』所収
1983　4 30	立法・政治コース　(志望) 別法学オリエンテーションの条件	法学入門	法学セミナー増刊 1983	日本評論社	「政治家であるための条件」と題して『日本の政治環境』所収
1983　4	日本における国家と民主主義の現在	Ｂセッション発表論文(3)	FUKUOKAUNESCO 18	福岡ユネスコ協会	第５回九州国際文化会議特集号
1983　4	80年代日本の政治上の選択	討論	FUKUOKAUNESCO 18	福岡ユネスコ協会	石田雄（議長）ほか、第５回九州国際文化会議特集号
1983　5　1	福澤先生と125年	(鼎談)	三色旗　422	慶應通信教	河北展生、石坂巌と
1983　6 28	綾部恒雄編『アメリカ民族文化の研究－エスニシティとアイデンティティ』	紹介と批評	法學研究　56　6	慶應法研	
1983　7　1	「国際人の条件」をめぐって　創立125年記念シンポジウム		慶應義塾大学報143	慶應義塾大学	島田晴雄、鶴見和子、筑紫哲也、武者小路公秀と
1983　7　1	『現代政治の限界』ロジャー・ベンジャミン著	書評	経済往来　35　7	経済往来社	
1983　7 29	水俣調査の課題をめぐって	座談会	『水俣の啓示—不	筑摩書房	色川大吉（司会）ほか。

			知火海総合調査報告』(下)		上巻に「公害行政のネガ像—内山秀夫」所収
1983 8 1	選挙結果と今後の政局	(鼎談)流れを変えた参院選〈特集〉	公明 259	公明党機関紙局	仲 衛、矢野絢也との鼎談
1983 8 1	福沢研究センター所長に就任した石坂巖君	窓	塾 1983 4 120	慶應義塾	(極)の筆名
1983 8 1	参院選報道と今後の報道課題	参院選挙と新聞報道	新聞研究 385	日本新聞協会	
1983 9 10	『民族の基層』		【編著書】	三嶺書房	
1983 10 1	靖国“公式化”への政治底流 強制された秩序で死者を悼むことはできない		公明 261	公明党機関紙局	『日本の政治環境』所収
1983 10 1	「反体制連合」に連なる アキノ氏の暗殺をどう見るべきか		世界 455	岩波書店	
1983 10 25	ロッキード事件判決と新保守体制—戦後「王国」に対して 10・12判決後の日本の政治－いま「政治」が始まる		エコノミスト 61 44	毎日新聞社	含 ロッキード事件年表
1983 10 28	「父性支配」を断ち切る条件 〈田中角栄の挑戦〉を見すえる	判決以後—政治腐蝕との決別	朝日ジャーナル 25 45 1291	朝日新聞社	『日本の政治環境』所収
1983 10 28	金石範著『「在日」の思想』	紹介と批評	法學研究 56 10	慶應法研	『増補 民族の基層』所収
1983 10 31	R・J・ハリソン著『プルーラリズムとコーポラティズム』		【翻訳】	勁草書房	
1983 11 16	「一票の格差」判決の重さ 立法部は権威回復を	文化	読売新聞 東京夕刊	読売新聞社	
1983 11 20	放送大学が与える影響と予測される問題 通信教育を中心に		大学時報 32 173 187	日本私立大学連盟	
1983 12 1	政治に突きつけられた問題は何か いま、政界浄化の真の意味を問う	田中判決で裁かれたもの〈特集〉	公明 263	公明党機関紙局	『日本の政治環境』所収
1983 12 26	1983年回顧—政治— 決定的に非“学術的”方向		週刊読書人 1513	読書人	
1984 1 9	不可視の同心円構造 超高度管理国家への予兆		週刊読書人 1514	読書人	
1984 1 17	“伯仲政治”への期待と不安 保保か保革か・保革か保保か—'84政治の潮流	(座談会)	エコノミスト 62 2	毎日新聞社	内田満、岩見隆夫と
1984 1 28	民族再考－エスニシティの政治学序説		法學研究 57 1	慶應法研	『比較政治考』、『増補 民族の基層』所収
1984 2 1	始まった政治転換の胎動	(鼎談)衆院選と国民の審判〈特集〉	公明 265	公明党機関紙局	内田健三、矢野絢也と
1984 2 1	『民族の基層』	新著余瀝	三田評論 844	慶應義塾	
1984 2 1	大学と学問の再生にむけて	塾と塾生の現在(6)	塾 1984 1 123	慶應義塾	
1984 2 13	栗原彬著『政治の詩学』 自在に飛翔する魂の手法—学界とはつながりようのない人界に留まり続ける—	(書評)	週刊読書人 1519	読書人	
1984 4 7	栗原彬、今守人、杉山光信、山本哲士編『社会と社会学』1 結集点としての“社会”の模索	(書評)	図書新聞 395 1712	図書新聞	
1984 4 25	立法・政治コース コース(志望)別法学オリエンテーション	法学入門	法学セミナー増刊 1984	日本評論社	(政治家であるための条件)
1984 5 1	社会科学の現在		書斎の窓 334	有斐閣	『日本の政治環境』所収
1984 5 2	“新生”社会党の“ニュー度”をはかる—社会主義政党から「社会」の党への脱皮を期待しつつ		第三文明 277	第三文明社	「社会主義政党から「社会」の党への脱皮を」と改題して『日本の政治環境』所収
1984 6 5	マクファーソン他著『国家はどこへゆくのか』(共訳)		【翻訳】	御茶の水書房	
1984 6 10	グレーザー、モイニハン編『民族とアイデンティティ』		【翻訳】	三嶺書房	
1984 6 28	D・ジョン・グロウブ「人種—種族論争—二つの理論的アプローチの国際分析」	資料	法學研究 57 6	慶應法研	
1984 7 10	日本政治のゆくえ 政治の再発見をめざして	(対談)これからの日本の政治	法学セミナー増刊 総合特集シリーズ26	日本評論社	内田満と
1984 7 10	脱産業社会の政治構造	これからの日本の政治	法学セミナー増刊 総合特集シリーズ26	日本評論社	『日本の政治環境』所収
1984 8 1	福沢諭吉展の開催をめぐって	(座談会)	塾 1984 4 126	慶應義塾	石坂巌、河北展生、丸山信、佐野勝男と

1984 8 7	開発独裁と民衆運動　フィリピンの経験について／ランドルフ・S・ダビッド著、内山秀夫訳　解説		エコノミスト 62 32	毎日新聞社	
1984 8 7	ランドルフ・S・ダビッド「開発独裁と民衆運動―フィリピンの経験について」	（翻訳）	エコノミスト 62 32	毎日新聞社	
1984 9 20	『国際人の条件』（編著）		【編著書】	三嶺書房	武者小路公秀、鶴見和子、筑紫哲也、島田晴雄、金沢正雄、矢野暢、前山隆
1984 9 20	シンポジュウム「国際人の条件」をめぐって		『国際人の条件』（編著）	三嶺書房	
1984 9 20	国の国柄から人の間柄へ		『国際人の条件』（編著）	三嶺書房	
1984 10 20	政治学における科学と価値		『パラダイム再考』中山茂編著	ミネルヴァ書房	『政治と政治学のあいだ』所収
1984 11 1	近代日本と福澤諭吉	（座談会）	三田評論　852	慶應義塾	丸山眞男、河北展生、飯田鼎、石坂巌と
1984 11 12	竹内静子著『パリ・ベルヴィルの日々』〈労働の尊厳〉を見る	（書評）	週刊読書人　1557	読書人	
1984 11 28	森幹郎著『政策視点の老年学』	紹介と批評	法學研究　57　11	慶應法研	
1984 11 28	森幹郎著『政策老年学』	紹介と批評	法學研究　57　11	慶應法研	
1984 12 1	生誕150年記念福澤諭吉展　日本橋三越本店	八角塔	慶應義塾大学報157	慶應義塾大学	
1984 12 1	政治閉塞はどこからきているか　「無難」な政府に託した国民と政府指導の強化		公明　275	公明党機関紙局	『日本の政治環境』所収
1984 12 1	福澤諭吉	エッセイ	月刊保育とカリキュラム 33 12 393	ひかりのくに	
1984 12 24	1984年回顧―政治―　社会科学と人間の対応		週刊読書人　1563	読書人	
1985 1 8	中曽根型「協調国家」を糾弾する　〈生命〉の民主主義の回復を		エコノミスト 63 1	毎日新聞社	『日本の政治環境』所収
1985 1 11	今年の執筆予定　政治学	（アンケート）	出版ニュース 1344	出版ニュース社	
1985 1 28	ポリアーキー	私家版辞典	朝日新聞　夕刊	朝日新聞社	
1985 2 28	政治社会の構造変化―インタレスト社会からニーズ社会へ―		法學研究　58　2	慶應法研	『比較政治考』所収
1985 3 1	林さんへの手紙		三色旗　444	慶應通信教	（林烈のこと）
1985 3 1	私の場合としての福沢諭吉		三田評論　856	慶應義塾	『一五〇年目の福沢諭吉―虚像から実像へ―』所収
1985 3 11	五木寛之著『風の王国』　歴史の幻と現のせめぎ合い	（書評）	週刊読書人　1573	読書人	
1985 4 15	塾生シンポジュウム　創立125年記念シンポジュウム		三田評論 別冊 創立125周年記念 858	慶應義塾	第2回は「女性と社会」（1983. 10. 14）
1985 4 19	社会意識の世論調査　国家・社会の識別欠落	潮流 '85	信濃毎日新聞　朝刊	信濃毎日新聞社	乗せられた民衆の協調性
1985 4 20	「論文の書き方」学ぶ　望みたい時代を先導する新講座	講座とつきあう法	『読書大全』植田康夫編	講談社	
1985 4 25	立法・政治コース　コース（志望）別法学オリエンテーション	法学入門	法学セミナー増刊 1985	日本評論社	（政治家であるための条件）
1985 6 1	戦後社会の40年	（鼎談）	三色旗　447	慶應通信教	十川広国、井関利明と
1985 6 29	金鵄勲章の復権　"錯覚"からさめぬ証拠	潮流 '85	信濃毎日新聞 朝刊	信濃毎日新聞社	未送達遺族の声聞きたい
1985 8 1	『現代と戦略』永井陽之助著　愚行を遮断する道探る	批評と紹介	公明　283	公明党機関紙局	
1985 9 21	国連の平和維持機能と日本　国連大学セミナーの討議にみる	（取材）	朝日新聞　朝刊	朝日新聞社	
1985 10 10	国際政治論に参加して　学生数百人集い－大学障壁こえて討論	国連大学グローバルセミナー '85	慶應塾生新聞 184	慶應塾生新聞会	
1985 10 30	『一五〇年目の福沢諭吉―虚像から実像へ―』（共編著）	有斐閣選書901	【編著書】	有斐閣	
1985 10 30	近代日本と福沢諭吉	（座談会）	『一五〇年目の福沢諭吉―虚像から	有斐閣	丸山眞男、河北展生、飯田鼎、石坂巌と

			実像へ―』(共編著)		
1985 10 30	私の場合としての福沢諭吉	あとがき	『一五〇年目の福沢諭吉―虚像から実像へ―』(共編著)	有斐閣	
1985 11 15	政治文化概念の成立と展開		『リーディングス日本の社会学』秋元律郎他編 14	東京大学出版会	
1985 12 23	1985年回顧―政治― エコロジカルな危機意識		週刊読書人 1613	読書人	
1986 1 1	近代化と文明論 近代化のなかの新路線を探る	連続対談シリーズ	航空と文化 19 293	日本航空協会	神川正彦と
1986 1 11	今年の執筆予定 政治学	(アンケート)	出版ニュース 1378	出版ニュース社	
1986 1 15	1985年読書アンケート		みすず 28 1 302	みすず書房	
1986 3 1	『公務員試験 政治・行政学の要点整理』		【編著書】	法学書院	
1986 3 1	まえがき		経済セミナー 374	日本評論社	
1986 3 1	人間と社会の学としての再生を	経済学者が答えるべき課題〈特集〉	経済セミナー 374	日本評論社	『日本の政治環境』所収
1986 3 10	福沢諭吉は死んだ、福沢諭吉は生かせるか		私学公論	私学公論社	『日本の政治環境』所収
1986 3 28	篠原一著『ライブリー・ポリティックス－生活主体の新しい政治スタイルを求めて』	紹介と批評	法學研究 59 3	慶應法研	
1986 4 1	我より古をなす 塾風ということ	(座談会)	塾 1986 2 136	慶應義塾	山本恵造、今まど子、牛場暁夫、丸山徹と
1986 4 1	福澤研究センター		86塾生案内	慶應義塾大学	
1986 4 25	『学問のすゝめ』を読む		彷書月刊 2 5	弘隆社	
1986 4 25	『学問のすゝめ』を読む 編集後記		彷書月刊 2 5	弘隆社	
1986 6 1	柴田平三郎「アウグスティヌスの政治思想」	(副査)	昭和60年度 博士学位論文(文科系)内容の要旨および審査の結果の要旨	慶應教務部	
1986 6 20	『昭和同時代を生きる―それぞれの戦後―』(共編著)	有斐閣選書906	【編著書】	有斐閣	
1986 6 20	世代体験とは何なのか		『昭和同時代を生きる―それぞれの戦後－』共編著	有斐閣	
1986 6 25	戦後史にかんする一考察	石坂巖教授退職記念号	三田商学研究 29 2	慶應義塾大学商学会	
1986 7 1	第三の選択肢	おぴにおん	国際協力 375	国際協力事業団	
1986 7 10	新しい知識人への待望		私学公論	私学公論社	『日本の政治環境』所収
1986 8 1	「時事新報」の復刻		三田評論 873	慶應義塾	
1986 8 4	『叢書・社会と社会学』全３冊を読んで 知的気分を可能態として示す	(書評)	週刊読書人 1644	読書人	
1986 9 1	「21世紀への思索－続・転換期の思想」(討論／宮崎義一、篠原一、平田清明、中山茂) 力強い知者めざす人への書	批評と紹介	公明 296	公明党機関紙局	紹介
1986 9 20	高齢化社会の政治とデモクラシー その可能性について		『講座政治学』共編著 Ⅲ政治過程	三嶺書房	『政治と政治学のあいだ』所収
1986 9 29	モーゲンソー著『国際政治―権力と平和―』 歴史の隘路をひらく知的努力	(書評)	週刊読書人 1651	読書人	
1986 10 10	匿名投書氏への返書 寄稿		慶應塾生新聞 195	慶應塾生新聞会	
1986 10 31	『ヨーロッパの政治』篠原一	批評と紹介	朝日ジャーナル 28 44 1449	朝日新聞社	
1986 12 1	自民党国家からの解放を 完成態に近づく日本型協調主義	“86年体制”の虚実を問う〈特集〉	月刊社会党 370	社会党機関紙局	『日本の政治環境』所収

1986 12 22	1986年回顧—政治— 見えにくい簡単なことがら		週刊読書人 1663	読書人	1987年から星野智（中央大）が担当
1987 1 11	今年の執筆予定 比較政治学	（アンケート）	出版ニュース 1413	出版ニュース社	
1987 1 15	1986年読書アンケート		みすず 29 1 313	みすず書房	
1987 1 23	C・ベイ著『解放の政治学』（共訳）	岩波現代選書125	【翻訳】	岩波書店	
1987 2 2	杉森久英著『明治天皇』『近衛文麿』 明治から昭和敗戦までをつなぐもの	（書評）	週刊読書人 1668	読書人	
1987 2 10	沖縄の友への手紙		『伝える—混沌のなかから—(3)』姫田忠義編	未来社	『政治と政治学のあいだ』所収
1987 3 31	現代の民主政治と国際社会 Ⅱ編	（教科書）	『明解現代社会』共著	三省堂	
1987 3 31	鈴木梅四郎と『政戰録』について		近代日本研究 3	慶應福澤研	
1987 3 31	明治日本とその国際環境 福澤諭吉のアジア観／シン、ビン		近代日本研究 3	慶應福澤研	
1987 3 31	鈴木梅四郎著『嗚呼二月二十六日』解題	（解題）	近代日本研究資料 1	慶應福澤研	
1987 3 31	（慶應義塾福沢研究センターについて）1987年３月10日	（共記）	近代日本研究資料 1	慶應福澤研	（表紙裏）中村勝己、西川俊作と
1987 4 10	大学新聞は「知」性の砦 現状追随に流されるな	200号特集・大学新聞の「昨日・今日・明日」	慶應塾生新聞 200	慶應塾生新聞会	
1987 5 1	国家は秘密をもてない スパイ防止法は憲法政治への挑戦	憲法40年、いま自衛隊を問い直す〈特集〉	月刊社会党 376	社会党機関紙局	『日本の政治環境』所収
1987 6 1	蔭山宏「ワイマール文化とファシズム」	（副査）	昭和61年度 博士学位論文（文科系）内容の要旨および審査の結果の要旨	慶應教務部	
1987 6 30	生きるということの意味 一つの石坂巌論		石坂巌教授退任記念論文集『「近代」とその開削—政治・経済・文化—』飯岡秀夫、宮本純男編	清水弘文堂書房	
1987 7 1	いま、人間の進歩を考える 民主主義の活性化のために	議会政治の危機〈特集〉	公明 306	公明党機関紙局	『日本の政治環境』所収
1987 7 1	“政治の腐敗” 消えた 「現実直視」記述にダメ 現代社会教科書検定全面書き換え	（取材）	読売新聞 東京朝刊	読売新聞社	
1987 7 20	『現代政治理論叢書』全16冊（編訳）		【翻訳】	勁草書房	1970年10月30日刊行開始
1987 8 17	元秀一著『猪飼野物語—済州島からきた女たち—』 「続き」のない街とひと	（書評）	週刊読書人 1696	読書人	
1987 9 3	漂う きなくささ 公安機能に拡充志向	潮流 '87	信濃毎日新聞 朝刊	信濃毎日新聞社	忘れるな市民統制の前提
1987 11 10	沖縄—1987年夏 上 沖縄の近代を追う—「いま」を思う旅		慶應塾生新聞 207	慶應塾生新聞会	
1987 12 10	沖縄—1987年夏 下 「アジア」の手がかりを沖縄に求めて		慶應塾生新聞 208	慶應塾生新聞会	
1987 12 14	C・ダグラス・ラミス『ラディカルな日本国憲法』 すべてが希望革命に	（書評）	週刊読書人 1712	読書人	
1987 12 20	憲法は国家目的 平和運動は日本こそ	潮流 '87	信濃毎日新聞 朝刊	信濃毎日新聞社	被爆ふまえ世界に明言
1988 1 1	何に馴れてしまったのか もう１つの民活論	１党支配政治を排す〈特集〉	公明 312		
1988 1 1	家族の押し売り	社中交歓—年賀状—	三田評論 888	慶應義塾	
1988 1 11	今年の執筆予定 比較政治学	（アンケート）	出版ニュース 1448	出版ニュース社	
1988 1 30	竹越與三郎著『人民讀本』序		近代日本研究資料 2	慶應福澤研	
1988 2 10	R・A・ダール著『経済デモクラシー序説』		【翻訳】	三嶺書房	
1988 2 10	第三の開国が意味するもの		私学公論	私学公論社	『私立の立場から』所収

1988　2 22	宮野澄著『最後のリベラリスト芦田 均』　〈無念の心情〉へのいとおしみ―政治家芦田を深い共感をもって書ききる―	（書評）	週刊読書人　1721	読書人	
1988　3 15	覇権	（事項解説）	『世界大百科事典』第二版	平凡社	
1988　3 25	『日本の政治環境』		【編著書】	三嶺書房	
1988　3 31	『近代日本研究』第４巻発刊のことば		近代日本研究　4	慶應福澤研	
1988　3 31	沖縄縣費第一回留学生		近代日本研究　4	慶應福澤研	『増補 民族の基層』所収
1988　4 13	血友病エイズ感染者　無責任極まる厚生省	潮流 '88	信濃毎日新聞 朝刊	信濃毎日新聞社	公権力の怠慢による「公害」
1988　5　1	国際化時代に憲法を生かす　共生・共存の原点に	（座談会）平和憲法の心を世界に〈特集〉	月刊社会党　389	社会党機関紙局	太田一雄、国弘正雄、土井たか子、久保田真苗と
1988　5　9	菊池寛著『短篇と戯曲』『話の屑籠と半自叙伝』　菊池寛を読むことの「後味」	（書評）	週刊読書人　1732	読書人	
1988　5 28	ネガティブパラダイムとしての政治学――つの政治学論		法學研究　61　5	慶應法研	改題のうえ『政治は途方に暮れている』、『政治と政治学のあいだ』所収
1988　6　1	菊池理夫「ユートピアの政治学―レトリック・トピカ・魔術―」	（副査）	昭和62年度 博士学位論文（文科系）内容の要旨および審査の結果の要旨	慶應教務部	
1988　6　4	「国」か「国家」か　気になった奥野発言	潮流 '88	信濃毎日新聞 朝刊	信濃毎日新聞社	「対中」国民の利益損なう
1988　6 28	クリスチャン・ベイ「災厄としての自由―西欧世界における自由主義的個人主義の場合」	翻訳	法學研究　61　6	慶應法研	
1988　7　1	戦後日本のテロの系譜	テロと言論	思想の科学・第7次　105　442	思想の科学社	
1988　7 28	「政府主義」〝新行政国家〟の原理	潮流 '88	信濃毎日新聞 朝刊	信濃毎日新聞社	リクルート問題にも関連
1988　9　8	汚職の構造はっきり　リクルート事件	（取材）	共同通信	共同通信社	
1988　9 14	近代沖縄の青春像(1)―県費第一回留学生物語―　世界史的力学を体験		琉球新報	琉球新報社	昭和63年９月14日～10月４日連載
1988　9 15	近代沖縄の青春像(2)―県費第一回留学生物語―　旧支配層は反発		琉球新報	琉球新報社	
1988　9 16	近代沖縄の青春像(3)―県費第一回留学生物語―　異彩放った謝花昇		琉球新報	琉球新報社	
1988　9 17	近代沖縄の青春像(4)―県費第一回留学生物語―　東京への旅程17日間		琉球新報	琉球新報社	
1988　9 19	近代沖縄の青春像(5)―県費第一回留学生物語―　カタカシラを結って		琉球新報	琉球新報社	
1988　9 20	近代沖縄の青春像(6)―県費第一回留学生物語―　おう盛な批判精神		琉球新報	琉球新報社	
1988　9 21	近代沖縄の青春像(7)―県費第一回留学生物語―　出世街道をばく進		琉球新報	琉球新報社	
1988　9 22	近代沖縄の青春像(8)―県費第一回留学生物語―　初の衆議院議員に		琉球新報	琉球新報社	
1988　9 23	近代沖縄の青春像(9)―県費第一回留学生物語―　忽然と消えた山口		琉球新報	琉球新報社	
1988　9 24	近代沖縄の青春像(10)―県費第一回留学生物語―　丸暗記では通らず		琉球新報	琉球新報社	
1988　9 25	近代沖縄の青春像(11)―県費第一回留学生物語―　民権運動に活路		琉球新報	琉球新報社	
1988　9 26	近代沖縄の青春像(12)―県費第一回留学生物語―　困難時に新聞発刊		琉球新報	琉球新報社	
1988　9 27	近代沖縄の青春像(13)―県費第一回留学生物語―　主体化の契機を模索		琉球新報	琉球新報社	
1988　9 28	近代沖縄の青春像(14)―県費第一回留学生物語―　中心となった留学生		琉球新報	琉球新報社	
1988　9 29	近代沖縄の青春像(15)―県費第一回留学生物語―　状況判断を誤る		琉球新報	琉球新報社	
1988　9 30	近代沖縄の青春像(16)―県費第一回留学生物語―　指揮権の奪回目指す		琉球新報	琉球新報社	
1988 10　1	近代沖縄の青春像(17)―県費第一回留学生物語―　高嶺、代議士を辞任		琉球新報	琉球新報社	
1988 10　2	近代沖縄の青春像(18)―県費第一回留学生物語―　沖縄の地位向上に力		琉球新報	琉球新報社	
1988 10　3	近代沖縄の青春像(19)―県費第一回留学生物語―　"無臭の人"大田朝敷		琉球新報	琉球新報社	
1988 10　4	近代沖縄の青春像(20)―県費第一回留学生物語―　解析ない近代沖縄		琉球新報	琉球新報社	

1988 11 1	権力システムと「政治の死」	株と権力とリクルート〈特集〉	公明 322	公明党機関紙局	『政治は途方に暮れている』所収
1988 11 10	疑獄隠しだ……… 識者ら批判の声	(取材)	共同通信	共同通信社	
1988 11 15	リクルート特別委での解明は疑問 識者の声	(取材)	共同通信	共同通信社	
1988 11 16	リクルート国会での譲渡先リストの公開に識者の声	(取材)	北海道新聞 朝刊全道	北海道新聞社	
1988 12 1	未練たらしい欲張りのはなし	私の研究ノート	塾 1988 6 152	慶應義塾	
1988 12 10	「昭和」が死ぬ 迫られる「政体」決定	教授が語る昭和史〈最終回〉	慶應塾生新聞 219	慶應塾生新聞会	
1988 12 21	国民生活への影響大きい 強行採決、識者に聞く	(取材) 強行採決忘れるな	共同通信	共同通信社	
1988 12 22	消費税強行採決に道民の不満の声	(取材)	北海道新聞 朝刊全道	北海道新聞社	
1989 1 7	旧憲法の解釈軸に論争 真正面から責任問われず	(取材)連載企画「天皇の戦争責任」(下)	共同通信	共同通信社	
1989 1 10	未然の日本近代 天皇制を手がかりに		私学公論	私学公論社	『私立の立場から』所収
1989 1 11	今年の執筆予定 比較政治学	(アンケート)	出版ニュース 1483	出版ニュース社	
1989 1 15	1988年読書アンケート		みすず 31 1 335	みすず書房	『帝室論・尊王論』、『社会改造の意義及び真綱領』、『皇室社会新政』、『日本改造論』、『ある心の自叙伝』
1989 2 27	潔白、一方的に話すだけ 中曽根会見で識者に聞く	(取材)	共同通信	共同通信社	
1989 2 28	中曽根氏のリクルート疑惑釈明会見、学者らの見方 巧みなつじつま合わせ	(取材)	北海道新聞 朝刊全道	北海道新聞社	
1989 3 1	現実性を持ち、対応性も示す 21世紀トータルプランを読んで		公明 326	公明党機関紙局	
1989 3 18	内閣支持率「低下は当然」 識者厳しい見方 本社世論調査	(取材)	朝日新聞 朝刊	朝日新聞社	
1989 3 28	坂口吉雄著『天皇親政－明治期の天皇観』	紹介と批評	法學研究 62 3	慶應法研	
1989 4 1	福澤諭吉とアジア	(座談会)	三田評論 902	慶應義塾	石坂巌、坂野潤治、梅垣理郎と
1989 4 15	J・ロスチャイルド著『エスノポリティクス—民族の新時代—』		【翻訳】	三省堂	
1989 4 25	野党も含め政界総汚染	(取材)	朝日新聞 夕刊	朝日新聞社	竹下首相退陣に対する識者の声
1989 4 26	青木元秘書自殺、識者の声 いつも秘書が自殺、根に人身御供の風土	(取材)	日本経済新聞 夕刊	日本経済新聞社	
1989 4 27	予算案単独可決識者談話 これでは政党不信	(取材)	共同通信	共同通信社	
1989 5 1	「国際化」を吟味する	RIRI 視点	RIRI 流通産業 21 5 175	流通産業研究所	
1989 5 10	崩れた「戦後の総決算」路線 自民党の非道義性見抜いた国民	論壇	朝日新聞 朝刊	朝日新聞社	
1989 5 20	『編集復刻増補版 島田三郎全集』		【編著書】	龍渓書舎	
1989 5 20	編集復刻増補版 島田三郎全集（全7巻）の刊行にあたって		『島田三郎全集』6	龍渓書舎	編集代表
1989 5 20	社会主義概評（警醒社書店刊・明治35年1月15日）日本改造論（瞭文堂刊・大正10年12月20日）の解題		『島田三郎全集』6	龍渓書舎	
1989 5 30	単なるつじつま合わせ リ事件捜査終結	(取材)	共同通信	共同通信社	
1989 6 1	政治家 意志のいとなみとしての《政治》の回復を	90年代を読むための本	思想の科学・第7次 117 454	思想の科学社	ガルブレイス『新しい産業国家』、丸山眞男『現代政治の思想と行動』、アレント『人間の条件』
1989 6 5	伯仲時代への風向きを象徴 酔えぬ勝利 “宇野自民”	(取材)	朝日新聞 朝刊	朝日新聞社	新潟知事選、危機感バネに逃げ切り

1989 6 10	国家社会大学から人間史的大学へ　新しい課題設定のために		私学公論	私学公論社	『私立の立場から』所収
1989 6 13	清潔イメージだけの“マドンナ”擁立はご免（婦人）	（取材）	日本経済新聞 夕刊	日本経済新聞社	
1989 6 15	「人民の中国」は今　権力者へ倫理的批判	潮流 '89	信濃毎日新聞 朝刊	信濃毎日新聞社	つぶされた自治への意志
1989 6 27	宇野新政権スタート　すり替えられた「けじめ」と「政治改革」　政治不信の意味を改めて問う		エコノミスト 67 26	毎日新聞社	
1989 6 28	宇野さん「アホな」“辞意表明”から一夜　憶測加速はや末期!?	（取材）	中日新聞　夕刊	中日新聞社	
1989 6 28	つくづく嫌になったんでは　でも投げだすのは無責任　宇野首相女性問題	（取材）	共同通信	共同通信社	
1989 7 8	「女は家に………」農相放言に「怒るよりあきれた」と批判の声	（取材）	毎日新聞 東京朝刊	毎日新聞社	
1989 7 8	女性全体への挑戦　識者に聞く　堀之内農相・女性軽視発言	（取材）	共同通信	共同通信社	
1989 7 23	「保革逆転を考える」政局混乱を恐れるな　政治を変える自信与える	（評論）	共同通信	共同通信社	
1989 7 25	〈参院選　山が動いた〉上　自民が震える日　”脅し”通じぬ国民。したたかに落選ねらう	（取材）	北海道新聞 朝刊全道	北海道新聞社	
1989 7 26	「国会の復権」　国会の機能復活の契機に	（取材）企画「逆転・激震政局—地殻変動の視座—	共同通信	共同通信社	
1989 7 30	鎌田慧著『反骨－鈴木東民の生涯』	（書評）	西日本新聞	西日本新聞社	
1989 8 1	自民党に代わる政権の条件とは　国民サイドの政治を	（座談会）政治改革と新生・公明党の役割〈特集〉	公明　331	公明党機関紙局	高橋進、北沢洋子、石田幸四郎、坂口力と
1989 8 1	改めて政治にとって倫理とは何か		正論　204	産経新聞社	『政治は途方に暮れている』所収
1989 8 3	昭和生まれ一番乗り　世代交代も永田町式	（取材）	朝日新聞　朝刊	朝日新聞社	「海部・自民総裁」に識者の声
1989 8 5	「筋書走る」総裁選び　名乗りに余裕の海部さん。「派閥横断」にも身内は評価	（取材）	北海道新聞 夕刊全道	北海道新聞社	
1989 8 9	難問山積の海部新政権　識者はこう望む	（取材）外交	共同通信	共同通信社	
1989 8 10	私学経営ということ		私学公論	私学公論社	『私立の立場から』所収
1989 8 10	海部新内閣、私はこう見る	（取材）	北海道新聞 朝刊全道	北海道新聞社	
1989 8 25	俗受け、いや良い人選　　識者に聞く　森山真弓官房長官	（取材）画期的人事ではない	共同通信	共同通信社	
1989 8 26	女性官房長官誕生　識者らに聞く　駒不足、俗受け狙い　ユーモア賞ものだ　衆院選照準丸見え	（取材）	中日新聞　朝刊	中日新聞社	
1989 9 6	社会党批判　政権担当力　長い目で	潮流 '89	信濃毎日新聞 朝刊	信濃毎日新聞社	改革の時間 自民こそ空費
1989 10 1	政治の流れと社会の意識変化　新聞の提示した争点とその歴史観	検証　参院選報道	新聞研究　459	日本新聞協会	
1989 10 2	争点がボケて浮動票動かず　自民候補圧勝こう見る	（取材）	朝日新聞　朝刊	朝日新聞社	自民候補圧勝、識者はこう見る
1989 10 10	学問・学者・大学		私学公論	私学公論社	『私立の立場から』所収
1989 10 14	田中元首相引退　識者談話	（取材）	日本経済新聞　大阪夕刊	日本経済新聞社	
1989 10 31	如是閑の思い　政治は期待できるか	潮流 '89	信濃毎日新聞 朝刊	信濃毎日新聞社	“みそぎ”パチンコ泥仕合……
1989 11 20	政治の変革と政党	創立５周年公開シンポジュウム報告１	金沢工業大学人間科学総合研究所報臨時号	金沢工業大学東京総合研究所	
1989 12 10	情報化の中の文盲たち　現実主義と大学		私学公論	私学公論社	『私立の立場から』所収
1989 12 27	衆院選の真の課題　冷戦後へどう対処	潮流 '89	信濃毎日新聞 朝刊	信濃毎日新聞社	内政だけではない公約示せ

1989 12 29	世界史に参加するために 「現実」の呪縛からの解放へ	FLASH BACK'89 第４回「政治」が動いた	アサヒグラフ 3522	朝日新聞社	
1989 12 29	出馬に厳しい声 高石・前文部次官表明	（取材）	共同通信	共同通信社	
1989 12 30	高石前文部事務次官が出馬表明 国民をなめている、教育右傾化さらに	（取材）	北海道新聞 朝刊全道	北海道新聞社	中日新聞、西日本新聞も
1990 1 11	今年の執筆予定 比較政治学	（アンケート）	出版ニュース 1517	出版ニュース社	
1990 1 15	1989年読書アンケート		みすず 32 1 346	みすず書房	
1990 1 22	東久留米市長選 稲葉氏当選 大接戦 "教授" ニッコリ 女性・団地票をガッチリ	（取材）	読売新聞 東京夕刊	読売新聞社	
1990 1 28	森戸事件と黎明運動		法學研究 63 1	慶應法研	
1990 2 1	林正明と福沢	福沢研究余録	慶應義塾大学報211	慶應義塾大学	
1990 2 3	今後も開催を 一票にらみ熱弁５党首 茶の間も注目" TV 選挙戦"	（取材）	読売新聞 東京朝刊	読売新聞社	５党首公開討論会
1990 2 11	当落は有権者が判断－２世 恩返し政治に問題－ 識者 衆院選総選挙	（取材）	共同通信	共同通信社	
1990 2 18	「自粛」に近い心情が動く 明日を思う政治望もう	（政治評論）「総選挙の結果を考える」	共同通信	共同通信社	
1990 2 19	保革伯仲、国民の意思 首都圏の陣 ゆうゆう自民	（取材）	読売新聞 東京夕刊	読売新聞社	
1990 2 20	「自粛」に近い心情働く あすを思う政治活動望む	（論説）	信濃毎日新聞 朝刊	信濃毎日新聞社	
1990 2 22	消費税攻防、新局面に（連載） 90激突バランスシート（下）	（取材）	読売新聞 東京朝刊	読売新聞社	
1990 2 28	派閥次元に終始 大シケの船出「新・海部丸」 異例の２日がかり組閣劇	（取材）	読売新聞 東京朝刊	読売新聞社	首相やっと意地通す
1990 3 1	太平洋戦争をめぐって	中村勝己教授退任記念論文集	三田学会雑誌 82 特別号―Ⅱ	慶應義塾経済学会	
1990 3	『復刻版黎明講演集』（黎明会編）		【編著書】	龍渓書舎	
1990 3	解題	（解題）	『復刻版黎明講演集』（黎明会編） 1	龍渓書舎	
1990 4 1	福澤先生という人		塾生案内別冊 CALAMVS GLADIO FORTIOR	慶應義塾大学	『私立の立場から』所収
1990 4 10	日本からの起点		私学公論	私学公論社	『私立の立場から』所収
1990 4 25	『比較政治考』		【編著書】	三嶺書房	法学博士学位論文（平成11年度春学期 乙第3294号）
1990 4 25	冷戦後の日米安保 時代錯誤の政府対応	潮流 '90	信濃毎日新聞 朝刊	信濃毎日新聞社	英知を開花させる絶好機
1990 5 1	憲政110年の日本と日本人		三田評論 914	慶應義塾	『私立の立場から』所収
1990 6 10	新しい啓蒙の時代へ		私学公論	私学公論社	『私立の立場から』所収
1990 6 20	麻薬との闘い（上） 普通の少年たち汚染	潮流 '90	信濃毎日新聞 朝刊	信濃毎日新聞社	手ぬるい日本の水際作戦
1990 6 21	麻薬との闘い（下） 「安全保障」の位置付け	潮流 '90	信濃毎日新聞 朝刊	信濃毎日新聞社	地方自治体も積極参加を
1990 8 2	看護婦不足 専門職として確立を	潮流 '90	信濃毎日新聞 朝刊	信濃毎日新聞社	学生には全額国費支給で
1990 8 10	人間が時代を創ることへの希望		私学公論	私学公論社	『私立の立場から』所収
1990 8 27	日本選挙民の選択 変革への勇気を欠く	潮流 '90	信濃毎日新聞 朝刊	信濃毎日新聞社	衆参"ねじれ"に可能性…
1990 9 10	埴谷雄高著『雁と胡椒』 幸運そして喪失	（書評）	週刊読書人 1849	読書人	
1990 9 15	政治の黄昏から黎明へ		法學政治學論究６	慶應義塾大学大学院法学研究科内「法学政治学論究」編集委員会	『政治は途方に暮れている』、修正増補版が『政治的なものの今』所収
1990 10 4	点数主義の全廃を 潜在能力の発見こそ	潮流 '90	信濃毎日新聞 朝刊	信濃毎日新聞社	入試、中身問われる「公正」
1990 11 5	参院愛知補選、識者の見方	（取材）	日本経済新聞 朝刊	日本経済新聞社	
1990 11 8	〈戦後体験〉のパースペクティブ		日本学 16	名著刊行会	『私立の立場から』所収

1990 11 16	大きなお世話　武藤通産相の省エネお説教	（取材）	毎日新聞　夕刊	毎日新聞社	
1990 11 21	恩赦　選挙犯罪に適用疑問	潮流 '90	信濃毎日新聞 朝刊	信濃毎日新聞社	政治倫理の確立に逆行
1990 12 10	自助としての学問		私学公論	私学公論社	『私立の立場から』所収
1990 12 29	新閣僚の顔触れ　識者談話	（取材）湾岸危機に何も学ばず	共同通信	共同通信社	
1991 1 11	今年の執筆予定　比較政治学	（アンケート）	出版ニュース 1551	出版ニュース社	
1991 1 15	知の共和国を求めて	（Ⅰ理論　第2章）	『新国際学—混沌から秩序へ(2)　多元的共生と国際ネットワーク』	有信堂高文社	
1991 1 15	1990年読書アンケート		みすず 33 1 358	みすず書房	
1991 1 20	S・N・アイゼンシュタット著『文明としてのヨーロッパ—伝統と革命—』	人間科学叢書17	【翻訳】	刀水書房	
1991 1 29	“ミニ公衆”（自決責任をもつ大衆）よ、いでよ！　新保守主義の「強権性」はどう克服されるべきか	ポスト新保守主義はどこへ向かう（特集）	エコノミスト 69 4	毎日新聞社	改題のうえ『政治は途方に暮れている』所収
1991 2 10	家族に教育は可能か		私学公論 24 2 160	私学公論社	『私立の立場から』所収
1991 2 28	中道寿一君学位請求論文審査報告　特別記事	（主査）	法學研究　64　2	慶應法研	
1991 3 11	石垣綾子（マツイ・ハル）著『憩なき波—私の二つの世界—』　時代を超えた知の本質	（書評）	週刊読書人　1874	読書人	
1991 3 17	対決と協調と　統一地方選の構図（中）　各党相乗り　オール与党化進む　争点埋没し関心薄れる	（取材）	中日新聞　朝刊	中日新聞社	
1991 4 10	湾岸戦争に学ぶ		私学公論 24 4 162	私学公論社	『政治は途方に暮れている』所収
1991 4 25	（事項・用語解説）		『現代政治学事典』	ブレーン出版	
1991 5 1	北方領土で共生を　国境は本来交流の場	潮流 '90	信濃毎日新聞 朝刊	信濃毎日新聞社	平和日本を実証する好機
1991 6 1	寺嶋俊穂「生と思想の政治学—ハンナ・アレントの思想形成—」	（副査）	平成２年度　博士学位論文（文科系）内容の要旨および審査の結果の要旨	慶應教務部	
1991 6 1	中道壽一「ワイマルの崩壊とC・シュミット」	（主査）	平成２年度　博士学位論文（文科系）内容の要旨および審査の結果の要旨	慶應教務部	
1991 6 11	大学の新増設抑制　教育正常化の好機に	潮流 '90	信濃毎日新聞 朝刊	信濃毎日新聞社	高校充実の選抜基準を
1991 7 23	社会党委員長選で田辺氏当選　識者談話	（取材）	共同通信	共同通信社	
1991 7 28	寺島俊穂君学位請求論文審査報告　特別記事	（副査）	法學研究　64　7	慶應法研	
1991 8 8	海部政権「採点表」	（取材）	共同通信	共同通信社	（評価しない）
1991 8 9	有識者５人に聞いた海部政権	（取材）	日刊スポーツ	日刊スポーツ新聞社	
1991 9 6	自民　バブル献金まみれ　昨年の政治資金報告書　不祥事企業ずらり	（取材）	中日新聞　朝刊	中日新聞社	
1991 9 10	ソ連革命を目撃して感あり	潮流 '90	私学公論 24 8 166	私学公論社	『私立の立場から』所収
1991 10 1	PKO 国会論議　憲法理念放棄の岐路		信濃毎日新聞 朝刊	信濃毎日新聞社	政治信念のかけらもなし
1991 10 10	情報と情報社会への疑問、そして教育の課題		私学公論 24 9 167	私学公論社	『私立の立場から』所収
1991 10 12	興味が薄れた公選　宮沢氏　示せるか「保守本流」	（論説）	信濃毎日新聞 朝刊	信濃毎日新聞社	
1991 10 27	自民党新総裁に決まった宮沢氏への注文を識者三人に聞いた	（取材）	共同通信	共同通信社	
1991 10 28	自民党総裁選　宮沢氏が新総裁に決定　圧勝の予測も45票差　多難な前途	（取材）	日刊スポーツ	日刊スポーツ新聞社	
1991 10 31	『政治的なものの今』（編著）		【編著書】	三嶺書房	
1991 10 31	現代世界と政治理論		『政治的なものの今』	三嶺書房	『政治と政治学のあいだ』所収

1991 11 10	学長マイナス三年		私学公論 24 10 168	私学公論社	『私立の立場から』所収
1991 11 26	PKO と「法の支配」　民意と格差、政府見解	潮流 '90	信濃毎日新聞 朝刊	信濃毎日新聞社	「基本原理」を無視の実例
1992 1 1	今年の執筆予定　比較政治学	（アンケート）	出版ニュース 1585	出版ニュース社	
1992 2 1	ぬるま湯のみそぎでは駄目　政治資金規正法の改正を	（取材）	共同通信	共同通信社	
1992 2 10	民族現象の現在		私学公論 25 2 171	私学公論社	『私立の立場から』所収
1992 2 24	親身に真剣に	交遊抄	日本経済新聞 朝刊	日本経済新聞社	
1992 3 10	社会改革としての生涯教育		私学公論 25 3 172	私学公論社	『私立の立場から』所収
1992 3 10	与党議員との比較で疑問も　上野議員辞意表明で識者談話	（取材）	共同通信	共同通信社	
1992 3 11	上野代議士辞意　識者に聞く　浄化へ一歩　社党の危機／辞め損	（取材）	中日新聞　朝刊	中日新聞社	
1992 5 14	埼玉知事選の出馬問題　土屋氏　自民党本部の説得工作にも意思は変わらず	（取材）	日刊スポーツ	日刊スポーツ新聞社	
1992 6 1	市川太一「日本における代議士世襲の研究」	（副査）	平成3年度　博士学位論文（文科系）内容の要旨および審査の結果の要旨		
1992 6 10	大学を人に近づける　一般教育考		私学公論 25 6 175	私学公論社	『私立の立場から』所収
1992 6 11	参院選は自、社に有利か　PKO 法案可決	（取材）	共同通信	共同通信社	
1992 6 18	多数派と少数派　とつおいつ　近ごろの政治考　7	（取材）	朝日新聞　夕刊	朝日新聞社	
1992 6 30	社会党衆院議員が辞職願の意味　異例続きの PKO 協力法成立への道のり		エコノミスト 70 27 3017	毎日新聞社	
1992 7 10	学生は大学文化の創造者たれ		私学公論 25 7 176	私学公論社	『私立の立場から』所収
1992 7 28	市川太一君学位請求論文審査報告　特別記事	（副査）	法學研究　65　7	慶應法研	
1992 9 2	妖怪たちの舞台と観客と　金丸氏辞任劇をめぐって		朝日新聞　夕刊	朝日新聞社	
1992 10 1	人間のゆくえ　社会主義体制の崩壊の後に	特集・社会主義のゆくえ	三色旗　535	慶應通信教	
1992 10 1	私たちと「政治」　PKO 国会をめぐって		母の友　473	福音館書店	
1992 10 3	政治学者による意見書　小田急環境アセスメントへの批判　意見書・声明		www. bekkoame. ne.jp／～fk1125／asseshiha 02. htm		神島二郎、高畠通敏等と共同声明
1992 10 10	大学が地域をもつということ		私学公論 25 9 178	私学公論社	『私立の立場から』所収
1992 10 17	今度は竹下氏へ包囲網　広がる「辞めろコール」	（取材）	共同通信	共同通信社	
1992 10 24	国境なき時代に新ルールを	視点	朝日新聞　朝刊	朝日新聞社	
1992 10 30	クーデター肯定論　「国家は、実は抽象的」	潮流 '90	信濃毎日新聞 朝刊	信濃毎日新聞社	このテーマが全く欠落
1992 11 3	「自民党国家」の悲劇　解散、総選挙で民意を問え		エコノミスト 70 46	毎日新聞社	
1992 11 4	超若返りクリントン内閣　連載・クリントン大統領秒読み(6)完	（取材）	日刊スポーツ	日刊スポーツ新聞社	
1992 11 5	勢いづく少数派、クリントン旋風に乗り躍進　日本の運動家も歓迎―米国上下両院選	（取材）	毎日新聞 東京朝刊	毎日新聞社	
1992 11 10	情報社会の陥穽　教育とニューメディアの問題以前		私学公論 25 10 179	私学公論社	『私立の立場から』所収
1992 11 16	政治家なら喚問に出るべき　入院めぐり、さまざまな声	（取材）	共同通信	共同通信社	
1992 11 17	「マージャンできたのに」「隠れみの」　識者の声	（取材）	中日新聞　朝刊	中日新聞社	
1992 12 10	公世界としての情報社会		私学公論 25 11 180	私学公論社	『私立の立場から』所収
1992 12 19	越年しても実現難しそう　参院予算委の佐川氏尋問	（取材）	共同通信	共同通信社	
1992 12 24	社党田辺委員長が辞任で識者談話	（取材）	共同通信	共同通信社	
1993 1 1	情報と人間	研究余滴	三田評論　943	慶應義塾	
1993 1 1	今年の執筆予定　比較政治学	（アンケート）	出版ニュース 1619	出版ニュース社	
1993 1 10	〝今〟としての対組織暴力時代　〝今〟という時代を語る		私学公論 26 1 181	私学公論社	『私立の立場から』所収
1993 1 15	1992年読書アンケート		みすず 35 1 382	みすず書房	
1993 2 1	地域ネットワークのなかの新大学	特集・大学の危機	正論　246	産経新聞社	

1993 2 10	〝狭き門〟再考	大学進学とは何か(5)	私学公論 26 2 182	私学公論社	
1993 3 2	「占領下」想定の訓練　陸自「教育課程」を逸脱	潮流 '93	信濃毎日新聞 朝刊	信濃毎日新聞社	投書と宣伝は「政治活動」
1993 3 10	反語時代の知識人	知識人の現在①	私学公論 26 3 183	私学公論社	改題のうえ『政治は途方に暮れている』所収
1993 3 18	ほかの政治家は大丈夫？　昨年は99人だけ番付入り　過去の納税額を検証	（取材）	共同通信	共同通信社	
1993 3 29	歴史を生きるための辞書		週刊読書人 1977	読書人	
1993 3 31	板倉卓造の初期政治論	慶應義塾における知的伝統	近代日本研究 9	慶應福澤研	
1993 4 2	保守体制が清算すべき錯覚	論壇	朝日新聞 朝刊		
1993 5 10	理論と現代史とのはざまに立って	歴史と歴史教育 アジアを中心として④	私学公論 26 5 185	私学公論社	『政治は途方に暮れている』、『政治と政治学のあいだ』所収
1993 5 18	雇用慣行の疑問　封建的サービス残業	潮流 '93	信濃毎日新聞 朝刊	信濃毎日新聞社	労使とも企業改革推進を
1993 5	日本の現在と大正国家の底流	（解題）	『現代社會問題研究』（日本社会学院調査部編） 25	龍渓書舎	
1993 6 1	川原彰「東中欧の民主化の構造—「連帯」運動から1989年革命へ—」	（主査）	平成4年度 博士学位論文（文科系）内容の要旨および審査の結果の要旨	慶應教務部	
1993 6 7	常に私の一歩前歩く内田満　大言壮語せず深く憂う	わが交遊 9	週刊読書人 1986	読書人	
1993 6 14	「近代日本」に凝然と立つ板野潤治　凜然とあたりを睥睨	わが交遊10	週刊読書人 1987	読書人	
1993 6 21	貴公子ぶりが板についた倉沢康一郎　一瞬の〝実存的淋しさ〟	わが交遊11	週刊読書人 1988	読書人	
1993 6 23	自民内の権力闘争だ　実は「小沢党」	（取材）	共同通信	共同通信社	
1993 6 24	「新生党」旗揚げ　識者の声	（取材）	北海道新聞 朝刊全道	北海道新聞社	
1993 6 28	芝居じみた政治を嫌悪　「不満吸収」に終わるな　識者の見方	（取材）	中日新聞 朝刊	中日新聞社	
1993 6 28	川原彰君学位請求論文審査報告　特別記事	（主査）	法學研究 66 6	慶應法研	
1993 6 28	自制がきき偉っぽくない石川真澄　新しい大学づくり三年	わが交遊12	週刊読書人 1989	読書人	
1993 7 10	軍事的国際貢献を超える道	国際貢献とは何か③	私学公論 26 7 187	私学公論社	『政治は途方に暮れている』所収
1993 7 15	カンボジア PKO　日本は「不戦の生き方」	潮流 '93	信濃毎日新聞 朝刊	信濃毎日新聞社	半世紀の世界史に刻む
1993 7 27	自民分裂・総選挙—見かけの多党化　ふえなかった選択肢—　争われるべきは何だったのか		エコノミスト 71 32	毎日新聞社	
1993 7 30	「細川首相」で連立政権、識者コメント　慶応大教授内山秀夫氏	（取材）	日本経済新聞 朝刊	日本経済新聞社	
1993 8 9	細川連立内閣　わたしはこう思う	（取材）	北海道新聞 夕刊全道	北海道新聞社	日刊スポーツにも引用
1993 8 9	バランス取れた内閣　政治への意欲の表れ	（取材）	共同通信	共同通信社	細川連立内閣
1993 9 1	いま、国家目標とは何か　混迷への期待と不安	大連立の時代①	月刊ASAHI 5 7 51	朝日新聞社	『政治は途方に暮れている』所収
1993 9 1	55年体制の終えん　その歴史的意味について	政治報道は変わるか〈特集〉	新聞研究 506	日本新聞協会	『政治は途方に暮れている』所収
1993 9 10	政治信条としての非軍事化にむけて	巻頭言	私学公論 26 8 188	私学公論社	『政治は途方に暮れている』所収
1993 9 10	大学改革に胚胎する大学の危機		私学公論 26 8 188	私学公論社	
1993 9 13	人類史の中の国家　共通感覚の普遍化に向けて		週刊読書人 2000	読書人	『私立の立場から』所収
1993 9 30	あばよ、海野厚	故海野厚先生追悼記事	教養論叢 94	慶應法研	

1993 10 9	時代に漂う日本丸　緊張なき〝微調整〟政治	潮流 '93	信濃毎日新聞 朝刊	信濃毎日新聞社	新たな国家の哲学ほしい（「昴」の筆名）
1993 11 10	新卒一括採用をやめよ	巻頭言	私学公論 26 10 190	私学公論社	
1993 11 10	新潟国際情報大学学長　内山秀夫論　新設大学に自らの思想を描く	（取材）	私学公論 26 10 190	私学公論社	
1993 11 14	噴出する民族紛争　力が招く破壊と荒廃	潮流 '93	信濃毎日新聞 朝刊	信濃毎日新聞社	耐える気高さの政治を
1993 12 28	『新保守主義—小沢新党は日本をどこに導くのか—』浅井基文著	（書評）	エコノミスト 72 1 3099	毎日新聞社	
1994 1 1	今年の執筆予定　比較政治学	（アンケート）	出版ニュース 653	出版ニュース社	
1994 1 10	「歴史感覚が弱い」と批判　激動の現実に揺れる政治学	（取材）	朝日新聞　夕刊	朝日新聞社	政策提言か現実批判か
1994 1 10	日本の今日と明日	対談（石川真澄）	私学公論 27 1 192	私学公論社	
1994 1 15	1993年読書アンケート		みすず 36 1 394	みすず書房	
1994 1 26	制度論先行に警鐘　政治改革　参院否決の意味と今後	主張・解説	朝日新聞　朝刊	朝日新聞社	政治学者２人に聞く
1994 2 1	ジャンバッティスタ・ヴィーコ『諸国民の本性に関する一新科学の諸原理』	Tre'sors　秘蔵(73)	三田評論　955	慶應義塾	
1994 2 20	幻影よ、さらば		教養論叢　95	慶應法研	『政治は途方に暮れている』、『政治と政治学のあいだ』所収
1994 3 1	「やり直し」のきく社会		三色旗　552	慶應通信教	
1994 3 8	「政治改革」から何を「改革」するか　市民ネットワークの構築を		エコノミスト 72 11	毎日新聞社	『政治は途方に暮れている』所収
1994 3 20	復刻『藩閥之将来　附教育之大計』解題	（解題）	近代日本研究資料５	慶應福澤研	
1994 3 31	幕末・明治初年の弘前藩と慶應義塾　「江戸日記」を史料として	（共同研究）	近代日本研究　10	慶應福澤研	坂井達朗等との共同研究
1994 3 31	「日本のリベラリズム」　George Samson；内山秀夫訳		近代日本研究　10	慶應福澤研	
1994 4 4	踊り出た政治学者　永田町活断層　11　〔にっぽん診断書〕第３部	（取材）	毎日新聞 東京朝刊	毎日新聞社	
1994 4 9	首相退陣でも株価は上昇　けいざい５分間（94・４・９）	（取材）	朝日新聞　朝刊	朝日新聞社	
1994 4 9	総選挙でケジメつけよ　細川政権の功罪と今後	主張・解説	朝日新聞　朝刊	朝日新聞社	５人の政治学者に聞く
1994 4 12	なかなか決まらぬ後継首相　求む！清潔な実力者	（取材）	北海道新聞 朝刊全道	北海道新聞社	
1994 4 22	大学の自由化　権力への卑屈さ捨て	潮流 '94	信濃毎日新聞 朝刊	信濃毎日新聞社	「学生育成」の一点見据えて
1994 5 1	水木楊著『2025年日本の死』	潮ライブラリー（書評）	潮　422	潮出版社	
1994 5 10	わが自由主義	いま、リベラルを問う②	私学公論 27 4 195	私学公論社	改題のうえ『政治は途方に暮れている』所収
1994 5 20	『私立の立場から』		【編著書】	日本経済評論社	
1994 5 20	常任理事国入り　日本の理念ないまま	潮流 '94	信濃毎日新聞 朝刊	信濃毎日新聞社	平和主義の現実化に向け
1994 6 26	辞職　私はこう思う　後継へ動く各党	（取材）	読売新聞 東京朝刊	読売新聞社	羽田内閣総辞職
1994 6 28	選挙区改正だけで十分　どんな政権が望ましいか	主張・解説	朝日新聞　朝刊	朝日新聞社	政治学者に聞く
1994 7 1	国民の選択なき混迷　新政権　こう見る　こう望む	主張・解説	朝日新聞　朝刊	朝日新聞社	政治学者からの寄稿
1994 7 12	「新増設　抑制が原則」　大学設置シンポで文部省	（取材）	北海道新聞 朝刊全道	北海道新聞社	文部省大臣官房審議官草原克豪、筑波大教授進藤栄一とシンポ
1994 8 9	大学での補習教育　進学機会拡大に必須	潮流 '94	信濃毎日新聞 朝刊	信濃毎日新聞社	やり直し許容する社会に
1994 10 4	藤波被告無罪判決　政治家は道義責任を	潮流 '94	信濃毎日新聞 朝刊	信濃毎日新聞社	「冤罪」とは言えない事実
1994 10 10	学問によって大学は再生可能か？	対談（中村雄二郎）	私学公論 27 8 199	私学公論社	
1994 10 28	小野修三君学位請求論文審査報告　特別記事	（主査）	法學研究　67　10	慶應法研	
1994 11 10	引越し顛末	エッセイ	私学公論 27 9 200	私学公論社	
1994 11 10	世界大変へのわれらの拠点	創刊30周年記念特別企画①	私学公論 27 9 200	私学公論社	
1994 11 12	ゼネコン「献金こりごり」　中川知事陣営、資金集め苦しく	（取材）	朝日新聞 大阪朝刊	朝日新聞社	

1994 11 13	『権力の三つの顔』ケネス・E・ボールディング著、益戸欽也訳　壮大さと心もとなさと	(書評)	北海道新聞 朝刊全道	北海道新聞社	
1994 12 20	『政治は途方に暮れている―その理念と現実―』	NHK ブックス723	【編著書】	日本放送出版協会	
1994 12 28	内山秀夫教授退職記念号　特別記事	(内山秀夫教授略歴・主要業績)	法學研究　67　12	慶應法研	
1995 1 1	今年の執筆予定　比較政治学	(アンケート)	出版ニュース 1687	出版ニュース社	
1995 1 10	"現実に喰入る" 文字	文字に生きる①	私学公論 28 1 202	私学公論社	
1995 1 15	1994年読書アンケート		みすず 37 1 406	みすず書房	
1995 2 28	政治―人間の人間的利用のために―		法學研究　68　2	慶應法研	『政治と政治学のあいだ』所収
1995 5 1	黎明会前の吉野作造	月報	『吉野作造選集』 12	岩波書店	
1995 5 10	社会衰退の中での民主主義	ポスト冷戦時代のデモクラシー③	私学公論 28 5 206	私学公論社	
1995 7 14	日外アソシエーツ編『20世紀西洋人名事典』　想像の起点を提供	(書評)	週刊読書人　2092	読書人	
1995 7 15	戦後50年を迎えて(1)　平成7年度総会の記念講演		にいがた社会教育260	新潟県社会教育協会	平成7年5月25日開催
1995 7 23	「政治不信」が低投票率に　深刻な有権者の政治離れ	(取材)	共同通信	共同通信社	
1995 7 24	95参院選「政党は反省を」　低投票率に識者ら	(取材)	毎日新聞 東京朝刊	毎日新聞社	
1995 7 25	窮地の政権「参院選後」95政局　1　たそがれ　見えぬ続投の大義	(取材)	北海道新聞 朝刊全道	北海道新聞社	
1995 8 10	戦後50年を迎えて(2)　平成7年度総会の記念講演		にいがた社会教育261	新潟県社会教育協会	
1995 8 10	わが戦後想念	「私の戦後」「戦後責任」①	私学公論 28 7 208	私学公論社	
1995 9 10	学生に目的を与えるということ	高校と大学のはざまで①	私学公論 28 8 209	私学公論社	
1995 10 3	進路選択が「政策論争」にすり替わった自民総裁選　政治		エコノミスト 73 42	毎日新聞社	
1995 10 6	政治家の理念　「対立」描けぬ総裁選	潮流 '95	信濃毎日新聞 朝刊	信濃毎日新聞社	
1995 12 2	「一人」を尊重する民主主義の精神	特集＝人間主義の宗教と民主主義の精神	第三文明　421	第三文明社	
1995 12 13	新進党の党首公開選挙　党員集めが大きな目的	(取材)	河北新報	河北新報社	
1996 1 1	今年の執筆予定　比較政治学	(アンケート)	出版ニュース 1721	出版ニュース社	
1996 1 10	地方に大学は必要なのか	〈地方分権の中での大学〉	私学公論 29 1 212	私学公論社	
1996 1 30	大学への規制強化	潮流 '96	信濃毎日新聞 朝刊	信濃毎日新聞社	
1996 3 10	ある返事	高校生への手紙①	私学公論 29 2 213	私学公論社	
1996 5 12	学生に薦める本　1996年版		http://www.nuis.ac.jp/ic/library/book/book1996.html#uchiyama-h	新潟国際情報大学	『石光真人の手記』、『職業としての学問』、『荒れ野の40年』、『鉄砲を捨てた日本人』、『福翁自伝』
1996 5 19	地方分権　今、大きな実験に参加	潮流 '96	信濃毎日新聞 朝刊	信濃毎日新聞社	
1996 6 5	政治の現在と人間の条件		治安フォーラム　2　6　18	立花書房	
1996 6 14	私の旅立ちとして―「週刊読書人」と私―　「人間嫌いにならぬ」生き方		週刊読書人　2139	読書人	
1996 7 8	内山秀夫研究会特別ゼミナール　日本思想史における「古層」の問題―丸山眞男先生をお招きして―	(討論)	『丸山眞男集』 11	岩波書店	
1996 8 18	皆さんのリポートを読んで　巻頭言	(にいがた市民大学　第2期)	ゼミナール論文集	新潟市	
1996 9 3	丸山眞男氏死去　「普遍的なるもの」を学んだ		エコノミスト 74 37	毎日新聞社	

1996 9 15	政治的なものへの回帰	シリーズ議会政治	世界と議会 396	尾崎行雄記念財団	
1996 9 26	丸山眞男氏と「今」　戦後を持続する意志	潮流 '96	信濃毎日新聞 朝刊	信濃毎日新聞社	
1996 11 1	福沢諭吉と新聞	新聞研究所50周年記念	三田評論 985	慶應義塾	
1996 11 22	豊かな時代としての現在　歴史としてありつづける戦後		週刊読書人 2161	読書人	
1996 12 19	背広とネクタイ　男性議員は義務とする　青森・三沢市議会が規則	(取材)	朝日新聞 朝刊	朝日新聞社	カラ出張追及の議員標的
1997 1 1	今年の執筆予定　比較政治学	(アンケート)	出版ニュース 1755	出版ニュース社	
1997 1 29	橋川文三文庫によせて		近代日本研究資料7	慶應福澤研	
1997 1 31	グローバライゼーションの中のマス・コミュニケーション研究　文化・共生・相克	1996年度春季研究発表会(シンポジュウム2)	マス・コミュニケーション研究 50	日本マス・コミュニケーション学会	
1997 2 6	県幹部職員を対象に特別研修　県民の信頼回復のため／新潟		毎日新聞 新潟朝刊	毎日新聞社	
1997 3 15	高速道への課税　司法の場で決着必要	潮流 '97	信濃毎日新聞 朝刊	信濃毎日新聞社	地方と国が競い合う問題
1997 3 15	ノーネクタイ議員に出席停止処分　三沢市議会　5日間	(取材)	朝日新聞 朝刊	朝日新聞社	市議側「服装規則は違法」と提訴へ
1997 4 10	地方議会と女性参加	巻頭言	私学公論 30 2 216	私学公論社	(「風」の筆名)
1997 4 25	『グローバル・デモクラシーの政治世界』(共編著)　変貌する民主主義のかたち		【編著書】	有信堂高文社	
1997 4 25	国家民主主義から生命民主主義へ		『グローバル・デモクラシーの政治世界』内山秀夫、薬師寺泰蔵編	有信堂高文社	『政治と政治学のあいだ』所収
1997 6 1	向山恭一「ヘテロトピアと差異の政治学―マルクス主義からポストモダニズムへ―」	(副査)	平成8年度　博士学位論文(文科系)内容の要旨および審査の結果の要旨	慶應教務部	
1997 6 1	安西敏三「福澤諭吉と西欧思想―自然法・功利主義・進化論―」	(副査)	平成8年度　博士学位論文(文科系)内容の要旨および審査の結果の要旨	慶應教務部	
1997 6 25	沖縄と憲法　「祖国」そのものを意味	潮流 '97	信濃毎日新聞 朝刊	信濃毎日新聞社	選択裏切った特措法改正
1997 7 16	ポスト冷戦―失われた枠組みの前に立つ想像力とは？　学問の世界地図［市民社会の政治学］	学問の鉄人―大学教授ランキング―文科系編	別冊宝島 322	宝島社	
1997 7 28	安西敏三君学位請求論文審査報告　特別記事	(副査)	法學研究 70 7	慶應法研	
1997 8 29	官僚の政治家転身 "政官癒着" を生むもと	潮流 '97	信濃毎日新聞 朝刊	信濃毎日新聞社	行政改革なら歯止め ぜひ
1997 9 1	新潟国際情報大学学長　内山秀夫　知らないからこそできる新設学長	(取材)変革期の学長	カレッジマネジメント 15 5 86	リクルート	
1997 9 12	私的な権力闘争の茶番　野党転落から何も学ばず	(論説)	信濃毎日新聞 朝刊	信濃毎日新聞社	
1997 9 12	第2次橋本改造内閣発足　私的な権力闘争の茶番	潮流 '97	信濃毎日新聞 朝刊	信濃毎日新聞社	
1997 10 10	大学職員決起す	巻頭言	私学公論 30 3 217	私学公論社	(「乾」の筆名)
1997 11 26	参院宮城補選の低投票率　地方選挙にも構造変化	潮流 '97	信濃毎日新聞 朝刊	信濃毎日新聞社	
1997 12 19	『コレクション鶴見和子曼荼羅』に寄せて　生きることの〝よさ〟を伝え続ける		週刊読書人 2215	読書人	
1998 1 1	今年の執筆予定　比較政治学	(アンケート)	出版ニュース 1789	出版ニュース社	
1998 2 10	(事項・用語解説)		『新訂版現代政治学事典』	ブレーン出版	「政治発展」、「政治発展論」、「政治変動」、「参加民主主義」など
1998 2 10	体験主義を捨てよ	巻頭言	私学公論 31 1 218	私学公論社	(「悠」の筆名)

1998 2 10	沖縄、沖縄人、そして日本国憲法	特集２　沖縄と日本国憲法	私学公論 31 1 218	私学公論社	
1998 2 10	新潟から	エッセイ	私学公論 31 1 218	私学公論社	
1998 2 19	新井議員が自殺　都内のホテルで首つり　衆院の許諾、逮捕目前	(取材)	共同通信	共同通信社	
1998 2 20	新井将敬議員自殺　識者の談話	(取材) 国民への裏切り行為	産経新聞 東京朝刊	産経新聞社	
1998 2 20	新井代議士自殺　識者談話　結果的に容疑を肯定	(取材) 結果的に容疑を肯定	東京新聞　朝刊	中日新聞社東京本社	北海道新聞、中日新聞、中国新聞、熊本日日新聞、日刊スポーツも
1998 4 12	学問と政治家の関係　国際情報大に代議士学長（NEWS 縦断）／新潟	(取材)	朝日新聞　朝刊	朝日新聞社	
1998 4 16	小海の学級編成問題　教育は「地域」主義で	潮流 '98	信濃毎日新聞 朝刊	信濃毎日新聞社	県は規制でなく支持を
1998 5 24	「相対化の原点」の不変性	本の森	信濃毎日新聞 朝刊	信濃毎日新聞社	
1998 7 8	棄権は選択ではない　投票　新しい政治探る作業	潮流 '98	信濃毎日新聞 朝刊	信濃毎日新聞社	
1998 8 10	地域主義の大学教育へ	巻頭言	私学公論 31 2 219	私学公論社	(「林」の筆名)
1998 8 10	女子高等教育論序説	特集１　いま、何故女子大か	私学公論 31 2 219	私学公論社	
1998 8 10	二つの部屋	エッセイ	私学公論 31 2 219	私学公論社	
1998 9 20	『政治と政治学のあいだ』		【編著書】	日本経済評論社	法学博士学位論文（平成11年度春学期　乙第3294号）
1998 9 25	社会年齢の意味を問う　独で参政権　日本は少年法	潮流 '98	信濃毎日新聞 朝刊	信濃毎日新聞社	
1998 10 16	『政治と政治学のあいだ』の内山秀夫氏	本の顔・著者の顔	週刊読書人　2256	読書人	
1998 11 23	内山慶大名誉教授、論文集を出版　人間的に生きる………政治への思い		信濃毎日新聞 朝刊	信濃毎日新聞社	
1998 12 7	近代日本と福沢諭吉		『丸山眞男座談』9	岩波書店	
1998 12 10	スモール・イズ・ビューティフル	巻頭言	私学公論 31 3 220	私学公論社	(「林」の筆名)
1998 12 10	随想　風邪		私学公論 31 3 220		
1998 12 23	迎える「国際高齢者年」　国政の底意？　国民皆労	潮流 '98	信濃毎日新聞 朝刊	信濃毎日新聞社	
1999 1 1	今年の執筆予定　比較政治学	(アンケート)	出版ニュース 1823	出版ニュース社	
1999 3 22	定数減めだつ議員選　人口減・行革理由に（99統一地方選）／愛媛	(取材)	朝日新聞　朝刊	朝日新聞社	
1999 3 23	日の丸・君が代の殉職者　問われる教委の自治能力	潮流 '99	信濃毎日新聞 朝刊	信濃毎日新聞社	
1999 3 25	アダム・プシェヴォルスキ編著『サステナブル・デモクラシー』		【翻訳】	日本経済評論社	
1999 6 1	福澤諭吉と新聞		『福澤諭吉論の百年』Keio UP 選書	慶應出版会	
1999 6 1	福澤諭吉とアジア	(座談会)	『福澤諭吉論の百年』Keio UP 選書	慶應出版会	石坂巌、坂野潤治、梅垣理郎と
1999 6 20	(事項・用語解説)		『現代政治学小辞典〔新版〕』	有斐閣	「参加者型政治文化」、「参加デモクラシー」、「政治発展」、「政治発展論」、「政治変動」など
1999 6 25	因島市議会で助役否決　市民不在の与野党対立	(取材)	読売新聞　大阪朝刊	読売新聞社	
1999 7 10	内山秀夫研究会特別ゼミナール　第２回（上）　丸山眞男先生をお招きして	1979年６月２日(土)於慶應義塾大学三田西校舎	丸山眞男手帖　10	丸山眞男手帖の会	
1999 7 16	『比較政治の方法に関する研究』		(法学博士論文)		『比較政治考』と『政治と政治学のあいだ』の合本

1999 8 14	国名の法制化を求める　統治形態の表示が必要	潮流 '99	信濃毎日新聞 朝刊	信濃毎日新聞社	
1999 9 30	『講座政治学』全5巻（共編著）		【編著書】	三嶺書房	1999. 9完成
1999 9 30	『講座政治学』の刊行にあたって（1986年6月）	（序章）	『講座政治学』共編著	三嶺書房	
1999 9 30	政治と政治学の間　方法としての政治学		『講座政治学』共編著　Ⅰ政治理論	三嶺書房	
1999 11 10	コミュニケーション	巻頭言	私学公論 32 1 221	私学公論社	（「鵜」の筆名）
1999 11 10	随想　少年H		私学公論 32 1 221	私学公論社	
1999 11 13	新潟大の学長通知　「言論の自由」はどこに	潮流 '99	信濃毎日新聞 朝刊	信濃毎日新聞社	
1999 11 28	内山秀夫君学位請求論文審査報告　特別記事		法學研究　72　11	慶應法研	
2000 1 1	今年の執筆予定　比較政治史	（アンケート）	出版ニュース 1857	出版ニュース社	
2000 1 10	内山秀夫研究会特別ゼミナール　第2回（下）　丸山眞男先生をお招きして	1979年6月2日(土)於慶應義塾大学三田西校舎	丸山眞男手帖　12	丸山眞男手帖の会	
2000 1 25	巻町長選と「吉野川可動堰」　投票結果の意味	潮流2000	信濃毎日新聞 朝刊	信濃毎日新聞社	
2000 3 3	瀬戸際を生きた体験が　大空社『叢書　俘虜・抑留の真実』復刻刊行に寄せて		週刊読書人　2325	読書人	
2000 3 10	大学と国旗・国歌	巻頭言	私学公論 33 1 222	私学公論社	（「鵜」の筆名）
2000 3 10	随想　肩書		私学公論 33 1 222	私学公論社	
2000 5 2	教育基本法・憲法の改正論議　非暴力刻む好機	潮流2000	信濃毎日新聞 朝刊	信濃毎日新聞社	
2000 5 10	“豊かな”社会の崩壊	巻頭言	私学公論 33 2 223	私学公論社	（「天」の筆名）
2000 5 10	随想　何かが失われた		私学公論 33 2 223	私学公論社	
2000 5 28	ヒュー・バイアス「日本問題」（共訳）	資料	法學研究　73　5	慶應法研	
2000 6 1	内山秀夫「比較政治の方法に関する研究」		平成11年度　博士学位論文(文科系)内容の要旨および審査の結果の要旨	慶應教務部	博士(法学)　乙第3294号　平成11年7月16日授与
2000 7 1	福澤諭吉と長岡藩　小林雄七郎を中心として	ウェーランド経済書講述記念講演	三田評論　1026	慶應義塾	
2000 9 8	市民派議員の転落（下）　問われる存在意義	（取材）	読売新聞 東京朝刊	読売新聞社	
2000 9 8	安藤哲也著『河井継之助－吏に生きた男－』　民之雇として「吏」を見る	（書評）	週刊読書人　2352	読書人	
2000 9 30	知らないからこそできる新設学長（新潟国際情報大学）	高等教育シリーズ100	『学長—大学改革への挑戦—』	玉川大学出版部	
2000 10 23	「ボランティアが勝った」　東京21区　川田さん当選	（取材）	読売新聞 東京朝刊	読売新聞社	
2000 11 16	政治家の責任と義務　説明能力を欠く森首相	潮流2000	信濃毎日新聞 朝刊	信濃毎日新聞社	
2000 11 20	『福澤諭吉と長岡藩—小林雄七郎を中心として—』	福澤記念選書63	【編著書】	慶應義塾大学	
2000 12 10	『日本リベラリズムの系譜』田中浩著　自由掲げた過酷な抵抗	（書評）	北海道新聞 朝刊全道	北海道新聞社	
2000 12 15	2000年の収穫	ワイド特集＝印象に残った本〈全120冊〉	週刊読書人　2366	読書人	
2001 1 1	二十一世紀に読み通す　福澤諭吉における合理と非合理	特集●21世紀と私たちにとっての福澤諭吉	三田評論　1031	慶應義塾	
2001 1 1	今年の執筆予定　比較政治学	（アンケート）	出版ニュース 1891	出版ニュース社	
2001 1 12	毅然として立つ女人—生活者の論理によって世界と対峙する—　『與謝野晶子評論著作集』（全21巻）刊行		週刊読書人　2369	読書人	
2001 1 15	復刻『薩長土肥』解題　小林雄七郎小論	（解題）	近代日本研究資料8	慶應福澤研	
2001 1 28	ヒュー・バイアス「敵国日本（1）その強さと脆さ」（共訳）	資料	法學研究　74　1	慶應法研	
2001 2 10	『與謝野晶子評論著作集』全22巻（共編）		【編著書】	龍渓書舎	2003. 9完成

2001 2 28	ヒュー・バイアス「敵国日本（2・完）その強さと脆さ」（共訳）	資料	法學研究 74 2	慶應法研	
2001 3 10	人間として生きる	巻頭言	私学公論 34 1 224	私学公論社	（「昴」の筆名）
2001 3 10	人間と社会と大学と		私学公論 34 1 224	私学公論社	
2001 3 23	私記・慶應義塾福沢研究センター	月報	『福澤諭吉書簡集』2	岩波書店	
2001 4 2	小諸東中学の人権委員会 学校－自治再生の根	潮流2000	信濃毎日新聞 朝刊	信濃毎日新聞社	
2001 9 20	ヒュー・バイアス著『敵国日本―太平洋戦争時、アメリカは日本をどう見たか？―』（共訳）	刀水歴史全書61	【翻訳】	刀水書房	
2001 11 28	澤田次郎著『近代日本人のアメリカ観―日露戦争以後を中心に―』	紹介と批評	法學研究 74 11	慶應法研	
2001 11 28	長谷川雄一著『大正期日本のアメリカ認識―近代日本知識人のアメリカ観―』	紹介と批評	法學研究 74 11	慶應法研	
2001 12 8	真珠湾攻撃と「敵国日本」	〈卓上四季〉	北海道新聞 朝刊全道	北海道新聞社	
2001 12 10	M・ベアー他編『アメリカ政治学を創った人たち―政治学の口述史―』（監訳）	MINERVA 人文・社会科学叢書59	【翻訳】	ミネルヴァ書房	
2001 12 21	2001年の収穫	ワイド特集＝印象に残った本〈全120冊〉	週刊読書人 2417	読書人	
2002 1 1	今年の執筆予定 政治学	（アンケート）	出版ニュース 1925	出版ニュース社	
2002 3 3	英政府の市民権規定 国家と言葉………簡単でない問題	潮流02	信濃毎日新聞 朝刊	信濃毎日新聞社	
2002 6 20	A・ギャンブル著『政治が終わるとき？―グローバル化と国民国家の運命―』		【翻訳】	新曜社	
2002 8 5	「ゲーム脳」への警鐘 危険………無防御の子どもたち	潮流02	信濃毎日新聞 朝刊	信濃毎日新聞社	
2002 10 1	遥かなる架橋		評論 133	日本経済評論社	
2002 11 25	ヒリス・ローリィ著『帝国日本陸軍』		【翻訳】	日本経済評論社	
2002 12 20	2002年の収穫	ワイド特集＝印象に残った本〈全120冊〉	週刊読書人 2467	読書人	
2003 1 1	今年の執筆予定 近代日本研究	（アンケート）	出版ニュース 1959	出版ニュース社	
2003 2 25	再見、山川君	山川雄巳先生追悼文集	関西大学法学会誌 48 その2	関西大学法学会	2003；(48)：7－9.
2003 3 10	中学生奮戦中	巻頭言	私学公論 35 1 225	私学公論社	（「於計良」の筆名）
2003 3 10	随想 生きざま		私学公論 35 1 225	私学公論社	
2003 3 26	戦後民主主義の出発点 戦争は惨禍でしかない	潮流03	信濃毎日新聞 朝刊	信濃毎日新聞社	
2003 6 25	リチャード・ストーリイ著『超国家主義の心理と行動―昭和帝国のナショナリズム―』		【翻訳】	日本経済評論社	
2003 9 20	与謝野晶子の方法と思惟		『與謝野晶子評論著作集』22	龍渓書舎	
2003 9 24	「戦争は平和」という危機 根底にテクノロジー信仰	学芸＝オーウェルの想像力と現代(3)	共同通信	共同通信社	
2003 10 1	矛盾覚えぬ思考の危機	オーウェルの想像力と現代(3) 1984⇒2003	南日本新聞	南日本新聞社	
2003 10 31	今こそ與謝野晶子を 〝主義者〟ではない《自奮自発》の思想者		週刊読書人 2510	読書人	
2003 11 20	小泉政権の米加担による危険 未来を開くための土壇場	潮流03	信濃毎日新聞 朝刊	信濃毎日新聞社	
2003 12 1	蘇生への比較政治哲学―政治学者・内山秀夫インタビュー― 新民主主義理論の構築へ向けて！	（インタビュー）	ロゴスドン 10 4 56	ヌース出版	
2003 12 19	2003年の収穫	ワイド特集＝印象に残った本〈全120冊〉	週刊読書人 2517	読書人	
2004 3 1	サムライ	政治探求・1	ロゴスドン 11 1 57	ヌース出版	
2004 4 15	首相靖国参拝違憲判決に思う 開いた地平に実結ぶ道を	潮流04	信濃毎日新聞 朝刊	信濃毎日新聞社	
2004 4 18	靖国参拝違憲判決 参拝の継続は許されない	潮流	熊本日日新聞 朝刊	熊本日日新聞社	
2004 4 27	ヒュー・バイアス著『昭和帝国の暗殺政治―テロとクーデタの時代―』（共訳）	刀水歴史全書69	【翻訳】	刀水書房	

2004 6 1	民主主義者	政治探求・2	ロゴスドン 11 2 58	ヌース出版	
2004 6 10	内山秀夫	(自己についての注)	『丸山眞男書簡集』4	みすず書房	
2004 7 8	人間を根拠にした政治学　人に厚い義理の男　高畠通敏さんを悼む	(学芸＝追悼)	共同通信	共同通信社	
2004 7 9	高畠通敏さんを悼む　人間を根拠にした政治学／かなわなかった集大成		沖縄タイムス 朝刊	沖縄タイムス社	
2004 7 10	高畠通敏さんを悼む　新しい変革、市民政治学		熊本日日新聞 朝刊	熊本日日新聞社	
2004 8 31	若き日の「無知」問うために　『敵国日本』など翻訳の内山秀夫さん	文化	朝日新聞　夕刊	朝日新聞社	
2004 9 1	民族	政治探求・3	ロゴスドン 11 3 59	ヌース出版	
2004 11 26	〔地軸〕まがいもの	(取材)	愛媛新聞　朝刊	愛媛新聞社	
2004 12 1	戦争放棄		ロゴスドン 11 4 60	ヌース出版	
2004 12 17	2004年の収穫	印象に残った本	週刊読書人　2567	読書人	
2005 1 4	悲しむ人ふえるのは政治が悪いから　「別れの挙手」復活を憂う	時代相2005〈1〉	北海道新聞　夕刊全道	北海道新聞社	
2005 1 12	憲法の「真意」と改正の動き　日本人の意志の弱さ映す	潮流05　戦後60年に考える	信濃毎日新聞 朝刊	信濃毎日新聞社	
2005 2 28	T・A・ビッソン「日本におけるファシズムの抬頭」	資料	法學研究　78　2	慶應法研	
2005 3 1	わがこだわり	政治探求・5	ロゴスドン 12 1 61	ヌース出版	
2005 3 25	「一九三〇年代における独裁制指向」　Thomas Arthur Bisson；内山秀夫訳	(資料紹介)	近代日本研究　21	慶應福沢研	
2005 5 3	歴史が教える平和への道筋　軍事は安全調達させない	潮流05	信濃毎日新聞 朝刊	信濃毎日新聞社	
2005 6 1	尊敬される国家をめざして	政治探求・6	ロゴスドン 12 2 62	ヌース出版	
2005 9 1	いちばん身近な政治	政治探求・7	ロゴスドン 12 3 63	ヌース出版	
2005 10 21	信頼を軸にした世界再建への対話　J・K・ガルブレイス、池田大作『人間主義の大世紀を―わが人生を飾れ―』		週刊読書人　2609	読書人	
2005 11 12	新憲法草案の主権在民　君主国か共和国か選択を	潮流05	信濃毎日新聞 朝刊	信濃毎日新聞社	
2005 12 1	日本皇国	政治探求・8	ロゴスドン 12 4 64	ヌース出版	
2005 12 16	2005年の収穫	印象に残った本	週刊読書人　2617	読書人	
2005 12 26	T・A・ビッソン著『敗戦と民主化―GHQ 経済分析官の見た日本―』		【翻訳】	慶應出版会	
2006 2 17	政党政治の悪いところ	(取材) 識者談話	共同通信	共同通信社	
2006 2 28	W・フライシャー著『太平洋戦争にいたる道』	刀水歴史全書74	【翻訳】	刀水書房	
2006 2 28	ケネス・W・コールグローブ「日本のミリタリズム」(1)	資料	法學研究　79　2	慶應法研	
2006 3 1	ある手紙のいきさつ	政治探求・9	ロゴスドン 13 1 65	ヌース出版	
2006 3 28	ケネス・W・コールグローブ「日本のミリタリズム」(2・完)	資料	法學研究　79　3	慶應法研	
2006 5 1	『敗戦と民主化―GHQ 経済分析官の見た日本』T・A・ビッソン著	執筆ノート	三田評論　1090	慶應義塾	
2006 5 8	ファシズムの克服問い掛け　戦前・戦後日本分析の英書を邦訳	(取材)	信濃毎日新聞 朝刊	信濃毎日新聞社	
2006 5 31	「愛国心」教育のねらい　「国民に強要する権限」危険	潮流06	信濃毎日新聞 朝刊	信濃毎日新聞社	
2006 6 1	息苦しさがます中で	政治探求・10	ロゴスドン 13 2 66	ヌース出版	
2006 6 24	敗戦から戦後へ　慶應義塾大学創立150年記念事業「復活　慶応義塾の名講義」		慶応義塾 OCW 2006年	慶應義塾大学	(三田第一校舎109番教室)
2006 6 30	『増補　民族の基層』		【編著書】	日本経済評論社	
2006 9 30	せめて"近代"		慶應義塾福沢研究センター通信5	慶應福澤研	
2006 12 15	2006年の収穫	印象に残った本	週刊読書人　2667	読書人	
2007 2 25	石坂巌先生	(追悼文)	(直筆原稿)		
2007 6 1	北康利『福沢諭吉　国を支えて国を頼らず』　日本という国に託した思い	(書評)	週刊読書人　2690	読書人	
2007 7 18	大時代の共産主義者	(取材)	共同通信	共同通信社	宮本顕治死去
2007 7 19	宮本顕治氏死去、識者の声　慶応大名誉教授内山氏、党の戦後形成、冷たさも生む。	(取材)	日本経済新聞　西部朝刊	日本経済新聞社	産経、岩手日報、熊本日日、共同通信にも引用
2007 7 19	功罪検証すべきだ　宮本元共産党議長死去　「好敵手だった」「最後の大物の一人」	(取材)	産経新聞　東京朝刊	産経新聞社	

2007 7 28	ケネス・W・コールグローブ「全体主義国家としての日本」	資料	法學研究 80 7	慶應法研	
2007 8 8	赤城農相更迭で考える 問われる権力者の正当性	潮流07	信濃毎日新聞 朝刊	信濃毎日新聞社	
2007 12 9	蘇生への比較政治哲学—政治学者・内山秀夫インタビュー—		『学問の英知に学ぶ』4	ヌース出版	
2007 12 21	2007年の収穫	印象に残った本	週刊読書人 2718	読書人	
2008 10 30	内山秀夫研究会特別ゼミナールの記録 二十世紀的現代における《政治理論》の条件—藤田省三先生を囲む—	(討論)	法学新報 115 3.4	中央大学法学会	内山秀夫先生追悼企画
2008 11 20	内山秀夫研究会特別ゼミナール 第2回 歴史意識とは何か	(討論)	『丸山眞男話文集』3	みすず書房	
2009 3 28	内山秀夫先生追悼記事 特別記事	(内山秀夫先生略歴・主要著作目録)	法學研究 82 3	慶應法研	
2009 7 10	内山秀夫研究会特別ゼミナール 第1回 1978.12.2 日本思想史における「古層」の問題 補遺		丸山眞男手帖 50	丸山眞男手帖の会	

(作成・堀 雅裕)

いのちの民主主義《みんしゅしゅぎ》を求《もと》めて

二〇一五年四月一五日　初版第一刷

著　者　内山　秀夫
編　者　内山秀夫遺稿集刊行委員会
発行所　株式会社　影書房
発行者　松本　昌次
〒114-0015　東京都北区中里三―四―五
ヒルサイドハウス一〇一
電　話　〇三（五九〇七）六七五五
ＦＡＸ　〇三（五九〇七）六七五六
E-mail=kageshobo@ac.auone-net.jp
URL=http://www.kageshobo.co.jp/
〒振替　〇〇一七〇―四―八五〇七八
本文印刷＝ショウジプリントサービス
装本印刷＝アンディー
製本＝新里製本所

定価　四、二〇〇円＋税

ISBN978-4-87714-456-2